칭찬의 감동효과와 조직관리

경영학박사 노 순 규 저

감사의 말씀

노순규 원장의 93권째 저서 '칭찬의 감동효과와 조직관리'를 저희 연구원에 강의를 의뢰하여 주신 전국 시.도 교육청 및 교육연수원, 전국 공무원교육원 및 인재개발원, 서울시교육연수원(교육관련 노동법의 이해), 부산시교육연수원(교원.공무원노조의 이해), 울산시교육연수원(공무원노조의 이해), 충남교육연수원(공무원 노사관계의 발전방안), 경남공무원교육원(단체교섭 및 단체협약 체결사례), 대구시교육연수원(리더십과 갈등관리), 경기도교육청(갈등관리와 교원의 역할), 충북단재교육연수원(교원능력개발평가의 필요성과 성공기법), 강원도교육연수원(학교조직과 갈등관리), 경북교육연수원(공무원 노동조합의 역할과 발전방안), 인천교육연수원(교원단체와 노사관계), 광주교육연수원(교육관련 노동법의 이해), 경남교육연수원(교원단체의 이해), 전남교육연수원(학교의 갈등관리와 해결기법), 경북교육청(학교의 갈등사례와 해결방법), 제주탐라교육원 및 제주도공무원교육원(갈등의 원인과 해결방법), 한국기술교육대학교 노동행정연수원(환경변화관리와 리더십), 전라북도공무원교육원의 장학관님, 교육연구관님, 장학사님, 교육연구사님 그리고 교육관계자님께 바치며 아울러 우리나라 학교교육의 발전을 위해 헌신하시는 전국의 교장.교감.교사님께 감사드립니다.

한국기업경영연구원

머리말

칭찬이란 좋은 점이나 착하고 훌륭한 일에 대해 높이 평가하는 것이다. 한편 감동이란 '크게 느끼어 마음이 움직이는 것'을 뜻한다. 우리는 많지도 않은 하나 혹은 두 명의 자녀를 낳아 기른다. 그래서 자녀에 대한 욕심이 더욱 크다. 급변하는 사회 속에서 최고가 되도록 키우고 싶은 것이 부모의 심정이다. 어려서 부모로부터 들었던 말 한마디가 인생을 바꿔놓았다는 것, 가족이 모두 모여 식탁에서 자녀와의 대화가 훗날 과학자로, 훌륭한 교육자로, 글로벌 리더로, 부자로 키웠다는 말은 새삼스러운 말이 아니다. 세계 명문가에서는 어려서부터 부모와 대화를 통해 세상을 보는 눈을 키웠다는 이야기도 빠지지 않는다. 미국 복음전도사 빌 글래스의 조사에 의하면 '수감자 90%는 어렸을 적 부모로부터 '너는 커서 감옥에 가게 될거야'라는 말을 들었다'라고 전하고 있다. 우리는 남의 좋은 면, 아름다운 면을 보려고 노력해야 하며 그 사람의 진가를 찾으려고 애써야 한다. 아름다운 사람을 보면 감동하며 눈물을 흘리고 싶을 만큼의 맑은 마음을 가져야 한다. 남의 좋은 점만을 찾다 보면 자신도 모르는 사이에 그 사람을 닮아가게 된다. 남의 좋은 점을 말하면 언젠가는 자신도 좋은 말을 듣게 된다. 마음이 아름다운 사람을 만나면 코끝이 찡해져온다. 누구를 만나든 그의 장점을 보려는 순수한 마음을 가지고 남을 많이 칭찬할 수 있는 넉넉한 마음을 가져야 한다. 말할 때마다 좋은 말을 하고 그 말에 진실만 담는 예쁜마음의 그릇이 필요하다.

칭찬은 가장 빠르게 자신감과 행복감을 갖게 하고 자석처럼 서로 끌어 당겨 하나가 되게 할 뿐 아니라 불가능도 가능하게 만드는 위대한 힘이 있다. 칭찬과 비난은 상반된 위치에 있어 칭찬의 무게가 커지면 비난의 무게는 자연히 줄어든다. 어느 모임 중에 칭찬클럽이 있는데 강연을 듣거나 글을 보고 그 때부터 누구를 만나건 3번 이상 칭찬을 하면 회원이 된다. 5분동안 자신의 칭찬을 노트에 기록하게 하면 누구나 30개에서 50여개를 써낼 수 있다. 그리스 신화의 피그말리온에서 유래한 용어 "피그말리온 효과(Pygmalion effect)"는 학교교육이나 직업활동에서 교사나 책임자가 기대하는대로 학생과 직원들이 능률을 높인다는 내용으로 부정적으로 기대하면 문제행동을 하고, 긍정적으로 기대하면 기대에 부응하는 행동을 하게 되는 것 즉, 기대가 태도와 행동을 바꾼다는 것이다. 이는 기대와 칭찬의 효과를 표현한 것으로서 교사의 기대가 크면 학생의 학습능력 효과가 크다는 것을 의미한다.

어떻게 행동하리라는 주위의 예언이 행위자에게 영향을 주어 결국 그렇게 행동하도록 만든다는 "자기충족예언(self-fulfilling prophecy) 이론"으로도 설명할 수 있다. 이 이론은 교사와 학생 사이 뿐 아니라 인간사 모두에게 해당이 된다. 근본적으로 누구나 위대하고 훌륭하다. 누군가를 아무리 칭찬한다고 해도 지나치지 않는다. 타인속에 있는 위대함과 아름다움을 발견하는 눈을 길러야 한다. 조직발전 혹은 조직관리란 조직구성원의 욕구만족에 필요한 가치의 생산과 배분을 기초로 목표의 복잡성, 한계, 표준 등을 고려해 구성원을 위해 명령과 의사결정을 하는 과정 및 상승작용적 현상이다.

조직관리는 조직목표를 달성하기 위해 인간과 다른 자원을 이용해서 계획, 조직, 활성화, 통제 등을 수행하는 것으로 구성되는 일련의 과정이다. 향후의 조직관리 전략은 어떻게 하면 '반응적 창의성'을 '적극적 창의성'으로 확대 발전시킬 것인가에 달려 있다. 작은 개선도 중요하지만 기존의 틀을 뛰어 넘는 파격적 아이디어의 제안과 실행이 경쟁력을 좌우할 가능성이 크다.

이제부터 조직은 작은 창의성에서 큰 창의성까지 그리고 참신한 발상에서 현실적 문제해결과 성과창출을 위한 실행력까지 다양한 창의성의 스펙트럼을 구비해야 한다.

한권의 책이 출간되어 나오는 데는 많은 분들의 도움이 필요할 것이다. 그동안 저희 연구원으로 강의를 의뢰해 주신 시·도 교육연수원, 공무원교육원, 한국기술대학교 노동행정연수원, 서울시교육연수원, 부산시교육연수원, 울산시교육연수원, 충남교육연수원, 대구시교육연수원, 경기도교육청, 충남교육연수원, 충북단재교육연수원, 경북교육연수원, 인천시교육연수원, 광주시교육연수원, 강원도교육연수원, 제주도탐라교육원, 경북교육청, 강원도공무원교육원, 제주도공무원교육원 교육담당자님께 이 기회를 빌어 진심으로 감사드린다.

본 저서의 기획 및 출판에 헌신하신 전승용 선생님께 감사말씀을 드리고 아내 '박순옥', 아들 '노지훈', 며느리 '김수향'에게 항상 고마움을 표한다.

2010년 5월 31일

저자 노 순 규 드림

목 차

제1장 칭찬의 방법과 효과 ········· 11
1. 똑똑한 아이로 키우는 부모의 말 한마디 ········· 11
　1) 칭찬의 필요성과 개념 ········· 11
　2) 칭찬과 감동의 개념과 자녀지도방법 ········· 13
2. 칭찬은 고래도 춤추게 한다의 의미와 평가 ········· 15
　1) 회사를 살린 칭찬의 힘 ········· 15
　2) 내용 요약 ········· 16
3. 애정만세 결혼만만세 ········· 18
4. 인연의 실타래 ········· 25
5. 아침을 여는 참 좋은 느낌 ········· 26
6. 지나친 약점찾기는 곤란 ········· 29
7. 감동.감동, 감동...말 한마디 한마디에 ········· 30
8. Smile Again 가정을 행복하게 운전하는 법 ········· 31
9. "실화 주인공의 칭찬이 가장 기뻐" ········· 34
10. 칭찬의 효과 ········· 36
11. 칭찬에 관한 좋은 글 1 ········· 38
12. 칭찬에 관한 좋은 글 2 ········· 40
13. 칭찬의 예술성 ········· 45
　1) 습관을 들이자 ········· 45
　2) 그 자리에서 구체적으로 하자. ········· 46
　3) 군더더기없이 하자. ········· 46
　4) 다채롭게 하자. ········· 46
　5) 과장되게 하지 말자. ········· 46
14. 칭찬의 적용 - 피그말리온 효과 ········· 47
15. 칭찬의 기법 ········· 47
16. 메뚜기 사고방식에서 벗어나기 ········· 48
17. 칭찬에 관한 좋은 글 ········· 49
18. 칭찬의 구체적 효과 ········· 50
19. 칭찬에 관한 글| 감동 교훈의 글 ········· 53
20. 아름다운 이야기방 ········· 58
21. 웃음소리의 효과 ········· 60

22. 몰입의 효과	61
23. 친구에 관한 좋은 글	64
24. 불만이 있을 때의 칭찬	65
25. 칭찬과 성적간의 관계	66
26. 세상을 움직이는 10가지 법칙	67
27. 긍정적인 칭찬의 효과	68
28. 칭찬의 효과| 웃음‖유머레크 칭찬	70
29. 웃음의 신비와 효과	71
30. 칭찬이 좋은 30가지 이유	72
31. 칭찬의 효과 50가지	74
32. 칭찬의 효과와 생활변화	76
33. 칭찬하는 요령	80
34. 칭찬의 효과와 미래발전	80
35. 칭찬과 격려의 효과 동등성	81
36. 칭찬의 효과와 스트레스 해소	83
37. 칭찬의 효과와 요령	84
1) 구체적으로 한다.	84
2) 간결하게 한다.	84
3) 남 앞에서 혹은 제삼자에게 칭찬을 한다.	84
4) 사소한 것을 칭찬한다.	84
5) 당사자 주변 인물을 칭찬한다.	84
38. 인천시교육청, 인천정각중 "감동을 주는 칭찬기법"연수 실시	88
39. 인천시교육청, 부흥중「감동을 주는 칭찬기법」연수 실시	89
40. 감동을 주는 칭찬방법 7가지	이 시대의 리더십	90
1) 구체적인 사실을 칭찬하라!	90
2) 무의식적인 태도의 장점을 칭찬하라!	90
3) 객관적인 칭찬을 제3자와 공유하라!	90
4) 독특한 문장으로 칭찬 스토리를 개발하라!	90
5) 큰 그림을 그리는 과정을 칭찬하라!	90
6) 역설적인 관점에서 칭찬하라!	90
7) 칭찬 이벤트를 활용하라!	91
41. 칭찬과 웃음의 효과	91
1) Happy Talk(칭찬하는 대화)	92
2) Happy Call(명랑한 언어)	92

3) Happy Work(성실한 직무) …………………………………………… 93
4) Happy Mind(감사하는 마음,~때문에 보다는 ~덕분에) …………… 93
42. 칭찬기법의 예시 ……………………………………………………… 94
　1) 시작하는 말 ………………………………………………………… 94
　2) 칭찬 프로그램 진행방법 및 적용범위 ………………………… 94
　3) 칭찬 프로그램을 통하여 기대되는 효과 ……………………… 94
　4) 효과적인 칭찬 방법 ……………………………………………… 95
43. 칭찬의 단계 …………………………………………………………… 96
　1) 마음의 칭찬 ………………………………………………………… 96
　2) 언어의 칭찬 ………………………………………………………… 97
　3) 행동의 칭찬 ………………………………………………………… 97
　4) 꿈 심어주기 ………………………………………………………… 98
　5) 칭찬에 반응하기 …………………………………………………… 99
　6) 끝맺는 말 …………………………………………………………… 99
44. 자녀 키우는 법 ……………………………………………………… 100
45. 칭찬의 인생전환 ……………………………………………………… 105
46. 고래도 춤추게 하는 '칭찬'의 힘 ………………………………… 106
　1) 개요 ………………………………………………………………… 106
　2) 긍정적인 변화를 유도하는 칭찬의 기술 …………………… 108
　3) 공경·찬탄의 불교수행법 ………………………………………… 109
47. 칭찬! 칭찬! 또 칭찬! 그는 칭찬 전도사! ……………………… 110
48. 칭찬은 고래도 춤추게 한다 ……………………………………… 118
　1) 들어가며 …………………………………………………………… 118
　2) 생각 정리 …………………………………………………………… 118
　3) 이야기 내용 대략 정리 ………………………………………… 119
49. 자녀의 힘을 북돋우는 부모 ……………………………………… 121
　1) "칭찬"하기 ………………………………………………………… 121
　2) 효과적인 칭찬기법 ……………………………………………… 121
　3) 언어의 칭찬 ……………………………………………………… 123
　4) 행동의 칭찬 ……………………………………………………… 124
50. "준비된 칭찬은 미래의 힘" ……………………………………… 124
　1) 첫째 원칙: 성실해야 한다. ……………………………………… 125
　2) 둘째 원칙: 공감대를 형성해야 한다. ………………………… 125
　3) 셋째 원칙: 단호해야 한다. ……………………………………… 125
　4) 넷째 원칙: 의사소통의 목표를 정해야 한다. ………………… 126

제2장 조직관리의 대화기술 ······ 127
1. 교섭의 화술 10가지‖ 대인관계자료실 ······ 127
   1) 상대의 의중을 탐색하라.→실마리를 먼저 잡는다. ······ 127
   2) 상대가 먼저 말하게 하라.→상대의 의중을 미리 파악한다. ······ 127
   3) 양보의 가능성을 배제하라.→차선책은 없다고 말한다. ······ 127
   4) 전문가의 권위는 먼저 인정을 해줘라.→져주면서 이기는 방법을 익힌다. ······ 127
   5) 상대의 심리를 먼저 읽어라.→교섭의 성패는 상대심리를 읽는데 있다. ······ 127
   6) 흥분은 대사를 그르친다.→감정을 억누르고 마음을 컨트롤한다. ······ 128
   7) 자신에 찬 태도를 보여라.→확신이 상대의 신뢰를 부른다. ······ 128
   8) 상대의 시간을 뺏어라.→인간은 시간의 지배를 받는다. ······ 128
   9) 상대의 이익에 초점을 맞춰라.→이익에 이끌리게 한다. ······ 128
   10) 상대의 우월성을 자극하라.→우월감을 자극하여 호의를 얻는다. ······ 128
2. 행복 전도사 조회 ······ 129
   1) 우호적인 사람이 되는 7가지 원칙 ······ 129
   2) 호감을 주는 4가지 비결 ······ 129
3. 말을 기가 막히게 잘하는 법 ······ 129
4. 설득을 위한 화술 ······ 140
5. 호감을 부르는 대화법 ······ 141
6. 막말하는 아내와의 불화 문제 ······ 141
7. 인생의 항로 ······ 161
8. 설득의 심리학 줄거리 ······ 169
   1) 상호성의 법칙 ······ 170
   2) 일관성의 법칙 ······ 170
   3) 사회적 증거의 법칙 ······ 172
   4) 호감의 법칙 ······ 172
   5) 권위의 법칙 ······ 173
   6) 희귀성의 법칙 ······ 173
9. 스토리텔링이 흘러 넘치는 원인 ······ 176

제3장 고객감동과 조직관리 ······ 181
1. 무한경쟁시대에서의 기업생존법 ······ 181
2. 국내모델러들의 실력 향상 ······ 182
3. 친구를 돕는다는 것 ······ 185
4. 화법: 칭찬.미안함.고마움 ······ 186

5. 인간관계를 열어주는 13가지 지혜 …………………………… 187
6. 미운놈 죽이는 방법 ……………………………………………… 191
7. 감동 Touch ……………………………………………………… 192
8. 현대는 설득과 감동의 시대 …………………………………… 195
   1) 먼저 경계심을 풀어주라. …………………………………… 195
   2) 공통점을 발견하라. ………………………………………… 196
   3) 찬사법과 Yes/But법을 활용하라. ………………………… 196
   4) 문답법을 이용하라. ………………………………………… 197
   5) 감정을 잘 포착하라 ………………………………………… 197
   6) 양자택일법을 구사하라. …………………………………… 198
   7) 쇼크화법을 동원하라. ……………………………………… 199
   8) 침착한 목소리가 사람을 끌어들인다. …………………… 199
   9) 분위기에 맞는 화제를 선택하라. ………………………… 200
9. 고객감동을 위한 실천방법 …………………………………… 201
10. 몰랐던 자신의 끼를 발견 …………………………………… 207
11. 오늘의 목표와 다짐 ………………………………………… 208
12. '자기사랑' 강연, 여성행복스피치 강좌 …………………… 212
13. 책에서 길을 찾고 쓰면서 돌아봄! 나의 사장론 ………… 242
14. 삶의 방식의 격언 모음 ……………………………………… 247
15. CEO의 요건 …………………………………………………… 257
16. 원칙을 지키고 하루하루 노력하는 것이 부자의 지름길 ……… 265
17. 인맥을 넓히는 방법 ………………………………………… 270
18. 부자가 되는 것은 스스로를 변화시키는 것에서 출발 ……… 274
19. 한국의 젊은이들아! ………………………………………… 276
20. 진짜 리더는 마음을 움직인다. …………………………… 278
21. 삼성은 일류기업이지 초일류기업이 아니다. ……………… 279
22. 지행용훈평(知行用訓評) …………………………………… 281
23. 현재가 과거와 싸우면 미래를 잃는다. …………………… 282

제4장 조직관리와 리더십 …………………………………… 318
1. 제주자치도교육청, 조직관리 위해'변화관리 마일리제'운영 ……… 318
2. 조직관리(Organization Management)의 개념 ……………… 318
3. 좋은 인재를 뽑는 새로운 방법 ……………………………… 320
   1) Assessment Center의 개념 ……………………………… 320

2) Assessment Center의 성공 포인트 ·· 323
   3) Assessment Center 도입시 HR팀의 노력 ·· 324
4. 유진녕 LG화학 부사장 "창의성 자극 인사·조직 만들어야" ················ 325
5. "조직관리의 원칙은 성선설, 자율성 북돋워라" ···································· 326
   1) 소비 트렌드 변화의 길목을 선점 ·· 327
   2) 직원변화에의 주목 ·· 328
6. 기업경영 핵심 이슈 ·· 329
   1) 의의 ·· 329
   2) 조직창의성의 의미와 유형 ·· 329
   3) 조직문화 관리전략 ·· 331
   4) 작은 창의성 실천에서 킬러앱 창출로 ·· 333
   5) Biz Trend:임원에서 최고경영자(CEO) 되는 방법 ························ 333
7. 조직관리의 지혜 ·· 336
   1) '황새와 조개의 싸움'은 조직의 경쟁력 약화 ······························· 336
   2) 손 안대고 다스리는 경영경지의 추구 ·· 337
   3) 리더의 중요한 임무 중의 하나는 사람관리 ································ 338
   4) '메기'로'청어'를 긴장 ··· 339
   5) '메기' 100% 활용하기 ·· 340
8. 부하직원을 신나게 만드는 리더십 ·· 341
   1) 경청하라(Listen) ·· 342
   2) 격려하라(Encourage) ·· 343
   3) 도와주라(Assist) ·· 345
   4) 믿고 맡겨라(Delegate) ·· 346
   5) 리더와 부하의 관계는 신뢰가 기본 ·· 347

제1장 칭찬의 방법과 효과

1. 똑똑한 아이로 키우는 부모의 말 한마디

1) 칭찬의 필요성과 개념

오늘날 훌륭한 관리자들은 포상을 받은 직원들이 더욱 더 적극적 인재가 되며, 그것이 사업의 성공으로 이어진다는 사실을 잘 알고 있다.

그들은 뚜렷한 기업의 목표를 설정하고, 목표를 실행하는 직원의 행동들을 발견해주고, 성과를 축하해줌으로써 직원들의 잠재력을 최대한 이끌어낸다. 칭찬은 보이지 않는 직원들을 충성스럽고 적극적인 직원으로 만드는 비즈니스 기술을 알려준다. 성과에 대한 적절한 반응이 없다면 직원들의 동기와 열정은 사라지기 때문에 당신의 직장을 신나는 일터로 바꿔주는 최고의 지혜는 바로 '칭찬'과 '포상'이라는 것을 일깨워준다."[1]

공동저자 체스터 엘튼(Chester Elton)은 인기있는 연설가이자 유명한 포상 컨설턴트이며 O. C. 태너회사의 업무성과 포상부서의 부장을 맡고 있다. 그는 2005년도 SHRM 연례회의에서 최고의 연설가로 선정되기도 했으며 아시아와 유럽, 북미 전역에서 청중들을 즐겁게 해주고 있다.

현재 존슨 앤 존슨(Johnson & Johnson), AOL/타임워너(AOL/Time Warner), 에비스(Avis), KPMG와 같은 포춘지 선정 100대 기업의 포상 컨

---

[1] 공동저자 에이드리언 고스틱(Adrian Gostick)은 당근문화그룹(The Carrot Culture Group)의 이사로 재직 중이며, 이곳에서 기업들이 효과적인 직원포상 프로그램을 수립하도록 돕는 컨설팅 업무를 맡고 있다. 그는 세튼 홀 대학에서 전략적 의사소통과 리더십으로 석사학위를 받았으며, 현재는 그 대학에서 초청강사로 조직문화에 대해 강의를 하고 있다. 저서로는 《A Carrot a Day》《The Integrity Advantage》《The 24-Carrot Manager》 등 다수가 있으며, 그의 저서들은 무려 15개 언어로 번역되어 수천만 독자들을 사로잡았다. 또한 [USA Today Magazine], [HR Executive], [Investor's Business Daily]에 '칭찬과 포상'에 관한 기사를 기고하고 있다.

자료: http://book.daum.net/detail/book.do?bookid=KOR9788991028128(2010.5.2)

설턴트를 맡고 있다. 옮긴이 안진환은 경제 및 경영분야에서 최고의 번역가로 인정받는 전문번역가이다. 연세대학교를 졸업하고, 2006년 현재 번역회사 인트랜스의 대표로 있다. 저서로는 《영어실무번역》이 있으며, 옮긴 책으로 《예측지능》《빌게이츠@생각의 속도》《The One Page Proposal》《괴짜 경제학》《미운 오리새끼의 출근》《피라니아 이야기》 등 다수가 있다.

한마디의 칭찬이 만들어 내는 놀라운 변화, 회사에서 자신의 성과를 제대로 인정받지 못하는 직원들은 자신들이 알고 있는 유일한 방법을 이용해 조용한 반항을 하게 된다. 바로 기업의 가려진 곳에 숨어서 대충 일처리를 하고 연신 투덜대면서 신참직원에게 이런 기술들을 전수하는 것이다. 물론 그들이 처음부터 업무에 보람을 느끼지 못하거나 일할 의욕이 없었던 것은 아니다. 애초에 그들 안에는 누구보다도 빛나는 열정이 숨어 있었지만 열심히 노력해도 회사에서 자신들의 공로를 인정해주지 않았기 때문에 주어진 일만 적당히 하게 된 것이다. 이렇게 눈에 띄지 않게 적당히 일하는 직원들은 회사에 출근해도 그 자리에 없는 것이나 마찬가지인 존재이다. 그들은 어떻게 하면 일을 빨리 효율적으로 끝낼까라는 생각보다는 지나친 업무로 인한 스트레스, 가정의 대소사에 온 정신을 빼앗긴 채 책상에만 앉아 있는 경우가 대부분이다. 따라서 생산성 높은 기업을 만들고 싶다면 직원들의 닫힌 마음을 열고 그들 안에 숨어있는 열정과 잠재력을 끌어내야 한다. 자신의 업무에 보람을 느끼며 더 나은 결과를 위해 노력하는 직원들을 바란다면 3가지 비즈니스 법칙을 따르도록 하자.

우선 팀과 조직을 이끌 수 있는 뚜렷한 목표를 설정한 후에, 그 목표에 다가서도록 만든 직원의 행동과 성과를 적극적으로 발견한다. 관리자들이 가장 놓치기 쉬운 부분이 바로 이 '발견' 부분이다. 관리자들은 기업의 목표가 저절로 실행되고 있다고 생각하지만, 실제적으로 업무를 수행하는 직원들 없이는 목표가 성취될 수 없다. 마지막으로 목표를 이룬 직원을 발견했다면 공개적으로 칭찬과 포상을 해준다. 칭찬과 포상이야말로 기업과 직원간의 가장 좋은 의사소통 방법이며 직원들의 잠들어 있는 열정을 깨우는 최고의 지혜이기 때문이다.

어떤 직원들은 매일 출근하기는 해도 실제로 그 자리에 없는 것이나 마찬가지이다. 자리를 지키고 앉아 있기는 하지만, 가정문제 혹은 대개의 경우 업무문제로 인한 지나친 걱정 때문에 업무에 100퍼센트 몰두하지 못하는 것이다.[2]

2) 칭찬과 감동의 개념과 자녀지도방법

칭찬[稱讚]이란 명사형으로서 좋은 점이나 착하고 훌륭한 일을 높이 평가하는 것이다. 한편 감동이란 '크게 느끼어 마음이 움직이는 것'을 뜻한다. 우리는 많지도 않은 한, 두 명의 자녀를 낳아 기른다. 그래서 자녀에 대한 욕심이 매우 크다. 솔직히 급변하는 사회 속에서 최고가 되도록 키우고 싶은 것이 부모의 심정이다. 어려서 부모로부터 들었던 말 한마디가 인생을 바꿔놓았다는 감동적인 이야기가 있다. 가족이 모여 식탁에서의 자녀와의 대화가 훗날 과학자로, 훌륭한 교육자로, 글로벌 리더로, 부자로 키웠다는 말은 새삼스러운 말이 아니다. 세계 명문가에서는 어려서부터 부모와 대화를 통해 세상의 보는 눈을 키웠다는 이야기도 빠지

---

2) http://book.daum.net/detail/book.do?bookid=KOR9788991028128(2010.5.2)

지 않는다. 미국 복음전도사 빌 글래스의 조사에 의하면 수감자의 90%는 어렸을 적 부모로부터 "너는 커서 감옥에 가게 될거야" 라는 말을 들었다'라고 전하고 있다. 부모와의 따뜻한 말 한마디, 정감있는 말 한마디, 갈등없는 대화가 자녀를 세계 위인으로 키우기도 하고, 사회에 부적응하는 범죄자를 만들기도 한다. '교육은 어머니의 무릎에서 시작되고 유년기에 들은 모든 언어가 성격을 형성한다'가 생각이 난다.

자료: http://image.search.daum.net/dsa/search?w=imgviewer&q=%B0%A8%B5%BF&page_offset=0&page=1&lpp=28&od=RyVYa10(2010.5.2)

또한 자녀를 책임감있고 독립적인 인격체로 성장할 수 있도록 돕기 위하고 똑똑한 아이로 키우기 위한 부모는 자녀와의 효율적인 대화기법을 익혀야 한다. 자녀의 꿈을 키워주는 대화, 자녀의 행복과 성공을 예견할 수 있는 대화를 위해서는 행복한 대화기법을 익혀야 한다. 조은경은 "자녀와 함께 말할 때는 무엇보다 진지하게 한마디 말을 잘 들어주는 것이 백마디 조언보다 효과적이다. 자녀에게 고민이 생겼을 때는 함께 걱정하고 이해하는 자세가 중요하며 자녀가 책임감있고 독립적인 인격체로 성장할 수 있도록 돕기 위해서는 부모는 자녀와의 효율적인 대화기법을 익혀야 한다"고 말했다. 한편 이창호 대한명인은 스피치학계 대표적 최고의 권위자로서 풍부한 경험과 탄탄한 학문적 토대를 갖춘 조언과 그의 탁월한 식견이 '감수'라는 과정을 거쳐 최종 빛을 보게 되었다. 특히 여성리더의 섬세한 정성과 혼을 바탕으로 문장을 되살려 놓는 과정 등 스피치의 학술적 가치가 있으면서, 현대에 이르는 지성과 철학 등, 모든 부모가 이끄는 사랑화법(話法)의 기본이 되며, 신선하고도 역동적으로 살아가는 미래 영재들을 위한 성공을 향하는 책이라고 평했다. 그는 "아이는 부모의 소유물이 아닌 다양한 인격 소유자다로 정리했다는 점에서 그 의미가 대단히 크다"고 말했다.[3][4][5]

2. 칭찬은 고래도 춤추게 한다의 의미와 평가

1) 회사를 살린 칭찬의 힘[6]

(1) 들어가며

이 책은 분류상 처세술 또는 경영(관리)에 속한다고 할 수 있습니다. 하지만 그 표현기법은 흥미 진진한 소설에 가깝다고 볼 수 있는데 이런 기법은 공장폐쇄의 위기를 극복하는 과정을 긴박하게 그린 The Goal: 더 골(엘리 골드렛 저)에서도 볼 수 있습니다. 작가는 인간관리기법을 직접적이고 직설적인 원리와 법칙, 행동요령 등을 나열함으로써 설명하는 것

---

3) 지은이 /조은경, 246페이지이며, 해피앤북스에서 출간됨
4) Twitter, 네이트미투데이네이버, DeliciousGoogleFacebookDiggMixxLive
5) http://www.newswire.co.kr/newsRead.php?no=441456(2010.4.30)
6) [독후감][칭찬은 고래도 춤추게 한다], 칭찬은 고래도 춤추게 한다, 등록일 2007-04-12, 다운로드 208.

이 아니라 범고래 쇼를 축으로 하는 이야기를 은유적으로 들려주며 그 안에서 그때 그때의 원리와 법칙을 찾아내어 설명하고 있습니다.

시원 시원한 글자체와 더불어 분량도 그리 많지 않은 까닭에 단지 소설책을 읽듯이 천천히 책장을 넘기다 보면 어느새 칭찬의 미학과 인간관계의 해법을 깨닫게 됩니다.

(2) 긍정적인 사고와 칭찬의 신비로움

제목에서도 나타나지만 칭찬은 사람이 아닌 고래 조차도 감동시킬 수 있고 조종할 수 있는 신비로운 힘을 지니고 있다고 합니다. 이 책은 이것을 고래반응이라고 지칭하며 칭찬이 가져올 수 있는 끝없는 매력과 놀라운 결과를 스토리를 통해 소개하고 있습니다. 또한 이같은 진리에 쉽게 마음을 열고 받아들이려 하지 않는 이들에게 그간 우리 자신이 무의식적으로 행해오던 칭찬보다는 꾸짖음이 앞서는 행동을 뒤통수 치기 반응이라 정의하며 잘못된 점을 지적해 주고 있기도 합니다. 당장 손쉽게 휘두를 수 있는 채찍보다는 당근 한조각이 더 사람의 마음을 움직일 수 있다는 점은 우리가 미처 깨닫지 못한 칭찬이 지닌 놀라운 효과의 일부에 지나지 않습니다. 가시적으로 눈에 보이는 즉각적인 결과에 연연하기 보다는 멀리 내다보며 칭찬할 수 있는 여유로움이 있을 때 칭찬의 효과는 배가 될 수 있을 것입니다.

2) 내용 요약

(1) 범고래 샘이 가르쳐준 지혜

1장에서 강조하는 첫번째 내용은 '긍정적인 것을 강조하라' 이다. 처음에 이 대목을 본 후에는 당연한 내용이라고 생각했다. 하지만 점점 읽어나가다 보면서 느끼니 긍정적인 것에 강조점을 두기가 얼마나 어려운 것인지에 대해서 알 수 있었다. 우리는 흔히 어려서부터 부정적인 내용들을 강조하는 것에 너무나 익숙해져 있었다. 잘한 일에 대해서 칭찬을 듣는 경우도 있었지만 보통은 잘못한 일에 대해 꾸중을 들으며 또 비판하면서 살아왔다. 이런 측면에서 이 내용은 넘어가기 쉬운 것에 대해서 다시 생각해 볼 수 있는 계기를 만들어 주었다. 두번째 내용 또한 첫번째 내용과 같은 맥락의 '잘한 일에 초점을 맞춰라' 이다. 보다 구체적으로 설명을 하고 있었는데 긍정적인 면에 초점을 맞추는 것도 형식적인 칭찬은 득이 될 수 없었다. 칭찬 전에 상호간의 신뢰가 상당히 중요하다는 것을 느낄 수 있었다.

세번째 내용은 '벌을 주지 말고 시간을 주어라' 였다. 벌을 주는 것에도 합리적인 벌의 내용들을 설명하고 있었다. 벌이 벌 자체에 목적이 있는 것이 아니라 그 사람을 변화시키고 칭찬할 수 있는 내용들을 찾기 위해서 벌이 존재한다는 것을 알 수 있었다. 우리는 흔히 사람에게 벌을 주다 보면 감정적으로 주기 마련이다. 하지만 항상 생각해야 할 것이 우리가 벌을 주는 것은 벌 자체에 목적이 있는 것이 아니라 그 사람을 변화시키는데 목적이 있는 것이다.

(2) 인간관계 전문가 앤 마리의 강연

이 부분은 웨스와 같이 전에 데이브에게 조언을 듣고 뛰어난 경영 컨설턴트로 성공한 앤 마리의 강연부분이다. 2장에서 강조하고 있는 첫번째 내용은 '무관심이 최대의 적이다' 이다. 칭찬을 하는 데 있어서 가장 중요한 것이 진심으로 칭찬하는 것이다. 이 부분에서는 그 중요성을 한가지 실험을 통해 보여준다. 전심을 다해서 인사를 하는 것과 그렇지 않았을 때의 분위기 차이를 통해 사람들이 얼마나 활력있게 변할 수 있는지에 대해서 보여준다. 우리는 살아가면서 형식적으로 칭찬하는 경우를 많이 본다. 하지만 우리가 칭찬을 할 때는 느끼지 못하지만 칭찬을 받을 때는 그 사람이 진심으로 칭찬하는지 형식적으로 하는지 모두 알아챌 수 있다. 만약 후자라면 그 칭찬은 오히려 역효과를 낼 것이다.

두번째 내용은 '과정을 칭찬하라' 이다 이 내용 역시 우리가 흔히 칭찬에 대해서 갖고 있는 편견을 고쳐준다. 우리는 흔히 칭찬을 하기 전에 그 사람이 어떤 업무나 일을 완벽히 끝냈을 때 칭찬하려고 한다. 하지만 칭찬은 완벽하지 않더라도 할 수 있다. 그 사람이 한 일이 목표에 합당한 내용이라면 주저없이 칭찬할 수 있다. 아니 칭찬해야만 한다. 그럴 때에 힘을 얻고 그 목표에 더욱 더 활기찬 모습으로 다가갈 수 있다. 만약 우리가 완벽한 내용에만 칭찬하려고 한다면 칭찬 대상을 찾기는 매우 어려운 일일 것이다.[7)]

3. 애정만세 결혼만만세

철부지 딸에게 아빠가 날리는 사랑 주문! 나이 스물여덟에도 변변한 남자친구 하나 없던 딸이 어느 날 신랑감이라며 청년을 집으로 데리고 왔습니다. 그날 이후로 나는 마냥 어려보이는 철부지 딸에게 그동안 미처 하지 못했던 이야기들을 편지로 남기기 시작했습니다. 아빠가 결혼하는 딸에게 보내는 사랑편지들을 엮은 <애정만세 결혼만만세>는 어느 평범한 대한민국 아빠가 결혼하는 딸에게 보내는 편지글이며 결혼과 인생의 선배로서 웃음, 눈물, 감동이 넘치는 생생하고 구체적인 삶의 지혜가 가득 들어 있다. 결혼의 의미와 부부로 산다는 것이 무엇인지, 남편과 현명하게 대화하고 행동하는 법, 요령있게 부부싸움하는 법, 부부관계를 효과적으로 관리하는 법, 사랑받는 아내가 되기 위한 요령, 좋은 부모가 되기 위한 방법 등 오직 이해하고 참고 사랑하며 살라는 평범한 아버지의 이야기는 우리가 잠시 잊고 있는지도 모르는 소박한 사람사는 맛을 일깨워 줄 것이다.[8)]

좀더 내용을 살펴보면 딸에게 들려주는 결혼이야기이다. 딸이 결혼할 연령이 되었는데 남자 친구가 없는 것 같아서 어떻게 하나 걱정을 했는데, 어느 날 척 데리고 왔더군요. 반가운 한편 감회가 일더라구요. 세월이 참 빠르기도 하지요.

---

7) http://search.nate.com/search/report_detail.html?q=%B0%A8%B5%BF%C0%BB+%C1%D6%B4%C2+%C4%AA%C2%F9%B1%E2%B9%FD&id=4455532(2010.4.30)
8) 〈애정만세 결혼만만세(김영사)〉(최해걸 홈 가기)

그 애가 태어난 것이 어제 같은데 말입니다. 그 동안 딸에게 늘 부족하게만 해 준 것이 마음에 걸리더군요. 저녁으로는 일찍 들어오라고 죄고, 제 잘되라고 그랬지만 공부하라고 닦달을 했구요. 딸의 혼사가 결정되고 나니 우선 성실한 청년을 사위를 맞게 된 것이 참 기뻐더군요. 사돈가도 생기고 말입니다. 그런 한편으로 바짝 조바심이 일더군요. 딸이 행복하게 살아야 할텐데 말입니다. 새삼스러운 마음은 아니지만 이제 정말 부모 품을 떠나 저희 삶을 꾸리게 되었는데 말입니다. 부부로 산다는 것이 쉬운 일이 아니더군요. 그런데도 딸은 아직 철이 없지요. 제딴에는 나름대로 세상을 안다고 하는 것도 불안스럽기만 하더군요. 그래서 처음에는 딸에게 아빠와 엄마가 살아오면서 어려웠던 경험을 들려주었습니다. 몰라서 부딪치고, 지기 싫어서 다투었던 일들을 딸이 참고를 했으면 싶더군요. 하지만 딸은 결혼식 준비에다 직장도 있었기 때문에 제대로 이야기를 나눌 시간이 부족하더군요. 그래서 그 이야기들을 글로 써서 프린터를 해 주었지요. 그런데 그것을 제대로 읽는지 모르겠더라구요.

　이번에는 홈페이지에 게시판을 하나 만들어 글들을 올렸는데 그것도 찬찬히 읽어보는 것 같지 않더군요. 그래서 나중에라도 시간이 있으면 읽어보라고 글을 써모았습니다. 우리 부부도 이제 서른 해를 함께 살아왔는데 그동안 이야기꺼리도 참 많더군요. 처음에는 출판을 생각하지 않았지만 써놓고 보니 분량도 많아진데다 이런 이야기가 우리 딸과 비슷한 연령대의 젊은이가 읽어보면 참고가 되지 않을까 싶더군요. 그래서 책으로 묶어 볼 생각을 하게 되었습니다. 혹 우리보다 적게 산 부부들도 참고가 되었으면 하는 바램도 있습니다. 이번에 이 글을 쓰면서 후회를 많이 했습니다. 우리 부부가 오순도순 의논을 하여 문제해결을 하고 행복하게 살 것을 말입니다. 우리는 그냥 만나서 살았을 뿐이지 행복하게 살겠다고 다짐을 한 일이 없었습니다. 행복하게 살 의사가 있는 분들에게 하나의 경험이라도 전하여 참고가 되었으면 참 좋겠습니다.

결혼하는 딸의 아빠가 씀

〈프롤로그〉
- 딸에게 들려주는 결혼이야기
◎ 목차
1. 애정만세! 결혼만만세!
- 사랑하는 딸아!
- 너희들은 인연인 것 같더구나
- 아빠 엄마의 첫만남
- 처음처럼
- 일회일비 일장일단
- 결혼생활은 보험넣는 것과 같단다
- 혼자보다는 둘이 좋더라
- 얼른 혼인신고 하려무나
- 네가 시집을 가고 나니

2. 행복은 줌인과 줌아웃 사이에
- 시골 촌놈과 도시 처녀
- 생일과 사랑은 별개
- 절반의 불편은 감수해야 한단다
- 네 생각대로만 하지는 말아라
- 남편의 눈높이로 세상을 한번 보아라
- 남녀평등, 그때 그때 달라요
- 꼭맞는 단 한사람

3. 사랑스런 여우마누라되기
- 초장에 신랑 꽉잡기
- 칭찬은 남편을 춤추게 한다
- 겸손과 무능은 말 한마디 차이
- 여보, 힘내세요!
- 부부금슬의 첫 단추는 말버릇

- 말에 윤활유를 치도록 하려무나
- 남편을 왕자로 만들어라
- 애인이 많았다니
- 일기는 반쪽만 써라
- 부부간에는 전화도 에티켓이 있다
- 바람은 스쳐 지나가게 놔두어라

4. 부부대첩 완승 비전
- 외날개 비익조와 외눈박이 비목어
- 항시 네가 염려된단다
- 안맞는 게 정답
- 신임을 얻는 데도 요령이 있다
- 싸운 이유도 가지가지
- 갈등은 공론화해라
- 부부싸움에도 룰이 있다
- 손뼉이 마주치니 소리가 나지
- 아들처럼 누이처럼
- 중년이 되면 여자가 실세가 된다
- 참을 인(忍)을 새겨라

5. 부부관계도 경영해라
- 남편을 낱낱이 분석하라
- 부부관계에 품질관리기법을 적용해라
- 남편과의 협상능력을 높여라
- 무엇보다 돈 문제는 투명하게
- 가까운 사이일수록 감정과 표정을 관리하자
- 다툴 때는 녹화를 한번 해보아라
- 행복하게 살자는 말을 편지로 전해보려무나
- 신문은 많이 드라마는 적게

- 도저히 참지 못하겠거든 가출해라
6. 좋은 부모가 되기 위한 준비
- 아기천사가 기다려지는구나
- 부부싸움 방지장치
- 부모준비
- 자식은 여러 번 젖을 뗀단다
- 아름다운 경치도 사람이 있어야 아름답더구나
- 아이에게는 좋은 말만 전해라
- 아이들 사진을 많이 찍어 두어라
- 세월가도 변치않는 정

〈에필로그〉
- 앞으로도 행복하게 살고 싶구나

◇ 지은이 소개

최해걸(崔海杰)

1949년 경북 경주에서 태어나 구미에서 오랫동안 직장생활을 했다. 당시로는 늦은 나이인 스물아홉살 때 천주교 집안의 처녀와 혼인을 하고, 이듬해 예쁜 딸을 얻었다. 스물여덟해 동안 공부하라고 닦달하고 통금시간을 정하는 등 딸에게는 영락없이 엄하고 꼬장꼬장한 아빠였다. 나이 꽉 찬 딸이 남자친구도 없는 것 같아 중매쟁이를 들여야 하나 걱정하던 차에 어느 날 딸은 듬직한 사윗감을 집으로 데려왔다. 혼사가 결정되고 나니 흐뭇한 마음 한편에 부모 품을 떠나 제 삶을 꾸려나갈 딸을 염려하는 마음도 생겼다. 제 딴에는 나름대로 세상을 안다고 하는 딸이 아빠 눈에는 마냥 철부지같고 불안해 보이기만 했다.

결혼과 그로 인해 앞으로 맞이할 변화들에 대해 딸과 차분하게 이야기를 하고 싶었지만, 딸은 결혼준비에다 직장도 다니고 있었기 때문에 얼굴 마주칠 시간조차 없었다. 그런 딸에게 결혼 후에라도 시간 날 때마다 읽어보라고 한장 두장 쓰기 시작한 편지가 책 한권 분량이 되었다.

이 편지들에는 남편과 현명하게 대화하고 행동하는 법, 요령있게 부부싸움하는 법, 부부관계를 효과적으로 관리하는 법, 좋은 부모가 되기 위한 방법 등 결혼 30년차 선배로서의 경험을 바탕으로 한 생생하고 구체적인 지혜들이 가득 담겨 있다. 이 편지는 금지옥엽같은 귀한 딸이 검은 머리 파뿌리될 때까지 행복할 수 있기를 바라는, 평범한 우리시대 대한민국 아빠들의 소망이자 세상에서 가장 강력한 사랑주문이다.

지난 해 봄 결혼식을 올린 딸은 현재 2세를 잉태하고 신랑과 함께 행복한 신혼살림을 꾸려가고 있다.

〈서평 1〉

딸에게 보내는 아버지의 사랑 '애정만세 결혼만만세', '결혼생활은 보험넣는 것과 같단다. 결혼이라는 보험은 날마다 달마다 넣는 것도 아니다. 두 사람이 기분 좋을 때는 안 넣어도 된다. 그러다 갈등과 다툼이 있을 때만 보험넣는 셈치고 참으라는 말이다.' '지금 너는 전업주부지만 다시 직장에 다닌다면 그때는 밥하고 빨래하는 것을 남편과 나누어 하거라."그러나 가끔은 남편의 눈높이로 세상을 한번 보아라.

남편의 입장이 되어 보는 것만으로도 뭔가 새로운 것을 이해할 수 있을 게다. 나도 젊었을 때 이런 걸 이해했더라면 엄마에게 힘이 되어주었을텐데 말이다.' 한 아버지가 딸에게 보내는 편지글 묶음 '애정만세 결혼만만세'(최해걸 지음,김영사)에는 잔잔하지만 가슴 찡한 얘기들이 녹아 있다. 저자는 공부하라고 닦달하고 집에 일찍 들어오라고 다그치던 '꼬장꼬장 아빠'였다. 나이 꽉 차도록 남자친구 하나 없는 것 같아 고심하던 중 딸이 듬직한 신랑감을 데려오자 오히려 조바심이 나고 결혼을 앞두고는 불안하기까지 했다. 차분하게 얘기를 해주고 싶어도 직장 다니랴 결혼 준비하랴 얼굴 보기도 힘들었다. 그래서 결혼 후에라도 시간나면 읽어 보라고 딸에게 편지를 써서 차곡차곡 모은 게 책 한권이 됐다. 그는 부부싸움도 지혜롭게 하고 사랑을 따뜻하게 키우면서 행복하게 해로하는 방법, 아이를 낳아 좋은 부모가 되는 길까지 조곤조곤 일러 준다.

'결혼하면 초장에 신랑을 꽉 잡겠다더니, 그래 꽉 잡았느냐?… 그보다는 감동과 신임을 얻으려고 노력하려무나. 많이 주어 보아라. 그러면 더 많이 돌아올 게다.'9)

자료: http://e-munhak.com/daughter/daughter.htm(2010.4.30)

〈서평 2〉

애정만세 결혼만만세 / 최해걸 지음 / 김영사, 결혼해 떠난 딸을 위해 평범한 한 아빠가 쓴 '결혼생활 이렇게 하라' 가이드. 결혼과 삶의 변화에 대해 딸과 차분하게 이야기 나누고 싶었지만 결혼준비에 직장생활까지 겹쳐 바쁜 딸과 얼굴 마주칠 시간조차 없자 저자는 시간나면 읽어보라며 차곡차곡 편지를 썼다. 아빠의 충고 리스트는 서로를 한번 분석해보아라, 공장의 제품 생산라인에서 계속 같은 유형의 불량이 나올땐 문제를 분석하고 대책을 세우듯 부부관계에도 품질관리기법을 적용해라, 부부금실의 첫단추는 말 한마디, 불화가 생기면 그 상황을 비디오로

---

9) 한국경제신문, 고두현 기자 kdh@hankyung.com, 입력시각 05/27 17:36

녹화해 보아라 등이다. 저자는 결혼을 늙고 외로울 때 타는 요긴한 보험에 비유하고 부부가 소리내지 않고 살려면 전생에 부부로 12번, 모자로 12번, 부녀로 12번, 남매로 12번 이상 만났던 영혼이어야 한다는 성철스님의 말을 인용한다. 그래서 아빠는 딸에게 결혼해서 부부로 산다는 것은 어렵고 힘든 일이지만 희로애락의 세월을 함께 보낸 후 추억을 더듬으며 정겹게 이야기 나누는 것이 결혼의 깊은 맛이라고 말한다.[10)11)]

4. 인연의 실타래[12)]

움켜진 인연보다..
나누는 인연으로 살아야 하고..
각박한 인연보다..
넉넉한 인연으로 살아야 한다..
기다리는 인연보다..
찾아가는 인연으로 살아야 하고..
의심하는 인연보다..
믿어주는 인연으로 살아야 한다..
눈치주는 인연보다..
감싸주는 인연으로 살아야 하고..
슬픔주는 인연보다..
기쁨주는 인연으로 살아야 한다..
시기하는 인연보다..
박수치는 인연으로 살아야 하고..
비난받는 인연보다..
칭찬하는 인연으로 살아야 한다..

---

10) 문화일보, 최현미 기자 chm@munhwa.com
11) http://e-munhak.com/daughter/daughter.htm(2010.4.30)
12) 작성자: 야구장죽돌이 조회수 843 등록일 2008-06-30 17:18:41 추천 -3

무시하는 인연보다..
존중하는 인연으로 살아야 하고..
원망하는 인연보다..
감사하는 인연으로 살아야 한다..
흩어지는 인연보다..
하나되는 인연으로 살아야 하고..
변덕스런 인연보다..
한결같은 인연으로 살아야 한다..
속이는 인연보다..
솔직한 인연으로 살아야 하고..
부끄러운 인연보다..
떳떳한 인연으로 살아야 한다..
해가되는 인연보다..
복이되는 인연으로 살아야 하고..
짐이되는 인연보다..
힘이되는 인연으로 살아야 한다

5. 아침을 여는 참 좋은 느낌

넓은 세상 넓은 마음으로[13] 교육은 약점찾기입니다. 오늘은 4월 마지막 일요일입니다. 이번 주는 다섯 주가 있어 조금 긴 듯한 느낌이 듭니다. 어제 너무 휴식을 많이 취했나 봅니다. 그래서 그런지 새벽 세시에 잠을 깼습니다. 불을 켜니 잠을 못 잔다고 불을 끄게 해서 할 수 없이 불을 껐습니다. 한시간동안 생각 속에 잠겼습니다. 평소와 같이 네시가 되어서야 하루를 시작합니다. 책을 보며 하루를 열어갑니다. 날씨가 참 좋

---

[13] http://www.dinak.co.kr/fileboard_2/view_3.php?tbname=life&num=823(2010.4. 30)

습니다. 저가 앉아 있는 뒤편에는 문수산이 보입니다. 푸른 하늘이 보입니다. 고속도로가 보입니다. 24호 국도가 보입니다. 비닐하우스가 보입니다. 학교가 보입니다. 동네가 보입니다. 문수산은 봄의 절정에 이른 듯합니다. 하늘도 마찬가지입니다. 고속도로와 국도는 시원하게 생명력을 과시하고 있습니다. 비닐하우스의 품은 가슴도 넓어 보입니다. 학교도 편히 쉬고 있습니다. 동네도 편히 쉬고 있습니다. 평온한 가운데 휴식을 취함이 아름다워 보이는 아침입니다. 자신을 희생하면서 식물을 보호하는 비닐하우스의 품을 보면 어머님의 따뜻한 품을 떠올리게 됩니다.

활발하게 움직이며 쉼없이 움직이는 고속도로와 국도의 차들을 보면 생명을 유지하기 위해 몸속에서 일분 일초도 쉼없이 활발하게 움직이는 혈액순환을 보는 듯합니다. 오늘 아침은 교육은 약점찾기라는 생각을 해봅니다. 선생님은 평소에 자신의 약점을 잘 찾지 못합니다. 언제나 자기의 강점만 알지 약점을 잘 알지 못합니다. 자신의 약점을 찾을 기회가 잘 없지 않습니까? 지적해주는 선생님이 계시지 않기 때문입니다. 그러나 연구수업을 하게 되면 자신의 약점을 찾을 수 있는 좋은 기회가 되지 않습니까?

우리학교에도 선생님들의 약점 찾기 기회를 제공합니다. 지난 금요일 4교시째 첫 연구수업이 있었습니다. 올해 처음으로 교단에 서신 미술선생님께서 수업을 하셨습니다. 저도 수업을 참관했습니다. 교실에 가니 교감선생님을 비롯하여 연구부장 선생님, 여러 선생님께서도 수업에 참관을 하셨습니다.

수업을 참관할 때마다 느끼는 것인데 요즘 젊은 선생님들의 능력이 대단하다는 것을 깨닫게 됩니다. 수업을 이끌어가는 능력이 뛰어납니다. 옛날 30년 전 저가 출발할 때와 비교를 해보면 비교가 되지 않을 정도로 잘하십니다. 학습지도안을 보니 아주 체계적이고 준비가 잘되어 있었습니다. 선생님의 복장도 단정했습니다. 칠판에 글씨도 선생님의 얼굴만큼이나 예뻤습니다. 보기 좋게 잘 썼습니다. 파워포인트 자료도 잘 준비하였습니다. 개별학습자료도 잘 만들었습니다. 수업분위기도 참 좋았습니다. 평가회 시간에도 참석을 했습니다. 교감선생님을 비롯하여 모두 9명이 참석을 했습니다. 본인의 자평을 시작해서 전 선생님께서 수업에 대한 소감을 말씀을 하였습니다. 선생님들마다 나름대로 어떻게 수업을 했으면 하고 약점을 많이 지적하였습니다. 나름대로 선생님의 수업기법을 말씀해 주기도 하였습니다. 나름대로 수업을 이어가는 방법도 말씀해 주었습니다. 저가 들어도 민망할 정도로 선생님의 강점보다 선생님의 약점만 지적을 하는 것 같았습니다. 평가수준이 놀랄 정도입니다. 정말 선생님들은 예리합니다. 정말 뛰어납니다. 정말 보통 수준이 아닙니다. 수업하신 선생님은 선생님들께서 지적해 주신 내용을 겸허하게 받아들여야 합니다. 인정할 줄 알아야 합니다. 자신의 약점을 강점으로 바꿔야 합니다. 자신의 약점을 나누어주는 선생님에게 고맙게 여겨야 합니다.

자신의 약점을 예리하게 지적해 주시는 선생님에게 부끄럽게 여기지 말아야 합니다. 오히려 자랑스럽게 여겨야 합니다. 그래야 그 약점을 강점으로 바꿔나갈 수 있을 것입니다.

저는 마지막 총평에서 선생님의 좋은 점, 강점을 많이 열거해서 말씀을 해드렸습니다. 선생님들께서 많은 약점을 지적해 주셨기 때문입니다.

실제 제 눈에는 선생님의 잘하는 점이 눈에 많이 들어왔습니다. 선생님의 탁월한 능력, 선생님의 준비성, 선생님의 아름다운 미모와 어울리는 복장, 선생님의 자료준비, 선생님의 차분함, 선생님의 노련한 수업진행, 선생님의 학습목표 제시와 평가 및 마무리 등 하나 빼놓을 것 없이 좋은 것을 쭉 나열하면서 칭찬하며 격려하기도 했습니다. 모든 선생님들이 이 선생님과 같이 평소에도 교재를 준비하며 자료를 만들며 깨끗하고 단정한 복장으로 교단에 서며 학생들의 수업분위기를 좋게 하며 차분하게 감동을 줄 수 있는 수업을 했으면 좋겠다는 말씀을 드렸습니다.

이와같은 연구수업이 하루 보이기 수업이 되어서는 안됩니다. 평소에 하는 수업과 달라서도 안됩니다. 평소의 준비와 달라도 안됩니다. 평소의 자세와 달라도 안됩니다. 평소와 같아야 합니다. 평소보다 오히려 더 나아야 합니다. 그래야 연구수업을 한 보람이 있게 되는 것입니다. 수업에 참관하신 선생님은 수업하신 선생님의 좋은 점과 강점을 배워야 합니다.

수업하신 선생님의 약점을 보면서 나도 이런 점은 이렇게 보완해야겠다는 생각도 가져야 합니다. 수업하신 선생님도 비디오를 통해 다시 자신의 약점을 찾아내야 합니다. 수업에 참관하지 못했던 선생님들은 수업 비디오를 보면서 자신을 비춰봐야 할 것입니다. 그래야 자기발전이 있습니다. 그래야 자기만족이 있습니다. 교육은 약점찾기입니다.[14]

6. 지나친 약점찾기는 곤란

어부들의 교육적 가르침, 명심보감으로 인성교육을 하면서 오유오무(五有五無)[15][16]

우리는 남의 단점을 단지 남의 단점만을 찾으려는 교정자가 되어서는 안됩니다. 남의 단점을 찾으려는 사람은 누구를 대하든 나쁘게 보려 합니다. 그래서 자신도 그런 나쁜 면을 갖게 됩니다. 남의 나쁜 면을 말하는 사람은 언젠가는 자신도 그 말을 듣게 됩니다.

우리는 남의 좋은 면, 아름다운 면을 보려 해야 합니다. 그 사람의 진가를 찾으려 애써야 합니다. 아름다운 사람을 보면 감동하며 눈물을 흘리고 싶을 만큼의 맑은 마음을 가져야 합니다. 남의 좋은 점만을 찾다 보면 자신도 모르는 사이 그 사람을 닮아갑니다. 남의 좋은 점을 말하면 언젠가는 자신도 좋은 말을 듣게 됩니다. 참 맑고 좋은 생각을 가지고 남은 날들을 예쁘게 수 놓았으면 좋겠습니다. 마음이 아름다운 사람을 만나 코끝이 찡해져오는 맑은 마음을 가졌으면 좋겠습니다. 누구를 만나든 그의 장점을 보려는 순수한 마음을 가지고 남을 많이 칭찬할 수 있는 넉넉한 마음을 가졌으면 좋겠습니다. 말을 할 때마다 좋은 말을 하고 그

---

14) 입력 : 2007-04-29 오전 7:36:52 출고 : 2007-04-29 오전 9:29:00
15) e-리포터 문곤섭 울산외국어고등학교 교장
16) http://hangyo.com/APP/ereport/article.asp?idx=7821(2010.4.30)

말에 진실만 담는 예쁜 마음의 그릇이 내 것이었으면 좋겠습니다.17)18)

7. 감동.감동, 감동...말 한마디 한마디에

안녕하세요. 소장님 몇날 몇일을 설레임에서 벗어나질 못하고 있습니다.19) 월요일 오피이 교육장에서 뵈었습니다. 소장님 강의 드디어 들어봤네요. 명강사 릴레이 강연(지난 4월)때 소장님 처음 뵈었는데 그땐 소장님이 어떤 분인지 잘 모르고 그냥 왠지 열정있으신 분이라고만 느꼈습니다. 아시죠? 소장님 어디서나 주목끄시는 분인거.. 저는 이제 강사과정교육을 받기 시작한 교육생입니다. 감동.감동, 감동...말 한마디 한마디에 신념과 의지를 갖고 열정을 다하시는 소장님 덕분에 강의가 얼마나 큰 힘을 발휘하는지 확실히 알았습니다. 강의 내내 눈물을 주체 못하겠더라구요. 소장님께서도 마지막에 악수 나눠 주시면서 제게 정이 많은 사람이라고 말씀하셨습니다. 칭찬이시겠죠? 소장님도 눈물이 많다고 그러셨잖아요. 말로 사람의 눈물을 쏟게 하는건 정말 힘든 일인데... 소장님 정말 행복했습니다. 소장님의 또다른 팬이 생겼다고 말씀드리고 싶어 쑥스럽지만 인사 남깁니다. 항상 건강 하시구 행복하세요. 아참, 소장님의 한뫼, 한솔 자녀분 말씀 듣고 더욱 힘이 났습니다. 제게 어린 딸아이가 있는데 일을 하느라 항상 아이를 제대로 못 봐주는거 같아서 걱정였습니다. 그런데 강의듣고 생각해보니 부모가 제대로 살면 아이도 저렇게 훌륭하게 자랄수 있단 선례를 보여주셔서 제 인생 더욱 열심히 살아야 겠다고 다짐했습니다.

또 뵙길 기대합니다. 감사드려요. 진심으로20)21)

---

17) 트랙백 주소 : http://jeongsg21.egloos.com/tb/6771645
18) http://jeongsg21.egloos.com/6771645(2010.4.30)
19) 권윤정 07.05.10 08:39
20) 트랙백 주소 : http://jeongsg21.egloos.com/tb/6757628
21) http://jeongsg21.egloos.com/6757628(2010.4.30)

8. Smile Again 가정을 행복하게 운전하는 법[22]

인터넷에서 떠돌고 있는 유머 하나로 시작합니다.
남자 1: 결혼 10주년이라 아내와 함께 호주여행을 가려고 해
남자 2: 우와. 대단하네. 그럼 결혼 20주년에는 어디로 갈건데?
남자 1: 글쎄. 그때 호주 가서 아내를 데려와야겠지?

웃었지만 씁쓸한 유머입니다. 그런데 이런 우스개도 요즘 대유행입니다. 어느 날 남편을 출근시켜 놓고 한 아내가 로또복권을 맞춰보고 있는데 세상에 1등에 당첨된 것입니다. 너무나 신이 나서 남편에게 1등에 당첨됐다고 말했더니 남편이 점심 먹고 회사를 조퇴하고 집에 들어왔습니다.

남편: 여보! 로또 1등에 당첨된 거 정말이야?
아내: 응 정말이야. 자기, 빨리 짐 싸!
남편: 알았어.
남편은 짐을 기분 좋게 꾸리면서 말했다.
남편: 근데 어디로 갈까? 호주, 캐나다 아냐. 아냐. 스위스의 알프스로 떠나자.
아내: 아니… 그게 아니고, 너 나가!

얼마 전 한 잡지에서 40~50대 아줌마들을 대상으로 하는 설문에서 "버릴 수만 있다면 가장 버리고 싶은 것이 무엇이냐?"라는 질문에 남편이 1위로 나타났습니다.

우스개 소리지만 완벽하게 "나는 아니다"라고 자신있게 말할 수 있는 부부는 아마 많지 않을 것입니다. 이렇듯 살다보면 무덤덤해지는 것이 부부관계인 모양입니다. 익숙해진다는 것은 때로 무관심과도 통하는 것 같습니다. 무관심은 무표정으로 그리고 무반응으로 진행되면서 부부의 사랑도, 관계도, 사는 것도 덤덤해져 버리는 것이겠지요. 부부관계 뿐만이 아니라 가족간의 웃음을 회복하고 재미있고 즐거운 서로를 위한 몇

---

22) 웃음치료사 최규상의 Smile again]가정을 행복하게 운전하는 법

가지 기법들을 소개합니다

첫번째 당당하게 져주면서 살자고요. 중앙일보 정진홍 논설위원이 만든 "당신 멋져!"라는 건배사가 최근 인기입니다. 그런데 건배사의 내용이 참 재미있습니다.

당: 당당하게…
신: 신나게…
멋: 멋지게…
져: 져주면서 살자

당당하고 신나게 멋지게 사는 것도 좋은데 져주면서 살라는 말이 맘에 듭니다. 사소한 것에도 자존심이 발동되어 갈등을 만들어낸다면 이미 부부간의 기쁨은 사라지고 맙니다. 죽고 사는 일이 아니라면 져주면서 살면 어떨까요? 이기려고만 한다면 1cm 떨어진 부부간의 거리도 지구 한바퀴를 돌아오는 멀고 지루한 관계가 되어버린다. 그리고 그 떨어진 거리만큼 미움과 원망이 커지게 됩니다.

둘째, 즐거운 대화법을 쓰자고요

미국의 코미디언 '크리스 룩'은 세 가지 문장만 잘 반복하면 어떤 사람과도 잘 지낼 수 있다고 합니다.

그것은 바로 첫째, "그래?" 둘째, "음" 셋째, "공감이야!"입니다.

상대방이 무슨 말을 하건, 절대로 따지지 말고 일단 맞장구를 쳐주라는 것입니다. 왜냐하면 여자들의 대화는 주로 감정표현을 위한 것이고 남자들의 대화는 인정받기 위한 것이기 때문입니다. 이 세 마디의 말로 충분히 감정을 받아들일 수 있고 인정을 표현할 수 있다고 합니다. 그리고 '123행복화법'을 구사한다면 부부간의 대화는 더 맛깔스러워질 것입니다. 1분 이내로 말하고 2분 이상 상대방의 이야기를 듣도록 하며 3번 이상 맞장구를 치며 칭찬을 해준다면 대화가 더 즐거워질 것입니다. 똑같이 자녀 혹은 학생에게도 사용한다면 금상첨화일 것입니다.

셋째, 유머를 나누어 보세요

유머는 참으로 흥미있는 주제입니다. 개인적으로 유머코칭이나 컨설팅을 하게 되면서 100명에게 물어보면 거의 95명 정도가 자신은 유머감각이 없다고 말합니다. 이 말은 결국 그만큼 웃을 일이 적다는 것이며 삶이 딱딱하며 무미건조하다는 의미일 것입니다. 저 또한 유머감각이 없다고 생각했기 때문에 아내를 즐겁게 해주는 것이 어렵다고 생각했습니다. 하지만 1년반 전부터 하루에 하나씩 아내에게 유머를 해주겠다고 작정을 했습니다. 아내는 웃기 시작했고 재미없더라도 크게 웃어주었습니다. 그래야 제가 힘이 나서 다음날에도 또 유머를 해주기 때문입니다.

신기하게도 아내와 웃게 되면서 웃음이 회복되었고 서로간에 풍부한 대화의 물꼬가 열리게 되었습니다. 해보면 알겠지만 웃음거리는 마음을 나눈다는 것입니다.23) 부부간에 이야기깃거리가 없는 부부들이 참 많습니다. 어떻습니까? 이제부터는 유머를 나누어 보세요. 인터넷에 널려 있는 유머들을 나누어 보세요. 유머는 사랑입니다.

제가 아내에게 했던 것 중에 가장 멋진 히트작 하나 알려드리겠습니다. 꼭 사용해 보세요..

"여보… 내일 경복궁에 가자"

"아니…, 갑자기 경복궁은 왜?"

"응…. 처갓집에 못간지 오래됐잖아."

얼마 전 어떤 방송에서 부부간의 대화시간을 조사했는데 놀랍게도 하루 평균 부부간 대화시간이 2분 37초라고 합니다. 그리고 매일 28명의 주부가 가출하는데 근본 원인은 대화부족에 있다고 합니다. 작지만 사소하지 않는 것, 바로 웃음과 유머로 다가서는 것입니다.24)25)

---

23) ▲ 최규상 한국웃음행복연구소 소장
24) 최규상 한국유머전략연구소(http://blog.daum.net/humorcenter) 소장
   (cutechoi@dreamwiz.com)
25) http://www.kdaily.com/news/newsView.php?id=20070715401001(2010.4.30)

9. "실화 주인공의 칭찬이 가장 기뻐"

메트로 섹슈얼 스타 다니엘 헤니를 연기자로 변신시키는데 성공한 '마이 파더'(시네라인 제작)의 황동혁 감독은 그런 조련사 표현에 손사래를 친다. 캐릭터가 다니엘 헤니와 잘 맞아 배우가 제대로 어울리는 옷을 입었을 뿐이라고 했다.26)

'미녀들의 수다'에 등장하는 외국 여성들도 금세 한국말이 늘었는데 한국말도 제대로 늘지도 않는 것 같고 뭔가 거죽으로 그냥 자신의 스타성을 소비하려는 태도로 비춰진 다니엘 헤니가 신작 '마이 파더'에서는 진짜 연기자로 보이니 감독의 조련술에 놀랄 수 밖에. 이에 황동혁 감독은 "헤니는 준비하고 있었다는 느낌이 강했어요. 이미지만을 보고 열광하는 대중의 환호에 헤니는 결코 취해있지 않았어요." 예상했던 것 보다 기본이 잘돼 있다고 본 황 감독은 헤니가 마음대로 연기할 수 있는 캐릭터를 선사했고 헤니는 그 캐릭터 안에서 자신의 모든 것을 발산했다는 얘기다. 미국으로 입양된 제임스 파커(헤니)는 자신을 버린 아버지를 찾아 다시 한국에 온다. 그 아버지는 알고보니 사람을 잔인하게 죽인 사형수다. 하지만 과거의 궤적을 쫓아갈수록 그는 내 진짜 아버지인지 아닌지 조차 흔들린다. 헤니는 그런 입양아의 감정을 누구도 대신할 수 없을 정도로 실제같이 표현해 냈다. 자신의 고모가 입양아였던 황 감독의 자전적인 체험도 녹아있다. 비록 이 영화가 실제 입양아 '애런 베이츠'의 다큐멘터리를 바탕으로 했지만 말이다. "헤니에게서 입양아로서 느끼는 가슴속 정서가 분명 있을거라 생각했어요. 그걸 시나리오를 통해 이해한 헤니가 적극적이었죠." 헤니가 연기한 제임스와 헤니의 실제 삶이 맞닿는 지점이 있었던 것은 이 영화가 큰 울림을 주는 중요한 포인트가 되기도 했다.

---

26) '마이 파더' 황동혁 감독, "실화 주인공의 칭찬이 가장 기뻐" [노컷 인터뷰] 입양아의 부모찾기 다룬 감동의 영화 '마이 파더' 황동혁 감독, 2007-09-13 08:00 노컷뉴스 남궁성우 기자, 미투데이트위터네이버구글딜리셔스추천지수 (0) 댓글 (7)

다큐멘터리만도 못한 것 아니냐는 평가를 받지 않도록 "어디까지를 영화에서 팩트로 쓸지, 어디까지 허구를 도입해야 할지 솔직히 어려운 숙제같은 일이었어요. '다큐 그대로 찍었네'라는 말은 듣지 말아야지요. 게다가 이건 상업영화인데요. 실화를 바탕으로 한 '영화'이되 다큐같은 느낌을 지우는 것이 제가 내면적으로 싸운 큰 어려움이었습니다."

황감독의 첫 장편 영화인 '마이 파더'는 감정이 넘쳐나지 않고 절제되면서도 충분히 그 느낌을 관객에게 전달하면서 군더더기 없이 무척 세련된 톤을 유지하고 있다. 입양아가 고국으로 돌아와 사형수 신분인 아버지를 만날 때 느낄 수 있는 감정의 복잡함을 말로 쏟아낸 것이 아닌 표정과 상황 묘사의 다양함으로 더 큰 울림을 전달해 주었다. "제가 미국 USC에서 영화를 공부할 때 교수님이 작품을 찍는 방법으로 말로 하고 싶은 부분을 오직 음성과 영상으로만 표현하게 했어요. 대사를 안쓰고 관객에게 뜻을 전달하는 일종의 기법이죠. 그러다 보면 정말 다양한 표정과 상황연출을 통해 관객에게 대사로 전할 수 있는 것과 같은 방식을 찾아내야 했어요. 그것이 제 영화에서도 보여졌으면 성공이겠네요." 제임스 파커는 구구절절히 아버지와 어머니에 대한 그리움을 대사로 털어놓지 않는다. 한 햄버거 가게 앞에 서있는 할아버지 인형에 감정을 이입하는 모습을 보여주기도 하고, 피검사한 결과에서 X표가 나온 테스트 결과를 오려내 버스 창가에 손을 내밀고 바람에 날리면서 부정하고 싶은 현실을 표현한다.

이야기가 단단한 영화를 만들고 싶어 '마이 파더'는 입양아 제임스와 아버지 황남철이 만나 소통하는 여덟번의 교소도 면회 씬을 기본 골격으로 했다. 여덟개의 장면을 토대로 다양한 에피소드를 붙인 '마이 파더'를 황 감독은 마치 연애의 감정처럼 아버지와 아들의 하나됨의 변화로 그려나갔다. "입양아 제임스가 스스로가 아닌 누군가 자신을 받아들이는 운명을 가졌던 것처럼 제임스도 생면부지의 아버지를 받아들이는 모습을 관객들도 자연스럽게 받아들여 줬으면 좋겠어요. " 제임스가 아버지를 받아들이는 과정은 과학적 근거가 아닌 바로 입양아가 가진 감정의 것이었다. 이 영화가 자칫 두시간여동안 무겁게 가슴을 짓누르지 않는 것은 곳곳에서 피어나는 웃음 때문이다. 사형수 아버지가 제임스 면회를 끝내면서 "사식으로 치킨을 양념반 프라이드 반"을 요구하는 장면처럼 곳곳에서 어깨의 긴장을 풀어준다. "전 막 화가 났을 때 그 분을 풀기 위해 오히려 엉뚱한 유머를 하는 것을 좋아해요. 영화속에서 처럼요. 하하하."

어려서부터 이야기를 만들어 내는 것을 좋아했다는 황 감독은 "영화 속 주인공의 실제 모델인 애런 베이츠 씨가 영화를 보고 나서 고맙다고 말해줬을 때가 가장 기뻤다" 면서 안도의 한숨을 쉬었다. '마이 파더'가 준 감동의 새로운 모습으로 이야기속에 녹아있는 코미디 영화를 만들고 싶다는 다음 계획을 넌지시 비쳤다.[27)][28)]

10. 칭찬의 효과

여름 캠프에 간다는 말이 나를 설레게 하였다.[29)] 쉼터에서 다 같이 떠나는 여행. 난 뭘 챙겨갈까 고민도 하고 인터넷까지 뒤졌다. ㅋㅋ 그리고는 두번, 세번 다시 확인하는 철저함까지... 캠프가는 날 첫번째날에는 옷도 신경쓰고, 얼굴에도 힘주었다. 그리고 기다리고 기다렸던 캠프 시작이다 ! MP3를 들으면서 달리는 차 ~ 정말 설레이는 마음으로 들떠있는 마음이 좀처럼 가라앉지 않았지만 어쨌든 너무너무 신났다 ~ ! ! 또 차안이 조금은 지루했지만 졸지 않았던 길 그리고 목적지에 도착 ~ ! !

멋지게 지어진 집에서 지낸다는 생각이 날 또 설레게 했다. 맛있는 점심을 먹으면서 시원한 계곡의 물소리 덕분에 밥이 더 맛있게 느껴졌다.

식사가 끝나고 신나게 물놀이 한판 ! 야호 ~ ! 정말 재미있었다. 그런데 놀다보니까 무릎도 까지고, 점점 추워지는 몸, 그래서 깨끗히 씻고

---

27) socio94@cbs.co.kr 미투데이트위터네이버구글딜리셔스
28) http://www.cbs.co.kr/nocut/show.asp?idx=615923(2010.4.30)
29) 작 성 자: 정00 일시: 2007-08-28 15:29:19, 제목: 인성캠프 다녀와서....

뽀송뽀송한 옷을 입고 프로그램에 참여했다. 그런데 감기 기운이 있는지 몸이 자꾸자꾸 추웠다. 그래서 구현샘이 따뜻한 겉옷을 빌려주셨다. 정구현 샘께 감사했다. 그리고 크레파스로 넓은 도화지에 음악을 따라서 선을 긋는 시간을 가졌다. 난 그때 몸이 안좋아서 기분이 좋지 않았지만 해보니까 재미있었다. 그리고 마지막으로 서로의 그림에 대해 발표하는 시간도 가졌다. 또 선생님 사모님께서 해주신 뜨끈뜨끈 맛있는 밥 먹고 기운차렸다! 말씀 잘듣고 감동의 프로그램을 했다. 칭찬 릴레이를 했다. 다른 사람이 나를 긍정적으로 생각해 주심을 감사했다. 정말 즐거운 밤이었다. 추가로 잊지못할 추억. ㅋㅋ 프로그램이 끝나고 나는 바로 골아떨어졌다. 캠프 두 번째 날 나는 제일 늦게 일었났지만, 다른 사람보다는 밥을 일찍 먹었다. 그리고 강당에서 이호선 선생님께서 북치는 것을 가르쳐줬지만, 난 잘 따라가지 못했다.

  난 그때 내가 진정 박치임을 깨닫는 순간이었다. 어려웠지만 내 나름대로의 실력으로 즐겁게 북을 쳤다. 그리고 물놀이 하고 난 피곤해서 텐트에서 잠을 잤다. 한숨 자고 일어나니까 물놀이 끝내고 산악 오토바이를 타러간다는 얘기가 있었다. 원래는 래프팅하려고 했지만 위험해서 산악 오토바이를 탔다. 처음에는 무서워서 뒤에 탈까 생각도 했지만, 그래도 이왕 온거 재미있게 타려고 혼자 탔다. 근데 타다보니까 실력이 좀 늘어서 무서움도 없어지고 진짜 너무 재미있었다. 뒤에서 @@랑 **오빠가 같이 탔는데, 무거워서 안 올라갔던 게 너무 웃겼다. 도로를 전력 질주할 때는 진짜 스릴 만점이었다！！！ 맛있는 저녁먹고 쉬었다. 나를 행복하게 했다. 한결 자선샘이 더 가까워진 느낌이었다. 그리고 밤에 @@랑 나랑 **이오빠 구현샘 ##오빠와 함께 새벽까지 진실게임을 했는데

  구현샘의 솔직한 대답이 나를 진지하게 만들었고 웃게 만들었다. 솔직한 대답해주신 구현샘이 멋있었다！ 그리고 꿈나라로 고고싱 ~ 캠프 마지막 날 늦게 일어나서 아침은 거르고 프로그램에 참여했다. 나를 알아보는 시간이었다. 나는 이런 사람이라는 것을 일깨워주는 좋은 프로그램

이었다. 좀 지루하긴 했지만, 그래도 우리 때문에 고생하시는 선생님에게 좋지 않은 모습 보여드리지 않으려고 내 나름대로 참여했다. 그리고 점심은 대충 먹고 쉼터로 갔다. 차안에서 좀 잤다. 휴게소에서 밥먹고 쉼터로 고고싱 ~힘들기도 했지만, 그래도 뜻있는 프로그램 우리를 위해 애쓰신 원장님 사모님 선생님들…진심으로 감사합니다！！！[30]

11. 칭찬에 관한 좋은 글 1

(1) 나는 큰 소리로 칭찬하고 작은 소리로 비난한다.[31]
(2) 분수에 지나친 칭찬을 받고 기뻐 뛰는 자는 가장 천박하고 평범한 인간이다.
(3) 누구나 자신이 만든 물건은 칭찬한다.
(4) 모든 인간은 과분한 칭찬을 잘한다.
(5) 찬송은 하나님이 이룩하신 놀라운 일과 하나님의 성품들을 칭찬해드리는 것이다.
(6) 무가치한 칭찬은 가면을 쓴 풍자이다.
(7) 칭찬은 다른 사람에게 선의 빚을 지는 것이다.
(8) 칭찬은 추구하는 자가 찾는 것이 아니다. 그것은 마치 돌과 같아서 좇아가면 도망가지만 피하면 따라온다.
(9) 칭찬받을만한 사람이 칭찬받는 것은 더 없이 큰 행복이다.
(10) 칭찬은 선의 그림자로서 시녀가 귀부인을 경탄하게 하는 것보다도 더 선의 비위를 맞춘다.
(11) 처음 칭찬은 충분히 기분을 좋게 하며, 그것을 하나의 혜택으로 받아들이게 하지만 그것의 회수가 많아지면 하나의 빚으로 여기게 될 뿐 아니라 우리의 장점을 강요하는 것 이상의 아무 것도

---

30) http://www.greendream.or.kr/bbs.php?db=s7_free&c=view&no=573(2010.4.30)
31) 좋은글 사랑방, 호남사랑 조회 963 ｜ 09.07.03 08:43
　　http://cafe.daum.net/honamulsan/MQSI/10

아닌 것이 된다.
(12) 칭찬받는데 욕심을 내는 자들은 장점이 많지 않은 사람들이다.
(13) 칭찬은 선을 반사하며, 공정한 칭찬의 말은 선이 좀더 높은 행위에까지 오르게 한다.
(14) 악인의 비난은 강요된 칭찬이다.
(15) 미약한 칭찬에 정죄있을지어다.
(16) 우리가 한 것들에 대하여 받을 수 있는 가장 기분좋은 보상은 그것이 알려진 것을 보는 것이요, 우리를 명예롭게 하는 칭찬으로 박수 갈채를 받는 것이다.
(17) 때때로 칭찬은 소심한 자와 풀이 죽은 자에게 좋은 것이다. 이는 그들로 하여금 다른 사람의 친절에 적절히 의존하도록 가르쳐준다.
(18) 경멸하는 조소가 열의를 가진 사람의 마음에 찬물을 끼얹음으로써 부당하게 식게 만드는 것과는 대조적으로 칭찬은 그것이 작더라도 인간의 마음 속에 있는 선한 생각을 어찌나 따뜻하게 해주고 불붙게 하며 격려해주는지 모른다.
(19) 그대가 죽기 전에는 질투가 없는 칭찬은 기대하지 말라. 유명한 죽음에 내려지는 명예들은 결코 그 안에 질투가 섞이지 않는다. 살아 있는 자는 죽은 자를 불쌍히 여기기 때문이요, 불쌍히 여기는 마음과 질투는 마치 기름과 물이 섞이지 않듯 함께 작용할 수 없는 것이다.
(20) 말없이 죽어가고 있는 자의 선한 행위는 그를 시중드는 많은 사람들의 질투하던 마음을 깨끗이 없애준다.[32)33)]

---

32) http://cafe.daum.net/honamulsan/MQSI/10?docid=1AxBo|MQSI|10|200907030
84327&q=%C4%AA%C2%F9%BF%A1%20%B0%FC%C7%D1%20%C1%C1%C0%BA%20
%B1%DB&srchid=CCB1AxBo|MQSI|10|20090703084327(2010.5.2)
33) 남연건강연구소, cafe.daum.net/daeguguasha

12. 칭찬에 관한 좋은 글 2

(1) 시각을 바꾸면 칭찬이 보인다[34]
(2) 칭찬으로 내 사람 만들기
(3) 하나님, 부처님도 칭찬을 원한다.
(4) 식물도 칭찬하면 성장이 빨라진다.
(5) 자기 자신을 칭찬하는 법
(6) 칭찬의 위력
(7) 칭찬의 안경, 비난의 안경
(8) 칭찬은 고스톱이다 -때와 장소가 필요없다.
(9) 칭찬은 컴퓨터 전문가다. - 인생을 업그레이드시킨다.
(10) 칭찬이 대통령도 만든다 - 맞습니다 맞고요.
(11) 칭찬클럽 회원은 돈없이도 평생 보증된다.
(12) 칭찬은 임산부다. - 먹지 않아도 배부르다.
(13) 기적을 만드는 칭찬은 언제나 존재한다.
(14) 칭찬은 부와 명예를 함께 끌어 당긴다.

[칭찬의 놀라운 힘]

칭찬은 가장 빠르게 자신감과 행복감을 갖게 하고 자석처럼 서로 끌어 당겨 하나가 되게 할 뿐 아니라 불가능도 가능하게 만드는 위대한 힘이 있다. 칭찬과 비난은 상반된 위치에 있어 칭찬의 무게가 커지면 비난의 무게는 자연히 줄어든다.

어느 모임 중에 칭찬클럽이 있는데 강연듣거나 글을 보고 그 때부터 누구를 만나건 3번 이상 칭찬을 하면 자동회원이 된다. 5분동안 자신의 칭찬을 노트에 기록하면 누구나 30개에서 50여개를 써낼 수 있다.

칭찬의 위력 33가지를 행동으로 옮겨보자. 삼삼(33)한 인생을 살아갈

---

[34] 다 아는 이야기지만...칭찬을 하자- 칭찬에 관한 좋은 글입니다| 자유로운 글, 캐노피 조회 496 | 09.01.11 23:27 http://cafe.daum.net/daeguguasha/4pjv/462

수 있다.
- (1) 칭찬을 받으면 바보도 천재로 바뀌어진다. 바보온달을 장군으로 만든 것은 평강공주의 애정어린 칭찬 때문이다.
- (2) 칭찬을 하면 칭찬받을 일을 하고 비난을 하면 비난받을 짓을 한다. 사람을 바꾸는 유일한 방법은 칭찬밖에 없다.
- (3) 남을 칭찬하면 즐거워진다. 칭찬은 태양처럼 밝은 기운을 가지고 있어 인생이 밝아지게 마련이다.
- (4) 칭찬 노트를 만들라. 칭찬거리가 생각나면 바로 노트에 기록하라. 이 노트가 기적을 만드는 노트다.
- (5) 돈을 주면 순간의 기쁨이 만들어지지만 칭찬은 평생의 기쁨을 안겨준다. 칭찬하고 또 칭찬하라.
- (6) 누구나 본인도 모르는 장점이 있다. 바로 그 부분을 찾아 칭찬해 보자. 그 기쁨과 감동은 무엇과도 비교되지 않는다.
- (7) 칭찬을 주고받는 사회가 성공하는 사회. 칭찬이 상생효과를 만들어 살맛나는 세상을 만들어준다.
- (8) 욕을 먹어도 변명하거나 얼굴을 붉히지 말라. 그가 한 욕은 내가 먹는 것이 아니라 그에게로 돌아간다.
- (9) 이 세상은 발전하지 않으면 붕괴된다. 돈이 많다고 발전하는 것이 아니라 칭찬을 통하여 공동승리를 안겨주는 것이다.
- (10) 만날 때 칭찬하고 헤어질 때 칭찬하라. 모두가 애타게 바라는 즐겁고 신나는 세상은 그렇게 해서 만들어지는 것이다.
- (11) 운동선수에게는 응원의 목소리가 승리를 안겨준다. 그 외의 사람에게는 칭찬의 소리가 응원가로 들리게 된다.
- (12) 살다보면 미운 사람이 생기게 마련이다. 미운 사람에게 떡 하나 더 줘라. 뭐니 뭐니해도 떡값이 가장 싸다.
- (13) 선물을 하는데는 많은 비용이 들어간다. 그러나 칭찬은 1원도 들이지 않고 더큰 감동을 주게 된다.

(14) 99의 약점이 있는 사람도 1의 장점은 있게 마련이다.

(15) 바라보고 칭찬하라. 그것이 자라나면 장점만의 사람으로 변신한다.

(16) 칭찬은 적군도 아군으로 만든다. 아군을 만들려면 적군에게도 칭찬하라.

부자가 되고 싶으면 칭찬하는 노력을 먼저 하라. 칭찬은 보물찾기와 같으며 보물을 많이 찾는 사람이 최고의 부자다.

(17) 칭찬을 하고 나면 기분이 좋고 비난을 하고 나면 기분이 언짢아진다. 나에게서 나간 것은 나에게로 돌아온다는 증거다.

(18) 고객만족, 고객감동이 아니면 기업은 쓰러진다. 칭찬은 이 두 가지를 모두 만족시키고도 남는 위대한 덕목이다.

(19) 목마른 사람에게 물을 주는 것이 공덕이다. 칭찬에 목마른 사람에게 칭찬을 해주어라. 그처럼 큰 공덕도 없다.

(20) 해가 뜨면 별이 보이지 않듯 칭찬이 늘어나면 원망도 없어진다. 불행 끝 행복 시작이 눈앞에 펼쳐지는 것이다.

(21) 10점을 맞다가 20점을 맞는 것은 대단한 향상이다. 잘하는 것만 바라보며 칭찬하면 끝내는 100점이 될 수 있다.

(22) 칭찬은 아름다운 마음의 표현이다. 아름다운 마음이 아름다운 얼굴을 만든다. 화장을 하려말고 칭찬을 먼저 하라.

(23) 자기를 칭찬하는 사람만이 남을 칭찬할 수 있다. 먼저 자신을 칭찬하라. 칭찬에 숙달된 조교가 성공적인 삶을 만들게 된다.

(24) 남의 약점은 보지도 듣지도 말하지도 말라. 약점을 찾는 열성당원은 어둠의 영원한 노예가 되어 버린다.

(25) 사람에게는 무한 능력이 숨어있다. 처마 밑의 주춧돌이 빗방울에 의해 홈이 파지듯 반복된 칭찬이 위대한 결과를 만들어준다.

(26) 칭찬은 희망과 의욕을 높여주어 자존심을 살려준다. 한마디의 칭찬이 의식개혁의 시작이 되는 것이다.

(27) 칭찬은 웃음꽃을 만들어주는 마술사다. 장미도, 백합도, 진달래

도 아름답지만 웃음꽃만큼 아름다운 꽃은 이 세상에 없다.
(28) 기가 살아야 운도 산다. 기를 살리는 유일한 처방은 칭찬이다. 아낌없이 칭찬하라.
(29) 칭찬을 받고 싶으면 내가 먼저 칭찬하라. 이 세상에 외상이나 공짜는 없다는 것을 그 자리에서 알게 된다.
(30) 칭찬을 받으면 발걸음이 가벼워지고 입에서 노래가 나온다. 나 자신을 위해서도 칭찬하라. 기쁨에 넘치는 사람이 기쁨세상을 만들어준다.
(31) 욕 먹으면 욕먹을 짓을 하고 칭찬하면 칭찬받을 행동을 한다. 칭찬을 받으면 10배 100배 노력을 아끼지 않게 된다.
(32) 칭찬을 받으면 운이 저절로 열린다. 태양처럼 밝은 마음속에는 어둠이 깃들지 못하는 것이다.
(33) 칭찬을 하다보면 마음이 열려 네가 내가 되고 내가 네가 된다. 서로 하나가 되는데는 칭찬만큼 효과가 뛰어난 무기도 없다.

[칭찬의 효과]

말 한마디로 천냥 빚을 갚는다지만 아무 말이나 다 그런 것은 아니다. 천냥 이상의 가치가 있는 말은 칭찬의 말이다. 구슬이 서말이라도 꿰어야 보배인데 우리가 살아가는데 가장 큰 보물을 가지고 있지만 쓰지 않는다면 돈을 가지고 있으면서 부도를 내는 것과 다를 것이 없다. 아낌없이 칭찬하자. 값진 인생이 순간에 이뤄진다. 칭찬의 효과를 마음속에 그려보자.

(1) 칭찬은 고스톱이다. 때와 장소가 필요없다.
(2) 칭찬은 임산부다. 먹지 않아도 배부르다.
(3) 칭찬은 다이아몬드다. 사랑의 결정체이다
(4) 칭찬은 만병통치약이다. 칭찬으로 안낫는 것이 없다.
(5) 칭찬은 현대경영이다. 고객만족과 고객감동을 이룩한다.
(6) 칭찬은 샘물이다. 기쁨의 갈증을 깨끗이 씻어준다.

(7) 칭찬은 꽃 피우는 마술사다. 굳어있는 얼굴에 웃음꽃을 피게 한다.
(8) 칭찬은 노래방기계다. 칭찬을 받으면 콧노래가 절로 난다.
(9) 칭찬은 대형거울이다. 내가 네가 되고 네가 내가 된다.
(10) 칭찬은 고장난 지퍼다. 마음 문이 저절로 열린다.
(11) 칭찬은 최신형 미사일이다. 적도 쉽게 함락시킨다.
(12) 칭찬은 풍선이다. 몸이 날 것처럼 가벼워진다.
(13) 칭찬은 보너스다. 받으면 신이 난다.
(14) 칭찬은 행운의 열쇠다. 기도 살고 운도 산다.
(15) 칭찬은 전파탐지기다. 숨어있는 거대한 능력을 찾아낸다.
(16) 칭찬은 초대형 브래지어다. 가슴을 부풀게 한다.
(17) 칭찬은 키크는 약이다. 행복을 열배로 키워준다.
(18) 칭찬은 에밀레종소리다. 오래도록 여운이 남는다.
(19) 칭찬은 성장촉진제다. 식물도 칭찬하면 쑥쑥 자라난다.
(20) 칭찬은 고리대금이다. 되로 주면 말로 받는다.
(21) 칭찬은 서치라이트다. 마음을 대낮처럼 밝혀준다.
(22) 칭찬은 총명탕이다. 바보를 천재로 만든다.
(23) 칭찬은 성형외과 의사다. 단숨에 사람을 미인으로 바꿔놓는다.
(24) 칭찬은 현찰박치기다. 그 자리에서 효과가 나타난다.
(25) 칭찬은 평생회원권이다. 죽을 때까지 기쁨속에 살게 만든다.
(26) 칭찬은 보물찾기다. 모르는 것을 찾아낼 때 기쁨이 넘친다.
(27) 칭찬은 비아그라다. 빠르게 힘을 만든다.
(28) 칭찬은 별책부록이다. 돈안들이고 기쁨을 전해준다.
(29) 칭찬은 저금통장이다. 늘어날수록 기쁨도 늘어난다.
(30) 칭찬은 신용카드다. 어디서나 통용된다.
(31) 칭찬은 새나라의 어린이다. 새롭게 변신한다.
(32) 칭찬은 위대한 대통령이다. 역사를 새로 쓰게 만든다.
(33) 칭찬은 만능열쇠다. 어디나 열고 들어간다.

(34) 칭찬은 자석이다. 사람을 끌어 당긴다.
(35) 칭찬은 요술방망이다. 지옥도 천국으로 만든다.
(36) 칭찬은 메아리다. 간 것이 돌아온다.
(37) 칭찬은 컴퓨터 전문가다. 인생을 업그레이드 시켜준다.
(38) 칭찬은 처갓집 말뚝이다. 자꾸 절하고 싶어진다.
(39) 칭찬은 조수미 노래다. 듣고 나면 또 듣고 싶어진다.
(40) 칭찬은 소매치기다. 모르는 것까지 꺼내 놓는다.
(41) 칭찬은 밥이다. 먹어도 부작용이 생기지 않는다.
(42) 칭찬은 화장실이다. 속을 시원하게 만들어 준다.[35]

13. 칭찬의 예술성

"칭찬은 바보를 천재로 만든다" 는 말이 있다.[36] 어쩌면 극단적인 말로 들릴지 모르지만 칭찬은 분명 사람을 아름답게 만드는 보이지 않는 힘을 갖고 있다. 이런 면에서 칭찬도 예술이라 할 수 있지 않을까.

잘못을 지적하기보다 칭찬할만한 모습을 찾아내는 안목을 기르는 것도 다른 사람과 나의 삶을 아름답게 하는 지혜라고 할 수 있다.

1) 습관을 들이자.

어느 회사의 사장은 아침에 출근할 때마다 주머니에 동전 다섯개를 넣고 나온다. 직원들을 한번 칭찬할 때마다 동전 하나를 다른 쪽 주머니로 옮기기 위해서다. 처음엔 어색하고 힘들었지만 몇 주 안되어 동전 옮기는 일이 익숙해지자 그의 입에선 버릇처럼 칭찬의 말이 흘러나왔다.

사장의 칭찬에 인정을 받는다는 느낌을 가진 직원들은 전보다 더욱 열심히 일했고 회사 분위기도 활기차게 변했다.

---

35) http://cafe.daum.net/daeguguasha/4pjv/462?docid=1DPz4|4pjv|462|20090111232707&q=%C4%AA%C2%F9%BF%A1%20B0%FC%C7%D1%20C1%C1%C0%BA%20%B1%DB&srchid=CCB1DPz4|4pjv|462|20090111232707(2010.5.2)
36) 캐노피 조회 32 | 09.01.13 00:43 http://cafe.daum.net/daeguguasha/4pjv/464

2) 그 자리에서 구체적으로 하자.

칭찬할 일이 생기면 그 자리에서 바로 칭찬하는 것이 좋다. 누구나 칭찬받으면 기분이 좋아지고 자랑하고 싶은 심리가 있으므로 여러 사람 앞에서 칭찬하면 효과가 커진다. 그리고 단순히 "잘했어", "좋아요."라는 모호한 칭찬은 형식적인 느낌을 주므로 "이 서류는 참 간결하고 설득력이 있군요."라는 식으로 구체적으로 말한다.

3) 군더더기없이 하자.

수학을 70점 맞던 아이가 90점을 맞았을 때 "참 잘했어. 열심히 하니까 성적이 오르지? 조금 더 하면 다음엔 100점 맞을 수 있을 거야" 라고 말하는 부모들이 있다. 언뜻 보기엔 칭찬같이 들리지만 뒷말 때문에 아이는 부담감을 느끼게 된다. 칭찬을 할 때는 결과보다는 노력한 과정을 높이 사되, 현재의 상태와 느낌을 넘어서지 않으면서도 간결하게 한다.

4) 다채롭게 하자.

예를 들어 부모가 자녀를 칭찬할 때 "엄마는 우리 딸이 정말 자랑스러워"라는 글귀를 써서 잘 보이도록 장소나 책상앞에 붙여 두면 아이는 큰 기쁨과 만족을 얻게 된다. 이와같이 칭찬을 표현하는 방법과 더불어 업적, 일하는 태도, 말씨, 인상, 옷차림 등 칭찬할 내용도 상황에 맞게 작은 일부터 다양하게 찾아본다.

5) 과장되게 하지 말자.

마냥 추켜세우기 식의 지나친 칭찬은 주의해야 한다. 과장된 칭찬은 평소에 하던 칭찬마저 그 진실성을 잃게 하므로 잘한 일에 대해서만 칭찬하는 것이 좋다. 한편, 자신을 과소평가하고 비하하는 버릇이 있는 사람은 다른 사람의 칭찬을 곧이 곧대로 받아들이지 못하고 "무슨 꿍꿍이가 있는 것이 아닌가" 생각하게 된다.

남을 칭찬하기 전에 자신을 먼저 인정하고 칭찬할 줄 알아야 한다.[37]

부모와 자녀 사이에, 스승과 제자 사이에, 학부모와 선생님 사이에 , 부부 사이에, 직장동료 사이에 칭찬을 주고 받으며 생활한다면 훨씬 더 따뜻하고 웃음이 넘치는 생활이 보장될 것이라 생각된다.[38]

14. 칭찬의 적용 - 피그말리온 효과

그리스 신화의 피그말리온에서 유래한 용어 "피그말리온 효과(Pygmalion Effect)"는 학교교육이나 직업활동에서 교사나 책임자가 기대하는대로 학생과 직원의 능률을 높인다는 내용으로서 부정적으로 기대하면 문제행동을 하고, 긍정적으로 기대하면 기대에 부응행동을 하게 되는 것, 기대가 태도와 행동을 바꾼다는 것이다. 기대와 칭찬의 효과를 표현한 것으로서 교사의 기대가 크면 학생의 학습효과도 커진다는 것이다.

어떻게 행동하리라는 주위의 예언이 행위자에게 영향을 주어 결국 그렇게 행동하도록 만든다는 "자기충족예언(self-fulfilling prophecy)이론"으로도 설명할 수 있다. 이 이론은 꼭 교사와 학생 사이 뿐 아니라 인간사 모두에게 해당될 것이다.[39]

15. 칭찬의 기법

타인에게서 가장 좋은 점을 찾아내어 그에게 얘기해 주십시오. 우리들 누구에게나 그것이 필요합니다.[40] 우리는 타인의 칭찬 속에서 자랐습니

---

[37] http://cafe.daum.net/daeguguasha/4pjv/462?docid=1DPz4|4pjv|462|200901112
 32707&q=%C4%AA%C2%F9%BF%A1%20%B0%FC%C7%D1%20%C1%C1%C0%BA%20
 %B1%DB&srchid=CCB1DPz4|4pjv|462|20090111232707(2010.5.2)
[38] [유익한세상] 칭찬에 관한 좋은 글| ♣ 학부모상담실♣, 릴라샘 조회 1177 | 07.05.17
 09:40 http://cafe.daum.net/gorillazzang/mMv/4
[39] http://cafe.daum.net/gorillazzang/mMv/4?docid=NDmc|mMv|4|200705170940
 22&q=%C4%AA%C2%F9%BF%A1+%B0%FC%C7%D1+%C1%C1%C0%BA+%B1%DB&sr
 chid=CCBNDmc|mMv|4|20070517094022(2010.5.2)
[40] 쭌쭌 조회 972 | 03.04.21 15:33 http://cafe.daum.net/4446/5cdB/1859

다. 그리고 그것은 우리를 더욱 겸손하게 만들었습니다. 그 칭찬으로 하여 사람은 칭찬받을 만하도록 더욱 노력하는 것입니다. 진실한 의식을 갖춘 영혼은 자신보다 훨씬 뛰어난 무엇을 발견해 낼 줄 압니다. 칭찬이란 이해입니다.

근본적으로 누구나 위대하고 훌륭합니다. 누군가를 아무리 칭찬한다 해도 지나치지 않습니다. 타인속에 있는 위대함과 아름다움을 발견하는 눈을 기르십시오. 그리고 찾아내는대로 그에게 이야기해 줄 수 있는 힘을 기르십시오.[41][42]

16. 메뚜기 사고방식에서 벗어나기

좋은 아침입니다. 삶의 활력소 정원석입니다. 오늘은 칭찬에 관한 좋은 글이 있어서 여러분들과 나누고 싶기에 글을 올려 봅니다.[43] 사람이 좋은 말 한마디를 누군가에게 해 주거나 아니면 미소 하나, 격려의 손길 한 번 또는 남을 칭찬하는 한마디를 하는 것은 마치 자신의 양동이에서 한 국자를 떠내 주는 것과 같은 것이다. 즉, 남의 양동이를 채워 주는 일이다. 희한한 것은 이렇게 퍼내 주고도 제 양동이는 조금도 줄지 않는다는 것이다.[44] 오늘 제 글을 보시는 모든 분들의 건강과 행복이 함께 하기를 빌어 봅니다… 오늘 하루도 우리 화~~이 팅! UBase 삶의 활력소가 ^^[45]

---

41) 2009.1.14 메리 헤스겔
42) http://cafe.daum.net/4446/5cdB/1859?docid=1vKf|5cdB|1859|20030421153316 &q=%C4%AA%C2%F9%BF%A1+%B0%FC%C7%D1+%C1%C1%C0%BA+%B1%DB&srchid=CCB1vKf|5cdB|1859|20030421153316(2010.5.2)
43) 윌리엄 미첼 〈메뚜기 사고 방식에서 벗어나기〉*칭찬에 관한글*| 자유게시판^^, 삶의 활력소 조회 583 | 04.04.21 08:18 http://cafe.daum.net/csm2449/DVwd/1779
44) 윌리엄 미첼 〈메뚜기 사고 방식에서 벗어나기〉
45) http://cafe.daum.net/csm2449/DVwd/1779?docid=8rUp|DVwd|1779|200404210 81838&q=%C4%AA%C2%F9%BF%A1+%B0%FC%C7%D1+%C1%C1%C0%BA+%B1%DB &srchid=CCB8rUp|DVwd|1779|20040421081838(2010.5.2)

17. 칭찬에 관한 좋은 글46)

(1) 칭찬을 하면 칭찬받을 일을 하고, 비난을 받으면 비난받을 짓을 한다. 사람을 바꾸는 유일한 방법은 칭찬 밖에 없다.
(2) 이 세상에는 외상이나 공짜가 없다. 칭찬을 하면 칭찬이 돌아오고 원망을 하면 원망이 돌아온다.
(3) 돈을 주면 순간의 기쁨이 만들어지지만 칭찬은 평생의 기쁨을 안겨준다. 칭찬하고 또 칭찬하라.
(4) 욕을 먹어도 변명하거나 얼굴을 붉히지 말라. 그가 한 욕은 내가 먹는 것이 아니라 그에게로 돌아간다.
(5) 운동선수에게는 응원의 목소리가 승리를 안겨준다. 그 외의 사람에게는 칭찬의 소리가 응원가로 들리게 된다.
(6) 자기를 칭찬하는 사람만이 남을 칭찬할 수 있다. 먼저 자신을 칭찬하라. 칭찬에 숙달된 조교가 성공적인 삶을 만들게 한다.
(7) 칭찬은 웃음꽃을 만들어주는 마술사이다. 장미도, 백합도, 진달래도 아름답지만 웃음꽃만큼 아름다운 꽃은 이 세상에 없다.
(8) 고기도 먹어 본 사람이 맛을 알듯이 칭찬을 받아본 사람은 더 칭찬받고 싶어한다. 그래서 10배 100배의 노력을 아끼지 않을 것이다.
(9) 부자가 되고 싶으면 칭찬하는 노력을 먼저 하라. 칭찬은 보물찾기와 같아 보물을 많이 찾는 사람이 최고의 부자이다.
(10) 칭찬은 아름다운 마음의 표현이다. 아름다운 마음이 아름다운 얼굴을 만든다. 화장을 하려말고 칭찬을 먼저 하라.47)

---

46) 최삼덕 조회 29 | 03.06.10 15:11 http://cafe.daum.net/samd56/1QC4/860
47) http://cafe.daum.net/samd56/1QC4/860?docid=73B6|1QC4|860|200306101511
09&q=%C4%AA%C2%F9%BF%A1+%B0%FC%C7%D1+%C1%C1%C0%BA+%B1%DB&src
hid=CCB73B6|1QC4|860|20030610151109(2010.5.2)

18. 칭찬의 구체적 효과

　엄마들~ 이제 아이들 재울 시간이시겠어요. 규민인 어제 늦게까지 말도 안되는^^;; 문어그림을 시리즈로 그리느라 열중하다 늦게 자더니 오늘은 일찍 잠들었네요..아싸..!^^*48) 예전 EBS다큐 중에 칭찬을 주제로 제작한 프로가 있었는데, 무척 인상깊었어요..(혹시 관심있으시면 EBS다큐 프라임 사이트 한번 가보셔요..다시보기 있어요..) 사이트에 갔다가 이 글이 올라와 있길래 엄마들도 한번 보시면 도움이 되지 않을까 해서요...^^*

　음.. 언젠가부터 느낀건데요. 제가 진심으로 칭찬하지 않으면 아이도 크게 반응하지 않더라구요. 좋은 밤 되시고 또 좋은 글 있으면 올릴께요~^^* 엄마들 화이팅!!
좋은 칭찬을 하기 위해서는...

　(1) 적절한 칭찬을 하기 위해서는 관심을 가지고 아동을 잘 관찰해야 한다. 아동이 원하는 것이 무엇이고 그것을 이루기 위해 어떻게 행동하는지, 무엇을 잘하고 무엇을 어려워하는지, 무엇을 좋아하고 무엇을 싫어하는지, 다른 사람(가족, 또래, 교사)과 어떻게 관계하는지 등을 잘 살펴보아야 한다. 아동을 잘 관찰해야 아동을 보다 폭넓게 이해할 수 있고, 아동에 대한 충분한 이해가 있어야 아동에게 적절한 칭찬을 할 수 있기 때문이다. 자신에 대해 잘 모르고 하는 칭찬이 마음에 와 닿을 수 없기에 아동은 그 칭찬을 기꺼이 받아들이기 보다는 의아하게 여기거나 중요하게 여기지 않을 수 있다.

　(2) 칭찬은 칭찬하는 사람이 아닌 아동을 위한 것이어야 한다. 사람은 누구나 자신에게 중요한 사람(부모, 교사, 친구)에게 사랑과 인정을 받고싶어 하기에, 때로는 자신이 원하는 것을 포기하거나 원하지 않는 것을 억지로 하면서라도 칭찬을 받고 싶어한다. 만약 칭찬하는 사람이

---

48) 규민맘 조회 177 | 08.10.23 20:54 http://cafe.daum.net/mia6dong/JlNd/21

이를 악용한다면 아동은 칭찬의 노예가 되어서 타인의 조정에 쉽게 흔들리는 사람이 되거나 칭찬이 없으면 자신의 가치를 스스로 발견할 수 없는 사람이 될 수도 있다. 그러므로 칭찬을 할 때에는 자신의 뜻대로 되면 기뻐하고 뜻대로 되지 않으면 화를 내고 있지 않는지 혹은 칭찬의 대가를 바라고 있지는 않는지(예 : 내가 이만큼 칭찬했으니 저 아이가 그만큼 달라지겠지.) 마음자리를 살펴보아야 한다. 칭찬하는 어른은 진정으로 내가 저 아동을 위해 아동이 보다 행복하고 보다 유능하게 자신의 삶을 꾸려나갈 수 있도록 돕기 위해 칭찬을 하고 있는지 항상 생각하고 있어야 한다.

(3) 칭찬은 진심이어야 한다. 칭찬을 들으면 그 순간 기분이 좋아지고 어깨가 으쓱해진다. 그래서 칭찬을 많이 하면 아이에게 좋을 것이라고 짐작하기 쉬운데, 아무리 좋은 비타민제도 과용하면 몸에 좋지 않은 것처럼 칭찬을 많이 하는 것이 능사는 아니다. 의례적으로 하거나 사탕발림으로 하는 칭찬, 과장된 칭찬은 아동에게 진심으로 전달되지 않기 때문에 오히려 아동으로 하여금 제대로 된 칭찬을 받을 수 없는 아이처럼 느끼게 만들거나 다른 사람의 칭찬을 진심으로 받아들이지 못하는 아이로 만드는 부작용을 낳을 수 있다. 칭찬은 그 순간 진심으로 느껴질 때(거창한 것이 아니다) 하는 것이 바람직한데, 제대로 칭찬을 하고 나면 칭찬을 한 사람과 칭찬을 받은 사람은 마음이 통한 느낌을 받는다.

(4) 칭찬은 궁극적으로 아동이 나 자신을 그리고 다른 사람을 제대로 칭찬할 수 있는 사람으로 성장하게 만든다. 자신의 가치를 제대로 알 수 없었던 아동은 자신의 가치를 있는 그대로 발견해주고 인정해주는 누군가와 함께 하는 경험을 통해 진정한 나를 발견해 나갈 수 있다.

'아! 나는 이것을 할 수 있는 아이구나', '나는 지금 이만큼 해낼 수 있구나' 하고 나를 느끼고 자각하면서 나에 대해 알아간다. 진정으로 자존심이 높은 사람은 자신의 잘난 구석도 못난 구석도 기꺼이 수용하기 때문에 잘난 것을 으시대지 않아도 당당하고 못난 것을 감추지 않아도 부끄럽지 않다. 성공을 경험했을 때에는 그것을 맘껏 즐기더라도 자만하거나 안주하지 않고, 실패를 경험했을 때에도 충분히 아파하지만 좌절을 견뎌내거나 다시 도전할 수 있다. 또한 나를 알고 수용하는만큼 타인의 좋은 면도 부족한 면도 모두 볼 수 있는 안목을 갖추게 되고, 타인의 좋은 면을 시기하지 않고 칭찬할 수 있으며 타인의 부족한 면을 비난하지 않고 격려할 수 있다. 좋은 칭찬을 받으며 성장한 아동들은 자신과 타인의 가치를 있는 그대로 발견하고 수용하며 인정할 수 있는 아이로 성장할 것이다.

  칭찬을 할 때에는…
  (1) 칭찬은 맞춤형이어야 한다. 아동마다 다르기 때문에 그 아동에게 적절한 칭찬의 내용과 방법을 찾아서 하도록 한다.
  (2) 조건부 칭찬은 삼가야 한다. 내가 원하는 것을 했기 때문에 칭찬하는 것이 아니라, 아동의 있는 그대로를 인정하고 아동의 입장을 공감하면서 칭찬해야 한다.
  (3) 아동이 자기에 대한 긍정적인 발견을 할 수 있도록 칭찬을 한다. 무엇이든 잘 하라고, 남보다 뛰어나라고 하는 칭찬이 좋은 칭찬이 아니다. 아동이 지금까지 잘 몰랐던 자신을 새롭게 알아가고 긍정적으로 경험할 수 있도록 하는 칭찬이 좋다.
  (4) 칭찬은 맥락에 따라 생생하게 전달되어야 한다. 칭찬의 정도는 없다. 그 때 그 순간의 느낌을 담아 칭찬하고 싶은 마음을 전달한다. 칭찬을 멋지게 잘했느냐 보다는 칭찬에 담긴 진심이 통했느냐가 중요하다(세련된 미사여구보다 감탄사 한마디가 더 좋은 칭찬이 될 수 있다).
  (5) 구체적인 피드백을 통해 칭찬한다. 성과중심이나 능력중심으로 칭찬하기(예 : 넌 뭐든지 잘하는구나! 역시 똑똑해!) 보다는 노력하는 과정 중에 있는 것을 구체적으로 칭찬하는 것이 바람직하다(예 : 저번에는 이만큼 하더니 오늘은 이만큼 해냈네. 어떻게 그럴 수 있었니?).
  (6) 칭찬을 위한 칭찬은 삼가야 한다. 아동 스스로 부족하다고 느끼

고 있는 부분이나 이미 충분히 잘하고 있다고 생각하는 부분을 칭찬하는 것은 그다지 효력이 없다.

(7) 아동 스스로 기뻐하고 만족할 수 있도록 기회를 주고 그것을 함께 나누는 것이 가장 좋은 칭찬이다.

우진맘 좋은 글이네요~~저의 칭찬 방식을 돌아보게 만드는…칭찬은 고래도 춤추게 한다는데 전 요새 너무 학습적인 면에 있어서만 칭찬을 한것 같아서 미안하네요… 08.10.23 22:06

예나마미 EBS프로 넘 좋죠, 보면서 늘 반성하고 자극받긴 하는데..실생활에선 잘 안되더라구요. 칭찬은 진심이여야 한다는 것..맘에 와닿아요.... 자기전에 예나에게 진심어린 칭찬 한마디 해야겠어요...... 08.10.23 22:36

현승 현규 칭찬이 좋다는걸 알면서도 잘 실행이 안되는거 같아요 그래도 조금씩 고쳐가면서 해야겠어요 좋은 모습보다도 안좋은 모습이 먼저 눈에 거슬려서 혼내기만 바쁘구....하여튼 고쳐야 할 것이 한두가지가 아니에요 08.10.24 18:11.[49]

19. 칭찬에 관한 글| 감동 교훈의 글

『칭찬은 고래도 춤추게 한다』라는 책에는 어떤 일에 대한 사람들의 반응에 대한 재미있는 표현 2가지가 나옵니다.[50] '고래반응'이라는 것과 '뒤통수치기 반응'이 그것입니다. 먼저 '고래반응'이라는 단어는 고래 중에서도 '바다의 포식자'라고 불리는 '범고래'를 조련사가 훈련시키는 방법으로부터 유래했습니다. 몸무게가 무려 2톤이 넘는 '범고래'들을 조련사들은 어떻게 훈련시킬까요? 그것도 2톤이 넘는 범고래를 그냥 훈련

---

49) http://cafe.daum.net/mia6dong/JlNd/21?docid=1AylX|JlNd|21|20081023205457&q=%C4%AA%C2%F9%BF%A1+%B0%FC%C7%D1+%C1%C1%C0%BA+%B1%DB&srchid=CCB1AylX|JlNd|21|20081023205457(2010.5.2)
50) 칭찬에 관한 글| 감동 교훈의 글, 베라카 조회 24 | 07.07.07 11:17 http://cafe.daum.net/lovexj/KF17/49, 칭찬은 고래도 춤추게 한다.

시키는 것이 아니라, 놀라운 수준의 곡예와 3m 이상의 점프를 가능하게 하려면 어떻게 해야 할까요? 만약 고양이나 강아지를 훈련시키는 것이라면 때리고 혼내고 먹을 것을 주지 않는 것으로도 가능할 것입니다. 하지만 2톤이 넘는 범고래라면 당연히 사정이 틀려지겠죠. 만약 조련사가 말을 안 듣는다고 먹을 것을 안 줘버린다면, 바다에서 가장 무시무시한 육식 동물인 범고래는 그 조련사를 먹어치워 버릴지도 모르는 일이지요.

벌주거나 굶기는 것도 불가능하다면 조련사들은 과연 어떻게 범고래들을 훈련시켜 범고래 쇼까지 할 수 있는 것일까요? 조련사들은 범고래를 훈련시킬 때 우리의 예상과는 정반대의 방법을 사용한다고 합니다.

바로 '칭찬'해 준다는 것이죠. 조련사가 원하는 행동을 보였을 때마다 그냥 지나치지 않고 먹을 것을 준다거나, 등을 쓰다듬는 등의 반응을 보입니다. 그렇게 며칠, 몇달을 계속해서 칭찬해 주고 상을 주다보면, 고래는 점점 좋은 방향으로 유도되어, 결국에는 조련사와 멋진 곡예를 부리며, 3m 이상 점프도 가능하게 됩니다. 그렇기에 한마디로 '고래반응'이라는 것은 긍정적인 면을 강화시키는 것입니다. 사람이든 동물이든 어떤 행동에 대해서 주의를 기울일수록 그 행동을 계속 반복하게 되기 때문에 조련사들은 범고래가 실수할 때나 잘못을 저질렀을 때 보다는, 일을 잘 수행했을 때 더큰 관심과 주의를 쏟는 것이죠. 그리고 그러한 긍정적인 관심과 주의 덕분에 범고래는 불가능할 것 같은 일까지 수행할 수 있게 됩니다. 그런데 우리가 흔히 보이는 반응은 잘되고 있는 일에 대해서 칭찬해주고 격려해주는 '고래반응'이 아니라, 잘못하는 일에 대해서 벌하고 추궁하는 '부정적 반응'입니다. 그런 행동을 '놔뒀다 공격하기'라고 표현합니다. 누군가 일을 망치기 전까지 아무런 반응이 없다가, 일이 잘못되면 그 때에 바로 반응이 나타난다는 것이죠.

그것도 좋은 반응이 아니라 부정적이며 나쁜 반응을 말입니다. 그래서 일이 잘될 때는 아무런 반응을 보이지 않다가, 누군가 조그만 실수라도 저지르게 되면 기다렸다는 듯 화난 표정을 하고 비난의 말을 쏟아 부으며 어떻게든 그 실수에 대해 책임지라도 소리지르며 벌을 주게 됩니다.

일부로 그런 것은 아니라 하더라도 우리들 대부분은 누군가 실수하기를 기다렸다는 듯, 조그만 잘못이 발견되더라도 바로 지적하고 비난하기 바쁘다는 것이죠. 이런 반응을 '뒤통수치기 반응'(p.85)이라고 표현하고 있습니다. 그냥 앉아서 일이 망쳐질 때까지 기다렸다가, 잘못이 발견되면 바로 뒤에서 '뒤통수'를 쳐버린다는 것입니다. 하지만 고래반응은 '뒤통수치기 반응'처럼 결과만을 중시하여, 그 결과에 대한 책임과 처벌만을 따지는 것이 아니라, '과정'을 중요시하는 것입니다. 일이 어떻게 되는가를 살펴보면서, 그 일이 좋은 결과를 낼 수 있도록 격려해주고, 잘 되는 것들을 칭찬해 주는 것입니다. 그렇기에 중요한 것은 '점점 나아지고 있는 상태를 계속해서 알아차리고 인정하고 보상해야 한다는 점입니다'. 잘되고 있는 동안 내버려 두는 것이 아니라, 더욱 잘할 수 있도록 용기를 북돋아주고 격려해주어, 결국 잘할 수 있도록 만들어주는 것이 바로 '고래반응'입니다. 이런 '고래반응'은 갓난아이가 걸음마를 배우게 되는 과정을 떠올려보면 쉽게 이해할 수 있습니다. 아이가 처음 걸음마를 배우기 시작한다고 해 봅시다. 그때 아이는 균형을 제대로 잡지 못하고 기우뚱거리게 되죠. 하지만 이때 거의 대부분의 부모는 마냥 즐겁고 대견하게 생각합니다. 잘걷지 못한다고 비난하거나 질책하지 않습니다.

게다가 아이가 갑자기 엉덩방아를 찧게 되더라도 화를 내거나 벌을 주는 것이 아니라 오히려 더 사랑스러워하죠. 이 때 부모는 의식하지 못하더라도 자연스럽게 아이에게 '고래반응'을 하고 있는 것입니다.

아이가 일어설 때마다 보이는 부모의 환한 미소와 박수 등은 아무 것도 모르는 아이일지라도 계속해서 일어나 걸으려고 애쓰게 만듭니다.

비록 의식하지 못하지만 갓난아이조차 자신이 사랑하는 사람이 좋아하는 행동을 더욱 잘하려고 애쓰게 된다는 것이죠. 그런데 만약 걸음마 단계의 아이가 제대로 서지도 못하고 혼자 걷지도 못한다고 부모가 실망하면서 아이를 혼낸다면 아이는 어떻게 될까요? 아마 아이는 오히려

주눅들고 소심해져서 걸음마 단계를 벗어나지 못해 십대가 되도록 걸어다니지 못하게 될지 모릅니다. 우리들은 주로 어떤 반응을 할까요? 주로 '고래반응'을 보일까요, 아니면 '뒤통수치기 반응'을 보일까요? 우리들 대부분은 아마 모든 일이 제대로 되어갈 때에는 반응을 보이지 않을 것입니다. 잘되는 일을 보면 당연하게 여기는 것이죠. 학생이 열심히 공부하는 것을 당연하게 여기고, 아이들이 말 잘듣는 것을 당연하게 여깁니다.

상사는 부하직원이 많은 실적을 올리는 것을 당연하게 여기고, 그들이 성실하게 근무하는 것을 너무 당연하게 여깁니다. 그래서 이런 때에는 아무런 표현도 하지 않습니다. 그냥 그런가 보다 하면서 넘어가게 되죠.

하지만 이렇게 잘하고 있을 때 아무런 표현을 하지 않는 것은 더욱 잘할 수 있도록 만들 수 있는 가장 좋은 기회를 놓쳐버리는 것입니다. 잘하고 있을 때 좀 더 적극적으로 격려해주고 칭찬해 준다면, 좀더 좋은 결과를 만들 수 있을텐데 우리는 그런 좋은 기회를 그냥 흘려보내고는 합니다.

고래도 춤추게 한다는 칭찬, 지금 바로 옆에 있는 사람을 춤추게 할 수 있는 기회를 놓치지 맙시다...^^

〈칭찬 십계명〉
- 칭찬할 일이 생겼을 때는 즉시 칭찬하라.
- 잘한 점은 구체적으로 칭찬하라.
- 가능한 한 공개적으로 칭찬하라.
- 결과보다는 과정을 칭찬하라.
- 사랑하는 사람을 대하듯 칭찬하라.
- 거짓없이 진실한 마음으로 칭찬하라.
- 긍정적인 관점을 가지면 칭찬할 것이 보인다.
- 일의 진척 사항이 미비할 때 칭찬하라.
- 잘못된 일이 생기면 관심을 가지고 칭찬하라.
- 자기 자신을 가끔씩 칭찬하라.

〈칭찬에 대한 격언〉

- 나는 큰 소리로 칭찬하고 작은 소리로 비난한다.(러시아 격언)
- 칭찬은 다른 사람에게 선의 빚을 지는 것이다.(토마스 브라운)
- 칭찬받을 만한 사람이 칭찬받는 것은 더 없이 큰 행복이다.(필립 시드니 경)
- 자녀들을 향한 현명한 칭찬은 꽃과 태양의 관계와 같다.(크리스챤 네스텔 보비)
- 때때로 칭찬은 소심한 자와 풀이 죽은 자에게 좋은 것이다. 이는 그들로 하여금 다른 사람의 친절에 적절히 의존하도록 가르쳐준다.(레티샤 엘리자베스 랜던)
- 인정받는 것이나, 칭찬이나, 부드러움이나, 인내, 감당하는 능력 등을 바라지 않는 사람은 이 세상에 한 사람도 없다.(헨리 워드 비쳐)
- 칭찬은 우리에게 가장 좋은 식사이다.(스미스 홀런드 여사)

〈감동을 주는 칭찬 7가지〉
- 막연하게 하지 말고 구체적으로 칭찬하라. 구체적이고 근거가 확실한 칭찬을 하면 당신에 대한 믿음도 배가 된다.
- 본인도 몰랐던 장점을 찾아서 칭찬하라. 그런 칭찬을 받으면 기쁨이 배가 되고 상대방은 당신의 탁월한 식견에 감탄하게 된다.
- 공개적으로 하거나 제3자에게 전달하라. 남들 앞에서 듣는 칭찬이나 제3자에게 전해들은 칭찬은 기쁨과 자부심을 더해주며 더 오래 지속된다.
- 차별화된 방식으로 칭찬하라. 남다른 내용을 남다른 방식으로 칭찬하면 당신은 특별한 사람으로 기억된다.
- 결과 뿐 아니라 과정을 칭찬하라. 성과에만 초점을 맞추지 않고 노력하는 과정에 초점을 맞춰 칭찬하면 상대는 더욱 분발하게 된다.
- 예상외의 상황에서 칭찬하라. 질책을 예상했던 상황에서 문제를 지적한 다음, 칭찬으로 마무리를 지으면 예상외로 효과가 크다.
- 다양한 방식을 찾아보라.

때론 말로, 때론 편지로, 때론 문자 메시지로 칭찬을 전달하라. 레퍼토리가 다양하면 그만큼 멋진 사람으로 각인된다. 끌리는 사람은 1%가 다르다.[51]

20. 아름다운 이야기방

아버지를 한번 생각해 보는 기회이기도 되고 자녀들에게도 아버지의 존재를 한번 생각해보게 할만한 글이라고 생각됩니다.[52]

아버지란 기분이 좋을 때 헛기침을 하고, 겁이 날 때 너털웃음을 웃는 사람이다. 아버지란 자기가 기대한만큼 아들 딸의 학교성적이 좋지 않을 때 겉으로는 "괜찮아, 괜찮아" 하지만 속으로는 몹시 화가 나있는 사람이다.

아버지의 마음은 먹칠을 한 유리로 되어 있다. 그래서 잘 깨지기도 하지만, 속은 잘 보이지 않는다. 아버지란 울 장소가 없기에 슬픈 사람이다.

아버지가 아침 식탁에서 성급하게 일어나서 나가는 장소(직장)는 즐거운 일만 기다리고 있는 곳은 아니다. 아버지는 머리가 셋 달린 용과 싸우러 나간다. 그것은 피로와, 끝없는 일과, 직장상사에게서 받는 스트레스다.

아버지란 "내가 아버지 노릇을 제대로 하고 있나? 내가 정말 아버지다운가?" 하는 자책을 날마다 하는 사람이다.

아버지란 자식을 결혼시킬 때 한없이 울면서도 얼굴에는 웃음을 나타내는 사람이다. 아들, 딸이 밤늦게 돌아올 때에 어머니는 열번 걱정하는 말을 하지만 아버지는 열번 현관을 쳐다본다.

---

51) http://cafe.daum.net/lovexj/KF17/49?docid=19goa|KF17|49|20070707111758&q=%C4%AA%C2%F9%BF%A1+%B0%FC%C7%D1+%C1%C1%C0%BA+%B1%DB&srchid=CCB19goa|KF17|49|20070707111758(2010.5.2)
52) [스크랩] 아버지 관한 좋은 글 ***| 아름다운 이야기방, yungyeongbin 조회 42 | 09.02.01 01:33 http://cafe.daum.net/soon9230/8My2/2, 아버지에 관한 좋은 글입니다. 강선종 상무 / 팀장

아버지의 최고의 자랑은 자식들이 남으로부터 칭찬받을 때이다. 아버지가 가장 꺼림칙하게 생각하는 속담이 있다. 그것은 "가장 좋은 교훈은 손수 모범을 보이는 것이다"라는 속담이다.

아버지는 늘 자식들에게 그럴듯한 교훈을 하면서도 실제 자신이 모범을 보이지 못하기 때문에, 이 점에 있어서는 미안하게 생각도 하고 남모르는 콤플렉스도 가지고 있다. 아버지는 이중적인 태도를 곧잘 취한다. 그 이유는 "아들, 딸들이 나를 닮아 주었으면" 하고 생각하면서도, "나를 닮지 않아 주었으면" 하는 생각을 동시에 하기 때문이다.

아버지에 대한 인상은 나이에 따라 달라진다. 그러나 그대가 지금 몇 살이든지, 아버지에 대한 현재의 생각이 최종적이라고 생각하지 말라. 일반적으로 나이에 따라 변하는 아버지의 인상은,

4세 때--아빠는 무엇이나 할 수 있다.

7세 때--아빠는 아는 것이 정말 많다.

8세 때--아빠와 선생님 중 누가 더 높을까?

12세 때-아빠는 모르는 것이 많다.

14세 때-우리 아버지요? 세대 차이가 나요.

25세 때-아버지를 이해하지만 기성세대는 갔습니다.

30세 때-아버지의 의견도 일리가 있지요.

40세 때-여보! 우리가 이 일을 결정하기 전에 아버지의 의견을 들어봅시다.

50세 때-아버님은 훌륭한 분이었어.

60세 때-아버님께서 살아계셨다면 꼭 조언을 들었을텐데…

아버지란 돌아가신 뒤에도 두고두고 그 말씀이 생각나는 사람이다. 아버지란 돌아가신 후에야 보고 싶은 사람이다.

아버지는 결코 무관심한 사람이 아니다. 아버지가 무관심한 것처럼 보이는 것은 체면과 자존심과 미안함 같은 것이 어우러져서 그 마음을 쉽게 나타내지 못하기 때문이다.

아버지의 웃음은 어머니의 웃음의 2배쯤 농도가 진하다. 울음은 열배 쯤 될 것이다. 아들 딸들은 아버지의 수입이 적은 것이나 아버지의 지위가 높지 못한 것에 대해 불만이 있지만, 아버지는 그런 마음에 속으로만 운다.

아버지는 가정에서 어른인 체 해야 하지만 친한 친구나 맘이 통하는 사람을 만나면 소년이 된다.

아버지는 어머니 앞에서는 기도를 안하지만, 혼자 차를 운전하면서는 큰소리로 기도도 하고 주문을 외기도 하는 사람이다.

어머니의 가슴은 봄과 여름을 왔다 갔다하지만, 아버지의 가슴은 가을과 겨울을 오고 간다.

아버지는 뒷동산의 바위같은 이름이다. 시골마을의 느티나무같은 크나 큰 이름이다.[53]

21. 웃음소리의 효과

♣ 웃음소리, 최고의 음악이다 ♣ 어느 날 아침, 한 어린 소녀가 아침을 먹고 있는데 갑자기 한줄기 햇살이 구름을 뚫고 비쳐 나오더니 시리얼 그릇에 담긴 소녀의 숟가락에 반사되었습니다. 소녀는 갑자기 그 숟가락을 입에 집어넣었습니다. 함박웃음을 지으며 소녀는 어머니에게 소리쳤습니다. "엄마! 방금 햇살 한 숟가락을 떠 먹었어요!" 햇살 한 숟가락이 하루 중 최고의 "영혼의 양식!"이 될 수 있습니다. 한 저명한 의사는 이렇게 말했습니다. 자녀가 큰소리로 웃으며 즐겁게 지내게 해주십시오. 구김없는 환한 웃음은 폐활량을 키워주고 혈액순환을 도와줍니다.

밝은 웃음소리는 집안 전체에 울려 퍼질 것입니다. 그것은 아이에게 좋을 뿐 아니라 그 웃음소리를 듣는 사람들에게도 득이 됩니다. 더욱 중

---

[53] http://cafe.daum.net/soon9230/8My2/2?docid=1GlA4|8My2|2|20090201013314
&q=%C4%AA%C2%F9%BF%A1+%B0%FC%C7%D1+%C1%C1%C0%BA+%B1%DB&srch
id=CCB1GlA4|8My2|2|20090201013314(2010.5.2)

요한 사실은 그것이 매우 전염성이 강해서 금방 주위 사람들에게 퍼진 다는 것입니다. 구김없는 웃음소리는 유쾌한 화음입니다. 그것은 진정 최고의 음악입니다.54)

22. 몰입의 효과

자신이 하는 일을 좋아하는 것, 거기에 몰입하고 그 과정을 통해 기쁨을 얻고 에너지를 얻는 것, 몰입과 몰입후의 느긋함을 즐기는 것, 이런 것은 삶의 기쁨이다. 몰입은 성공의 조건이다. 축구경기에서 집중력이 떨어지면 진다. 삶도 그렇다. 행복하기 위해서는 몰입할 수 있어야 한다.55) "어떤 일에 완전히 몰입하는 능력을 가진 사람은 다른 일이 주어져도 몰입할 수 있다." 앤드류 카네기(Andrew Carnegie)의 얘기이다. 사마천의 사기에 나오는 삼망은 병사가 잊어야 할 세가지를 말한다. 전쟁에 나가서는 가정을 잊고, 싸움을 앞두고는 부모를 잊고, 공격의 북소리를 듣고는 자신을 잊어야 한다는 얘기다. 몰입이란 삶이 고조되는 순간에 물 흐르듯 행동이 자연스럽게 이루어지는 느낌이다. 몰입은 불안과 권태의 삶에서 벗어나게 한다. 자신의 몸과 마음을 여한없이 쓸 때 어떤 일을 하건 자체에서 가치를 발견한다. 몰입은 행복을 가져 온다.

몰입은 에너지와 활기를 가져온다. 진정한 아름다움은 움직이지 않는 마음에서 온다.

마음이 평안하고 흔들리지 않으면 모든 것은 있는 그대로 아름답다. 그러나 마음이 움직이면 아름다운 그림이나 풍경이 나타난다 해도 아름답게 보이지 않는다. 마음이 분노로 가득하면 칭찬조차 욕으로 들리고,

---

54) http://cafe.daum.net/soon9230/8My2/2?docid=1GlA4|8My2|2|20090201013314&q=%C4%AA%C2%F9%BF%A1+%B0%FC%C7%D1+%C1%C1%C0%BA+%B1%DB&srchid=CCB1GlA4|8My2|2|20090201013314(2010.5.2), 좋은 글 중에서 발췌
55) 몰입의 법칙, 몰입에 관한 글을 읽으면서 너무도 감동적이기에 축소 편집해서 벗들에게 전한다.2009. 3. 6, 영우가 씀.

맛있는 음식을 보아도 넘어 가질 않는다. 가장 중요한 것은 순간순간 움직이지 않는 흔들리지 않는 마음을 갖는 것이다.

몰입을 위해서는 무엇을 어떻게 해야 할까?

첫째, 목표가 명확해야 한다.

내가 하고자 하는 일이 어떤 것인지 명확히 하면 에너지를 집중시킬 수 있다. "어떻게 만유인력의 법칙을 발견했느냐"는 질문에 뉴턴은 "내내 그 생각만 하고 있었으니까"라고 간단하게 대답했다. "초점을 맞추기 전까지 햇빛은 아무 것도 태우지 못한다." 전화기를 발명한 알렉산더(Alexander)의 말이다.

둘째, 기본 지식이 있어야 한다.

아무 것도 모르는데 생각을 많이 한다고 몰입할 수는 없다. 관련지식이 많을수록 몰입이 쉽다. 운동도 그렇다. 테니스나 골프를 처음 배우는 사람은 게임에 몰입할 수 없다. 적어도 1년 정도 경험이 있어야 몰입할 수 있다.

셋째, 대상 선정과 훈련이 필요하다.

몰입을 위해서는 자신이 잘알고 좋아하고 관심이 높은 것을 대상으로 하는 것이 좋다.

넷째, 환경조성이 필요하다.

우리 주변에는 몰입을 방해하는 수많은 장애물이 있다. 시도 때도 없이 걸려오는 휴대전화는 위험한 적이다. 지식노동자는 아무런 방해없이 몰입할 수 있는 환경이 필수적이다. 잘게 끊어진 3시간보다 아무런 방해 없는 뭉텅이 3시간이 있어야 중요한 일을 할 수 있다. 몰입시간에는 불필요한 외부 정보의 차단이 필요하다. 휴대폰, 신문, 텔레비전, 잡지 등 외부 정보를 끊는 것이 좋다. 혼자만의 공간이 필요하다. 단순한 생활이 필수적이다. 온갖 사람(친구)들을 만나고 활동을 하면서 몰입을 하는 것은 불가능하다.

다섯째, 운동의 중요성이다.

몰입은 극도의 두뇌활동이다. 자동차가 전속력으로 달리는 것과 비슷하다. 그렇기 때문에 규칙적으로 운동을 하지 않으면 건강을 해칠 수 있다. 소설가 최인호씨는 오전에는 글을 쓰고 오후에는 매일 청계산을 오른다. 하루 종일 몰입하는 것은 불가능하다. 주기적으로 산책하고 운동을 해야만 몰입상태를 유지할 수 있다. 몰입의 전제 조건은 규칙적인 운동이다.

여섯째, 과제와 역량 사이의 균형이 필요하다.

역량에 비해 과제가 너무 쉬우면 사람들은 지루해진다. 과제에 비해 역량이 떨어지면 힘이 부치게 된다. 몰입을 위해서는 자신의 역량에 비해 약간 과도한 과제가 필요하다. 도전의식이 생기고 약간의 오기가 생겨 나기도 한다. 그러면서 몰입의 단계에 돌입한다.

일곱째, 늘 그것에 대해 생각하고 있어야 한다.

"Sleep on the problem" 문제 위에 자라. 즉 문제를 깊이 생각하라. "선잠은 각성 상태와 수면 상태가 교차하는 상태다. 몰입상태가 되면 잠을 자면서도 주어진 문제를 풀려는 생각을 계속한다. 그러면서 문제가 풀린다." 황농문 교수의 주장이다. 몰입에서 가장 중요한 것은 그 자체를 즐기는 것이다. 목적을 가진 일이 아닌 그냥 놀이로 생각할 수 있으면 쉽게 몰입할 수 있다. 몰입은 그 자체로 가치가 있다. 즐겁고 성과를 낸다.

자신의 일에 푹 빠져있는 사람을 보는 일은 즐겁다. 내가 하는 일에 계속 몰두해 있다면 제대로 살고 있는 것이다. "남자든 여자든 어떤 일에 완전히 몰입하게 되면 마치 봉오리가 터져 꽃잎이 피어나듯이 그 일로 인한 즐거움이 점점 커진다." 존러스킨(John Ruskin)의 말이다.

"전력 질주하는 말은 다른 경주마를 곁눈질하지 않는다. 다만 자신의 힘을 최대한 발휘하는 일에 온 신경을 집중시킨다." 헨리 폰다(Henry Fonda)의 말이다. 남자든 여자든 어떤 일에 완전히 몰입하게 되면 마치 봉오리가 터져 꽃잎이 피어나듯이 그 일로 인한 즐거움이 점점 커진다.[56)57)]

23. 친구에 관한 좋은 글

 친구를 돕는다는 것은 우산을 들어주는 것이 아니라 함께 비를 맞는 것이다.58) 당신의 가장 좋은 친구는 당신의 가장 깊은 곳에 있는 것을 찾아내는 사람이다. 친구에는 세 가지 종류가 있다.
 첫째는 음식과 같은 친구로 매일 만나야 한다.
 둘째는 약과 같은 친구로 이따금 만나야 한다.
 셋째는 병과 같은 친구로서 이를 피하지 않으면 안된다(탈무드).
 친구는 당신이 자신을 믿기 전에 당신을 믿어주는 사람이다.
 친한 벗의 고마운 점은 함께 바보스러운 말을 할 수 있는데 있다.
 인생이란 우리 자신이 만드는 것이면서 우리가 선택한 친구에 의해서 만들어지는 것이기도 하다.
 모호한 암시보다는 확실한 충고가 도움이 될 때가 있다.
 칭찬은 여러 사람 앞에서 하고 충고는 단 둘이 있을 때 해라.
 친구를 사귐에 있어 실패하는 이유는 남을 칭찬하는데 인색하기 때문이다.
 길 위에서 어둠을 맞는다면 너는 진실로 너 혼자가 아닌 한 사람의 친구가 필요하다는 것을 깨닫게 될 것이다. 잘 생각하지 않고 하는 일은 겨누지 않고 총을 쏘는 것과 같다.
 우정이란 친구를 딛고 내가 높아지는 것이 아니라 친구가 나 자신을 딛게 하여 친구를 높이는 것이다. 그것은 둘이 함께 높아지는 일이기도 하다. 현명한 친구는 보물처럼 다루어라.
 많은 사람들의 호의보다 한 사람의 이해심이 더욱 값지다. 차 맛은 따

---

56) 보람이(진향순), 공감하네 ...좋은글 잘보앗네~. 09.03.07 09:48
57) http://cafe.daum.net/seosam21/5swN/285?docid=1AxyI|5swN|285|2009030616
    2659&q=%C4%AA%C2%F9%BF%A1+%B0%FC%C7%D1+%C1%C1%C0%BA+%B1%DB&
    srchid=CCB1AxyI|5swN|285|20090306162659(2010.5.2)
58) 우리끼리방, 사헌 조회 243 | 08.12.31 20:50
    http://cafe.daum.net/hyh3535/XMyg/28

로 있는 것이 아니라 누구와 함께 있느냐로 그 맛이 결정된다. 오랜 친구가 좋은 이유 가운데 하나는 그들과 함께라면 바보가 되어도 좋기 때문이다.59)

24. 불만이 있을 때의 칭찬

사람들은 모두 남의 잘못을 쉽게 이야기하지만 칭찬하는 것에는 인색하다. 이는 친구나 동료 사이에도 마찬가지고 가족간에도 흔히 있는 일이다.60) 그러나 많은 교육자들이나 심리학자들은 칭찬만큼 사람을 발전시키는 것은 없다고 설파한다.

그 한가지 경우를 보자. 서로 사랑해서 결혼한 오씨는 결혼생활 초기부터 보이기 시작한 부인의 단점 때문에 몇년이 지난 후엔 스트레스를 받는 지경에 이르렀다. 한번 단점이 보이기 시작하자 그 수가 나날이 불어나 부인을 보기만 해도 짜증이 나기에 이른 것이다. 그러니 오가는 말도 고울 수가 없었다. 하루에도 몇 번씩 고칠 점들을 부인에게 얘기해줘도 성과는 없고 잔소리 좀 그만하라는 신경질만 돌아오니 이럴 바엔 왜 결혼을 했는지 후회가 되는 심정이었다.

이런 그에게 친구가 조언을 해주었다. 부인에게 불만이 있을 때 그것을 고치라고 명령조로 말하거나 화를 내는 대신 칭찬을 하라는 것이었다. 확실하게 부인의 달라진 점을 보장한다는 친구의 말에 오씨는 한번 속는 셈치고 실천을 해보기로 결심하고 다음날부터 시행했다.

우선, 결혼 초기와는 다르게 아이들이 태어나자마자 자신에게 소홀한 부인의 모습에 어떤 말을 해줄까 고민하다 이렇게 말했다. '당신은 정말

---

59) http://cafe.daum.net/hyh3535/XMyg/28?docid=1FkGK|XMyg|28|200812312050 27&q=%C4%AA%C2%F9%BF%A1+%B0%FC%C7%D1+%C1%C1%C0%BA+%B1%DB&sr chid=CCB1FkGK|XMyg|28|20081231205027(2010.5.2)
60) 손도사 조회 38 | 04.03.04 16:54 http://cafe.daum.net/renewworld/qo/1156, ♡ 불만이 있을 때 칭찬하라♡

좋은 엄마야. 혼자 아이 키우는 게 힘들지? 나한테도 조금만 더 신경을 써 주면 세상에서 가장 훌륭한 엄마이자 아내가 되겠는걸?"

또한 늦잠을 자 아침밥을 못한 부인에게는 '요즘 당신이 많이 피곤한 가 봐. 우리 가족을 위해 당신 건강에도 신경 좀 써요.' 라고 말해 주었다.

이런 식으로 오씨는 아내에게 불만이 있을 때마다 칭찬을 했다. 그러자 놀라운 변화가 찾아왔다. 그렇게 잔소리를 해도 안듣던 부인이 하루하루 변하게 된 것이다. 비단 그 동안의 단점을 고친 것만이 아니라 어느새 자신감까지 생긴 듯 부인은 모든 일에 적극적이고 즐거운 생활을 영위하며 항상 웃는 얼굴을 지니게 되어 주위 사람들까지 행복하게 해 주었다.

그리고 처음에는 습관이 안돼 칭찬이 어색하던 오씨도 이를 계기로 칭찬이 습관이 되어 직장에서도 친구들 사이에서도 좋은 평가를 받는 사람이 되었다.

♡ 칭찬은 자신과 더불어 타인을 행복하게 해줄 뿐 아니라 사람을 성공시키는 지름길이다. ♡ 61)

25. 칭찬과 성적간의 관계

성적을 올리는 칭찬의 효과 사례 분석

'Dream is now here.(여기에 꿈이 있다)'는 말도 부정적인 사고를 하는 사람에게는 'Dream is nowhere.(꿈은 어디에도 없다)'로 보인다고 한다. 이 둘은 띄어쓰기 하나의 차이다.62)

피그말리온 효과는 자신의 암시로도 나타나지만 타인에 의한 암시의

---

61) http://cafe.daum.net/renewworld/qo/1156?docid=2ekO|qo|1156|200403041654 07&q=%C4%AA%C2%F9%BF%A1+%B0%FC%C7%D1+%C1%C1%C0%BA+%B1%DB&sr chid=CCB2ekO|qo|1156|20040304165407(2010.5.2)
62) 성적을 올리는 칭찬의 효과 사례 분석| 책속의 멋진글, 제르 조회 133 | 10.01.25 16:05 http://cafe.daum.net/liveinbook/PMZ/2047, 성적을 올리는 칭찬의 효과 사례분석

경우에도 효과가 나타난다. 미국에서 있었던 한 실험이다. 어느 학급에서 무작위로 20%의 학생들을 선발하여 '너는 잘할 수 있다'며 칭찬과 격려를 아끼지 않자 8개월 후에는 실제로 성적이 훨씬 더 나아지더라는 것이다. 이번에는 미국의 한 운송회사에서 있었던 일이다. PIE라는 이름의 이 회사는 일년동안 화물식별을 잘못하여 발생하는 손해가 25만달러나 되었다. 마침내 유명 컨설턴트인 에드워드 데밍 박사를 초청하여 자문을 받았는데 그의 처방 중의 하나가 작업인부들의 호칭을 바꾸라는 것이었다. 그의 권고에 따라 작업인부라는 이름 대신 장인(匠人)으로 불렀다. 그러자 한 달 만에 배송실수가 10% 줄었다. 그전까지 작업 인부는 시간만 때울 뿐이었지만 장인이라는 이름을 붙여주자 자신의 일에 책임과 긍지를 가지더라는 것이다.63)

26. 세상을 움직이는 10가지 법칙64)

〈칭찬이 주는 효과〉

칭찬이 주는 효과 / 용혜원(시인)

자료: http://cafe.daum.net/speech2006/3IsT/7160?docid=13WkG|3IsT|7160|20100418
172716&q=%C4%AA%C2%F9%C0%C7+%C8%BF%B0%FA&srchid=CCB13WkG|3IsT
|7160|20100418172716(2010.5.2)

---

63) 세상을 움직이는 100가지 법칙, 이영직, 스마트비즈니스 2009.11.18
64) http://cafe.daum.net/liveinbook/PMZ/2047?docid=6ooS|PMZ|2047|2010012516
0531&q=%C4%AA%C2%F9%C0%C7+%C8%BF%B0%FA&srchid=CCB6ooS|PMZ|204
7|20100125160531(2010.5.2)

1. 자신감을 준다.
2. 잘 성장하도록 해준다.
3. 모든 일에 의욕을 만들어 준다.
4. 삶의 방향을 새롭게 해준다.
5. 우리 주변을 밝게 만들어 준다.
6. 마음을 따뜻하게 해준다.
7. 마음을 넓혀지게 해준다.
8. 긍정적인 삶을 살게 해준다.
9. 적극적인 삶을 살게 해준다.
10. 인간관계를 잘 이루어가게 해준다.

역효과를 나타내는 칭찬
1. 속임수가 있는 거짓으로 하는 칭찬
2. 사탕발림같은 순간적 충동만을 주는 칭찬
3. 기분을 붕 뜨게 만드는 뜬구름 잡기같은 칭찬
4. 금방 뒤돌아서서 욕하는 칭찬
5. 잘 모르면서도 아는 것처럼 하는 칭찬
6. 알맹이가 없고 실속없는 칭찬
7. 눈속임하는 듯한 칭찬
8. 순간적인 발상에서 나온 칭찬
9. 뻔히 알고 있는 것을 덮으려는 칭찬
10. 아무런 의미가 없는 칭찬[65]

27. 긍정적인 칭찬의 효과

사람을 변화시키는 가장 강력한 동기는 '자기성취예언'에 해당되는

---

[65] http://cafe.daum.net/speech2006/3IsT/7160?docid=13WkG|3IsT|7160|20100418172716&q=%C4%AA%C2%F9%C0%C7+%C8%BF%B0%FA&srchid=CCB13WkG|3IsT|7160|20100418172716(2010.5.2)

칭찬화법이다.[66]

자신의 장래나 능력에 대해 자신감을 갖고 있는 사람에게는 '자기성취예언'이 작용하기 때문에 말과 행동이 의욕적이다. 따라서 특별히 지도하지 않아도 스스로 성장하게 된다. 자신감이 부족한 사람에게 "넌 할 수 있어" 라는 기대심리에 해당하는 말 한마디를 해 준다면 자기성취예언의 효과가 나타나 언동에 변화가 일어난다. 그리스 신화에 '피그말리온' 이라는 조각을 잘하는 '키프로스 왕'의 이야기가 있다. 어느 날 그는 상아에 여인상을 조각했는데 아주 멋지게 조각된 것을 보고 "이 여인상을 현실의 여성으로 변하게 하고 싶다." 라고 강렬하게 성원하였다.

이 모습을 보고 있던 신 '아프로디테' 는 피그말리온의 순수하고 갸륵한 마음에 감동하여 그 조각에 생명을 불어넣어 주었다는 이야기가 있다. 이처럼 "마음속으로 기대를 하고 있으면 상대방이 그 기대에 부응해 주는 현상"을 '피그말리온 효과' 라고 한다.

자기성취예언의 효과는 이처럼 강력한 힘을 가지고 있다. 그러나 무턱대고 칭찬하는 것은 역효과를 일으킬 수도 있다. "콜롬비아대학의 심리학자인 크로디아물러"는 10~12세의 초등학생을 두 개그룹으로 나눠 칭찬방법의 효과에 대해 조사를 해봤다. 우선 몇가지 테스트를 실시한 후 A그룹의 아이에게는 "능력도 있고 열심히 노력을 했기 때문에 잘했다." 라고 칭찬했고, B그룹의 아이에게는 "열심히 노력을 했지만 능력이 부족하였기 때문에 성적이 나빴다"라고 했다.

그러자 B그룹의 아이는 '능력이 없다'라고 생각한 나머지 다시 도전할 것을 포기했던 것이다.

그렇다! 긍정적인 칭찬의 말 한마디가 우리가 세상을 살면서 가장 필요한 지혜인지도 모른다.[67]

---

66) 좋은 글, 바람돌이(진영)~~~ 조회 9 | 10.04.28 06:13
   http://cafe.daum.net/kimbssung/6MsM/35
67) http://cafe.daum.net/kimbssung/6MsM/35?docid=1Htc9|6MsM|35|2010042806

28. 칭찬의 효과| 웃음 ‖ 유머레크 칭찬

영화 <이보다 더 좋을 순 없다>의 남자 주인공 잭 니콜슨은 강박증 환자이자 유명한 소설가다. 사랑을 찬미하는 소설을 쓰면서도 아무에게나 심한 독설을 퍼붓기 때문에 아무도 그를 좋아하지 않는다. 오직 그가 즐겨 찾는 레스토랑의 종업원 헬렌 헌트만이 인내심을 갖고 그를 상대해줄 뿐이다.68) 그녀의 인내와 친절에 감동한 그는 드디어 그녀에게 구애를 하게 된다. 그리고 그 여자는 자기를 사랑하는 남자로부터 찬사를 듣고 싶어한다.

여 : 칭찬 한 가지만 해봐요.
남 : 정신과적인 문제가 있는데……. 얼마 전부터 약을 먹기로 했어요. 약을 먹으면 좋아질 수 있대요.
여 : 그게 무슨 칭찬이에요?
남 : 당신은 내게 더 좋은 남자가 되고 싶게 만들었어요.
여 : 내 생애 최고의 칭찬이에요.

잭 니콜슨은 헬렌 헌트의 장점을 언급하는 직접적인 칭찬을 한마디도 하지 않는다. 그런데 왜 여주인공은 생애 최고의 칭찬이라고 말했을까?

잭 니콜슨이 그녀 때문에 변화하고 싶은 동기가 생겼다고 그의 감정을 진솔하게 전했기 때문이다.

사람들을 긍정적으로 바라보자. 칭찬할 거리를 찾아 진심을 담아 칭찬하자. 칭찬 한마디라도 남다르게 하려고 노력하자. 칭찬방법을 조금만 바꿔도 우리의 삶은 크게 달라진다.69)

1352&q=%C4%AA%C2%F9%C0%C7+%C8%BF%B0%FA&srchid=CCB1Htc9|6MsM|35|20100428061352(2010.5.2)
68) 미소천사 김미영 조회 41 | 10.02.04 08:37
http://cafe.daum.net/speech2002/9MiH/9385
칭찬효과
69) 『끌리는 사람은 1%가 다르다』 (이민규 지음 | 더난출판)

29. 웃음의 신비와 효과

웃음은 의심을 녹이며, 편견의 벽을 허물며, 사람에게 편안함을 준다.[70] 웃음은 면역계를 강화시킨다. 웃음은 원만한 성품의 필수조건이다. 웃음은 높은 혈압은 내려주고, 낮은 혈압은 높여준다. 웃음은 소화를 돕고 노폐물의 제거를 돕는다. 웃음은 침울감에 대한 특효약이다.

웃음은 '아토피'를 치유케 한다. 웃음은 조깅의 효과가 있다. 일종의 '내적 조깅'이다. 웃음은 감기를 예방케하고 치료도 해준다. 웃음은 암 예방에도 큰 도움이 된다. 웃으면 살도 빠진다. 여자들이 남자보다 7년 정도 더 오래 사는 것은 여성들이 남자보다 더잘 웃기 때문이다.

웃음은 심장을 부드럽게 안마해 주어 혈액순환을 돕는다. 웃음은 긴장을 풀어주고 친근감을 주어 많은 친구를 사귀게 도와준다. 맑고 진실한 웃음은 자신이 선한 사람임을 반영하는 것이다.

솔선해서 웃으며 반갑게 인사하는 사람은 겸손해 보인다. 웃음은 전염된다. 웃는 낯에 침 못뱉는다. 교훈서에 '웃을 때가 있고, 울 때가 있고, 놀 때가 있고, 일할 때가 있다'는 것은 매사에 때가 있음을 교훈한다. 때와 장소를 가려 웃을 때 웃어야 그 웃음은 명약이 되는 것이다.

웃음이 건강에 특효가 있다는 통계를 보고서, '미소요법' 또는 '웃음치료'라는 용어들을 자주 듣는다. 웃음은 통증도 완화시켜주고 정신질환도 치유케 해준다. 한 의학잡지에서는 '웃음은 장수의 비결'이라고 강조하였다.[71]

---

[70] 유머레크칭찬, 미소천사 김미영 조회 54 | 10.02.04 08:35
http://cafe.daum.net/speech2002/9MiH/9387
[71] http://cafe.daum.net/speech2002/9MiH/9385?docid=9euk|9MiH|9385|20100204083717&q=%C4%AA%C2%F9%C0%C7+%C8%BF%B0%FA&srchid=CCB9euk|9MiH|9385|20100204083717(2010.5.2)

30. 칭찬이 좋은 30가지 이유[72]

(1) 칭찬은 바보를 천재로 만든다. 말도 못하고 듣지도 보지도 못하던 헬렌 켈러에게 기적을 만들어 주었다.
(2) 칭찬을 하면 꼭 칭찬 들을 일을 한다. 칭찬하고 칭찬하라.
(3) 한 마디의 칭찬이 건강을 심어준다. 몸에서 엔돌핀이 생성되기 때문이다.
(4) 칭찬을 받으면 발걸음이 가벼워지고 입에서 노래가 나오는 법이다.
(5) 칭찬은 상대방에게 기쁨을 준다. 돈은 순간의 기쁨을 주지만 칭찬은 평생의 기쁨을 주는 것이다.
(6) 본인도 모르고 있는 부분을 찾아 칭찬하라. 그 기쁨은 10배, 100배로 증폭된다.
(7) 자기 자신을 칭찬할 줄 아는 사람이라야 남을 칭찬할 수 있다. 자기부터 칭찬하라.
(8) 아무리 나쁜 사람이라도 칭찬거리를 찾다보면 무수한 칭찬거리가 나타난다.
(9) 칭찬은 자신을 기쁘게 하고 상대방을 행복하게 하여 공동 승리를 안겨준다.
(10) 누구를 만나든 칭찬으로 시작하여 칭찬으로 끝내라. 이 세상이 기쁜 세상이 된다.
(11) 운동선수는 응원소리에서 힘을 되찾고 사람은 칭찬을 들으며 자신감을 갖는다.
(12) 미운 사람일수록 칭찬을 해 주어라. 언젠가 나를 위해 큰 일을 해 줄 것이다.
(13) 칭찬하는 데는 비용이 들지 않는다. 그러나 큰 비용으로도 해결

---

[72] ..|★| ··웃음‖유머레크칭찬, 미소천사김미영 조회 51 | 10.03.11 13:32
http://cafe.daum.net/speech2002/9MiH/9388, 06.14 23:45
http://cafe.daum.net/stockpapa/IeHP/56914

할 수 없었던 부분까지도 해결해 준다.
(14) 칭찬은 어떤 훈장과도 비교될 수 없을 정도의 큰 훈장이다.
(15) 칭찬은 보물찾기와 같다. 보물은 많이 찾을수록 좋은 것이다.
(16) 칭찬은 사랑하는 마음의 결정체이고 비난은 원망하는 마음의 결정체이다. 한 방울의 꿀이 수많은 벌을 끌어 모으지만 1만톤의 가시는 벌을 모을 수 없다는 서양 속담도 있다.
(17) 칭찬은 적군을 아군으로 만들고 원수도 은인으로 만든다.
(18) 고객만족, 고객감동을 내세우지만 칭찬은 이 두 가지를 모두 만족시키고도 남는다.
(19) 목마른 사람에게 물을 주는 것이 공덕이다. 사람은 너나없이 칭찬에 목마름을 느끼고 있다. 칭찬으로 변화시키지 못하는 것은 어떤 것으로도 변화시키지 못한다.
(20) 10점을 맞다가 20점을 맞는 것은 대단한 향상이다. 칭찬을 듣고 또 들으면 30점이 되고 50점이 되다가 끝내는 100점이 되어 버린다.
(21) 칭찬은 불가능의 벽을 깨뜨리는 놀라운 힘이 있다.
(22) 자기를 사랑하는 사람만이 남을 칭찬할 수 있다. 먼저 자신을 사랑하라. 사랑의 눈이 만들어지고 사랑의 눈에는 장점만 보이는 것이다.
(23) 상대방의 약점을 보려고 하지 말라. 약점의 눈으로 보니 약점만 보이는 것이다.
(24) 사람의 참모습은 칭찬에서 나타난다. 칭찬을 통해서 행복한 가정, 신나는 세상이 펼쳐진다.
(25) 칭찬은 부정적이고 소극적인 마음을 긍정적이고 적극적인 사고로 바꿔준다. 내가 말하는 한마디 칭찬이 의식개혁의 시작이다.
(26) 칭찬은 웃음꽃을 피우게 하는 마술사이다. 이 세상에서 가장 아름다운 꽃은 웃음꽃이다.

(27) 내가 칭찬을 하면 상대방도 칭찬으로 되돌려 준다. 칭찬을 주고 받는 세상이 지상천국이다.

(28) 칭찬을 받으면 더잘 하려는 노력을 하게 된다. 더욱 더 칭찬을 받고 싶은 마음이 10배의 능력을 만든다.

(29) 칭찬을 받으면 앞길이 훤하게 열린다. 마음을 열고 활력있게 행동을 하게 되면 불가능도 가능으로 바뀌어진다.

(30) 칭찬을 하다 보면 네가 내가 되고 내가 네가 되어 모두 하나가 된다.73)

31. 칭찬의 효과 50가지

(1) 칭찬은 고스톱이다. 때와 장소가 필요없다.
(2) 칭찬은 임산부다. 먹지 않아도 배부르다.
(3) 칭찬은 다이아몬드다. 사랑의 결정체이다
(4) 칭찬은 만병통치약이다. 칭찬으로 안낫는 것이 없다.
(5) 칭찬은 현대경영이다. 고객만족과 고객감동을 이룩한다.
(6) 칭찬은 샘물이다. 기쁨의 갈증을 깨끗이 씻어준다.
(7) 칭찬은 꽃 피우는 마술사다. 굳어있는 얼굴에 웃음꽃을 피게 한다.
(8) 칭찬은 노래방기계다. 칭찬을 받으면 콧노래가 절로 난다.
(9) 칭찬은 대형거울이다. 내가 네가 되고 네가 내가 된다.
(10) 칭찬은 고장 난 지퍼다. 마음 문이 저절로 열린다.
(11) 칭찬은 최신형 미사일이다. 적도 쉽게 함락시킨다.
(12) 칭찬은 풍선이다. 몸이 날을 것처럼 가벼워진다.
(13) 칭찬은 보너스다. 받으면 신이 난다.
(14) 칭찬은 행운의 열쇠다. 기도 살고 운도 산다.

---

73) http://cafe.daum.net/speech2002/9MiH/9385?docid=9euk|9MiH|9385|20100204083717&q=%C4%AA%C2%F9%C0%C7+%C8%BF%B0%FA&srchid=CCB9euk|9MiH|9385|20100204083717(2010.5.2)

(15) 칭찬은 전파탐지기다. 숨어있는 거대한 능력을 찾아낸다.
(16) 칭찬은 초대형 브래지어다. 가슴을 부풀게 한다.
(17) 칭찬은 키크는 약이다. 행복을 열배로 키워준다.
(18) 칭찬은 에밀레종소리다. 오래도록 여운이 남는다.
(19) 칭찬은 성장촉진제다. 식물도 칭찬하면 쑥쑥 자라난다.
(20) 칭찬은 고리대금이다. 되로 주면 말로 받는다.
(21) 칭찬은 서치라이트다. 마음을 대낮처럼 밝혀준다.
(22) 칭찬은 총명탕이다. 바보를 천재로 만든다.
(23) 칭찬은 성형외과 의사다. 단숨에 사람을 미인으로 바꿔놓는다.
(24) 칭찬은 현찰박치기다. 그 자리에서 효과가 나타난다.
(25) 칭찬은 평생회원권이다. 죽을 때까지 기쁨속에 살게 만든다.
(26) 칭찬은 보물찾기다. 모르는 것을 찾아낼 때 기쁨이 넘친다.
(27) 칭찬은 비아그라다. 빠르게 힘을 만든다.
(28) 칭찬은 별책부록이다. 돈안들이고 기쁨을 전해준다.
(29) 칭찬은 저금통장이다. 늘어날수록 기쁨도 늘어난다.
(30) 칭찬은 신용카드다. 어디서나 통용된다.
(31) 칭찬은 새나라의 어린이다. 새롭게 변신한다.
(32) 칭찬은 위대한 대통령이다. 역사를 새로 쓰게 만든다.
(33) 칭찬은 만능열쇠다. 어디나 열고 들어간다.
(34) 칭찬은 자석이다. 사람을 끌어 당긴다.
(35) 칭찬은 요술방망이다. 지옥도 천국으로 만든다.
(36) 칭찬은 메아리다. 간 것이 돌아온다.
(37) 칭찬은 컴퓨터 전문가다. 인생을 업그레이드 시켜준다.
(38) 칭찬은 처갓집 말뚝이다. 자꾸 절하고 싶어진다.
(39) 칭찬은 조수미 노래다. 듣고 나면 또 듣고 싶어진다.
(40) 칭찬은 소매치기다. 모르는 것까지 꺼내 놓는다.
(41) 칭찬은 밥이다. 먹어도 부작용이 생기지 않는다.

자료: http://cafe.daum.net/sjcu2006/Mfbe/37?docid=13MGc|Mfbe|37|20100207182350
&q=%C4%AA%C2%F9%C0%C7+%C8%BF%B0%FA&srchid=CCB13MGc|Mfbe|37|2
0100207182350(2010.5.2)

(42) 칭찬은 화장실이다. 속을 시원하게 만들어준다.
(43) 칭찬은 씨앗이다. 무한한 가능성을 갖고 있다.
(44) 칭찬은 불가마다. 모르는 사이에 독소가 빠져나간다.
(45) 칭찬은 영양크림이다. 피부를 곱게 만든다.
(46) 칭찬은 피아노 조율사다. 불협화음을 없앤다.
(47) 칭찬은 비타민이다. 몸과 마음이 상큼해진다.
(48) 칭찬은 된장찌개다. 들을수록 구수하다.
(49) 칭찬은 본드다. 한번 붙으면 떨어지지 않는다
(50) 칭찬은 영혼이다. 보이지 않아도 큰 영향력을 미친다

32. 칭찬의 효과와 생활변화

(1) 칭찬을 받으면 바보도 천재로 바뀌어진다.[74]

(2) 칭찬을 하면 칭찬받을 일을 하고, 비난을 하면 비난받을 짓을 한다. 사람을 바꾸는 유일한 방법은 칭찬밖에 없다.
(3) 이 세상에는 외상이나 공짜가 없다. 칭찬을 하면 칭찬이 돌아오고 원망을 하면 원망이 돌아온다.
(4) 칭찬 노트를 만들어라. 남의 칭찬이나 자신의 칭찬이든 칭찬거리가 생각나면 바로 노트에 기록하라. 이 노트가 기적을 창출한다.
(5) 돈을 주면 순간의 기쁨이 만들어지지만 칭찬은 평생의 기쁨을 안겨준다. 칭찬하고 또 칭찬하라.
(6) 누구나 본인도 모르는 장점이 있다. 그 부분을 찾아 칭찬해보자. 그 기쁨과 감동은 무엇과도 비교되지 않는다.
(7) 칭찬을 주고받는 사회는 성공한다. 칭찬은 상승효과를 만들어 살맛나는 세상을 만들어준다.
(8) 욕을 먹어도 변명하거나 얼굴을 붉히지 말라. 그가 한 욕은 내가 먹는 것이 아니라 그에게로 돌아간다.
(9) 이 세상은 발전하지 않으면 붕괴된다. 돈이 많다고 발전하는 것이 아니라 칭찬을 통하여 변화되어 승리를 안겨주는 것이다.
(10) 만날 때 칭찬하고 헤어질 때 칭찬하라. 모두가 애타게 바라는 즐겁고 신나는 세상은 그렇게 해서 만들어지는 것이다.
(11) 운동선수에게는 응원의 목소리가 승리를 안겨준다. 그 외의 사람에게는 칭찬의 소리가 응원가로 들리게 된다.
(12) 살다보면 미운 사람이 생기게 마련이다. 미운 사람에게 칭찬의 떡 하나 더 줘라. 값이 싼 떡으로 서로의 간격을 좁힐 수 있다.
(13) 선물을 하는 데는 많은 비용이 들어간다. 그러나 칭찬은 1원도 들이지 않고 선물보다 더 큰 감동을 주게 된다.
(14) 99개의 약점이 있는 사람도 1개의 장점은 있게 마련이다. 1개만 바

---

74) 본부포대 김봉영 엄마 조회 134 | 09.09.27 10:39
http://cafe.daum.net/DDchunha/FPu0/152

라보고 칭찬하라. 그것이 자라나면 장점만의 사람으로 변신한다.
(15) 칭찬은 적군을 아군으로 만들고 원수도 은인으로 만든다. 나에게 적이 많은 것도 알고 보면 칭찬을 않기 때문이다.
(16) 부자가 되고 싶으면 칭찬하는 노력을 먼저 하라. 칭찬은 보물찾기와 같고 보물을 많이 찾는 사람이 최고의 부자다.
(17) 칭찬은 사랑하는 마음의 결정체이고 비난은 원망하는 마음의 결정체. 칭찬을 하고 나면 기분이 좋고 비난을 하고 나면 기분이 언짢은 것도 그 때문이다.
(18) 고객만족, 고객감동이 아니면 기업은 쓰러진다. 칭찬은 이 두 가지를 모두 만족시키고도 남는 위대한 덕목이다.
(19) 목마른 사람에게 물을 주는 것이 사랑이다. 칭찬에 목마른 사람에게 칭찬을 해주어라. 그처럼 큰 사랑도 없다.
(20) 해가 뜨면 별이 보이지 않듯 칭찬이 늘어나면 원망도 없어진다. 불행 끝 행복 시작이 눈앞에 펼쳐지는 것이다.
(21) 10점을 맞다가 20점을 맞는 것은 대단한 향상이다. 잘하는 것만 바라보고 칭찬하면 끝내는 100점이 되어 버린다.
(22) 칭찬은 아름다운 마음의 표현이다. 아름다운 마음이 아름다운 얼굴을 만든다. 화장을 하려말고 칭찬을 먼저 하라.
(23) 자기를 칭찬하는 사람만이 남을 칭찬할 수 있다. 먼저 자신을 칭찬하라. 칭찬에 숙달된 조교가 성공적인 삶을 만들게 된다.
(24) 남의 약점은 보지도 듣지도 말하지도 말라. 약점을 찾는 열성당원은 어둠의 노예가 된다.
(25) 사람에게는 무한 능력이 숨어있다. 처마밑의 주춧돌이 빗방울에 의해 홈이 파이듯 반복된 칭찬이 위대한 결과를 만들어준다.
(26) 칭찬은 소극적인 사람을 적극적으로 바꿔주고 희망과 의욕을 높여준다. 입에서 나오는 한마디의 칭찬이 의식개혁의 시작이 되는 것이다.

(27) 칭찬은 웃음꽃을 만들어주는 마술사다. 장미도, 백합도, 진달래도 아름답지만 웃음꽃만큼 아름다운 꽃은 이 세상에 없다.

(28) 기가 살아야 운도 산다. 기를 살리는 유일한 처방은 칭찬이다. 병원처방은 돈이 들지만 칭찬처방에는 돈이 들지 않는다. 아낌없이 칭찬하라.

(29) 칭찬을 받고 싶으면 내가 먼저 칭찬하라. 이 세상에 외상이나 공짜가 없다는 것을 그 자리에서 알게 된다.

(30) 칭찬을 받으면 발걸음이 가벼워지고 입에서 노래가 나온다. 나라를 위해서도 칭찬하라. 기쁨에 넘치는 사람이 기쁜 세상을 만들어준다.

(31) 고기도 먹어본 사람이 맛을 알듯이 칭찬을 받아본 사람은 더 칭찬받고 싶어한다. 그래서 10배 100배의 노력을 아끼지 않는 것이다.

(32) 칭찬을 받으면 축복이 저절로 열린다. 태양처럼 밝은 마음 속에는 어둠이 깃들지 못하는 것이다.

(33) 칭찬을 하다보면 마음이 열려 네가 내가 되고 내가 네가 된다. 서로 하나가 되는데는 칭찬만큼 효과가 큰 무기가 없다.

(34) 한번 받은 비난이 회복될 때까지는 9번의 칭찬을 들어야 겨우 제자리로 돌아온다.

(35) 우리가 남을 칭찬을 하게 되면 그 사람에게는 무한한 힘을 가지게 된다. 서로 칭찬하며 살아요.[75][76][77]

---

75) http://cafe.daum.net/DDchunha/FPu0/152?docid=1CDwO|FPu0|152|20090927103954&q=%C4%AA%C2%F9%C0%C7+%C8%BF%B0%FA&srchid=CCB1CDwO|FPu0|152|20090927103954(2010.5.2)

76) http://cafe.daum.net/knoump/6WPJ/288?docid=1D8vh|6WPJ|288|20100203014715&q=%C4%AA%C2%F9%C0%C7+%C8%BF%B0%FA&srchid=CCB1D8vh|6WPJ|288|20100203014715(2010.5.2)

77) [[추천]] 칭찬의 효과| 추천게시판, 꿀밤~쌤♪ 조회 101 | 09.03.21 04:56 http://cafe.daum.net/hanwooltaricafe/6MEi/290

33. 칭찬하는 요령

   (1) 칭찬할 일이 있을 때 즉시 하라. 칭찬을 하는 데 가장 좋은 시간은 창찬할만한 일이 생긴 바로 그 순간이다.
   (2) 구체적으로 하라. 막연히 칭찬하지 말고 구체적으로 이유와 증거를 대며 칭찬을 하라.
   (3) 조직에 미치는 가치에 대해서 언급하면서 하라.
   (4) 훌륭하게 업무를 수행하게끔 지속적으로 격려하면서 하라.

{칭찬의 효과}
   (1) 친근감과 호감을 준다.
   (2) 생활에 활력을 주고, 기쁨의 촉진제가 된다.
   (3) 마음이 너그러워진다.
   (4) 힘이 솟고, 용기가 솟고, 긍지를 가지게 된다.
   (5) 커다란 희열감과 만족감을 느낀다.
   (6) 강한 자신감을 갖게 한다.
   (7) 상대방을 기쁘고 행복하게 할 뿐 아니라 나도 즐거워진다.
   (8) 칭찬은 받는 사람보다 칭찬을 하는 사람이 더 기쁘고 행복하다는 것이다.
   (9) 장미꽃을 전하는 사람의 손에는 장미향이 남는다.[78]

34. 칭찬의 효과와 미래발전

  프랑스의 과학자 보끌랑은 본래 가난한 농부의 아들로 자랐다. 초등학교 시절엔 거의 넝마에 가까운 옷을 입고 다녔는데도 총명하여 공부는 뛰어났으므로 선생님께 종종 칭찬을 들었다.[79]

---

78) http://cafe.daum.net/hanwooltaricafe/6MEi/290?docid=o2gN|6MEi|290|20090321045642&q=%C4%AA%C2%F9%C0%C7+%C8%BF%B0%FA&srchid=CCBo2gN|6MEi|290|20090321045642(2010.5.2)

"보끌랑, 열심히 공부하여라. 너는 장차 훌륭한 사람이 될 자격이 있는 아이란다." 보끌랑은 선생님의 칭찬을 들을 때마다 용기가 샘솟았다. 그는 약국의 사환을 거쳐 어려운 파리대학교수 자격까지 획득하였고 크롬원소를 비롯하여, 다른 원소까지 발견하여 화학계에 지대한 공헌을 하는 과학자가 된 것이다. 그는 나중에 회고하기를 선생님의 칭찬이 없었다면 자신은 지금의 모습이 될 수 없었다고 했다.[80]

35. 칭찬과 격려의 효과 동등성

두 친구 이야기 / 최고의 기술 / 링컨과 프랭클린으로부터 얻은 교훈[81] 내가 교사로서 첫발을 내딛었을 때, 한 동료교사가 나를 마치 품에 안고 보호해주듯이 많은 지도를 해주었는데, 그는 내가 잘못을 저지를 때마다 지적해주었고 학생들이 왜 나를 싫어하는지에 대해서도 설명해 주었다. 나는 그의 비평을 기꺼이 받아들여 그에게서 지적받은 점을 개선시키기 위해 열심히 노력했다. 그 후 우리가 친구가 되었을 때는 나의 개인생활까지 충고를 해주곤 했는데, 이때도 그는 역시 내가 잘못하는 점을 주로 지적했고, 나 또한 그의 비평을 인정했다. 그 뒤 교사생활을 시작한 지 6년이 되어갈 무렵 '팀'이라는 이름의 한 교사가 우리 학교로 전근을 왔는데, 왜 그가 학생들에게 그토록 사랑을 받으며 능률적으로 일할 수 있는지를 알기까지 그리 오랜 시간이 필요하지 않았다. 그는 늘 다른 사람들에게서 최고의 것을 끌어내는 특별한 재주를 가진 사람 같았는데, 학생들과의 관계에서도, 그들의 잘못을 먼저 지적하기보다 그들

---

79) 쉬어가는 방, 김경하(복지국장 아복3) 조회 26 | 10.02.07 18:23
 http://cafe.daum.net/sjcu2006/Mfbe/37, 칭찬의 효과
80) http://cafe.daum.net/sjcu2006/Mfbe/37?docid=13MGc|Mfbe|37|20100207182350&q=%C4%AA%C2%F9%C0%C7+%C8%BF%B0%FA&srchid=CCB13MGc|Mfbe|37|20100207182350(2010.5.2), 편경영연구소
81) 인생의 목적, 칭찬과 격려의 효과는 아주 길다| 인생을 바꾸는 기술, 장주현 조회 9 | 10.02.02 00:36 http://cafe.daum.net/Lifeegg/OE97/294

이 잘한 점, 그리고 또 잘할 수 있는 점을 강조해주곤 했다. 교실에서도 학생들이 들어올 때 매번 먼저 인사를 했고, 학생들이 한 일에 대해 칭찬을 해주었으며, 최선을 다하도록 용기를 북돋워주었다. 그는 거기서 멈추지 않고 나에게도 항상 좋은 말을 해주었는데, 그의 이런 행동을 통해 나는 전에 별로 관심을 두지 않았던 나의 좋은 점을 볼 수 있게 되었다. 다시 말해, 내가 개인이나 교사로서 옳게 행동한 점을 그 때서야 제대로 볼 수 있게 되었던 것이다. 둘 다 같은 교사였던 이 두 사람과의 우정은 어떻게 지속되었을까? 애석하게도 첫번째 우정은 몇년 지나지 않아 끝나고 말았다. 그런데 그 동료와의 관계가 끝이 나게 된 주요 원인 중의 하나는 끊임없이 계속되는 그의 비평 때문이었다고 할 수 있다. 하지만 팀과의 우정은 계속되어 30년이 지난 지금까지도 잘 유지되고 있는데, 팀은 다른 사람들이 갖고 있는 능력을 찾아 긍정적으로 -이 말은 사람들에게서 좋은 점을 찾을 때 쓰며, 다른 사람들로 하여금 긍정적인 일을 하도록 권유하고 용기를 북돋워주는 것을 뜻함- 확인시켜주는 좋은 기술을 갖고 있었다고 할 수 있겠다. 참고로 대학에서 역사를 전공하면서 나는 유명한 전기를 많이 읽었다. 내가 전기를 읽고 감명을 받아 여기에 소개하고자 하는 사람은 링컨과 프랭클린인데, 이 두 사람이 갖고 있는 최고의 공통점은 모든 사람들과 잘 지내는 능력, 그리고 다른 사람들에게서 최고를 찾아 발굴해내는 능력이라고 할 수 있다. 사실, 이 두 가지야말로 그들을 성공시킨 어떤 능력보다도 중요한 최고의 기술이었다.

〈자신의 좋은 점들〉

내가 학교에서 심리학을 가르칠 때 학생들에게 다른 사람들을 긍정적으로 지지하는 연습을 해보고, 그 연습을 통해 어떤 점을 배우게 되었는지를 적어보도록 했는데, 그 중 몇 가지 반응을 소개하면 다음과 같다.

첫째, 모든 사람들은 단점보다 장점을 더 많이 갖고 있다. 둘째, 우리는 다른 사람들의 장점을 찾는 습관을 길러야만 한다. 셋째, 다른 사람들을 깎아 내리는 것보다 기를 세워주는 것이 훨씬 더 효과가 크다. 넷째, 다른 사람들로부터 진심어린 칭찬을 듣는 것보다 나은 것은 아무 것도 없다. 다섯째, 우리 모두는 인정과 격려를 필요로 한다. 여섯째, 다른 사람들의 기분을 좋게 해주는 것은 나를 기분좋게 해주는 것과 같다. 일곱째, 다른 사람을 지지하고 격려해주면 그 사람에게서 최상의 것을 발굴해낼 수 있기 때문에 누구나 성공할 수 있다.[82]

36. 칭찬의 효과와 스트레스 해소

어제 아내가 버스를 탔는데 매일 마주치는 할머니 한분이 "미스냐?"고 물어보아서 종일 흐뭇했는데 저녁에는 옷가게에 갔다가 주인이 아내더러 "멋쟁이"라고 했다며 자랑을 하였다.[83]

평소에 칭찬을 잘하지 않는 아내도 칭찬을 받는 것은 좋아하나보다. 일요일의 SBS 스페셜에서는 비좁은 축사에 가두어 키우는 돼지고기에는 "스트레스 호르몬"이 방목사육한 돼지고기보다 많이 나온다는 내용이 방송되었다. 이유야 어쨌든 칭찬은 상대방에게 좋은 무엇인가를 선물하고 비난이나 구속, 꾸중, 모욕 이런 것들은 상대방에게 스트레스를 주고 스트레스는 또다른 나쁜 것 - 불만, 증오심, 미움 이런 나쁜 감정들을 만들어내는 것 같다. <위대성의 척도는 고통을 감내하는 능력>이라고 어떤 이는 말했지만 보통사람들은 오히려 작은 칭찬이 더 좋은 약이 되지 않을까?[84]

---

82) http://cafe.daum.net/Lifeegg/OE97/294?docid=17hvm|OE97|294|2010020200
   3623&q=%C4%AA%C2%F9%C0%C7+%C8%BF%B0%FA&srchid=CCB17hvm|OE97|2
   94|20100202003623(2010.5.2)
83) 자유♡게시판, 평보손 조회 24 | 09.11.24 09:44
   http://cafe.daum.net/Tanhyeon-ttc/2kWU/497
84) http://cafe.daum.net/Tanhyeon-ttc/2kWU/497?docid=1Dfu4|2kWU|497|20091
   124094407&q=%C4%AA%C2%F9%C0%C7+%C8%BF%B0%FA&srchid=CCB1Dfu4|2k
   WU|497|20091124094407(2010.5.2)

37. 칭찬의 효과와 요령

1) 구체적으로 한다.

모호하고 추상적인 칭찬에 비해 구체적이고 분명한 칭찬이 상대의 마음을 움직인다. "자네는 괜찮은 사람이야"보다는 "자네의 기안문은 간결하고 설득력이 있어"라고 했을 때 더 효과적인 칭찬이다.

2) 간결하게 한다.

말이 길어지면 처리해야 할 정보가 많아진다. 진지하고 간결하게 칭찬하는 것이 더 깊은 인상을 주며 기억에도 오래 남는다.

3) 남 앞에서 혹은 제삼자에게 칭찬을 한다.

사람들은 누구나 자기를 자랑하고 싶어한다. 단지 쑥스럽고 어색해서 그리고 속보일까봐 자제할 뿐이다. 남 앞에서 칭찬을 하거나 제삼자에게 간접적으로 칭찬을 전달하는 것은 칭찬받는 기쁨과 자랑하고 싶은 욕구 두가지 모두를 충족시킬 수 있다.

4) 사소한 것을 칭찬한다.

칭찬에 인색하게 되는 것은 사소한 감정을 무시하기 때문이다. 남들이 보지 못하는 사소한 장점들을 찾아 칭찬을 해 주었을 때 의외로 효과가 있다.

5) 당사자 주변 인물을 칭찬한다.

집에서 미워하는 가족이라도 남이 욕을 하면 듣기 싫어한다. 자존심은 자신의 능력이나 외모 뿐 아니라 자기가 속한 집단이 가치있다고 여겨질 때도 고양(高揚)된다. 듣는 사람은 분명 자신이 칭찬받지 않았음에도 흐뭇한 기분이 든다.[85] 사람은 기대하는대로 변한다. 직장인들이 가장 듣고 싶어하는 말은 무엇일까? 이 궁금증을 풀기 위해 기업체에서 특강

---

[85] 1:1 칭찬의 위대한 효과| 멘토링-코칭, 강예원 조회 34 | 09.05.29 12:37
http://cafe.daum.net/gywon/YD0H/21

을 할 기회가 있을 때마다 참석자들에게 몇 차례 물어보았다. 그 결과 공통적으로 많은 대답이 "정말 잘했어" "역시 당신 밖에 없어" "자네가 한 일은 틀림없군" 과 같은 칭찬이었다. 반면 "이걸 일이라고 했나" "이것 밖에 못하나?"와 같은 비난에 상당부분 상처를 입고 있는 것으로 나타났다. 하지만 기업을 경영하는 경영자이거나 팀을 이끌어가는 상사의 입장에서는 항상 부하직원들의 잘못된 부분이 보이게 마련이다. 상사의 입장에서는 좋은 성과를 거두기를 기대하기 때문에 오히려 칭찬에는 인색하고 채찍과 감시에 더 많은 관심을 갖는다. 잘못된 부분을 지적하고 고쳐 나갈 때 직원들에게도 발전이 있는 것이라고 생각하기 때문이다.

때때로 칭찬을 해주려 해도 잘못한 것을 뻔히 보면서 칭찬을 할 수는 없다는 주장들을 하는 경우도 많다. 이러한 이유 때문에 <칭찬은 고래도 춤추게 한다>라는 책이 베스트셀러가 되고, 그 베스트셀러를 수많은 상사들이 접하면서 칭찬의 중요성을 깨달았으면서도 제대로 실천하지 못하고 있는 것이다.

〈플라시보와 피그말리온 효과〉

그렇다면 칭찬의 힘은 어느 정도일까? 이는 플라시보 효과와 비슷하다. 플라시보 효과란 독은 아니지만 약도 아닌 증류수나 생리 식염수 등을 약으로 속여 환자에게 투여하면 실제로 약을 투여한 것과 같거나 혹은 그 이상의 효과를 나타낸다는 것을 뜻한다. 사람에게는 직관적, 감정적으로 믿으면 그 기대대로 변하게 만드는 능력이 있다는 것을 증명해 주고 있다. 또 다른 측면에서 이를 피그말리온 효과(Pygmalion Effect)라고 할 수 있다. 피그말리온은 신화에 나오는 젊은 조각가. 그는 외모에 콤플렉스를 갖고 있어 사랑에는 체념한 채 조각에만 심혈을 기울이다가 자신이 만든 여인의 나체상을 사랑하게 된 인물이다. 그는 이 여인상을 아내로 맞이하게 해 달라고 간절히 빌었다. 그러자 그의 사랑에 감동한 신이 조각상을 사람으로 변하게 하였고 그와 결혼하게 했다. 이러한 신화에 따라 피그말리온은 가능성이 없는 것이라도 마음속에서 할 수 있다고 믿고 행동하면 그 기대가 현실로 이루어질 수 있다는 것을 증명할 때 자주 인용되곤 한다.

그리고 바로 이러한 기대를 품게 하는 것이 칭찬의 힘이다. 실제로 피그말리온 효과라 명명된 것은 로젠탈과 제이콥슨이 초등학교 학생을 대상으로 실시한 실험을 통해서였다. 이 두 명의 미국인 교육학자는 초등학교 학생들을 대상으로 지능검사를 실시한 후, 실제점수와는 상관없이 몇몇 학생들을 뽑아 지적능력이 높은 학생들이라고 교사들에게 거짓정보를 주었다. 그러자 얼마 후 다시 실시한 지능검사에서 이 때 뽑힌 학생들의 평균점수가 실제로 높아졌다. 교사들이 지적능력이 우수한 학생들이라고 생각되는 학생들에게 기대를 갖고 관심을 보여주고 칭찬했기 때문에 해당 학생들은 공부에 대한 관심이 높아졌고 능력까지 향상될 수 있었다는 것이다. 이와같이 기대와 칭찬은 사람들에게 능력을 부여하고 변화를 일으키는 큰 힘을 가지고 있다.

〈칭찬의 노하우〉

칭찬의 강력한 힘을 알았다면, 중요한 것은 실천이다. 칭찬에도 방법이 있다. 입에 발린 말이나 속이 빤히 보이는 칭찬은 오히려 역효과만 불러일으킬 수 있다. 그렇다면 효과적인 방법은 없을까? S그룹의 회장이 어느날 조용히 사장을 불렀다. 그리고는 그에게 격려금 100만원을 하사했다. 당시 비서실장이었던 사람은 회장의 지시에 따라 100만원을 찾아 봉투에 미리 넣어 둔 상태였다. 당시 그 사장은 연봉이 몇 억원이나 되었고 자신이 집행할 수 있는 금액이 1억원이 넘는 사람이었다. 그런 사장에게 겨우 100만원이라니. 하지만 하잘 것 없다고 생각되었던 100만원의 효과는 엄청났다. 그것을 받는 순간 입이 찢어질 듯 벌어지는 것이 면면히 드러났다. 나아가 물불을 가리지 않고 일하면서 엄청난 경영성과를 이루어냈다. 금액이 문제가 아니라, 자신이 회장에게 인정받으며 일한다는 신뢰감 덕분이었던 것이다. 이와같이 칭찬은 여러 사람들 앞에서 한다고 반드시 좋은 것은 아니다. 여러 사람 앞에서 칭찬을 할 경우에는 오히려 다른 직원들의 시기와 질시의 대상이 될 우려가 있으며, 칭찬을 받은 사람이 교만해지고 고자세를 취하여 상호간에 비협조적인 관계를 조성시킬 수 있다. 일 대 일로, 면 대 면으로 하는 칭찬은 생각보다 강력한 효과를 발휘할 수 있다. 물론 각자의 스타일에 따라 효과를 얻을 수 있는 칭찬의 방법은 달라질 수 있다. 하지만 공통적으로 적용되는 노하우가 몇 가지 있다. 칭찬은 칭찬받을 행동을 한 순간에 즉시 해야 한다는 것, 그리고 구체적인 사례를 들어 칭찬해야 한다는 것, 또한 일회성에서 그치는 것이 아니라 계속적으로 관심을 기울이며 해 주어야 한다는 것, 의외의 상황에서 해 준 칭찬은 더 큰 효과를 발휘한다는 것 등이다. 그리고 무엇보다 중요한 것은 진심어린 마음으로 진지하게 칭찬해야 한다는 것이다. 이런 노하우들을 실천할 때 상대방이 감동할 수 있다.

〈긍정적으로 기대하기〉

직원들의 능력을 인정하고 칭찬해 주며 긍정적인 기대를 심어주는 것은 중요하다. 단, 칭찬의 효과는 바로 나타나지 않는 경우도 있기 때문에 믿음에 대한 기다림이 필요하다. 단기간에 어떤 기대효과도 발견하지 못했다고 하여 실망하고 다그칠 것이 아니라 믿음을 갖고 지속적으로 기대를 잃지 않는 것이 중요하다. 이제부터 핵심인재에게는 더 높은 목표를 심어주고, 일반직원들에게도 기대와 칭찬을 아끼지 말자. 간혹 능력이 부족한 사원이라 하더라도 노력하는 태도로 매진할 수 있는 여건을 조성해 주면 노력지능을 발휘할 수 있다. 불안과 불황이 가중될수록, 피그말리온 효과가 가져오는 긍정적인 성과물이 기업에 예상보다 훨씬 크고 귀중한 선물을 선사할 수 있을 것이라는 믿음으로 이를 인사관리의 기초로 삼아 여러 직원들이 능력을 발휘할 수 있도록 지원하는 것이 필요할 것이다.[86][87][88]

---

86) 글 / 최효진, 출처 : 전미영 비전&코칭 리더십 연구소
87) http://cafe.daum.net/gywon/YD0H/21?docid=1G2gZ|YD0H|21|20090529123744
&q=%C4%AA%C2%F9%C0%C7+%C8%BF%B0%FA&srchid=CCB1G2gZ|YD0H|21|20

38. 인천시교육청, 인천정각중 "감동을 주는 칭찬기법" 연수 실시

　인천정각중학교(교장 박정현)는 4월 23일(목) 학부모와 교직원을 대상으로 하는 학교현장 맞춤형 방문연수 "감동을 주는 칭찬기법"을 실시했다.[89] 인천광역시교육연수원에서 주최한 이번 연수는 가정과 학교에서 아이들을 칭찬으로 이끄는 것이 얼마나 중요한가를 강조하였다. 가정과 학교 교육을 통해 체험한 칭찬의 긍정적인 효과와 가능성을 설명하고 구체적인 칭찬의 방법을 제시하였다. 연수는 '부모님 칭찬일기', '칭찬예시', '칭찬수업 속에서 길을 발견한 아이들'의 3단계 과정으로 구성되었다. '강한 기대가 기적을 만든다.'는 의미의 피그말리온 효과가 칭찬을 통해 극대화될 수 있다고 강조하였다. 연수를 경청한 함현주 교사는 "단조로운 일상에서 칭찬을 찾는 일이 쉽지 않았는데 구체적인 칭찬예시문을 배울 수 있어 유익한 시간이었어요. 칭찬은 하는 사람도 받는 사람도 웃게 만드는 큰 장점이 있다는 생각을 했어요."라며 만족해하였다.

　학부모들 역시 "가족끼리의 칭찬 동영상을 볼 때 눈물이 나서 혼났어요. 가족간의 사랑을 느끼고 공감한 감동적이고 훈훈한 시간이었어요."라고 하였다. 학부모와 교사 모두는 이번 연수를 계기로 삼아 칭찬으로 따뜻해질 가정의 화목한 분위기를 기대하며 기쁘게 연수시간을 마무리했다.[90][91][92]

　　090529123744(2010.5.2)
88) http://cafe.daum.net/banwol41th/P1qH/1?docid=1I01B|P1qH|1|20090824152007&q=%C4%AA%C2%F9%C0%C7+%C8%BF%B0%FA&srchid=CCB1I01B|P1qH|1|20090824152007(2010.5.2)
89) 인터넷신문 한국푸른쉼터신문, http://www.kgatimes.or.kr
90) 한국푸른쉼터신문국제품질평가원 IOS9001:2000인증ISO14001:2004 승인 출판보도 인터넷신문서비스 인터넷신문종합일간지　한국푸른쉼터신문 기사제보 및 보도자료 joypeopletv@hanmail.net
91) http://kgatimes.or.kr/zb41pl7/bbs/view.php?id=society&no=7410(2010.4.30)
92) 2009·04·24 16:28 | HIT : 26 | VOTE : 0

39. 인천시교육청, 부흥중 「감동을 주는 칭찬기법」 연수 실시

인천광역시교육청, 부흥중 「감동을 주는 칭찬기법」 연수 실시[93] 칭찬의 힘, 사람은 기대하는 대로 변한다. 부흥중학교(교장 송광혁)는 5월 29일(금) 오후 3시부터 4시 30분까지 푸른서랑(학교도서관)에서 "감동을 주는 칭찬기법"이라는 주제로 교사대상으로 학교 현장 맞춤형 방문연수를 실시했다. 칭찬을 삶의 활력소가 되는 만병통치약에 비유하면서 칭찬의 종류와 그 대상, 말하는 사람과 듣는 사람의 공감대가 형성되었을 때 사람을 움직이게 한다는 감동의 효과 그리고 공개 장소에서 칭찬하기, A4 종이에 칭찬주인공의 이름을 쓰고 돌려가면서 칭찬을 쓰는 칭찬릴레이기법, 친구에게 활용하면 좋은 이벤트 칭찬기법, 거울 앞 자기 칭찬하는 셀프 칭찬기법 등의 여러 가지 감동 칭찬의 실천기법을 강연했다. '사람을 변화시키는 칭찬프로그램이 학생들에게 감동을 줄 수 있고, 교육현장에 칭찬 릴레이 문화가 확산되기를 바란다."며 연수를 마무리했다. 교사연수 업무담당 서상선 부장교사는 "체벌 위주보다는 따뜻하고 인간미가 있으면서 감동있는 말 한 마디가 학생들의 마음을 움직이게 할 수 있다."면서 연수 취지를 강조했다. 바쁜 일정 속에 보다 바람직한 학생들의 행동변화 유도와 학생들에게 감동을 주는 훌륭한 교사로 거듭나기 위한 이번 연수는 연수 도중에 칭찬 체험, 칭찬 실천기법을 적절히 활용해 봄으로써 연수 내내 밝은 분위기였고 교사들의 호응이 매우 좋았다.

무조건 잘못된 것까지 칭찬하라는 것이 아니라 칭찬을 하면서 무엇을 칭찬하는가를 정확하게 인식시키는 칭찬이 필요하다는 것을 다시 생각하게 하는 유의미한 시간이었으며, 학생들을 믿고 긍정적으로 바라보며 칭찬함으로써 훈훈한 학교문화가 형성될 것이며 그런 분위기에서 학생들은 춤을 출 수 있는 고래로 커나갈 수 있을 것으로 기대한다.[94][95]

---

93) 인터넷신문 한국푸른쉼터신문, http://www.kgatimes.or.kr
94) 한국청소년문화재단,한국푸른쉼터신문국제품질평가원 IOS9001:2000인증
ISO14001:2004 승인 출판보도인터넷신문서비스, 인넷신문종합일간지 한국푸른쉼터

40. 감동을 주는 칭찬방법 7가지 | 이 시대의 리더십

감동을 주는 칭찬방법 7가지, 성장과 발전의 퀀텀 세일즈 칭찬기법[96]

1) 구체적인 사실을 칭찬하라!
구체적이고 근거가 확실한 칭찬을 하면 칭찬 뿐 아니라 당신에 대한 믿음도 배가 된다.

2) 무의식적인 태도의 장점을 칭찬하라!
그런 칭찬을 받으면 기쁨이 배가 되고 상대는 당신의 탁월한 식견에 감탄하게 된다.[97]

3) 객관적인 칭찬을 제3자와 공유하라!
남들 앞에서 듣는 칭찬이나 제3자에게서 전해들은 칭찬이 기쁨과 자부심을 더해주면 더 오래 지속된다.

4) 독특한 문장으로 칭찬 스토리를 개발하라!
남다른 내용을 남다른 방식으로 칭찬하면 당신은 특별한 사람으로 기억된다.

5) 큰 그림을 그리는 과정을 칭찬하라!
성과에만 초점을 맞추지 않고 노력하는 과정에 초점을 맞춰 칭찬하면 상대는 더욱 분발하게 된다.

6) 역설적인 관점에서 칭찬하라!
질책을 예상했던 상황에서 문제를 지적한 다음, 칭찬으로 마무리를 지으면 예상외로 효과가 크다.

신문 기사제보 및 보도자료 joypeopletv@hanmail.net
95) http://kgatimes.or.kr/zb41pl7/bbs/view.php?id=society&no=8222(2010.4.30)
96) 2010.01.29 18:04, 게리(buddyseok), 첫걸음가족,
   http://cafe.naver.com/commu119/15528
97) 〈?xml:namespace prefix = o /〉〈?xml:namespace prefix = o /〉

7) 칭찬 이벤트를 활용하라!

때론 말로, 때론 편지로, 때론 문자메시지로 칭찬을 전달하라. 레퍼토리가 다양하면 그만큼 멋진 사람으로 각인된다.[98][99]

41. 칭찬과 웃음의 효과

우리 몸에는 내장을 지배하는 교감신경과 부교감신경의 자율신경이 있는데 놀람, 불안, 초조, 짜증 등은 교감신경을 예민하게 만들어 심장을 상하게 하는 반면 웃음은 부교감 신경을 자극해 심장을 천천히 뛰게하며 몸 상태를 편안하게 해줍니다.[100] 웃음은 스트레스, 분노, 긴장을 완화해 심장마비같은 돌연사도 예방해주며 특히 배가 아플 때까지 눈물이 나올 때까지 크게 웃으면 스트레스가 진정이 되고 혈압이 떨어지며 혈액순환이 개선되어 각종 성인병에서 해방시켜 줍니다.

또한 웃을 때마다 뇌에서 엔돌핀과 같은 몸에 이로운 물질의 분비가 크게 늘어나고 침에서도 바이러스와 박테리아를 죽이는 물질의 분비가 증진되며 반면 몸에 해로운 물질의 분비가 줄어듭니다. 웃음이 보약이라는 말이 과학적으로 증명이 됩니다. 미국 스탠포드 대학의 윌리엄 프라이 박사는 사람이 크게 웃을 때 몸속의 650개 근육중 231개 근육이 움직여 많은 에너지를 소모하며, 크게 웃으면 상체는 물론, 위장, 근육, 가슴, 심장까지 움직이게 만들어 상당한 운동효과가 있다고 합니다. 지금이라도 혼자 크게 웃어봅시다(박장대소, 와하하하하하, 우와하하하하하하하)

---

98) Sales Artist 퀀텀코칭연구소, http://cafe.naver.com/quantumcoaching, 세일즈아티스트, buddyseok님의 블로그, 덧글 3개 | 등록순최신순 등록순 최신순 | 조회수 69, [출처] 감동을 주는 칭찬방법 7가지 (한국커뮤니케이션코치협회)

99) http://cafe.naver.com/commu119.cafe?iframe_url=/ArticleRead.nhn%3Farticleid=15528(2010.4.30)

100) 원초희, cafe.daum.net/kimdss, Happy Series| 자유 게시판, s-tiger 조회 6 | 08.03.14 09:49 http://cafe.daum.net/kimdss/2tED/109, 1.Happy Look(부드러운 미소)

1) Happy Talk(칭찬하는 대화)

매일 두번 이상 주변 사람을 칭찬해 보십시오. 덕담은 좋은 관계를 만드는 튼튼한 밧줄이 됩니다. 감동을 주는 칭찬의 7가지 기법

 (1) 막연하게 하지말고 구체적으로-------구체적이고 근거가 확실한 칭찬
 (2) 본인도 몰랐던 장점을 찾아서 --------공개적으로 또는 제3자에게 전달
 (3) 차별화된 방식으로----------------평가나 비판보다는 자신의 느낌을 진솔하게 전달
 (4) 결과보다는 과정을----------------노력하는 과정에서 초점을 맞추면 더욱 분발하게 됨
 (5) 예상외의 상황에서----------------질책을 예상했던 상황에서 문제를 지적한 후 칭찬 또는 지적 전에 칭찬
 (6) 다양한 방식으로------------------말, 편지, 문자 메시지, 타인을 통해 칭찬을 받게 되면 기분이 2배가 됨

우리 동창들 얼굴이 모두 부처님 같습니다. 잘 생기고 예쁘고 단합도 잘되고 ㅎㅎㅎㅎ

2) Happy Call(명랑한 언어)

명랑한 언어를 습관화하세요. 명랑한 언어는 상대를 기쁘게 합니다.
 (1) 6마디 : 내가/ 정말/ 잘못했다는/ 사실을/ 나는/ 인정합니다.
 (2) 5마디 : 당신은/ 정말/ 훌륭한/ 일을/ 했습니다.
 (3) 4마디 : 당신이라면/ 이것을/ 어떻게/ 생각하나요?(할까요?)
 (4) 3마디 : 당신에게/ 이것을/ 부탁합니다.
 (5) 2마디. : 정말/ 고맙습니다.
 (6) 1마디 : 우리
 가장 중요하지 않은 단어 : 나

윗사람에게 애쓰셨습니다. 친구나 후배에게 수고하셨습니다. ㅋㅋㅋㅋ

3) Happy Work(성실한 직무)

열심과 최선을 다하는 자에게 믿음과 신뢰가 쌓입니다.
  (1) 솔선수범(率先垂範)을 잘못하면 -------- 고려장 이야기가 현실이 됩니다, 다만 지게에 앉는 사람이 당신이 될 겁니다.
  (2) 상경하애(上敬下愛)를 잘못하면 ------- 아랫사람에게 윗사람 욕을 하면 아랫사람은 당신 욕을 두배 더 하게 됩니다.
  (3) 칼로 입은 상처는 아물면 잊혀지지만, 말로 입은 상처는 무덤까지 간다고 합니다.

동창회를 열심히 나오고 카페에 열심히 들락거리시는 동창님들 복 받을 겨! ㅎㅎㅋㅋ

4) Happy Mind(감사하는 마음, ~때문에 보다는 ~덕분에)

불평 대신 감사를 말할 때 비로소 당신은 행복한 사람임을 알게 됩니다.
  (1) 행복은 어떤 관점에서 보느냐에 따라 달라집니다.
  (2) 백년도 못사는 인간인 우리가 천년의 근심을 갖고 살아간다.
      1) 우리가 하는 걱정 가운데 절대 일어나지 않는 일 ·········· 40%
      2) 이미 일어난 일 ·· 30%
      3) 너무 사소해서 무시해도 될 일 ·· 22%
      4) 우리가 바꿀 수 없는 일 ·· 4%
      5) 우리가 정말 걱정해야 할 일 ·· 4%

행복은 누가 갖다 주는 선물이 아니라 Self-Service입니다 ㅎㅎㅎ101)102)

---

101) Daum Communications Corp.
102) http://cafe.daum.net/kimdss/2tED/109?docid=zjVt|2tED|109|20080314094917
&q=%B0%A8%B5%BF%C0%BB%20%C1%D6%B4%C2%20%C4%AA%C2%F9%B1%E2%
B9%FD&srchid=CCBzjVt|2tED|109|20080314094917(2010.4.30)

42. 칭찬기법의 예시

이번 여름방학 때는 심성수련, 진로상담 연수, 또래상담 캠프활동을 통해 배운 것이 매우 많았다. 감사하다. 가슴이 활짝 열린 느낌, 목욕을 막하고 나온 느낌이다. 그 중에서 좋은 칭찬기법을 소개하려고 한다.

1) 시작하는 말

칭찬은 돈을 들이지 않고 상대방에게 아름답고 귀한 선물을 줄 수 있는 가장 귀한 방법이다. 상대가 잘했을 때 상대를 높이 평가하고 있다는 자신의 심정을 상대방에게 전달하는 의사소통의 한 수단이다.

2) 칭찬 프로그램 진행방법 및 적용범위

가. 칭찬 프로그램 진행 방법 : 집단형식 사용

집단원끼리 서로의 생각과 느낌을 나누고 프로그램 과정에 함께 참여하면서 목적을 이루어 간다. 강의를 통해 이론을 배우며 이론에 대한 활동을 통하여 생각하고 발표하는 과정으로 진행한다. 이 모든 과정에 참여할 때 '지금- 여기에'에서 자신의 생각과 느낌을 적극적으로 표현한다.

나. 칭찬 프로그램 적용 범위: 교사, 학생, 남녀노소 누구에게나 적용가능

3) 칭찬 프로그램을 통하여 기대되는 효과

가. 칭찬을 하는 사람에게 나타나는 효과
① 대인관계에 자신감을 갖는다.
② 적극적인 인생관을 갖게 되며 선한 마음으로 변한다.
③ 상대방을 이해하게 되며 마음에 여유가 생긴다.
④ 삶이 행복하며 칭찬을 듣게 된다.(부메랑 효과)

나. 칭찬을 듣는 사람에게 나타나는 효과
① 칭찬받은 행동을 더잘 하려고 하며, 기쁘고 즐거워지고 자신감이 생긴다.
② 용기가 생기고 원만한 성격이 된다.

③ 고통이 가시거나 줄어들어 마음의 상처가 치유된다.
④ 문제해결 능력이 향상되며 상대방을 칭찬한다.

4) 효과적인 칭찬 방법

가. 칭찬을 못하는 이유
① 성장과정에서의 칭찬 무경험
② 문제와 단점을 고치려는 접근 방식의 문제
③ 칭찬꺼리가 없다는 생각 때문에
④ 칭찬을 자꾸하면 사람버린다는 생각 때문에
⑤ 상대방에 대한 관심이 없어서, 큰 것만 칭찬하려고 하기 때문에
⑥ 칭찬하려는 노력이 없어서, 감정을 억제하기 때문에
⑦ 열등감 때문에, 말재주가 없어서
⑧ 칭찬의 방법을 몰라서, 욕심 때문에
⑨ 문제를 고쳐주려는 마음 때문에

나. 방법이 잘못된 칭찬

상대의 칭찬을 들은 후 마음에 부담이 되거나 기쁜 마음보다는 마음에 상처를 받는 경우가 많다. 이것은 칭찬에 사용된 용어 선택이 잘못되었거나 방법이 잘못되었기 때문이다.
① 매사에, 시기가 맞지 않는, 단점(결점)을 칭찬하는 경우
② 노력하지 않은 것에 대한, 결과에 대한, 비교하는 칭찬하는 경우
③ 극단적 용어를 사용하는, 부담을 주는, 조건을 거는 칭찬을 하는 경우
④ 노골적 의도가 숨겨진, 사실과 다른, 아부성 칭찬을 하는 경우
⑤ 똑같은 내용으로 다른 사람에게도 하는, 구체적이지 못한 칭찬을 하는 경우

다. 효과적인 칭찬을 위하여
① 칭찬은 선수를 쳐야 하며 잘한 점을 구체적으로 칭찬한다.

② 칭찬은 짧을수록 좋으며 칭찬은 상대방을 중심으로 한다.
③ 가능한 한 공개적으로 하는 것이 좋으며 간접적인 칭찬이 좋다.
④ 작은 것도 칭찬을 해야 하며, 칭찬은 마음과 말과 행동이 함께 어우러질 때 좋다.
⑤ 꿈을 심어주는 칭찬을 해야 하며 여럿이 같은 칭찬을 하는 것이 효과적이다.
⑥ 평소 칭찬하는 습관을 가지며 계속해서 노력한다.
⑦ 가끔씩 자기 자신을 칭찬한다.
프로그램의 실제 : 보석 찾기 (자기 칭찬하기, 상대방 칭찬하기)

43. 칭찬의 단계

1) 마음의 칭찬

칭찬에는 언어적인 것과 비언어적인 것이 있다. 칭찬은 비언어적인 마음에서 시작된다. 마음에 없는 형식적인 칭찬은 상대방의 마음을 감동시키지 못한다. 진정한 칭찬은 마음의 칭찬이다. 마음의 칭찬 방법은 상대방에 대한 관심에서 시작된다. 사람은 남의 단점부터 보는 경향이 있으므로 관심은 바로 장점을 찾는 것이다. 장점(빛)을 찾아 키워주면 단점(어둠)은 자동적으로 없어진다.

(1) 외적인 모습에 관심갖기 : 잘 모르거나 처음 만나는 사람은 외적인 모습에서부터 찾도록 노력하자.

(2) 긍정적인 관점과 표현 : 다른 사람의 모습을 나의 가치관에 맞는 중립적인 입장에서 보면서 긍정적으로 표현하는 마음자세가 있을 때 칭찬을 잘 할 수 있다. 장점을 먼저보고 단점을 볼 줄 알아야 아름다운 모습으로 바꿀 수 있다.

(3) 좋은 선입관 갖기 : 상대방에 대하여 갖고있는 선입관이 고착화되어 그 사람에게 고정관념이 되는 경우가 많다. 한번 고착화된 선입관은

바꾸기 어렵고 그 사람을 생각할 때마다 판단의 기준이 되기 때문이다.
  (4) 좋은 기대감 갖기 : 상대방과 대화를 통해서 좋은 일이 일어날 것이라는 기대감을 갖는 것도 마음의 칭찬이다.
  (5) 경청의 인내심 : 상대방의 말을 끝까지 듣고자 하는 마음의 칭찬 중 한 가지 표현이다.

2) 언어의 칭찬
  칭찬도 어떻게 표현하느냐에 따라 상대방이 느끼는 감동과 변화의 효과는 다르게 나타난다.
  (1) 처음에는 상대방의 이름을 불러준다. 호칭은 이름이 아니라 인정이다.
  (2) 상대방의 마음의 상태를 알아주는 말을 한다.
  (3) 칭찬할 행동을 구체적으로 자세히 서술하여 표현하면 같은 일과 같은 사람일지라도 상황은 다르기에 늘 새로운 칭찬을 할 수 있다.
  (4) 칭찬하는 행동에 대해 내가 느끼는 칭찬의 마음과 몸의 상태를 함께 전하게 될 때 상대방은 진심으로 자신에게 칭찬한다고 느끼게 되어 감동을 하게 된다.

3) 행동의 칭찬
  (1) 음정으로 칭찬하기

  소리를 내는 음성의 높낮이인 음정에 따라 대화 속에서 상대방에 미치는 효과는 사뭇 다르다. 음의 높이는 "솔"음이 가장 적당하다고 한다.
  이것은 상대방에게 마음의 문을 열게 하고 뭔가 좋은 일이 일어날듯 한 기분이 들게 하는 정서적인 음이기 때문이다.

  (2) 표정으로 칭찬하기

  미국의 심리학자 A. 멜라비안의 조사에 의하면 의사소통의 적용에는 언어 요소는 8%이고, 얼굴 표정이 55%, 목소리가 37% 차지한다고 하였듯이 칭찬할 때에는 칭찬하는 표정을 지어야 한다.

(3) 행동으로 칭찬하기 : 격려 반응

칭찬의 말에 칭찬하는 마음과 정성을 나타내는 마음과 정성을 나타내는 행동을 더하게 될 때 놀라운 효과를 나타낸다. 칭찬을 나타내는 행동에는 여러 가지의 스킨십이 있는데, 대상과 장소와 분위기에 따라 적당한 칭찬의 감정을 전달할 수 있다.

※ 칭찬을 잘하기 위한 단계
1단계 : 가장 낮은 단계의 칭찬 (의례적인 말-잘했다. 수고했다 등)
2단계 : 한 단계 올라가는 칭찬 (구체적으로- 심부름 해줘서 고마워)
3단계 : 몸과 마음이 어떤 상태에서 했는지 (야영 다녀와서 피곤할텐데 엄마가 김치 담그는데 도와주어서 고맙고 안쓰러워 가슴이 뭉클하더구나)
4단계 : 이름을 불러주며 3단계 제시(성은아! 게임을 몹시 하고 싶은데 그것을 접어두고 싫은 내색안하고 엄마 심부름을 해주어서 고마워)
5단계 : 음정으로 표현
6단계 : 표정으로 표현: 상대방을 보면서 밝은 얼굴로 눈을 보면서
7단계 : 스킨십으로 표현: 칭찬 대상에 따라 수준에 맞게

4) 꿈 심어주기

교육학자 로젠솔은 피그말리온 효과를 실험을 통해 증명했다. 이것은 교사(부모)가 학생(자녀)들에게 어떤 마음으로 대하는가에 따라 학생(자녀)의 장래가 달라지는 현상을 말한다. 상대방(특히 학생)이 가지고 있는 장점이나 소질을 찾아 그것을 이룰 수 있는 장래의 꿈을 심어주면 칭찬을 들은 사람은 그것에 대하여 생각하게 되고 그 꿈을 이루기 위해 노력하게 된다.

(1) 꿈을 심어주는 생각의 전환이 필요하다.

가능성이 있는 존재로 보고 긍정, 기대, 인정, 믿음의 관점이 필요하다.

이러한 마음을 말로(축복의 말) 표현할 때 상대를 변화시킬 수 있다.

(2) 자기가 발견하지 못한 것을 찾아주려 노력하고 희망이 있는 표현을 어떻게 할 것인가?

칭찬에는 자기 확인의 칭찬(자신이 인정하고 있는 것을 칭찬받는 것)과 자기 확대의 칭찬(자신이 미처 발견하지 못한 점을 찾아 칭찬받는 것)이 있다.

(3) 가능성과 희망이 있는 긍정적인 언어를 사용한다.

5) 칭찬에 반응하기

(1) 자연스럽고 당당하게 받아들인다.
(2) 상대방의 마음을 감사하게 받고 인정하며 고마움을 표시한다.
(3) 아니라고 생각했는데 칭찬들었을 때는 일단 상대방의 칭찬을 감사하게 받아들인 후 자신의 감정을 표현한다.

6) 끝맺는 말

칭찬하는 말은 인간의 마음을 만족시키고, 풍요롭게 하고, 기쁘게 하고, 따뜻한 심정을 북돋아준다. 칭찬은 사람과 사람 사이를 멋지고 아름답게 만들어내는 가장 값진 보석으로 다른 사람들과 좋은 관계를 맺을 수 있는 능력(HQ)을 기를 수 있게 한다. 칭찬은 귀로 먹는 보약이다. 칭찬을 받을 때는 뇌에서 도파민이라는 물질이 분비돼 의욕과 활력이 생기고 면역계도 강화되는데 칭찬할 때도 똑 같은 반응이 일어난다. 특히 교사는 칭찬에 목말라하는 학생들에게 꾸중과 질책보다는 칭찬(고래반응)을 많이 하도록 노력해야겠다. 또 학생들에게 칭찬하는 습관을 키워가도록 도와준다면 좋은 인간관계를 유지하는 밑거름이 될 수 있다.

※ 칭찬의 십계명
(1) 칭찬할 일이 생겼을 때 즉시 칭찬하라.
(2) 잘한 점을 구체적으로 칭찬하라.
(3) 가능한 한 공개적으로 칭찬하라.

(4) 결과보다 과정을 칭찬하라.
(5) 사랑하는 사람을 대하듯 칭찬하라.
(6) 거짓없이 진실한 마음으로 칭찬하라.
(7) 긍정적인 눈으로 보면 칭찬할 일이 많아진다.
(8) 일이 잘 풀리지 않을 때 더욱 격려하라.
(9) 잘못된 일이 생기면 관심을 다른 방향으로 유도하라.
(10) 가끔씩 자기 자신을 칭찬하라.

※ 사랑의 언어
(1) 신체적 접촉이 언어인 경우
(2) 인정하는 언어
(3) 함께하는 언어
(4) 선물(자기만의 보물상자)

  7) 봉사[103)104)]

44. 자녀 키우는 법

우리는 많지도 않은 한, 두 명의 자녀를 낳아 기른다. 그래서 자녀에 대한 욕심이 더욱 크다. 솔직히 급변하는 사회 속에서 최고가 되도록 키우고 싶은 것이 부모의 솔직한 심정이다.[105)] 어려서 부모로부터 들었던 말 한마디가 인생을 바꿔놓았다는 감동적인 이야기. 가족이 모여 식탁에서 자녀와의 대화가 훗날 과학자로, 훌륭한 교육자로, 글로벌리더로, 부자로 키웠다는 말은 새삼스러운 말이 아니다.[106)] 세계 명문가에서는 어

---

103) 노인숙의 행복성공노트, cafe.daum.net/knokno, 대인관계자료실, 행복전도사 조회 33 | 09.06.08 18:16 http://cafe.daum.net/knokno/T77a/48
104) http://cafe.daum.net/knokno/T77a/48?docid=1FdJS|T77a|48|20090608181631&q=%B0%A8%B5%BF%C0%BB%20%C1%D6%B4%C2%20%C4%AA%C2%F9%B1%E2%B9%FD&srchid=CCB1FdJS|T77a|48|20090608181631(2010.4.30)
105) 뉴시스와이어
106) 조은경 저, 이창호 감수, 똑똑한 아이로 키우는 부모의 말 한마디, 뉴시스 보도자료

려서부터 부모와 대화를 통해 세상의 보는 눈을 키웠다는 이야기도 빠지지 않는다.

　조은경 저, 이창호 감수. 똑똑한 아이로 키우는 부모의 말 한마디 미국 복음전도사 빌 글래스의 조사에 의하면 '수감자 90%는 어렸을 적 부모로부터 '너는 커서 감옥에 가게 될거야' 라는 말을 들었다'라고 전하고 있다. 부모와의 따뜻한 말 한마디, 정감있는 말 한마디, 갈등없는 대화가 자녀를 세계 위인으로 키우기도 하고, 사회 부적응의 범죄자를 만들기도 한다. '교육은 어머니의 무릎에서 시작되고, 유년기에 들은 모든 언어가 성격을 형성한다.'는 것이 생각난다. 또한 자녀를 책임감있고 독립적인 인격체로 성장할 수 있도록 돕기 위해서는 똑똑한 아이로 키우려는 부모는 효율적인 대화기법을 익혀야 한다.

　자녀의 꿈을 키워주는 대화, 자녀의 행복과 성공을 예견할 수 있는 대화, 바로 행복한 말 한마디 기법을 익혀야 한다. 조은경은 "자녀와 함께 말할 때는 무엇보다 진지하게 한마디 말을 잘 들어주는 것이 백마디 조언보다 효과적이다. 자녀에게 고민이 생겼을 때는 함께 걱정하고 이해하는 자세로 특히 중요하며. 자녀가 책임감있고 독립적인 인격체로 성장할 수 있도록 돕기 위해서는 부모는 자녀와의 효율적인 말하는 기법을 익혀야 한다."고 말했다. 한편 이창호 대한명인은 스피치학계 대표적 최고의 권위자이며 풍부한 경험과 탄탄한 학문적 토대를 갖춘 조언과 그의 탁월한 식견이 `감수'라는 과정을 거쳐 최종 빛을 보게 되었다. 특히 여성리더의 섬세한 정성과 혼을 바탕으로 문장을 되살려 놓는 과정 등, 스피치의 학술적 가치가 있으면서, 현대에 이르는 지성과 철학 등, 모든 부모가 이끄는 사랑 화법(話法)의 기본이 되며, 신선하고도 역동적으로 살아가는 미래 영재들을 위한 성공을 향하는 책이라며 "아이는 부모의 소유물이 아닌 다양한 인격 소유자다로 정리했다는 점에서 그 의미가

―――――――――――
| 입력 2009.11.20 09:59

대단히 크다"고 말했다. 246페이지이며 해피앤북스에서 출간되었다.

　지은이/ 조은경

　국민대학교 행정대학원

　따스하기만 한 봄날처럼 리드하는 부모교육 전문강사

　이창호스피치리더십연구소 연구원 및 전문강사

　한국평생교육강사연합회 부모교육 강사

　서울시 북부여성발전센터 전문강사

　서울시 도봉여성센터 강사

　서울 YMCA 아동스피치 강사

　감수/ 이창호

　미국코헨대학교 교육정치학박사

　이창호스피치리더십연구소 대표

　대한명인, 대한민국 신지식인

　한국평생교육강사연합회 이사 겸 부회장

　통일부 교육위원, HRD 전문위원

　김수환 추기경과 함께 한국현대인물열전 33인 선정

　서울산업대학교 평생교육원 스피치컨설팅지도사 책임교수

　부총리 표창, 대한민국독서문화대상, 장한 한국인상 수상 외 다수

　대표도서로 < 스피치달인의 생산적 말하기, 사람의 마음을 움직이는 기적 칭찬의 힘 > 외 15권이 있다.

　차 례

　프롤로그 : 아이에게 긍정적인 말을 하는 부모가 되자

　(1) 아이를 이해하는 부모가 되라.

　당신의 아이를 행복하게 만들어라

　부모를 존경하는 아이로 키워라

　또래문화를 이해하라

　말이 가지는 스킨십

자료: http://media.daum.net/press/view.html?cateid=1065&newsid=20091120095912679&p=newsispr(2010.4.30)

(2) 아이와 소통하는 부모가 되라.
아이와의 소통, 대화의 시작
당신의 유머가 아이를 융통성있게 키운다
대화의 단절, 이렇게 풀어라
아이의 눈높이에 맞춰라
아이에게 먼저 인사하라
(3) 부모의 말 한마디가 아이의 인생을 지배한다.
말에 대한 책임감없는 부모가 되지 마라
기를 죽이는 부모의 말
자신감을 떨어뜨리는 말
학습에서 멀어지게 하는 말
생활태도를 나쁘게 만드는 말
예의없는 아이로 키우는 말
절망으로 이끄는 말
(4) 부모의 말은 마음의 창이고 실천의 문이다.
부모가 모르는 아이들의 말
아이들이 모르는 부모의 말
욕하지 마, 욕하지 마세요
말이 통하지 않는다는 것
마음을 보이고 실천하라
(5) 부모의 한마디가 똑똑한 아이로 키운다.
말 한마디가 아이를 크게 키운다
아이에게 자신감을 불어넣는 말
아이의 사고력을 높이는 말
아이의 사회성을 높이는 말
칭찬으로 빛나는 말
아이의 독립성을 키우는 말

아이에게 감동을 주는 말
(6) 대화하라, 그리고 토론하라.
아이와의 세대차를 좁혀라
함께 수다를 즐겨라
때론 치열하게 토론하라
성에 대해 대화하라
역할을 바꿔 대화하라
아이에게 철학을 갖게 하라
세상을 보는 눈을 키우게 만들어라[107)108)]

45. 칭찬의 인생전환

말 한마디, 칭찬 한마디가 인생을 결정한다 인생은 만남의 역사라고 한다. 어떤 사람과 만나는가에 따라 우리의 인생은 달라진다. 매일 매일의 생활 속에서 뜻없이 주고받는 우리의 말 한마디가 주위사람들에게 다양하게 영향을 미쳐 인간관계를 따뜻하게도 하고 차갑게도 한다. 그런 의미에서 볼 때, 사람과 사람의 연결은 서로의 커뮤니케이션으로부터 시작된다고 해도 과언이 아니다. 사람들의 성공여부는 말에 달려 있다.

어려운 일도 말 한마디 잘해서 성공시키는 경우가 있는가 하면, 쉬운 일도 말 한마디 잘못해서 그르치는 경우 또한 빈번하다. 말은 우리 인생의 방향을 결정하는 열쇠이고, 우리 삶의 모습을 그려가는 붓이다. 말이 인도하는대로 우리는 가고 있고, 말이 서는 곳에서 우리는 서게 된다.

사람을 가장 기분좋게 하는 것이 바로 칭찬이다. 인간은 누구나 칭찬을 받고 싶어한다. 이제 우리는 우리나라와 전 세계에 나가 칭찬을 전하

---

107) 출처:이창호스피치칼리지연구소, 본 보도자료는 뉴시스와이어의 편집방향과 무관함, '한국언론 뉴스허브' 뉴시스통신사
108) http://media.daum.net/press/view.html?cateid=1065&newsid=20091120095912679&p=newsispr(2010.4.30)

고 실천해야 한다. 또한 칭찬의 길을 묻는 오늘의 모든 이에게 참 삶의 칭찬을 이야기하고, 그 어떤 것이라도 칭찬으로 엮어야 한다. 그리고 소리없이 흐르는 강물처럼 온 누리에 칭찬이 퍼지기를 기대해야 한다. - 책을 펴내며 중에서109)

자료: http://bibleeshop.com/shopuser/goods/productView.html?code=2888&largeno=7&middleno=5&smallno=1(2010.4.30)

46. 고래도 춤추게 하는 '칭찬'의 힘

1) 개요

자기계발과 선(禪)110) "칭찬은 고래도 춤추게 한다"는 말이 있다. 칭

---

109) http://bibleeshop.com/shopuser/goods/productView.html?code=2888&largeno=7&middleno=5&smallno=1(2010.4.30)
110) 2009년 09월 통권 419호 김성우 (현대불교신문 취재부장)

찬을 하면 칭찬받은 사람은 그 한 마디 때문에 기분이 좋아져 활기차게 생활하기 마련이다. 아울러 칭찬한 사람도 상대방이 칭찬 때문에 웃는 모습을 보면서 덩달아 행복해진다. "한방울의 꿀이 수많은 벌을 끌어 모으지만, 1만톤의 가시는 벌을 모을 수 없다"는 서양 속담도 칭찬의 긍정적인 연쇄반응을 강조한 말이다.

자료: http://www.bulkwang.org/news/articleView.html?idxno=16565(2010.4.30)

그런데 우리가 요즘 흔히 쓰는 "칭찬은 고래도 춤추게 한다"는 말은, 사실 책 제목에서 유래했다. 2002년 출간된 베스트셀러 『칭찬은 고래도 춤추게 한다』(켄 블랜차드 외 지음)라는 탁월한 책 제목이 하나의 격언처럼 회자된 것이다. 이 책에서 켄블랜차드컴퍼니 회장이자 세계적인 경영컨설턴트인 켄 블랜차드는 조련사와 범고래와의 관계는 인간 사이의 관계와 다르지 않으며, 멋진 쇼를 하게 만드는 비결은 상대방에 대한 긍정적인 관심과 칭찬, 그리고 격려라고 분석했다. 켄 블랜차드에 따르면, '고래반응(Whale Done response)'이라 불리는 범고래 훈련법은 성공적인 인간관계를 위한 훈련법과 다르지 않다.

즉 '고래반응'이란 범고래가 쇼를 멋지게 해냈을 때는 즉각적으로 칭찬하고, 실수를 했을 때는 질책하는 대신에 관심을 다른 방향으로 유도하며, 중간중간에 계속해서 격려하는 것이 핵심이다. 가정과 학교, 직장 등에서 '고래반응'을 사용한다면 존경받는 부모, 성과높은 비즈니스맨이 되는 것은 어렵지 않다는 주장을 담고 있다. 아마 이 책을 읽지 않은 사람들도 경험적으로 누구나 인간관계에서 긍정적 관심과 칭찬 그리고 격려가 중요하다고 생각하고 있을 것이다. 그러나 우리 삶은 타인에 대한 무관심과 부정적 반응으로 둘러싸여 있는 경우가 더 많은 것 같다.

그래서 칭찬에 인색하고 꾸짖음이 조직을 유지하는 데 더욱 유용하다고 생각하는 경향이 많은 것 같다. 바쁘게 돌아가는 신문사의 일원인 경우 칭찬이 어색한 것이 사실이었다.

2) 긍정적인 변화를 유도하는 칭찬의 기술

불교언론은 물론, 대부분의 직장에서는 막연하게 칭찬의 효용성은 알지만, 구체적으로 조직을 긍정적으로 변화시키는 칭찬의 기법을 활용하는 예가 많지 않았던 것이 사실이다. 하지만 이제는 '칭찬 리더십'이 기업이나 교육현장에서도 속속 활용되고 있다. 대표적인 예가 생산성 향상에 활력을 불어넣고 있는 포스코 직원들이 운영하고 있는 '칭찬 프로그램'이다. 칭찬 프로그램은 끊임없이 새로움을 추구하는 직원, 부단한 노력으로 스스로의 목표를 달성한 직원, 남몰래 아름다운 선행을 실천한 직원을 뽑아 동료들이 칭찬을 해주는 행사다. 직원들이 모인 자리에서 구두로 칭찬한 후 집으로 꽃다발 보내기, 직원들의 정성을 담은 선물 증정하기, 축하케이크 절단하기, 격려편지 발송하기 등을 통해 직장분위기가 밝아지고 생산성도 제고되었다는 것이다. 이와 관련, 『칭찬』의 저자인 에이드리언 고스틱은 생산성 높은 기업을 만들고 싶다면 직원들의 닫힌 마음을 열고 그들 안에 숨어있는 열정과 잠재력을 이끌어내야 한다고 주장한 바 있다. 이를 위해 그는 우선 팀과 조직을 이끌 수 있는 뚜렷한 목표를 설정한 후에, 그 목표에 다가서도록 만든 직원의 행동과 성과를 적극적으로 발견하며, 목표를 이룬 직원을 발견했다면 공개적으로 '칭찬과 포상'을 해주라는 세 가지 비즈니스 법칙을 역설하기도 했다.

그런데, '칭찬'의 효과가 가장 눈에 띄게 나타나는 곳은 바로 감수성이 예민한 청소년 교육현장이라 한다. 칭찬을 많이 받은 아이는 면역체계가 활성화되어 잔병에 걸릴 위험이 낮아지고, 자율신경계가 늘 편안한 상태에 있어 최적의 신체 상태를 유지하기 때문에 건강한 몸을 유지할 수 있다는 것이다. 『엄마 아빠의 칭찬 기술』의 저자 손석한 소아정신과전문의는 칭찬을 받은 사람은 다른 사람을 기꺼이 칭찬하려고 한다는 '칭찬의 전파 능력'을 강조하기도 했다.

즉, 부모의 칭찬을 받은 내 아이가 자라서 주변 동료를 칭찬하고, 이웃을 칭찬하고, 나아가 그 자녀들을 칭찬한다면 이 사회는 더욱 풍요롭고 정이 넘치는 사회로 발전해 나갈 것이라는 주장이다. 이와같이 '칭찬의 기술'을 적극 활용할 경우 원만한 대인관계를 유지할 수 있음은 물론 가족이나 동료, 학생들의 긍정적인 변화를 유도할 수 있음을 알 수 있을 것이다. 그렇다면, 이제 우리는 어떻게 내 곁에 있는 사람에게 칭찬의 기법을 활용해야 할까. 전문가들은 칭찬에도 기술이 필요하다고 한다.

먼저 칭찬할 때는 구체적인 사실(용모, 능력, 인격, 좋은 친구 등)을 도가 지나치지 않도록 해야 한다. 그리고 상대가 느끼지 못하는 점을 칭찬하면 더욱 감동을 주게 되며, 상황에 맞춰 따뜻한 말로 칭찬하는 것이 요령이다. 물론 가장 중요한 것은 사랑과 진심을 담은 말일 것이다. 한편, 칭찬할 때 유의할 점도 적지 않다. 결과도 나오기 전의 섣부른 칭찬, 너무 자주하는 칭찬, 사실과 다른 거창한 칭찬, 칭찬을 하고 나서 곧바로 비난하기, 결점까지 칭찬하는 속보이는 칭찬, 여러 사람에게 남발하는 똑같은 칭찬 등을 조심해야 한다.

3) 공경·찬탄의 불교수행법

현대사회의 비즈니스와 자기계발에 있어서 새로운 기법으로 떠오른

'칭찬', 그러나 불교에서는 '공경'과 '찬탄'이란 이름 아래 오랫동안 행해져온 익숙한 수행법의 하나였음을 상기할 필요가 있다. 특히 『법화경』에서 모든 이를 부처로 보고 공경·찬탄하며 하염없이 자신을 낮추는 '상불경 보살'의 바라밀행은 구도자의 자세인 동시에 배려와 소통, 섬김의 리더십을 강조하는 현대사회가 필요로 하는 덕목이기도 하다. "나는 당신을 깊이 존경해 감히 가벼이 여기거나 업신여기지 않습니다. 왜냐하면 당신들은 모두 다 보살도를 실천하여 앞으로 부처가 될 것이기 때문입니다." 상불경 보살의 끝없는 찬탄은 '누구나 부처가 되리라'는 수기(授記)인 동시에 모든 이가 부처님 아들, 즉 '불자(佛子)'라는 희망의 메시지이기도 하다. 모든 이를 부처로 보아 사랑하는 지혜와 자비로써 내 곁에 있는 가족과 동료를 칭찬해 보자. 세상이 공경과 찬탄의 법음(法音)으로 가득할 때까지.111)112)

47. 칭찬! 칭찬! 또 칭찬! 그는 칭찬 전도사!

그는 매일 매일 교사들과 학생들에게 칭찬화살을 날린다. 직선형 카리스마만 카리스마가 아니다. 그는 곡선형 카리스마! 따뜻한 카리스마!를 지녔다. 인정과 칭찬으로 교사들을 관리한다. 양수중학교 김홍원 교감선생님은 칭찬기법으로 교사들을 관리한다. 태권도와 같은 직선적인 카리스마도 있지만 택견과 같이 부드럽고 곡선적인 카리스마도 있다.

그는 전형적인 곡선형 카리스마다. 그는 칭찬으로 교사들의 장점과 재능을 발견하고 캐내는 재능 광부! 인정! 인정! 또 인정! 교사들을 인정하는데 주저하지 않는다.

그는 칭찬이 몸에 배어 있다. 교사들의 작은 장점도 발견하고 들추어내어 크게 칭찬을 하며 재능을 인정해 준다. 칭찬을 들은 교사들은 처음

---

111) 월간불광(http://www.bulkwang.org)
112) http://www.bulkwang.org/news/articleView.html?idxno=16565(2010.4.30)

에는 몸둘 바를 모르지만 자신의 잠재가능성에 대해 다시 한번 생각해 보는 좋은 기회를 갖는다. 학생 때 인정받지 못했던 잠재가능성을 그를 통해 인정받고 확인받은 후 새로운 자신을 발견한다. 그는 교사들에게 좋은 일이 생기면 자신의 일보다 더 좋아하는 따뜻한 성품의 소유자이다. 그는 교사들에게 좋은 일이 있으면 자신의 일보다 더 기뻐한다. 일례로 각종 수상관련 공문이 오면 양수중 교사들은 모두 자격이 있다면서 추천하라고 명한 후 그 결과로 교사들이 상을 받으면 누구보다 기뻐한다. 또한 교사들이 교육청으로부터 칭찬이라도 들으면 표정관리가 안 될 정도로 좋아한다.

립서비스의 지존! 누구나 그 앞에 서면 칙사! 그는 교사들을 칙사로 대한다. 월요일이면 환한 표정으로 "주말은 즐겁게 보내셨어요?" 회식 다음 날이면 "어제 집에는 잘 들어가셨나요?" 새옷을 입고 오면 "참 잘 어울리네요" 하면서 립서비스를 하므로 그 앞에 서면 교사들은 늘 칙사가 된 느낌이다.

동안(童顔)을 가진 그는 참 잘 웃는다. 그래서 그의 얼굴을 보면 저절로 기분이 좋아진다. 그는 참 잘 웃는다. 하루도 웃지 않는 날이 없다.

그래서 그의 얼굴을 보면 저절로 기분이 좋아진다. 그 덕에 그의 얼굴은 나이에 비해 훨씬 젊어 보인다. 교무실에 늘 웃음이 있기에 교사들은 일할 맛이 난다. 그는 교사를 지칭할 때 '우리'라는 말을 꼭 넣는다.

그 속에 교사들에 대한 애정이 녹아 있다. 그는 '우리'라는 말을 참 많이 사용한다. "우리 박순기 부장님, 우리 문선희 선생님, 우리 문용우 선생님, 우리 윤희정 선생님, 우리 설소영 선생님......." "우리 박순기 학생부장님은 발명에 소질이 많아서 조만간 유명인사될 것 같아!" "우리 문선희 선생님처럼 체육활동을 다양하게 지도하는 사람은 아마 대한민국에 없을걸?"

"우리 문용우 선생님처럼 수업 잘하는 사람 있으면 나와 보라 그래! 수업실기대회 은상은 아무나 주나?"라며 교사들에 대한 애정을 표현한다.

'교사들이 어떻게 하면 더 행복해질까?' 그의 일상적인 고민의 내용이다. 양수중학교의 홍보가 활성화된 것도 그의 고민 덕분이다. 그는 '양수중학교 교사들이 어떻게 하면 행복할까?'에 대해 늘 고민한다.

그러나 그의 입장에서는 열심히 학생을 지도하는 교사들에게 돈을 줄 수도 없고 일을 대신해 줄 수도 없다. 그렇게 고민한 결과, 교사들에게는 그들을 인정해주는 것이 가장 큰 힘이 된다는 결론을 내리고 홍보활동을 강조하였다. "돌농사업(돌아오는 농촌학교 육성사업)을 위해 교사들이 이렇게 열심히 학생들을 지도하는데 아무도 몰라준다는 것은 말도 안돼!"라고 하면서 홍보를 강조했던 것도 그의 고민의 결과이다. 그는 외롭지 않다. 왜냐하면 회식자리에서 교사들이 그의 옆자리에 앉기를 거부하지 않기 때문이다.

사실 회식자리에 가면 교사들은 그의 옆자리에 앉기를 거부하지 않는다. 옆집 아저씨처럼 편안하기 때문이다. 관리자에게 얘기하기 힘든 내용도 그는 편안하게 받아주므로 어렵지 않게 말할 수 있다. 그래서 그가 관리하는 교무실 분위기는 무겁지 않고 늘 화기애애하다. 학생들의 이름 부르기를 즐기는 그는 학생들의 이름을 불러준 후 바로 칭찬화살을 날린다. 종례 후 학생들이 교무실에 청소를 하러 오면 먼저 다가가서 말을 건다. 아이들이 흔히 관리자를 어려워한다는 것을 알기 때문에 이런 불편한 아이들의 마음을 이해하고 먼저 다가간다. 그리고 칭찬화살을 날린다. 그래서 양수중학교 학생들은 교감선생님을 편하게 생각하고 좋아할 뿐만 아니라 농담도 자주 주고 받는다.

이 시대의 로맨티시스트! 맑은 날씨에 하얀 조각구름 하나만 걸쳐져도 그는 감동을 한다. 한턱 쏘기를 좋아하는 그는 감동받은 날이 바로 한턱 쏘는 날이다. 그는 도시에 살다가 양수리에 와서 자연과 더불어 살 수 있어서 너무 행복하다고 한다. 높고 맑은 하늘에 하얀 조각구름 하나 걸리는 날도, 쪽물 떨어질 것 같은 푸른 날도, 창 밖에 가을비가 추적추적 내리는 날도, 낙엽이 구르는 소리가 유난한 날도 그에게는 모두 의미

자료: 양수중 김원홍 교감
(http://news.goe.go.kr/main/php/search_view.php?idx=2487, 2010.4.30)

가 있고 감동의 소재가 된다. 그렇게 감동받는 날은 한턱을 쏴야 한다.
 오늘도 날씨가 맑고 푸르러서 그가 또 한턱을 낼 것 같다. 한턱 낸다고 할 때 안가면 정말 많이 혼난다.
 낚시광인 그는 낚시를 통해 인생사를 공부하고 관리자로서의 자질을 익힌다. 낚시광인 그는 참고 기다려야 고기가 낚이는 것처럼 관리자로서의 자질인 인내심을 낚시를 통해 배운다. 그러나 다른 때는 느긋해도 남에게 한턱 쏘는 것만큼은 성격이 급하다. 낚시대회에서 상금을 받으면 내일을 손꼽아 기다렸다가 다음날 바로 화끈하게 한턱을 쏘는 통큰 사나이다.
 내일은 또 내일의 태양이 뜬다! 하루저녁이면 마음속 구름을 깨끗이 걷어낼 줄 아는 긍정적인 성격의 소유자! 그는 뒤 끝이 없다. 학교에서 불편한 일을 겪어 마음에 구름이 끼어도 다음 날이면 깨끗하게 정리를 하고 맑은 표정을 짓는다. 그러나 그 구름을 걷어내기 위해 얼마나 많은 내면적인 갈등이 있었는지를 짐작할 수 있다. 그렇다고 하더라도 하루면 모든 것을 화끈하게 털어내는 긍정적인 성격의 소유자다. 자신의 기분으로 인해 교사들이 불편하게 하지 않으려는 속 깊은 배려의 결과이다. 이것은 바로 누가 흉내낼 수 없는 그만의 자기관리 비법이다. 이 세상 누구도 그의 칭찬화살을 피해가기는 어렵다. 사람은 누구나 장점이 있기 때문이다. 오늘도 그는 칭찬으로 교사들을 춤추게 한다. 그의 영향으로 양수중학교 교무실은 서로를 인정하고 칭찬하는 분위기다. 그래서 힘들어도 힘들지 않다. 필자도 '글 좀 쓴다' 는 그의 칭찬화살을 맞고 이렇게 글을 쓰고 있다.113)114)

한 포기의 풀이 자라는 데 따스한 햇볕이 필요한 것처럼 한 인간이 건전하게 성장하는 데는 칭찬이라는 햇볕이 필요하다. 칭찬은 미처 깨닫지 못했던 마음의 용기와 열정을 불어넣어 새로운 꿈을 꾸게 하고, 하면 된다는 가능성을 심어주는 마법과도 같다. 칭찬은 사람을 성장시키는 비결이며 힘인 것이다!

칭찬 한마디가 사람을 움직이고
세상을 변화시킨다!
칭찬은 인정하는 것이고, 진실한 마음이며, 사람을 성장시킨다!
모두가 안된다고 할 때 거뜬히 해내게 하는 힘,
상대방을 인정하는 가장 빠르고 효과적인 방법이 바로 칭찬이다!
당신을 성공으로 이끄는
스피치 달인의 칭찬 노하우
효과적인 칭찬방법
　○ 구체적으로 칭찬해라
　○ 간결하게 칭찬해라

---

113) 등록일 : 2007-10-16 ｜ 작성자 : 김보경
114) http://news.goe.go.kr/main/php/search_view.php?idx=2487(2010.4.30)

자료: http://www.jh1004.com/malis/book/detail.php?cgID=0&pCode=10402000655
(2010.4.30)

○ 남 앞이나 제3자에게 칭찬해라
○ 사소한 것을 칭찬해라
○ 당사자 주변의 인물을 칭찬해라
○ 우연 그리고 의외의 상황에서 칭찬해라
○ 상대에 따라 칭찬 내용이나 방법을 달리 해라
○ 결과 뿐 아니라 과정과 노력에 대해서도 칭찬해라

저자 및 역자 소개
지은이 | 이창호 대한명인
　미국 코헨대학교 교육정치학 박사
　이창호스피치리더십연구소 대표
　국내 스피치 컨설팅 지도사 1호
　미국 이창호스피치칼리지 설립

저자는 시민사회에서 원자력알림이 홍보대사, 정의사회운동시민연합 공동인권위원장, 현대한국인물사 사전 수록과 더불어 이명박 대통령, 김수환 추기경과 함께 한국현대인물열전 33인 선정, 2008 대한민국 신지식인 교육부문에 선정되었다. 또 MBC 방송국 프로그램에서 '성공한 사람들의 스피치 비밀'을 공개하기도 했다.

┌ 저서 ────…*
- 협상의 포인트를 잡아라
- 성공을 부르는 코칭의 힘

┌ 수상 ────…*
- 농림부장관상
- 해양부장관상
- 서울특별시장상
- 21세기 신한국인상
- 한국인의 명장 20인 선정
- 대한민국시민문화상

● 교육인적자원부장관상 겸 부총리 표창상
목차
  ◎ 책을 펴내며
1부. 칭찬의 효과와 방법
- 한마디의 칭찬이 감동을 준다
- 효과적으로 말하는 칭찬 스피치
- 칭찬을 통한 언어기법
- 전문가가 이야기하는 칭찬의 기술

2부. 설득과 대화의 기술
- 고정관념 깨기
- 심리를 자극하는 설득기법
- 셰익스피어에서 배우는 설득방법 11가지
- 단순 명쾌하게 스피치하는 방법
- 효과적인 대화의 기술
- 상황에 따른 대화법
- 좋은 대화상대가 되는 법
- 성공적인 대화기술
- 올바른 경청 태도

3부. 자녀를 성공시키는 한마디의 말
- 자녀와의 대화에도 전략이 필요하다
- 자녀를 변화시키는 칭찬의 위력
- 한마디의 언어가 자녀를 성공시킨다
- 평소의 언어습관이 자녀를 성장시킨다[115]

---

115) http://www.jh1004.com/malls/book/detail.php?cgID=0&pCode=10402000655 (2010.4.30)

48. 칭찬은 고래도 춤추게 한다[116]

1) 들어가며

스토리 텔링 책의 아쉬움은 읽는 이의 경험치에 감동의 스펙트럼폭이 (다른 여러 책들과 마찬가지겠지만) 큰 차이를 보인다는 부분이라고 생각됩니다. 그렇기에 독서 토론은 상상외의 가치와 감동을 줍니다.

저녁식사 못한 분들을 위해 시작 전에 토스트와 우유한잔씩 했습니다. 아이구, 잿밥이야기 한다구요! 그래도 어쩔 수 없습니다. 무식하게 책만 읽는 재미없는 모임은 아니라는 이야길하고 싶어서 말이죠!

총무님의 자료는 완벽한 세미나 자료! 정말 잘봤습니다. 칭찬은 고래도 춤추게 한다.

2) 생각 정리

칭찬 기술에 대해 이야기하는 것이 효과적일 수 있지만 사람들은 관심없어 한다! 그것은 칭찬이란 걸 사심없이 진심으로 하는 것으로 인식했던 정서에서 보면 이해가 되리라! 요새는 이야기로된 행복, 자기계발, 재테크 등의 책이 인기있다. 그것은 어쩌면 방법을 몰라 못했다는 자각이 생겨나서일까? 아니면 그만큼 사는게 각박해졌다는 투영인지도 모를 일이다. 7Habits 도입에서 밝히는 성품윤리와 성격윤리 이야길 아는 사람이면, 그 유행의 파도에서 어떻게 중심잡기를 해야 할지도 알 것이다. 하여튼 우선은 방법을 정확히 알자!

[칭찬은 고래도 춤추게 한다]는 책은 이런 면에서 칭찬의 기술 이전에 칭찬을 해보니 이런 이런 반응들이 있으니, 인과법칙에 따라 칭찬 자체를 이런 방법으로 하면 좋겠다는 역추적 기법을 하고 있다. 대화법, 산파술인 것이다. 혼자서 읽어내려가고, 또 다른 텍스트를 잡으려고만 했던 나에게 생각을 나누어 보는 것은 아주 이로운 것 같다. 토론에서 기억 남는 부분이 하나의 칭찬이 사람의 일생을 바꾸어 놓은 부분이었다.

---
116) 칭찬의 체화는 관심과 긍정에서 시작

스티비원더가 어릴때 쥐가 나타나 애들이 다 피하고 했을 때, 소리로 쥐의 위치를 알아 잡아 해결했단다. 그때 담임선생님이 스티비 원더의 능력을 칭찬함으로서 자신은 음악가가 되고, 성공(== 행복)하게 된 스토리는 감동 그 자체였다. => 고래 이미지와 연결해서 생각할 것

물론, 자극엔 단순반응을 먼저했다. 내겐 그런 멋진 선생님이 없었을까란 뒤통수반응이 출현/ 다시 아니지. 내가 멋진 칭찬을 해줄 선생님이 되자는 전환반응!! / 그리고, 힘차게 노력해야 됨을 알게 되었다.

3) 이야기 내용 대략 정리

조]
제대로 읽고 생각하게 되면 [인간관계론]이 떠오른다. 뿌리가 되는 책으로서 좀더 근원적인 질문에 답을 준다. 물론, 행하는 것이 더 중요하다.

김]
화날 때 잠시 참아라. 칭찬의 스킬이 부족했다. - 진심이 부족한 것은 아닌가? 실화스토리중 집장만하기 위해 노력했다가 장만해서 회식을 갔다가 티격태격 싸우기 시작하여 남편이 화가나 집에 사람이 있는 줄도 모르고 불을 질렀고, 어머니와 아이는 죽고, 마눌과 이혼하고 교도소에 가 있는 상황, 말의 위력을 느끼게 해준 이야기였다. 긍정적으로 바라보면 칭찬 한마디가 가지는 힘을 절실히 느낄 수 있을 것이다.

신]
책망하지 않고 전환반응 이 부분이 기억에 남는다. 끌리는 사람은 1%가 다르다. 받아들이는 사람이 중요하다. 핵심단어 : 관심, 마음을 오픈하고, 좋은 점을 찾자.

김]
칭찬의 순서도 중요하다. 한번 야단치고 그 다음 칭찬하라. 학교시험, 한학기를 마치면서 경험담을 적어라고 했는데 끝에 좋은 말로 끝나는 글들이 더 낫다고 교수님께서 이야기하신다.

권]
칭찬과 관심/대화가 깔려있다. 칭찬 기술 - 구체적으로 실화가 좋다. 스

토리가 맞지 않다. 고래반응은 당신이 성실하고 정직할 때만 가능합니다.

안]

인생은 아름다워, 격려해주고, 좋은 책으로 칭찬 100%, 체험으로 칭찬의 중요함을 진정으로 느끼고 있다.

김]

독수리는 칠면조와 어울리면 날 수 없다.

최]

다이어트를 하고 있다. 그때 사진보다 좋더라!! 찐 감자먹고 우유먹고, 다이어트 성공중!! 습관적으로 해야지 해야지 했다가, 진짜로 해보니 나 역시 좋아졌다. 체화의 중요성을 이야기한다. 신입사원 시절 일을 몰라서 실수했던 적이 있었는데, 부장님께서 일에 대해 정확히 이야기하시고 그 문제를 해결하는 쪽으로 방향을 잡으시고 도와주셨을 때 정말 존경하게 되었다. 지금도 존경하는 부장님!!

말의 표현이 중요하더라. 한주간 읽은 책이나 좋은 내용들 소개

박]

팀장 정치력, 목표-능동적, 행동을 유발한다. 소망-수동적, 아래로의 힘. 리더십 - 당신이 리더인지를 판단하는 것은 따르는 사람을 보면 안다. 아래로의 힘!

조]

새로운 미래가 온다. 미래의 트렌드만 집중해서 여러 권을 읽었는데 이책 내용이 상당히 개연성있게 맞아 떨어지는 것 같다. 그러다 우연히 트렌드? 트렌드 좋아하네. 트렌드가 밥 먹여주냐? 글 읽고나니 현재를 잡아야겠다고 생각이 든다.

김].

완벽에의 충동, 극진가라는데 최배달은 최선을 다했다는 말보다 목숨 걸고 했다가 더 중요하다.

신]

안철수에 대해서 몰랐는데 자기가 아는만큼 보인다.

안]
좋은 성경구절을 이야기 해주셨으면 좋겠다.
최]
스스로 결정하라!! 자기계발서를 접하게 되었다. 애를 낳고, 남편하고 미치겠다. 시어머니/시아버니 자식을 안보고 모임 나간단다. 자식은 알아서 보라고 하신다.

[마치며]
뒷풀이에서 가볍게 동동주 마셨는데 이 분위기도 좋네요. 아 또 잿밥 이야기 한다굽쇼^^ 요즘 시대가 홍보의 시대라서리^^; 요기까지만 적겠습니다. 힘!!117)118)

49. 자녀의 힘을 북돋우는 부모

1) "칭찬" 하기
  (1) 자녀에게 관심과 인정, 사랑의 구체적 표현이 바로 칭찬이다.
  (2) 칭찬은 부모-자녀간에 사랑과 행복, 자녀의 힘을 북돋우는 효과적인 대화방법이다.
  (3) 칭찬은 칭찬을 하는 사람이나 듣는 사람 모두를 긍정적으로 변화시킨다.

2) 효과적인 칭찬기법
  (1) 구체적으로 칭찬한다
  칭찬 내용이 구체적일 때 자녀는 진심으로 받아드린다. 자녀에게 무엇을 칭찬하는지 분명하게 표현하는 것을 말한다. "옷이 참 좋다"기 보다는 "옷의 디자인이 참 보기좋다" "무늬가 참 어울린다"가 더 구체적이다.
  (2) 창조성을 발휘해 칭찬한다
  부모의 칭찬 내용이 매번 "수고 했다", "고마워", "잘했다"라면 듣는

---
117) TAG 고래, 배우다, 스티비 원더, 인간관계론, 칭찬
118) http://blog.jrcho.com/950(2010.4.30)

자녀는 그것은 의례적인 말이라고 생각하기 쉽다. 자녀는 자신만의 독특한 칭찬을 듣고 싶어한다.

(3) 간결하게 한다.

칭찬은 짧을수록 좋다. 칭찬이 길어지면 마음에도 없는 말을 과장되게 하는 것처럼 느끼게 된다. 간결한 칭찬은 깊은 인상으로 오래 남는다.

(4) 상대방(자녀) 중심으로 한다

칭찬의 중심은 칭찬받는 자녀에게 두어야 한다. "봐라, 내가 하라는 대로 하니까 잘되지?" 이렇게 "내가" 또는 "나는"이라는 말을 넣기 보다는 "네가 맡은 일을 책임감있게 잘하는 모습이 훌륭하다"고 자녀를 주체로 표현하는 것을 말한다.

(5) 공개적으로 칭찬한다

가정에서 남편이 자녀들 앞에서 아내를, 아내가 남편을, 그리고 자녀를 칭찬하면 그만큼 칭찬효과가 확대된다. 공개적인 칭찬은 가족 모두에게 관심과 인정받는 기회가 된다.

(6) 작은 것도 찾아내어 칭찬한다

칭찬할 것이 없어서 칭찬하지 못한다는 생각은 크게 잘한 것만 칭찬거리로 보기 때문이다. 자녀의 생각, 태도, 행동 중 칭찬할 것을 찾아보면 의외로 칭찬할 것이 많다. 작고 사소한 것에 세심한 관심을 갖고 찾아내어 칭찬하자.

(7) 간접적으로 칭찬한다.

"얘야, 아빠가 그러시던데, 네가 이번에 정말 대견스럽다고!" 어머니를 통해 전해들은 이 칭찬은 직접 듣는 것보다 기분이 더 좋다.

(8) 마음과 말과 행동이 어우러지는 칭찬이 더 좋다

칭찬하면서 신체적인 접촉, 즉 스킨십을 함께 하면 효과가 더 좋다. 이를 '행동의 칭찬'이라고 하는데 친밀감을 표현하는 비언어적인 표현을 말한다.

(9) 꿈을 심어 준다.

성공한 사람들 중 많은 이들이 "너는 할 수 있어"라는 말을 통해 희망과 용기를 얻었다고 한다. 자녀가 장난감을 조립하는 모습을 보면서 "너는 공부나 하지 뭐 그런 쓸데없는 장난감을 갖고 노냐. 그렇게 해서 앞으로 어떻게 훌륭한 사람이 되겠냐!"고 말할 수도 있겠지만, "너는 어려운 조립을 잘하니까 훌륭한 (   )가 될 수도 있겠구나"라고 말해 주어 자녀에게 꿈을 심어줄 수도 있다. 단순히 "잘했다"는 말 보다는 잘한 일에 대해 꿈을 심어주는 말과 격려를 함께 해주면 듣는 자녀의 마음에 깊이 남아 영향을 줄 것이다

(10) 부모가 따로 같은 칭찬을 한다.

여러 사람이 한 사람을 대상으로 같은 칭찬을 하면 그 효과는 더욱 크게 나타난다. 함께하는 칭찬, 같은 내용의 말을 여러 사람에게 듣는다면 그 말의 객관성이 증명되기 때문에 반복할수록 확신을 갖게 한다.

3) 언어의 칭찬

(1) 이름의 칭찬

칭찬할 상대방에게 초점을 맞춰 알아주고 인정해주는 뜻으로 이름을 불러준다

(2) 자녀- 상태의 칭찬(이해)

 (가) 상대방의 몸과 마음의 상태를 알아주는 칭찬이다.

  "너는 오늘 힘들고 지쳤을 텐데도-----"

 (나) 지금 상대의 몸과 마음의 상태를 고려하여

  "상대는 지금 무슨 말을 듣고 싶을까?"

(3) 자녀- 행동의 칭찬(관심)

무엇 때문에 인정의 칭찬을 했는지 칭찬받는 행동을 구체적으로 표현한다.

(4) 내- 마음의 칭찬(인정)

자녀에 대해 내가 느끼는 마음을 구체적으로 말하는 것이 좋다. 칭찬하는 내 마음이 잘 표현될 때에 상대방은 진심으로 자신이 인정받을 일을 했다는 생각이 든다. 예를 들면 <예 ; 믿음직, 자랑스러움, 자부심, 만

족, 안심, 편안, 기분 좋음, 기쁨, 행복, 훌륭하다.> "책임감있게 잘하는 걸 보니 참 미덥게 느껴진다. 든든하다"

   4) 행동의 칭찬
   가) 적절한 음정   나) 적절한 표정   다) 적절한 스킨십의 칭찬
<이재명의 칭찬프로그램>인용[119])

50. "준비된 칭찬은 미래의 힘"

어떤 심리학자가 재미있는 실험을 했다. 학교 선생님에게 한 반에서 5명의 학생을 임의로 선택한 다음, 선택된 학생들에게 계속해서 칭찬해 주라고 주문했다. "너, 요새 보니까 공부하는 자세가 많이 좋아졌어! 공부에 재미를 붙인 것 같구나! 너 이제 틀림없이 성적이 오를 거야. 내가 장담하지!"그러면서 선생님에게도 그 사실을 애써 믿도록 했더니, 나중에 그 학생들의 성적이 실제로 향상되었다는 것이다.[120]) 그것을 심리학에서는 '피그말리온 효과(Pygmalion effect)'라고 부른다. 피그말리온은 그리스 신화에 나오는 키프로스 왕의 이름이다. 그는 왕궁에 있는 미녀

---

119) 텐데도…
   http://www.dcasia.or.kr/child/BOARD/file_download.asp?filename=…
   저장된 페이지
   40101^d49c75862d6a8df96358d844c72c53abd985c39f^http://www.dcasia.or.kr/child/BOARD/file_download.asp?filename=(%C4%AA%C2%F9%BA%CE%B8%F0)%C0%DA%B3%E0%C0%C7%C8%FB%C0%BB%BA%CF%B5%B8%BF%EC%B4%C2%BA%CE%B8%F0.hwp&filepath=/CHILD/DataFiles/Attach/Board/^1^S40102^www.dcasia.or.kr^http://www.dcasia.or.kr/child/BOARD/file_download.asp?filename=(%C4%AA%C2%F9%BA%CE%B8%F0)%C0%DA%B3%E0%C0%C7%C8%FB%C0%BB%BA%CF%B5%B8%BF%EC%B4%C2%BA%CE%B8%F0.hwp&filepath=/CHILD/DataFiles/Attach/Board/^040101^d49c75862d6a8df96358d844c72c53abd985c39f^http://www.dcasia.or.kr/child/BOARD/file_download.asp?filename=(%C4%AA%C2%F9%BA%CE%B8%F0)%C0%DA%B3%E0%C0%C7%C8%FB%C0%BB%BA%CF%B5%B8%BF%EC%B4%C2%BA%CE%B8%F0.hwp&filepath=/CHILD/DataFiles/Attach/Board/^1^S
120) 칼럼-"준비된 칭찬은 미래의 힘", (서울=뉴스와이어) 2009년 08월 13일 [09:12]

조각상을 보고 반해 버렸다. 그는 마치 사람인 것처럼 조각상을 사랑했다. 하늘에 있는 신이 그 모습을 보고 감동을 받아, 그 조각상에 생명을 불어넣었다. 그래서 사람이 되게 했다는 것이다. 누군가 내게 좀 부족한 듯 보일 수도 있다. 그러나 그를 믿어주고 칭찬해 주면 실제로 그렇게 된다는 것이다. 그것이 바로 피그말리온 효과이다. 상대방을 인정해 주고 중요한 존재로 느끼게 만드는 힘, 이것이 바로 칭찬스피치이다. 특히 이창호 스피치가 주장하는 칭찬스피치의 네 가지 원칙이 여기에 있다.

1) 첫째 원칙: 성실해야 한다.

사람과 사람을 보다 가까운 관계를 만들려면, 그 목적을 이루기 위해 필요한 단계를 성실하게 밟아 나가야 한다. 뿌리깊은 습관을 변화시키는 데는 지속적인 노력이 필요하다. 성실성은 우리에게 통찰력을 갖게 해주고, 그 통찰력은 사람으로 하여금 사랑과 염려를 느낄 수 있게 해준다.

또한 제대로 일이 풀려나가지 않을 때도 성실함으로 꾸준히 밀고 나갈 수 있게 된다. 우리가 의사소통을 위해 꾸준히 노력하며 자신들을 배려하는 모습을 성실하게 보이면 다른 사람도 그가 최선을 다해 말하고 듣고 있음을 알아차린다.

2) 둘째 원칙: 공감대를 형성해야 한다.

사람의 감정과 정서에 파장을 맞추기 위해서는 그들과 공감대를 형성할 수 있는 능력이 있어야 한다. 리더가 자신들의 말을 이해하지 못하거나 신경쓰지 않는다고 느끼게 되면, 그때부터 리더의 말을 듣지 않는다.

하지만 리더가 자신들의 감정을 이해하려고 최선을 다한다는 걸 알면, 스피커(speaker) 기법이 썩 마음에 들지 않는다 하더라도 리더의 말을 귀담아 들으려는 모습을 보인다. 그 결과 자신이 지닌 문제점이 무엇인지를 분명하게 알게 되므로, 문제해결을 위한 노력을 자연스럽게 기울이게 된다.

3) 셋째 원칙: 단호해야 한다.

상대를 지나치게 배려하는 행위가 도리어 줏대없는 유약한 태도처럼 비쳐질 수도 있으므로 주의해야 한다. 그러나 상대를 진정으로 배려한다면 오히려 단호한 태도를 유지할 수 있게 된다. 단호하면 쉽게 포기하거나 감정적 절망에 빠지지 않는다. 또한 사람에게도 후회할 말을 하지 않게 된다. 단호함은 관계를 더욱 더 튼튼히 하기 위해 눈앞에 놓인 장애를 넘어 올바른 길로 가겠다는 각오이므로, 상황에 따라 흔들리는 일없이 일관된 태도를 유지하는 것이 중요하다.

4) 넷째 원칙: 의사소통의 목표를 정해야 한다.

목표를 정하면 마음과 머리를 중요한 것 하나로 집중할 수 있고, 변화의 방향을 분명하게 잡고 나아가는 데 도움이 된다. 사람을 격려하는 것이 목표라면, 사람을 목소리를 높여서라도 그 목표를 되새겨서 더 긍정적으로 대응할 수 있다. 또한 자신이 실천한 내용을 기록해 두면, 목표에 얼마나 근접했는지를 쉽게 파악해 볼 수 있다. 예를 들어, 어느 기간 동안 소시민에게 한 칭찬과 목소리의 비율을 산출해 보는 것도 한 방법이다. 한편 리더들은 칭찬을 아끼지 말아야 한다. 사람은 자신을 칭찬하는 사람을 칭찬하고 싶어한다. 그러므로 남을 칭찬하는 것은 곧 나를 칭찬하는 일이다. 누구라도 한 두 가지 장점을 갖고 있게 마련이다. 그것을 발견하여 진심어린 말로 용기를 북돋워준다. 간혹 보면 거짓 찬사를 늘어놓는 사람이 있는데, 그럴 경우 오히려 사이를 더 뒤틀리게 할 수도 있으므로 주의해야 한다. 또한 아첨인지 칭찬인지는 듣는 사람이 더 빨리 파악하는 법이니까. 더 큰 호감을 느낀 것은 준비된 칭찬은 미래의 힘이다.[121][122]

---

[121] 글/ 이 창 호(李昌虎 / 47세) 대한명인/ 신지식인/ 이창호스피치리더십연구소 대표/ 한국현대인물열전 33선/ 스피치컨설팅지도사 제 1호/ 대표도서 '사람을 움직이는 기적 칭찬의 힘'외 16권 집필, 뉴스출처: 이창호스피치칼리지, 회사소개: 2002년 이창호스피치리더십연구소로 설립 이후 스피치 관련 전문 직종 민간자격인 스피치컨설팅지도사 1.2.3.급을 국내에서 유일하게 개발하여 역사와 정통성을 자랑하며 , 21세기 세계적인 스피치리더십칼리지로 비전을 갖고 혼신의 노력을 기울이고 있다.
[122] http://newswire.seoul.co.kr/newsRead.php?cat=117&md=A02&no=422325&tm

제2장 조직관리의 대화기술

1. 교섭의 화술 10가지| 대인관계자료실

1) 상대의 의중을 탐색하라.→실마리를 먼저 잡는다.[123]

서술-본론을 먼저 말하지 않고, 일상의 대화를 하면서~ 관심을 가지는 대화를 탐색한다.

2) 상대가 먼저 말하게 하라.→상대의 의중을 미리 파악한다.

서술-내가 먼저 말을 하면, 상대에게 힌트를 주고~ 준비를 하게 하는 것이다. 그렇기 때문에 상대의 말을 먼저 들어보고, 그 말에 맞추어서 생각을 하고~ 결론을 내어 내가 말을 하는 것이다.

3) 양보의 가능성을 배제하라.→차선책은 없다고 말한다.

서술-여러가지의 방법을 이야기하면, 상대는 그 여러가지 방법에 대해서 고민을 하기 마련이다. 그리고 고민을 하면 할수록 시간은 흘러가며~ 시간이 흘러갈수록 교섭은 이루어지기가 힘든다. 그렇기에 방법은 한가지만을 이야기해준다.

4) 전문가의 권위는 먼저 인정을 해줘라.→져주면서 이기는 방법을 익힌다.

서술-인간은 누구든지 칭찬에 약하다. 그렇기에~ 상대를 인정해주면 그 상대도 또한 나를 받아들이게 되는 것이다.

5) 상대의 심리를 먼저 읽어라.→교섭의 성패는 상대심리를 읽는데 있다.

=1(2010.4.30)
123) 행복전도사 조회 4 | 09.06.09 19:25 http://cafe.daum.net/knokno/T77a/50

서술-교섭을 할때에~ 나의 입장이 아니라 상대의 입장에서 생각을 해서 교섭을 하는 것이다.

예를 들어~ 자동차를 판다면 상대의 입장을 고려해~ 여유가 있는 사람에게는 자동차의 좋은 점을 말해 관심을 끄는 것이고, 여유가 없어 자동차에 관심이 없는 사람에게는~ 자동차를 이용해 얻을 수 있는 이익같은 것을 말하는 것이다.

6) 흥분은 대사를 그르친다.→감정을 억누르고 마음을 컨트롤한다.

서술-인간은 컴퓨터가 아니기에 감성과 이성을 동시에 취할 수가 없다. 그래서 감정을 억눌러야만 이성을 컨트롤 할 수 있고, 이성을 컨트롤 할 수 있어야만 감정을 억누를 수가 있다.

7) 자신에 찬 태도를 보여라.→확신이 상대의 신뢰를 부른다.

서술-내가 어떠한 계획에 확신을 가지고 있다면 상대는 계획이 아니라~ 나의 확신을 보고 믿게 되는 것이다.

8) 상대의 시간을 뺏어라.→인간은 시간의 지배를 받는다.

서술-인간은 누구나 자신이 여유로울 때에만~ 지극히 이성적으로 된다. 여유가 없을 때에는~ 이성적일 수 없는 것이 인간이다.

9) 상대의 이익에 초점을 맞춰라.→이익에 이끌리게 한다.

서술-상대의 이익을 말해주면서~ 나 자신은 정작 손해보는 듯한 느낌을 준다면 더욱 성공적인 교섭이 된다.

10) 상대의 우월성을 자극하라.→우월감을 자극하여 호의를 얻는다.

서술-쉽게 말해서~ 칭찬을 아끼지 말라는 것이다.[124][125]

---

124) Daum Communications Corp.
125) http://cafe.daum.net/knokno/T77a/48?docid=1FdJS|T77a|48|20090608181631&q=%B0%A8%B5%BF%C0%BB%20%C1%D6%B4%C2%20%C4%AA%C2%F9%B1%E2%B9%FD&srchid=CCB1FdJS|T77a|48|20090608181631(2010.4.30)

2. 행복 전도사 조회

1) 우호적인 사람이 되는 7가지 원칙
미인대칭 비비불
미소는 우리를 행복하게 합니다.
인사는 우리의 마음을 열게 합니다.
대화는 서로에 대한 이해를 높여줍니다.
칭찬은 용기를 심어줍니다.
비난하기보다는 이해를
비판하기보다는 협조를
불평하기보다는 칭찬을![126]

2) 호감을 주는 4가지 비결
이경모자
이름을 잘 기억하라
경청하라
모범을 보여라
자제력을 발휘하라 (!).[127]

3. 말을 기가 막히게 잘하는 법

안녕하세요 ~ 저는 대학교 2학년 남자인데요. 사람들과 말하는게 어렵게 느껴지네요. 그냥 일상적인 얘기라도 말을 잘하려면, 그러니깐 대화를 잘하려면 어떻게 해야 되나요?[128]

---

126) 2009. 06.26 14:47 http://cafe.daum.net/knokno/T77a/52
127) http://cafe.daum.net/knokno/T77a/48?docid=1FdJS|T77a|48|20090608181631
&q=%B0%A8%B5%BF%C0%BB%20%C1%D6%B4%C2%20%C4%AA%C2%F9%B1%E2%B9%FD&srchid=CCB1FdJS|T77a|48|20090608181631(2010.4.30)
128) 아르베라제 | 2008-11-04 09:36 | 조회 44154 | 답변 13

저도 들어주고 응대해주는 것은 잘하는데 의사표현에 서툴러 난감할 때가 있습니다. 글로나 진실한 대화는 문제가 없는데 서로 농담을 주고 받는데 말을 받아치지 못한다고 할까요. 대화는 사회생활에 정말 중요합니다. 좀더 많은 지식을 쌓아야 하겠지요.[129]

저도 대학교에 오기 전까지는 말없던 사람이었습니다.[130] 그런데 지금은 친구들이 입에 모터를 달았다고 합니다 ㅎㅎ;; 일상적인 대화는 보통 공감대가 형성되어야 미끄럽게 진행 가능합니다. 제일 쉬운 예로는 요즘 많이 보는 TV프로라든가 게임, 당구 정도가 예가 되겠죠. 개인적으로 공감대 형성이 중요하다고 생각해요^^;;[131]

들은만큼 나오는 법입니다 먼저 잘 들으세요. 말을 잘하고 싶어서 고민이시라고요? 그럼 반대로 상대방에 말을 귀기울려 듣는지요? 사람의 입은 하나지만 귀는 두개인 이유이기도 한데요

제가 생각할 때 말을 잘하려면 일단 듣는게 중요하다고 생각하거든요. 말을 잘하는 사람이라고 해서 스피치관련 교육을 받거나 뭔가 기법을 알아서가 아니란거죠. 정말 자신의 의견에 대한 말을 잘하고 사람들과 잘 통하는 사람은 상대방의 이야기를 얼마나 잘들었고 얼마나 잘 이해했는가 상대방의 입장을 잘 이해하고 고려할 때 비로소 자신의 표현력을 높일 수 있다고 말씀드리고 싶네요. 그리고 상대방을 보면서 말을 해야 합니다.

예를 들어 어린아이에게는 바르고 이해가 쉬운 표현을 써야겠죠? 어른들께는 정중한 표현을 사용하는게 예의바르다는 이미지를 주실 수 있을거고요. 또 영어를 섞어서 쓰는 표현은 진지한 대화를 할때 지속적으로 대화를 이끌어갈 수 없다고 생각합니다

뭐..판다스틱하고 ~~ 요즘에 내 상태는 패닉이라든지 한국말로도 표현

---

[129] 하늘님 08.11.06
[130] MIYAVi님 08.11.06
[131] 술한잔 졸음한잔님 08.11.05

할 수 있는데 왜 굳이 영어를 사용하는지 모르겠습니다. 청소년들이 잘 쓰는 챗팅용어도 자제해 주세요. 그리고 가장 중요한 것은 질문자님의 본인 스스로 나는 말을 잘못하는 사람이다라고 규정을 짓고 입을 다물고 있는다면 절대로 말을 잘하실 수 없습니다.

마음을 편하게 먹고 아까 제가 말씀드린 것처럼 우선 상대방을 이해하려는 진실된 마음을 가지고 차분히 말을 하신다면 질문자님도 기가 막히게 ~ 말을 잘하게 될 수 있을거라고 생각합니다 ^^[132]

저는 거의 말을 듣기만 하는데요... 말을 잘못하는 이유는 뭔가요ㅠㅠ [133] 일장연설은 잘하셨는데 맞춤법이.....ㅡㅡ;[134]

맞아요... 정말 맞는 말이시긴 한데 맞춤법이 중간중간에 거슬려서 진지한 느낌을 받기가 힘드네요 ㅋㅋ[135]

안녕하세요? 돌아온 장고입니다.[136]

말을 잘하는 방법이라, 본인으로서는 우선은 두가지만 언급하고 싶군요? 첫째는 많은 것을 알아야 한다는 것이지요. 즉, 머리에 들은 것이 많아야 어떤 주제에 관해서든 자신의 의사를 표현할 수가 있다는 것입니다. 지난 총선에 본인이 알고 있는 한 분은 선거 때만 되면 식사시간이든 언제든간에 사람들만 모여 있으면, 나름대로의 선거철학에 대해서 많은 얘기 보따리를 풀어 놓는데, 총선에 출마한 사람들의 3분의 2정도는 이름에서 학력, 경력, 선거전력 등등... 아예 꿰고 있는 것입니다.

그래서 많은 사람들이 그 사람의 주변에 모여드는 것이지요. 일상사에 대한 대화라도 그 방면에 잡학다식하면 줄줄이 입에서 쏟아져 나온다는

---

132) 2008-11-04 10:12 | 출처 : 본인작성 스크랩, 제가 원하던 답변이에요. 유용했습니다. 고양이잠수함님 08.12.13
133) BRIT님 08.11.06
134) 구마 ㅋㅋ님 08.11.06
135) Returned DJanggo | 소개 | 답변
136) 전문분야 : 일본어 | 고민상담 | 답변 3171 | 채택률 77.7%, 본인소개 : 수필가, 안산시탁구협회 부회장, 전: 도원통상 대표역임, 일본코메트공...

것이지요. 요즘에는 인터넷이 발달을 해서 알고 싶은 사건이나 단어 등... 많이 활용을 할 수가 있지요? 휴대폰에서도 인터넷이 가능한 세상입니다. 알고자 하면 모르는 것이 없다는 것이지요-^^*

둘째는 대화하는 연습을 많이 해보는 것이 좋습니다. 집에서의 식구들과의 대화도 좋습니다만, 나름대로는 정립을 해서 대화를 하는 습관을 들이는 것이 좋다는 것입니다. 육하원칙까지는 아니더라도 이야기의 줄거리를 세워서 말하는 연습을 하는 것입니다. 즉, 두서없이 하는 것이 아니고 조리있게 말하는 연습을 해야만 하는 것이지요. 탤런트나 배우들이 대사를 합니다만, 숱한 연습단계를 거쳐 입에서 술술이 아니라 마치 자신이 겪기라도 한 양, 말을 할 수 있는 것은 바로 꾸준한 연습이 있었기 때문이라고 할 수 있는 것입니다. 마음에 맞는 친구가 있다면 그 친구와 그러한 연습을 하는 것도 나쁘지는 않을 것입니다-^^*

도움이 되셨기를.......[137)

말을 잘하려면 일단 대화를 계속 유지해야 하는게 중요하다고 생각해요. 대화를 지속적으로 유지하려면 듣는 태도, 행동이 중요하다고 생각하는데요. 눈동자를 굴리며 시선을 한 곳에 두지 못하는 것, 다리를 떠는 것은 상대방으로 하여금 당신과의 대화가 지루하다, 난 집중을 안하고 있다라고 생각이 들게끔하여 상처를 줄 수 있어요. 한눈팔지 말고 상대방을 응시하면서 주의깊게 대화에 집중한 모습을 보여주세요. 그리고 말을 할 때 팔짱을 끼고 있는것은 상대방으로 하여금 불안감이나 자기방어의 모습으로 느껴질 수 있어요. 앞으론 인사는 명확하게 호칭을 잘붙여서 말을 끝낼 때도 명확히 가능하면 부정이 아닌 긍정의 표현으로 엑센트를 살려 리듬감있게 재미있게 말을 해서 상대방으로 하여금 지루하지 않고 가슴을 펴고 미소를 띤 얼굴로 시선은 상대방을 향하고 자신감있게 이야기해 보세요![138)

---

137) 2008-11-04 10:30 | 출처 : 본인작성 스크랩
138) 2008-11-04 10:34 | 출처 : 본인작성 스크랩

성공한 사람은 말을 할 때 주도권을 잡으려고 쉬지 않고 떠들어 된다면 다른 사람으로 하여금 지루하다는 느낌이 들게하는 법이 없다. 다만, 일방적으로 자신의 얘기만 하길 좋아하는 사람은 한계에 부딪힌다.

주변 사람들에게 의견을 묻는 습관이 좋은 인상을 남길 수 있도록 도와준다. 가장 말을 잘하는 사람은 남의 말을 집중해서 들을 줄 알고 그 내용중 하나를 꼬집어서 되묻는다. 모임에선 말이 없는 사람을 공략해 띄워주는 것도 좋다

아나운서의 목소리는 정확한 발음에서 왠지 모르지만 믿음이 간다. 선척적일 수 있겠지만, 다피나는 노력을 통해서 얻어진 것이다. 그렇다고 해서 아나운서처럼 피나는 노력을 하라는건 아니지만 어느 정도 목소리를 가다듬어준다면 개선이 가능하다. 소금물 양치로 목의 피로를 풀어주거나 배에서 소리를 내려고 노력해야 한다

배에서 나오는 목소리는 조금더 안정감있고 부드럽기 때문이다. 자기만의 말하는 스타일 즉, 자신만의 개성을 살려주면서 말해야 한다. 주변에 말을 잘하는 사람들을 보면 알 수 있을 것이다. 제스처를 많이 사용하든지, 큰소리로 감정을 섞어서 말하는 등 자기만의 스타일이 있을 것이다. 또 아무리 좋은 정보와 지식이라고 하더라고 너무 어려운 용어로 이야기한다면 상대방의 공감을 얻기 어렵다. 알아듣기 쉬운 말로 설명해주자.

또 상대방의 반응에 맞춰가면서 말의 양을 조절해야 한다. 또 중간중간 말을 멈춰서 상대방이 내가 한말에 대해 생각할 시간을 갖게 해주어야한다.[139)]

말을 잘한다고 한다면, 라디오 디제이들 보면 정말 말 잘하는 연예인들 많습니다. 제가 대표적으로 생각하고 있는 사람은 유영석, 배철수 등, 중요한 것은 스스로 말을 많이 하는 것도 중요하겠지만 굳이 말을 먼저

---

139) 2008-11-04 13:07 | 출처 : 본인작성, enflandtlf | 답변 75 | 채택률 55.6%

많이 하지 않아도 상대방의 말을 잘 들어주고 상대방이 원하는 것이 무엇인지를 잘 파악해서 그 마음을 살펴주면 됩니다. 그렇게 하다보면 내가 말을 잘하는건지 아닌지.. 그렇지 못하다고 해서 고민할 필요가 전혀 없거든요. 상대방이 원하는 걸 주면 되요..혹시라도 상담을 해온다면.. 가려운 곳을 긁어주면 되고..

 어렵지 않아요.. 절대... 상대방의 마음을 헤아려보면.. 대화는 쉬워지고, 누구나 님과 대화하고 싶어할 것입니다.[140]

 타인의 괴로움은 내 아픔이다. 치료를 위해선 나의 살아왔던 방식을 중점, 쓴소리로... 일상적인 얘기라면 말을 잘할 필요는 없습니다. 말 잘해서 뭐하게요? 말이라는건 일단, 할수록 나 자신을 나타내는 것입니다.

 두꺼운 지식, 촘촘한 지혜를 가진 자들은 더더욱 입을 지킨다는 걸 아시듯 한번 내뱉은 말 쓸어담기엔 정말로 많은 노고와 시간이 필요합니다.- 아니 어렵습니다. 듣기는 양쪽으로 들어도 말하기는 하나로 하라는 것처럼 입은 무거워야 합니다. 말 안한다고 "바보" 소리 안듣고, 말 잘한다고 "천재" 소리 못듣습니다.

 대단한 웅변가나 만담가...말로 먹고사는 사람 아닌 이상은 평소의 행동과 한두마디의 순간적 대답으로 모든걸 이루어 나갑니다. 순간순간적 사고와 행동들은 무언의 말과 대답이 되어 자신을 더더욱 중하게 만듭니다.[141]

 다양한 책을 많이 읽는 것도 대화를 하기에 좋은 거름이라도 생각해요. 그래서 님이 어떤 고민을 하는지 알 것 같군요. 굳이 남보다 뛰어나게 잘 하려는 것이 아니라, 상대방이 꺼낸 화제에 대해 나름대로 자기 의견을 말하고 싶은데 잘 안된다는 거지요. 젊었을 때 모임을 다녀온 후면 오히려 더 피곤하고 진이 빠지던 경험이 있어요. 자기 생각을 조리있

---

140) 2008-11-04 13:11 | 출처 : 본인작성, 새벽을 울리는 소리 | 답변 3173 | 채택률 56.2%
141) 2008-11-06 01:27 | 출처 : 본인작성,

게 말하는 사람들을 대하고 오면 무리없이 생활하고 있던 내 삶이 송두리째 흔들리는 느낌도 들었구요. 걔네들 저렇게 소신껏 살아갈 때 나 뭐 했지?

　그런 자책과 열패감도 들었구요. 저는 그럴 때는 모임을 최소한으로 줄이고 부담스런 사람들이 많은 곳은 가능하면 피했어요. 절친한 몇몇 친구들끼리는 대화에 별 무리가 없었으니까요. 결혼을 하고 아이까지 있지만 아직도 썩 나아진 것은 없어요. 그런데 말로 자기 생각을 잘 표현하지 못하는 사람들은 글로는 더 괜찮은 사람들을 많이 보았습니다. 자기 생각을 자주 적으면서 가닥을 잡아가기도 하고 소신을 보태기도 하다 보면 어느새 자기도 모르게 말로 표현하는 것까지 자연스레 될 것입니다. 저도 말 잘하는 사람을 부러워하지만 그래봐야 자기에게 도움 안 됩니다. 그들에게 없는 나만의 무엇을 발견하고 가꾸고 지켜야지요. 조금이라도 도움이 되셨기를 바랍니다.[142]

　궁금한 것이 많은 학생입니다.^^ 같이 대화를 하는 상대방에게 관심을 많이 가지셔야 해요. 그 사람이 하는 말에 최대한 관심을 갖고 같이 즐기고요. 그러다 보면 나도 하고 싶은 얘기가 생기기도 하고 상대방과 말하는 순간, 나를 충분히 보여주자고 다짐을 하세요.

　저 사람이 어떤 말을 했을 때, 그 순간 머리 속에는 오만가지 생각이 있는 거죠. 어떻게 대답하면 더 이야기를 풍성하게 할 수 있을까, 재밌는 사람이 될 수 있을까..? 그러다 보면 나도 모르게 내 입에서 점점 재밌는 말들이 많이 나오고 얘기가 길어지거든요..ㅋ 그리고 관심분야를 많이 두는 게 좋아요..마음을 열어놓고 이것도 즐기고 저것도 좋고. 얘기할 때는 부담을 절대 갖지 말고, 편~하게 부모님께 하듯이(저는 그러거든요^^;) 원래 친한 것처럼 그렇게 편안하게 생각하고 얘기하면 더 말하기가 쉽죠..^^;

---

142) 2008-11-06 15:01 | 출처 : 본인작성 스크랩, jhp4945 | 답변 22 | 채택률 53.9%

너무 형식적인 내용같지만, 저도 원래 말도 없고 말 하는 것도 안 좋아했는데, 살다 보니까. 그러면 살기가 힘들어져서, 같이 얘기하고 말도 많이 해 보려고 노력했거든요. 사실, 성격이 다 다른데 말이 없는 사람이 말이 많고 싶다고 말이 많아질 수 있는 것도 아니지만 잘 어울리는 사람이라고 보여질 수는 있는 거니까 노력하시면 본인 스스로도 더 당당하고 활기차게 될 수 있을거에요~[143]

아무 말없이 그냥 듣기만 하고 고개만 끄덕이다가 가끔 눈을 빛내며 미소를 지어줍니다. 모든 사람은 말하는 사람보다 듣는 이를 더 좋아합니다.[144]

책을 많이 읽으세요! 전문서적이 아니라 소설책을 많이 읽어야 합니다. 여학생들이 남학생보다 이야기를 조리있게 대화를 잘하죠. 남친과 여친이 싸우면 보통 남친들이 버벅거리기 일수죠. 말로 안되니까 남친은 소리치고. 그것은 문학서적을 남학생보다 여학생이 책을 많이 읽기 때문이죠!

PC나 게임에 몰두하지 말고 책을 많이 읽으세요! 아는 만큼(읽은 만큼) 대화가 고급스러워집니다. 주위를 보세요! 대화 잘하는 사람들은 문학 서적 많이 읽습니다.[145]

제가 소개팅을 많이 주선하고, 저도 사람들 많이 만나봤는데요. 만남이 잘되려면, 상대방이 말을 많이 할 수 있도록 유도하는게 좋더군요. 어색하고 경직된 분위기는 정말 안되고요. 아주 편안한 대화가 좋지요. 그리고 뭔가 대화를 재미있게 끌고갈 소재가 필요해요. 제 친구중에 한 친구는 아주 똑똑한데요. 소개팅 나가면 항상 욕먹습니다. 나가면 언제나 자기 이야기만 합니다. 그리고 상대방의 전문분야에 대해서도 모두 알고 있다보니, 듣기 보다는 자기가 다 참견하더군요. 그래서는 안됩니

---

[143] 2008-11-06 21:25 | 출처 : 본인작성 스크랩, 손정훈(14***) | 답변 1 | 채택률 0%
[144] 2008-11-06 21:39 | 출처 : 본인작성 1:1질문
[145] 2008-11-06 22:01 | 출처 : 본인작성, 알밤(bres*****) | 답변 0 | 채택률 0%

다. 나중엔 여자가 "그만 좀 하세요" 라고 했다더군요 --; 말 많이 하는건 도움이 안되지요. 서로 주고 받고, 그리고 그 사람의 대화를 경청하는 자세와 자기의 의견을 받아들이기를 강요하는 스타일은 절대 피해야지요. 대화를 많이 한 것 같은데도, 돌아서면 다시는 보고 싶지 않은 그런 사람이 있어요. 또한 대화를 할 때 여러 사람이 있으면, 소외되기 쉬운 사람에 대한 배려도 필요합니다. 특히 3명 있을 때 배려 잘해야 됩니다. 한사람이 소외되기 쉽거든요. 많이 듣고, 자신의 의견을 부드럽게 전달하는 기술이 있다면, 대화는 어려울게 없다고 생각됩니다.[146]

happy-maker입니다. 먼저 행복한 형제님이 대학 2년생으로서 말을 잘하는게 어려워서 고민이 되시는군요. 어떤 친구는 같은 말이라도 청산유수같이 잘하고 어떤 사람은 말을 버벅거리면서 잘하지 못하는 경우를 보게 되죠. 대학교수들도 사실은 실력은 뛰어나고 아는 것은 많은데 티칭 방법 때문에 실력발휘를 못하는 경우도 볼 수 있구요. 사실은 이 문제는 간단한 문제가 아닙니다. 몇가지 방법이나 요령을 알아가지고 되는 문제는 아니지만 조금이라도 도움이 되었으면 하는 마음에서 글을 씁니다.

1) 먼저 나는 말을 잘못한다는 악순환의 굴레의 생각에서 벗어나십시오.
나는 말을 잘할 수 있다는 자신과 확신을 가지시기 바랍니다. 학생은 잘할 수 있습니다. 탁월하게 잘할 수 있다는 확신을 가지고 Self-talk를 하십시오. 그러면 나도 모르게 말을 잘하는 사람으로 바뀌어있는 부분을 보고 놀라실 것입니다. 학생이 이제 관심을 가지게 되었으니 끊임없는 훈련으로 통해서 됩니다. 뭐든지 훈련으로 됩니다. 머리로 아는 것은 의미가 없습니다. 계속적인 노력과 훈련을 통해서 됩니다. 수영을 코치로부터 배우고 물속에 들어간다고 수영 잘하지 못합니다. 머리로 아는데 실제로는 잘 안됩니다. 그러나 계속 훈련을 하다보면 물에 뜨고 배운대로 수영을 잘하게 되는 것처럼 말입니다. 학생은 잘할 수 있습니다. 훈

---

146) 2008-11-07 04:27 | 출처 : 본인작성 1:1질문, happy-maker | 답변 495 | 채택률 49.6%

련이 부족했을 뿐입니다. 누구보다 뛰어나게 말을 잘할 수 있습니다.

2) 말을 잘한다는 것은 사실 내면의 나의 감정과 마음상태를 얼마나 잘 표현하느냐가 중요합니다.

아무리 말을 잘하고 달변가라고 할지라도 마음에도 없는 말을 하면 진실한 말이 결코 아닙니다. 겉과 속이 다른 외식적인 말일 뿐입니다.

평소에 감정표현을 잘하고 진솔한 대화를 나누도록 하십시오. 진실한 말은 상대방에게 감동을 주고 뭔가 찡하게 합니다. 달변가처럼 말을 잘 하려 하지 말고 속과 겉이 같은 진솔한 말을 하십시오. 말에는 1등급에서 5등급의 대화가 있는데 그 중에 최고의 대화는 마음과 마음이 만나고 감정과 감정이 만나는 것이 최고의 등급입니다.

3) 말에는 듣는 말과 하는 말이 있습니다.

말을 하기에 앞서 상대방의 말을 잘 들어주는 것이 중요합니다. "듣는 말" 이라고 합니다. 공감적 경청을 하고, 고개를 끄덕이며 잘 듣는 것입니다. 이것은 "구나법"이라고 합니다. 공감적 경청입니다. 즉, 상대방의 입장에서 이해하고 상대방의 마음 속에 들어가서 듣고 이해하는 것입니다. 그렇구나! 오! 그랬구나, 으음, 그래서 등의 표현을 잘 사용하시고 상대방이 신나게 말하도록 하십시오. 그러면 상대방의 의도와 상대방이 말하려고 하는 목적을 정확하게 파악을 하기 때문에 효과적으로 말을 잘하게 됩니다.

4) 너 - 전달법이 아닌 나 - 전달법을 잘 사용하십시오.

You-message는 주로 상대방을 향해서 판단하거나 비판하면서 주로 말하게 됩니다. 너는 왜 그러냐? 너는 왜 심부름도 못하냐? 등 너는 …. 너는….. 권위주의적이고 명령하고 비판하고 판단하는 말들은 거의가 너 - 전달법으로서 대화의 걸림돌입니다. 상대방의 마음을 닫게 만드는 것이죠. 그러나 I-message는 나는 주어로 하는 대화입니다. 기분이 나쁘고 불쾌하면 감추지 않고 나의 감정을 사실대로 표현하는 것입니다. 상대방은 비판하거나 판단하지 않으면서도 자신의 감정을 사실대로 표현하는 대화기법이죠. 그에도 많은 대화의 기법들이 있습니다.

5) 말(언어)에는 놀라운 에너지가 있습니다.

창조적인 에너지도 있고 파괴적인 에너지도 있습니다. 일본의 에모토 마사루 박사의 실험결과를 통해서 알게 되었습니다. "물은 답을 알고 있다."라는 책을 보면 컵에 담긴 물에게 "고맙습니다.", " 사랑합니다"라는 말을 하고 냉동실에 물을 얼린 다음 현미경으로 보았더니 물입자가 육각수의 모양으로 되고 바보, 멍청이, 악마라는 말을 한후에 조사를 했더니 물입자가 완전히 파괴되어 있었습니다. 사람에게도 두 종류의 사람이 있습니다. 방전형 사람과 충전형 사람이 있습니다. 방전형 사람은 항상 말하는 것이 부정적으로 말합니다. 나쁘게 말합니다. 잘못된 것만 지적하고 비판하고 판단하고 정죄합니다. 대부분 너 - 전달법을 사용하죠. 그 결과 상대방의 인생의 에너지를 방전시키고 실망시키고 낙심케 합니다.

꿈을 파괴시키고, 미래에 부정적인 영향을 미치는 사람이 됩니다. 충전형의 사람은 긍정적으로 표현합니다. 잘할 수 있다고 격려합니다. 위로해줍니다. 칭찬합니다. 사랑의 언어, 축복의 언어, 생명의 언어, 스트로크 언어를 사용하면서 상대방에게 인생의 에너지를 공급하여 줍니다. 이런 말을 들으면 우리 인생의 에너지가 충전되어서 삶의 의욕이 생깁니다. 잃어버린 소망이 생깁니다. 자신감이 생깁니다. 나도 한번 다시 하겠다는 에너지가 충전됩니다.

지면상 다 말씀드릴 수은 없구요. 다만, 언어를 통해서 상처를 받기도 하지만 상처를 치유하게 됩니다. 그래서 언어치유를 통해서 상대방에게 생명의 에너지를 공부하는 과정이 바로 언어치유입니다.

그밖의 부모와 자녀의 대화법
부부대화법
대화의 걸림돌

공감적 경청의 기술

Ⅰ-Message의 기법과 실례

갈등해결의 대화법

성격이 보이면 행복이 보인다.[147]

우선 내가 지금 대화를 나눠야 하는 사람에 대해서 알고 있는 지식이 많아야 하겠지요. 아무리 말을 잘해도 나와 대화를 나누어야 하는 사람이 관심이 없는 것에 대해서 계속 말을 한다면 나중에는 님에게 가졌던 관심마저도 사라져버릴지도 모르니까요. 그리고 말을 잘하는 것도 중요하지만 나와 이야기를 나눠야 하는 상대방의 마음을 먼저 사는 게 중요하다고 봅니다. 님과 이야기를 나누는 상대방이 님을 마음으로 흡족해 한다면 님이 말을 잘하고 못하고를 떠나서 님이 이야기 할때 님 어떤 이야기를 어떻게 하든 님의 이야기에 귀를 귀울이고 집중해서 듣게 될테니까요.[148]

4. 설득을 위한 화술

설득을 위한 화술.. 말 잘하는 법

1) 준비는 많이 하되 연설은 짧게하라. 발표는 될 수 있는 대로 짧게 하는 것이 좋다. 어떤 정해진 시간을 채워야 한다면 그렇게 하되 더 이상은 하지 마라. 길고 산만한 발표를 하는 것보다 설득력있고 간단한 연설을 준비하는 데 더 많은 시간이 요구될 것은 분명하다. 그러나 그것은 그만큼 가치있는 일이다.

2) 당신의 목적을 진술한 다음에는 그것에 관해 어떠한 의심도 하지마라. 당신의 목적이 논쟁할 가치가 있는 것만 얘기하라[149]

---

147) http//cafe.daum.net/happy-maker, 2008-11-12 12:31 | 출처 : cafe.daum.net/happy-maker, 기염투투(have******) | 답변 16 | 채택률 22.2%
148) 2008-11-12 21:28 | 출처 : 본인작성 1:1질문, 럭스코지(Luxcozy), http://luxcozy.tistory.com

5. 호감을 부르는 대화법

　호감을 부르는 대화법 및 바른 대화 자세와 좋은 대화는 일상에 활력을 불어 넣고 사업을 성공으로 이끌며, 신실한 우정과 화목한 가정을 약속한다. 많은 이들이 대화를 통해서 상대방의 인격, 성정, 사고의 깊이와 너비를 가늠한다. 말은 마음의 옷과 같기 때문이다. 즐거운 대화를 위해선 나름의 에티켓을 지켜야 한다. 대화하는 사람 사이의 거리는 70cm가 이상적이다. 너무 가까이 다가가면 상대에게 불쾌감이나 위협받고 있다는 느낌을 줄 수 있다.[150]

6. 막말하는 아내와의 불화 문제

　결혼한지 6개월 되가는 신혼부부입니다. 결혼 전부터 만나면 매일 싸우고 풀고를 반복하며 우여곡절 끝에 결혼을 했는데요.[151] 항상 싸우는 원인이 똑같습니다. 제가 무슨 잘못이라도 하면 아내는 그걸 보고 뭐라고 하는데 그 하는 말이 사람을 미치게 합니다. 제가 무슨 죽을죄라도 진 것처럼 매몰차게 말을 하면 전 그것 때문에 화가나서 또 뭐라고 말을 하죠. 아내가 먼저 제 잘못에 대해 막말을 하면 저도 기분이 상해서 막말을 하게 되는 상황이 반복됩니다. 또한 성격차이도 많이 납니다. 전 느긋한 성격이고 아내는 급한 성격입니다. 집안일이나 모든 일처리를 할 때도 제가 하겠다고 하면 아내는 답답하다며 본인이 다 해버립니다. 그래놓고 저에게 왜 미리 하지 않냐고 잔소리를 하죠. 전 기다리면 내가 다 할텐데 왜 미리해 놓고 나한테 잔소리를 하냐고 대꾸하게 되고 싸움이 됩니다. 그리고 아내는 자기 기분에 따라 행동하는 성향이 대강 본인에게 기분을 맞춰달라고 합니다. 그런데 전 제 기분이 나빠지면 그렇게

---

149) 2008-11-06 11:56, 럭스코지(Luxcozy), http://luxcozy.tistory.com
150) 2008-11-06 11:57, www.pops4u.co.kr
151) 스카이앤블루 | 2008-07-20 16:55 | 조회 94564 | 답변 92

하기가 싫지요.

  타고난 성향이나 가치관, 집안환경 등이 너무도 다른 상태에서 결혼을 해서 그런지 순조로운 신혼생활이 아닌 것 같습니다. 아내에게 바라는건 화를 잘내는 버릇과 기분이 상하면 막말하는 습관, 급한 성격 이런 점들이 고쳐지길 바라는데 그게 쉽지 않은 것 같습니다. 보통 아내가 막말을 하면 저도 이에 질세라 막말로 받아칩니다. 제거 먼저 하는 경우는 거의 없는 것 같구요. 제가 아내에게 막말하지 말라고 하면 "막말 나오게 하지마"라고 말합니다. 제 생각은 아무리 부부가 화가나도 해서는 안될 말이 있다고 생각하는데 제 아내는 그 조절이 안되는 것 같습니다. 저로 인해 막말이 나오게 된다고 하는 것이죠. 전 당신이 먼저 막말하니까 나도 한다고 대꾸를 하면 "나에게 막말하지 마! 라고 말을 하려면 내가 막말해도 참아" 이렇게 말합니다. 저로선 참 이해가 안됩니다. 이해가 안되면 그냥 받아들이려 해도 기분이 상해서 가만히 참을 수가 없습니다.

  이런 싸움이 계속되다 보니 아내에 대한 애정도 점차 줄어들고 있는 것 같습니다. 전 한번 크게 싸우거나 심한 말을 들으면 그게 잘 잊혀지지가 않고 좀 오래가는 편입니다. 그래서 그런지 아내에게 평소에 대하는 태도가 거리감있게 대하게 될 때도 있구요. 그걸 아내가 느끼면 본인이 또 섭섭하다고 하고, 전 "너랑 싸워서 그래"라며 대꾸하고, 아내는 그런걸 아직도 담아둔다고 또 뭐라하고, 또 싸우게 되고. 아내는 뭐든 잘하고 싶어하고 또 똑똑하기도 합니다. 본인도 모르게 저를 무시하는 말을 할때도 있구요. 저에게 기세등등해져서 싸울 기세로 말을 하면 전 정말 아내가 싫어집니다. 결혼한게 정말 후회가 되지요. 아내의 막말하는 습관, 어떻게 고칠 수 있을까요. 물론 제가 사소한 원인 제공을 했다고 하지만, 막말이나 상대를 깔보는 표정 등을 볼 때면 정말 저도 미치겠습니다. 여러분의 생각이 궁금합니다. 답변 부탁드립니다.[152]

---

152) 댓글쓰기 21 트랙백 보내기, 유준상님 07:03

버려~ 그거 못고치고 안고쳐져 버리고 새로 장만혀~153) 여기서 막말 안나올 여자 있나요? 글로 표현이 되어서 감이 안잡히시나요? 조금만 더 조금만 더 배려라는게 있다면 그런 생각을 그렇게 늦게 할순 없지 않나요? 저도 별 막말을 다했습니다. 정말 참을 수가 없었어요. 아이를 데리고 간 병원은 응급실이였거든요. 한쪽 이야기만 듣곤 모르겠지만, 남편분도 자신을 좀 돌아 보세요. 그리고 여자는 사랑과 배려와 존중을 하면 절대 남편에게 그렇게 하지 않는다는 것 잊지마세요. 남탓하지 말고 상황을 정확히 판단하고 자신의 잘못은 성격이라 말하고 아내의 잘못은 성질머리가 나빠서라고 판단하지 마세요.154)

얼마전 아이가 토하고 설사하고 많이 아팠어요. 토요일인데 남편이 바쁘다며 사무실 출근을 했죠. 집에선 5Km 정도인데 택시를 타고와서 차를 가지고 가라 하더군요. 바빠서 그런가 보다 하고 아픈 아이를 질질 끌다시피 택시타는 곳까지 갔습니다. 걸음시간으론 10분정도 걸리는 곳이예요. 택시출발하면서 전화했죠. 차좀 데워 놓으라구요. 5Km 도착할 때쯤 전화가 왔어요. 내려서 가만 있으라구요. 자기도 가겠다고..헉~ 병원은 저희집을 지나쳐 가기 때문에 아빠가 차를 가지고 데리러 오면 되는거였거든요. 10분이면 가는 택시타는 거리를 거의 20분 걸려갈 정도로 아이가 기진맥진했어요. 어렵게 택시타고 갔더니 하는 말이 저꼬라지인 거예요. 헉~155)

하고 뒤에서 꼭 안아주더군요 .. 화를 못내겠더라구요 ^^ 한번 써먹어 보세요. 남자의 애교도 무기일 수 있더라구요 ^^ 행복하세요~156)

사실 요즈음 여자분들 남자를 우습게 보잖아요.....아마 평생 고치기 힘들겁니다...늙으면 몰라도 ....그러니...심각하게 생각하심이 어떨라는지

---

153) hyejoolove님 10.01.18
154) hyejoolove님 10.01.18
155) WLTN님 09.03.08
156) 칼맞은자리님 08.07.25

요...늙고 이해해 하기까지는 서로가 무척 힘들텐데 말입니다....단 책임이라는거...당신에게도 있다는거 꼭 아시길 바랍니다.[157]).

와우.... 읽다보니 좀 끔찍하네요. 저도 결혼한 사람이지만, 같이 사는 사람이 작은 일에도 폭발하고, 막말을 막 퍼부어대면... 교육수준이 매우 의심될 것 같습니다. 그런데 결혼 전에는 막말을 안했었나요?

사실, 읽으면서 참 우리 엄마 아빠같다는 생각도 많이 들었습니다. 저희 엄마가 가난한 집안에 태어나서 자수성가한 스타일이시거든요. 가난한 게 본인에게 큰 흠이였다면 흠이였을까, 예쁘시고, 정말 똑똑하고 머리 돌아가는 게 장난이 아닙니다. 부지런하고, 뭐든지 잘해야 되고... 즉, 완벽주의자였던 것 같습니다. 반면에, 저희 아빠는 부잣집 아들로 (망해가는 부잣집) 자라서, 느긋하고, 여유있고...한마디로 게으르셨죠.

그래서 두 분이 한번 부딪히면 난리도 아니였죠. 저희 엄마는 본인 성질을 못 이겨 말을 막 퍼부어대고, 그걸 듣고 있는 어린 우리들도 그 앙칼진 말들에 머리가 아플 정도로... 저희 아빠는.... 말발이 안되니까, 결국 폭력을 쓰시더라구요.

그럼, 우리는 울고 불고 난리이고... 지금은 두 분 다 나이가 드셔서 서로 생각하고 아끼는 노부부가 되셨지만, 젊으셨을 때는 참... 그랬어요.

요즘 하는 생각인데, 우리 엄마도 본인 생각 못 따라와주는 느긋한 남편 만나서 속이 터졌을 것이고(우리 엄마 왈, 우리는 너희 아빠만 아니면 재벌됐다) 우리 아빠는 우리 엄마랑 너무너무 다른 스타일 (낭만적이고, 지적이고, 여유 넘치고..)로 30년을 참고 사느라 본인이 하고 싶으신 것도 다 참고, 한 마디로 무식하고 거친 부인이랑 사느라 힘드셨겠죠.

아마 제가 두 분 입장이였으면 이혼을 백번도 넘게 생각했었죠. (실제로 두 분 다 그랬답니다.) 그저, 저는 자식으로서 그 만큼의 시간을 참고 견디어 오신 두 분한테 고맙고 고마울 따름이죠. 그런데, 이런 건 어떤

---

157) March Hare | 답변 7 | 채택률 40%

가요? 사실, 아내분은 폭발했을 때 막말을 퍼부어대는 본인의 모습이 얼마나 보기 흉한지 모를 거예요. 집에 비디오를 설치해서 몰래 찍어둔다거나 해서 나중에 아내분에게 보여주는 것은요.... 사실, 저도 말투가 무뚝뚝하고 툭툭 내뱉는 식인데... 제가 정말 싫어하는 엄마의 말투가 배어 있더라구요.... 슬프게도..

어느날 우연히 찍힌 동영상에서 제 말투를 듣고 주변 식구들에게 창피해서 숨고 싶은 심정이였습니다. 아, 내가 이렇게 안 예쁘게 말하는구나.. 이렇게 정없게 말하는구나... 하면서요... 그 이후로는 의식적으로 많이 신경써요. 그래서 님도.[158]

우리 결혼할래? 결혼해서 이쁜 아기도 낳고 자긴 일하고 난 아기 키우고 음식은 같이 하고 아이들과 이야기도 하고... 밤엔 이쁜 사랑도 하고 그러면 행복하지 않을까? 한번 물어봤어요 ㅋ [159]

울여보야가 쓴거가터 ㅋㅋ 저번 토욜에 제가 남편한테 이랬거든여 ㅠㅠ 매번 후회하구 반성합니다... 나이차가 좀 있어서 더 무시하게 되는 경향두 있더라구요 암튼 아내분두 맘고생이 심할꺼 같아요. 혹 맞벌이 하시나요?? 아내가 밖같일 스트레스에 집안일까지 하면 힘들어서 더 그런게 아닐까요?? 글쓴이두 힘들겠지만 도우세요.[160]

이 방법 적극 추천이예요..제 성격하고 아내분하고 비슷한거 같은데 전 이제 26개월 된 아기가 있어요.. 제가 말을 무뚝뚝하게 하는 편인데 아기가 18개월정도일 때 제가 아기한테 얘기하는 동영상을 봤는데 그냥 하는 말인데도 혼내는듯한 말투에, 퉁명스럽고 정말 창피했죠 그 뒤 많이 고치고 지금도 항상 신경쓰며 말해요.[161]

30여년 살아온 성격은 웬만해서는 바뀌지 않습니다. 아이가 있다면 참

---

158) 2008-07-23 02:17 | 출처 : 본인작성 1:1질문, 보라별꽃님 08.10.08
159) cute angel님 08.07.28
160) 춘자님 08.07.25
161) kang님 08.07.25

고 살아내시라 말씀 드리겠지만 아니라면 그냥 헤어지시는게 좋을듯.... 서로의 불화가 나중에 태어날 아이에게도 나쁜 영향이 미칩니다. 살다보면 나랑 꼭 맞는 반쪽이 나타난답니다. 단점까지도 극복할 힘이 생기는 그런 반쪽.162)

 여자분 가정환경이 안좋았나봐요. 휴~ 화가나면 욕으로 풀려고 하는 걸 봐서는.... 아마도 부모중에..ㅡ..ㅡ 대화 많이 하시구요~ 고치긴 힘들다고 보는데요..... 그래도 더 많이 사랑해주시면서 다독이면서 고치도록 노력해보세요. 평생 살면서 서로에게 화 안나게 할 수는 없거든요. 그때마다 막말한다면 이유가 아니죠.163)

 약한자를 위하여 배풀면서 살아가고파. 안녕하세요. 님의 말을 듣자니 답답함이 먼저듭니다. 이렇게 싸워서야 어떻게 한평생을 살아가겠습니까? 그렇게 하지않아도 한평생을 살자면 싸우는 일이 많아질텐데 사소한 것을 가지고 상대방에게 상처가 되는 막말을 한다니 이건 잘못되도 한참 잘못된 겁니다.

 결혼하여 처음에는 다소곳하던 아내가 시간과 세월이 지나가면서 호랑이로 변한다고 했는데 신혼초기부터 상대방에게 막말을 한다는 것은 결혼생활에 크나큰 지장을 줍니다. 님도 한번 듣고 두 번 듣다 보면 화가 나도 상대에게 막말을 하게되고 그렇죠. 싸움은 커지고 저가 이런 말을 하기는 외람되지만 님의 아내가 결혼 전부터 가정교육이 좀 안된 것 같아 보이고 혹시 처가 집안 어른들중 누군가가 이렇게 막말을 하는 분이 계시는지 모르겠네요. 대개 자식들은 부모들을 보고 자라기 때문에 부모들이 싸우면서 막말을 하고 하면 자식들도 대개 따라합니다. 그래서 가정교육이 중요하다는 겁니다. 방법은 님과 아내가 진지하게 이야기해야 합니다. 싸움은 하되 상대방에 상처가 되는 막말은 하지말고. 그렇게 해도 안되면 처갓집 어른들에게 상세히 말씀을 드리고 지원을 받으세요. 막말은 하

---

162) 안졸리냐 졸려님 08.07.25
163) 심선류량 | 답변 929 | 채택률 68.2%

다보면 말이 씨가 되듯 언제가는 말과 같이 됩니다. 뿌린대로 거둔다고 했습니다. 사람들이 말로서 뿌린 씨앗이 자라 나중에는 불행해집니다. 아직 결혼한지 얼마되지 않은 새댁이 그렇게 막말을 한다고 하니 정말 걱정이 됩니다. 원만한 결혼생활이 되어 백년해로를 할 수 있을지.164)

　진지하게 이야기해서 말이 통했으면 여기다가 글 쓰지도 않을듯 한데요. 다 큰 성인끼리 서로를 이해시키기가 얼마나 힘이 듭니까? 본인이 스스로 깨달을 때까지 기다리고 참아야죠. 그걸 견디는게 결혼생활에서의 인내겠네요.165)

　사랑의 십자가와 좋은 사람들과 주의 날을 사모하는 사람들을... 스카이앤블루님께 하나님의 위로하심과 사랑의 감동하심이 함께 하길 바랍니다. 하나님께서 사람을 창조하실 때 남자는 영적으로 그리고 육적으로 정신적으로 다 강하게 지음을 받은 반면 여자는 좀 약하게 지음을 받았습니다. 문제는 그것이 문제가 되겠네요. 님의 글을 읽어보니 다른 아무 문제가 없는 것 같습니다. 님의 글을 통해 비치는 님의 아내는 애교가 많고 상냥하고 예쁘고 무엇이든지 잘 처리하고 내조도 잘 하실 것 같고 한마디로 말해 모자람이 없는 점수로 치면 100점짜리 아내라는 말씀을 드리고 싶네요. 이제는 그러한 아내를 어떻게 악처가 아닌 조강지처가 되도록 하는 그러한 숙제가 님에게 있습니다.

　제가 드리는 말씀을 명심하시고 실천하시길 바랍니다. 사람의 결혼은 짐승과 달라서 평생을 해로하겠다는 서약을 함께 지킬 엄숙한 책임이 있습니다. 오늘날 너무나 쉽게 행하여지는 이혼은 수많은 불행을 낳고 또 낳고 있습니다. 조금만 생각하면 쉽게 풀릴 수 있는 문제들도 어렵게 만들어가고 있다는 것입니다.

　사랑하는 형제님 창조 때부터 여자는 그러한 구조를 가지고 태어났다고 생각하세요. 말도 남자는 하루에 1500마디의 정도의 말을 하여야 하

---

164) 2008-07-20 18:36 | 출처 : 본인작성, 뿌리일껄님 08.07.25
165) 레디오헤드님 08.07.25, 힘이 듭니까?-힘이듭니까! 소금장사 | 답변 0 | 채택률 0%

는 반면 여자는 2500마디의 말을 하여야 하는 존재로 지음을 받았고요.

남자는 그냥 잘 넘어가는 것도 여자는 신경이 거슬리게 그러한 존재로 지음을 받았다는 것입니다.

그러니 행복한 가정, 평화로운 가정, 더 성숙된 가정을 원하신다면 남자가 참고 또 참아야 한다는 것입니다. 이제부터 사랑하는 아내의 좋은 점을 보도록 하세요.

그리고 아내가 무엇을 잘못했다고 하면 인정하세요.

그리고 아내에게 사과를 하세요. 나도 그렇게 잘하고 싶은데 그것이 잘 안된다고 말을 하세요.

그리고 고쳐갈 것이라고 하세요.

그리고 당신을 사랑해라는 말을 하루에 한번 이상 하도록 해보세요.

아내의 장점을 찾아 칭찬을 많이 해보세요.

여자는 모든 일에 예민한 것이 칭찬과 감정에 더 예민하다는 것을 이해하실 것입니다.

아무리 봐도 당신같은 여자가 없어 정말 이 세상에 제일 예쁜 당신을 만나게 하신 신께 감사해

정말 당신을 위해서라면 무엇이든 할 수 있을 것 같애.

당신은 나의 여왕이야 하면서 사랑하는 아내를 그렇게 여왕대접을 해주세요.

이러한 일들은 연습을 통하여 이루어집니다.

한주일만 눈 딱 감고 연습을 해 보세요.

그러면 아내는 갑자기 이 사람이 어떻게 되었나 하는 눈길을 보낼 것입니다.

그러나 한주일이 지나고 한달이 지나면 달라지는 아내의 모습을 보게 될 것입니다.

한달이 되어도 달라지지 않으면 두달 세달 평생 이렇게 살아가면 틀림없이 달라지는 경험을 하게 될 것입니다. 저의 결혼생활 삼십년이 넘

었는데 이제 정말 남편을 위하고 존중하고 섬기는 아내의 모습을 보게 됩니다.

남편은 아내보다 강합니다. 때문에 아내를 섬긴다 생각하면 종이 아닌 왕으로서 서있는 모습을 보게 될 것입니다. 할 수만 있으면 신앙을 하시면 더욱 좋겠죠. 사랑의 십자가와 좋은 사람들을 찾으셔서 신앙을 배워보세요. 하나님의 사랑의 은총이 님과 그리고 님의 가정에 함께 하길 축복합니다.[166]

신혼생활 힘드시군요. 부부의 인연은? 로또복권 1등 당첨하고 싶죠. 세상은 공짜가 없답니다. 로또복권 1등 당첨하신 분들이 1번 사서 된 사람은 없답니다. 부부란? 로또복권 1등 15번 당첨된 인연이라고 들었어요.

금성에서 온 남자, 화성에서 온 여자 읽어보셨나요. 먼저 5-3=2 이해하고 내가 먼저 사랑하고 먼저 칭찬하라.[167]

우린 결혼 10년차입니다. 우리도 성격이 윗분 가정과 같습니다. 연애할때 느껴지더군요. 그래서 제가 우리 신랑을 선택했는지도 모릅니다. 같이 급한 성격이었다면, 더 큰 다른 문제가 생겼을 거예요.

존댓말을 써보세요. 서로 같이 절대로 막말 안나옵니다. 처음엔 어색하더라도. 애들도 자연스럽게 존댓말을 쓰고, 큰소리가 안나옵니다.[168]

정말 글을 읽다보니 제 이야기인 것 같아 새삼 부끄러웠습니다...저희와 상황이 비슷한듯...저는 결혼 6년차입니다. 의견 안맞는 부분도...수십년 다르게 살아온 성격도 있고.....아내분이 저와 비슷하신 것 같아어....가장 중요한건 대화인듯 합니다...남편분의 자격지심 또한 있는 것 같습니다. 아내는 그런 뜻으로 말한 것이 아니더라도 남편분은 그렇게 받아들이면 상대방이 나를 무시한다고 생각하는...

---

166) 2008-07-21 07:03 | 출처 : 본인작성, 최영옥님 08.07.24
167) 잠뽀맘 | 답변 4 | 채택률 100%
168) 2008-07-24 15:54 | 출처 : 본인작성, moonlight(cssc****) | 답변 1 | 채택률 100%

그것도 안좋은 습관입니다...싸우고 말안하고 생활하는 것도 문제입니다. 바로 아님 약간의 시간이 지난 후에 풀어야지 그것이 계속 되풀이 된다면 골이 깊어지게 마련이고 가슴에 쌓이게 됩니다...

많은 대화를 하세요...조금 있음 아이도 생길 것이고 하니 그것을 보고 자라는 아이는 또 어떻겠습니까?

서로 조금만 양보하고 이해한다면 좋은 결과 있으리라 봅니다. 많이 사랑하고 계신것 같네요...

신혼인데 신혼을 즐기세여...얼마나 즐거운 일이 많으세여....아이 없을 때 즐기세여...두분만의 여행도 좋고...암튼 두분 행복하시길 바래여...[169]

더 늦기전에 찢어져라. 서로에게 불행이다. 여름이라서 문열고 있는데..앞집 부부가 어찌나 무식하게 한판 하시던지요...남편은 아내부터..자식들에게 돌아가면서... 욕을 해대고... 미치는 줄 알았어요.. 아이 생기기 전에 얼릉 헤어지세용...[170]

난 니가 더 무식해 보여 ㅋㅋㅋ[171] 읽다보니-저희는 신혼은 아니지만 저희집과 아주 똑같은 문제점으로 고민하시는 것 같네요. 결혼 5년차입니다. 지금 부인의 성격이나 거친 행동은 아마 저와 같네요. 한 일년은 애교로 봐 주던데 어느날부턴지 서로 싸우게 됐네요. 신랑이 참다참다 이젠 힘이 들었는지 걸핏하면 싸우게 되는데... 제가 목소리 크고 고집세고 화나면 컨트롤 안되고 공격성에 남편을 무시하는 경향이 많았던 것 같아요. 뜻대로 안해주면 물고 꼬집고 막말하고...그러나 3년 지나니 나 같은 사람 누가 데리고 참으며 살아주겠나 싶은 생각이 들면서 신랑이 고마운 사람이란 걸 깨닫게 되었답니다.

신랑 옆머리엔 하얀 새치머리가 많이도 나 있는데요. 아마도 제가 너무 속을 썩이고 약올려서 그런 이유가 많을듯한데요. 한 3년 지나서 제

---

169) 2008-07-24 16:02 | 출처 : 본인작성, zeushan님 08.07.24
170) 2008-07-24 16:05 | 출처 : 본인작성, 독도는 누구땅님 08.07.24
171) 정나원 | 답변 32 | 채택률 38.5%

가 본분을 찾고 파악을 했죠. 아~ 신랑 밖에 없구나. 이젠 괴롭히지 말구 말대꾸도 하지 말아야지..스스로 고쳐 나가면서 이젠 일년에 한 두번 제외하곤 많이 얌전해졌다고나 할까. 가끔 물어봅니다.

나 데리고 사는거 힘드냐구. 이젠 우리 신랑 왈 지금처럼만 살아라~ 합니다. 우리 경험상 3년 지나면 서로 이해하거나 포기하거나 하면서 맞춰질꺼에요. 새신랑님!. 사랑해서 결혼했잖아요. 조금만 참고 타이르세요. 부인의 억센 버릇은 고쳐집니다. 저처럼... 그리고 행복하세요, 이해하면서...172)

6개월 되셨음 지금 한참 싸우실때네요.. 두 사람이 다른 환경에서 살다가 살맞대고 지내려니...부딪히는게 한 두가지가 아닐거예요.. 그렇지만, 결혼이란걸 쉽게 하셨진 않으셨을테고.. 조금만 참으시면.. 서로 부딪힐 일없이.. 잘 지내시게 될거예요.. 저도 무진장 많이 싸웠었습니다. 그런데 지금은 좀 덜해졌네요.. 전 결혼 7년차입니다. ^^ 무슨일이든지 고난과 역경을 이겨낸다면 좋은 열매가 맺힐겁니다. 그리고 와이프분께서 막말할땐 그냥 못들은 척 넘기세요. 대꾸를 해도 욕먹고 그런 것같습니다.

그리고 여자들은 말이라도 한마디 따뜻하게 해주면, 그런 막말하다가도 쑥 들어갑니다. 예를 들면 넌 어째 그러냐 인간이 덜됐냐 등등 막말을 하시면.. 그래 내가 부족해서 너가 그렇게 화가났냐.. 미안하다.

이말 한마디면 쑥들어가겠지요.. 설사 님이 잘못을 안했더라두요.. 사랑이란게 뭘까요.. 서로 한발 물러서서 양보해주며 사는게 아닐런지요... 힘내세요 ^^ 화이팅~!!173)

소원한 사이일수록 더 정이 갑니다. 만에 하나 이혼같은 건 생각지 마세요. 물론 본인이 깨닫지 않으면 모릅니다. 하지만 성격 굳이 고칠 필요 있습니까. 친구도 내 마음에 맞는 사람 없어요. 그리 살다 보면 정도

---

172) 2008-07-24 16:10 | 출처 : 본인작성, 희왕자 | 답변 1 | 채택률 100%
173) 2008-07-24 16:33 | 출처 : 본인작성, rose(yome*******) | 답변 1 | 채택률 100%

생기고 사람 성격 잘 않고쳐집니다. 나만이 아니라 세상 모든 사람이 다 그런 과정 다 같습니다. 아픈만큼 성숙하지요.[174]

　사람 성격 잘 안고쳐집니다. 사랑으로 고친다고 하는데.. 그런 사랑은 남녀간의 사랑이 아니라 무조건적이고 희생적인 사랑이 아닌가 합니다.
　내가 그럼에도 불구하고 이 여자를 사랑하는가, 자문해보세요. 그래서 만일 예스고, 또 미울 때도 있지만 함께 늙어가고 싶으시면 부인 성격 바꿀 생각하지 마시고 그냥 포용하십시오. 그게 님에게 너무 힘든 일일지 모르지만, 부인의 성격을 탓하고 그걸 고치기를 바라며 한숨짓는 것보다는 덜 힘든 일일 겁니다.[175]
　저의 남편이랑 비슷하군요 낙천적이고 좀 게으르시고 방면 wife는 저랑 똑같이 부지런하고 성질 급하고.......... (대신 막말은 잘안함) 만약에 님께서 낙천적인 여성을 만나면 어떻게 되었을까요? 다만 wife되는 분이 성질은 있지만 장점이 많은 여성으로 보입니다. 이혼은 생각하지 마시고 종교를 가지세요.[176]
　버리고 막말을 하는 경우죠... ㅠㅠ 짜증...[177]
현재 님과 똑같은 상황의 사람입니다. 저같은 경우는 제가 잘못했다기 보다는 와이프와 살아온 환경이 너무도 다른... 조금 버릇없게 컸다고나 할까요. 너무 자기중심적이고 자기의 틀이 너무 강하다고 보시면 될꺼예요. 그러다보니 무슨 일의 방법이나 해결절차를 알려주려고 해도 자기일에 참견말라는 식으로 말을 끊어 버립니다.[178]
　부인이 무엇을 원하는지 잘 생각하세요. 대드는 것 이외의 욕구불만, 섭섭함이 분출되는 것일 수도 있습니다. 자신을 심각하게 돌아보시고 고칠점이 있으면 고치도록 노력하세요. 부인의, 부인에 의한, 부인을 위한

---

174) 2008-07-24 16:37 | 출처 : 본인작성, 춤추는자장면 | 답변 6 | 채택률 0%
175) 2008-07-24 16:42 | 출처 : 본인작성, ptw319님 08.07.24
176) 2008-07-24 22:00, 깐도리님 08.07.24
177) 깐도리님 08.07.24
178) 서현규 | 답변 1 | 채택률 100%

가정입니다. 부인의 입장에서 좀 더 생각하세요. 애로점을 살피세요. 조용히 둘만의 시간을 가져보세요. 가장으로서의 책임을 더 생각해 보세요. 남자가 리드해서 잘 가꾸어 나갈 능력이 필요합니다. 안되면 솔직히 이야기하고 협조를 구하세요.[179]

저도 아내분 입장에서 말씀드릴게요. 무조건 아내분을 탓할게 아니라 왜 막말을 하는지 곰곰히 잘 생각해보세요.. 아마도 아내분은 남편분께 상처를 받았는데 남편분이 잘못을 인정하지 않아서 어떻게든 보상받고자 그렇게 하지 않았나 싶어요. 올바른 방법이라 생각치는 않지만 우선 그 마음을 읽어주세요~[180]

ㅋㅋㅋ 둘다 똑같아서 그래요. 자신만 상처받았다 생각하고 뭐든 한마디 들으면 몇일씩 또는 몇년씩 가슴에 품고 언제 한번 기회를 노려 한꺼번에 쏟아놓지는 않으신지요. 두분다 같은 싸움을 매번 반복한다면 누구 하나의 잘못이라고만 말하기 어려워요~ 기분 좋으실 때 좀 풀어보시려고 노력하시구요. 같이 기분상한다고 맞받아치면 부인 성격상 불속에 기름지고 뛰어드는 겪입니다. 그러지 마시고 그냥 한번 꾹 참고 애교있게 해보세요. 남자가 뭐~ 이런거 하냐, 따지지 마시고... 나중에 그러다보면 부인도 자연스레 고쳐질꺼예요. 상대방의 잘못은 엄청 커보이고, 본인의 잘못은 사소한 것 같죠? 부인 역시 같은 마음 아닐까 합니다. 사랑해서 하신 결혼인데.. 조금 더 노력하다보면 시간이 지날수록 이 사람과 결혼하길 잘했다 하실 날이 올꺼랍니다. 행복하게 사세요.. 행복하게 사셔도 짧은 인생입니다.[181]

ㅋㅋㅋ 저희랑 바뀐 상황이네요 ㅋㅋ 우린 신랑이 막말 하는데 ---- (죽여버리고 싶을 때가 한두번이 아니다). 막말하는 사람 상대방 배려 눈꼽만큼도 모르는 사람이고 이기적인 인간이 대부분인데 그냥 헤어지

---

179) 2008-07-24 16:53 | 출처 : 본인작성, 루비80님 08.07.24
180) riot(sj***) | 답변 2 | 채택률 100%
181) 2008-07-24 16:54 | 출처 : 본인작성, 비밀상자 | 답변 5 | 채택률 0%

삼 6개월이면 애도 없을테고 막말하고 자기만 아는 이기적인 인간하고 살아봤자 못죽어서 사는거지 사는건지 아십니까. 애도 없는데 일찍감치 정리하삼. 그게 님이나 님의 와이프한테나 좋아요. 고쳐지겠지하고 별별 짓을 다해도 안되는건 안되요. 포기하고 끝내삼.[182]

  무슨 말인지, 횡설수설하네요.[183]

  님 신랑이랑 똑같다고 하셨는데 그럼 님도 헤어지심 되겠군요 -ㅅ- 남의 일이라고 너무 쉽게 말씀하시는듯... 추천한 초딩들은 또 뭔지.[184]

  손바닥도 마주쳐야 소리가 나는 법... 가정환경이 틀리고 성격이 틀리다고 다 싸우진 않아요. 서로에게 이해와 배려심 대신 전투적으로 싸우려고 하는 기질이 습관처럼 훈련이 되있는 듯 싶습니다. 아내가 막말을 어떻게 하는지는 모르겠지만 님께서도 그 순간 뒤지지 않고 맞받아쳤을거 같아요. 그래서 그런 상황이 연애때부터 쌓이고 쌓여서 여기까지 온 것일테구요. 서로에게 존경과 배려심은 보이지 않는 관계인 것 같습니다. 우선 처음으로 돌아가라는 말을 하고 싶어요. 아내분이 타고난 투견이 아닌 이상 서로 함께 알콩달콩 살자고 하는데는 의견이 없을테니 날을 잡아 진지하게 얘기해 보세요. 언성을 높히기 보다 왜 자꾸 말다툼이 부부싸움까지 하게 되는 상황까지 가는지....처음엔 서로 부족한 부분에 대해서 지적하고 그 때문에 쌓였던게 폭발할거예요. 하지만 거기서 끝나면 안되겠죠...그 다음엔 서로에 개선할 부분에 대해 얘기하셔야 해요.

  아내의 급한 성격을 욕하시는 것 같은데 제가 보기엔 님의 느긋한 성격도 칭찬받을 만하지는 않은거 같아요.. 아내의 급한 성격이 흉이 된다면 님의 느긋한 성격도 충분히 흠이 됩니다.

  상대에게는.....난 잘못한게 없는데 상대방 혼자서 미친 개처럼 날뛰는 일은 없답니다. 저희는 나이차가 나진 않지만 서로에게 존댓말을 써요...

---

182) 2008-07-24 17:21 | 출처 : 본인작성, Telekurs님 08.09.08
183) 오늘도좋은하루님 08.07.25
184) 아름다운 마음(sex***) | 답변 1 | 채택률 100%

처음 연애할 때부터 그랬는데 그러다 보니 함부로 하지 않게 되고 서로에게 다른 점에 대해 불같이 화를 내게 되는 것들도 조심하게 되었답니다. 서로 다르다는걸 시간이 흐르면서 배려라고 하는 것으로 이해하기 시작한거죠... 결혼 4년여동안 싸움은 거의 하지 않았고 싸워도 서로에게 상처주고 막말까지 하는 상황은 없었어요. 서로에게 존대하는 모습을 보면 젊은 층들은 시기어린 눈빛과 뭔가 이상하다고 생각들이 드는지 고운 시선으론 보지 않더라구요...하지만 저희는 주위의 어른들께 현명한 선택으로 지혜롭게 살고 있다는 말씀을 많이 들었습니다. 제가 드리고 싶은 말은 님께서 아내되는 분께 존대를 하라는 것이 아니라 그만큼 서로에게 존중하고 존중받을 만큼의 행동을 하고 있느냐고 묻고 싶은 것입니다. 님께서 노력하는 것이 그냥 단순히 미친개한테 한번 물린셈 치자는 식의 인내가 아닌지요. 실직적인 해결책은 두 분 사이에서의 진정한 대화와 실천에서 비롯될 것 같네요.[185]

저희 부부는 결혼 10년차 된답니다.[186] 사연을 읽으니 저희 부부와 너무 똑 같은 신혼을 보내시고 계신 것 같아서 몇자 적어 봅니다. 저는 O형의 와일드하고 흔히들 말하는 불뚝성질에 성질이 아주 급하고 저희 신랑은 B형 성격에 좀 느긋하며 머리아픈 것을 싫어하는 편입니다. 친구로 지내다가 결혼을 한거라 만만하기도 하고 또 신랑이 나한테 조금 소홀한 부분들이 있어서 거의 매일 일방적으로 나혼자서 "살겠네, 못살겠네" 막말하며 신랑한테 퍼부어 되기도 했고 울고 불며 이혼하자고도 해보고 얘기도 참 많이 했었습니다. 나는 울고 불고 앉아서 잠을 못자고 있는데 우리 신랑은 침대누워 코골며 잠잘 정도로 너무 편안하고 집에 못질을 제가 다할 정도로 느긋한 편(그때는 느려터졌다고 생각했습니다.)이었습니다. 하지만 계속 반복되는 싸움이 너무 싫어 매일같이 얘기를 나누었습니다. 서로에게 존칭을 쓰고 화부터 내지 않고 간단한 대화

---

185) 2008-07-24 17:28 | 출처 : 본인작성
186) 조실이 | 답변 2 | 채택률 100%

부터 서서히 얘기하는 시간을 늘렸습니다. 얘기를 하다보니 서로 바라는 것을 알게 되고 상처줬던거 사과하게 되고 그러다보니 서로 배려하고 싸우는 일이 줄게 되었습니다. 그러고 결혼 2~3년차 지나가다보니 서로에게 익숙해지고 지금 결혼 10년차가 되니 서로에게 조금은 무뎌지는 것 같습니다. 그렇다고 사랑하는 마음이 없어진다는게 아니고 신혼초에 "따지고 넘어갈 일들을 지금은 그럴 수도 있지" 하며 자연스럽게 넘어가지고 애들 키우고 직장생활하다보니 편한게 좋다고 웃으며 넘어가질 때가 많습니다.

제 글이 이해가 되실지는 모르지만 서로 노력을 해 보세요. 서로에게 바라는 것을 A4용지에 적어 잘 보이는 곳에 붙여두고 서로 노력하시고 하루에 20분이라도 좋은 화제로 좋은 얘기를 나눠보세요. 그렇게 하시다 보면 서로가 좋아지실 거라고 저는 믿습니다. 많은 사연들을 읽으면서 답변을 남기는 것은 처음입니다. 진심으로 두 분 잘 사시길 바라는 마음에서 적어 보았는데 조금씩만 양보하시면서 사세요...

그럼 좋은 날이 올거에요. 서로 다른 문화, 환경에서 각기 다른 습관을 가지고 적어도 20년 이상을 다르게 살다가 사랑이라는 감정 하나로 합쳐서 사는데 싸우지 않는다는 것은 극히 드물다고 생각합니다.

적어도 10년은 살아보고도 않될 때 이혼이라는 것을 생각해봐야 하는 건 아닌가 하고 지난 시간 돌아보며 참고 살길 잘했다고 생각합니다.

잘 생각하시고 노력하시고 극단적인 생각보다 둥글게 생각해 보시길 바랍니다.[187]

저는 결혼 14년차인데, 좋은 글 많이 보고 갑니다. 신혼 때는 사소한 거 하나하나에 정말 잘싸웠는데 살다보니 적당히 포기할건 포기하면서 살아지더군요. 그러다 보니 자연 덜 싸우게 되고, 지금의 남편이 연애시절보다 더 사랑스럽습니다~[188]

---

187) 2008-07-24 17:32 | 출처 : 본인작성, kyijhs님 08.07.24
188) 유스띠노(jus****) | 답변 1 | 채택률 100%

세월 지나서 보면 좋은 시절은 짧았고, 나머지는 어떻게 살아왔는지 모르겠습니다. 다투느라고요. 많이 다퉈보고 지금와서 느낀건데요. 사람 사고의 관점은 바뀌는게 아닌듯해요. 늘 그런식으로 밖에 생각하고 말해 주질 않으니 짜증이 날 수 밖에요. 그날이 그날인 평범한 사람으로선 사고의 전환도 이루어지지 않고, 어제 했던 사고방식의 되풀이가 오늘의 현실이 되고마니 어제했던 사고의 방식으로 오늘도 싸웠던 것 같습니다.

그러다가 습관이 됐습니다.지금은 그런 생각을 합니다. 그때 사고도 각성이 되고 때론 생각의 변화도 줘가면서 어제의 내가 아닌 다른 관점에서 생각하고 행동을 했더라면 그런 상황이 평생 지속되지는 안됐을거라고 말입니다.

결혼초창기 주변에서 그런 얘기들 하지요. 초장에 잘 잡아야 된다고, 이거 미친 사람 얘기입니다. 그런 얘기 귀담아 들은 남, 녀의 미래가 잘 되기 힘들겁니다. 잘못되면 이상한 성격하나 만들어지니까요. 이건 혼자만의 문제가 아닙니다. 같이 변해야 합니다. 참고 산다는거 참 힘듭니다.

더구나 늦게 깨지면 더 힘들어집니다. 만들어논 인생의 문제점은 남, 녀 누구랄 것도 없이 그 주변까지 피해가 커지며 어쩌면 불행해질 수도 있으니까요. 가르치려 말 것이며 탓을 말 것이며 리드하려 애쓰지 말고 모든 것을 그저 누리는 마음으로 살면 인생이 훨씬 행복해지잖을까. 30년차 선배가 말해 봅니다. 나, 지독히도 서로 못 맞춰서 결국 헤어져 몇년전부터 연세 많으신 모친과 둘이 살고 아내는 딸 둘과 살며 고생 좀하는데 도와주기는 하지만 같이 살자는 말은 도저히 안나와 못하겠어요.[189]

아내분도 말해주길 기다리고 계실지 모르잖아요 ^^ 아직 사랑하시는거 같은데.. 용기내세요.[190]

힘드시겠네요. 아마도 서로가 서로를 아직은 잘 모르기에 서로를 조금

---

189) 2008-07-24 17:41 | 출처 : 본인작성, 사천성좋아님 08.07.25
190) 딱벌이 | 답변 1 | 채택률 100%

배려 못해서 그럴껄요. 시간이 지날수록 싫어하는 것을 조금씩 알아갈 것으로 생각됩니다. 지금은 그럴지 모르지만 신랑님도 말대답을 확실하게 조금, 아주 조금만 하고 피하는게 신랑(남자)이라고 생각이 드네요. 조금씩 조금씩 신부님도 생각을 가질겁니다 누구나 싸움이 좋아서 하는 사람은 없거든요. 조금씩 조금씩 참아간다면 아마도 1년 2년 지나면서 아이도 생기고 서로가 서로를 생각할 수 밖에 없는 가족이란 단어로 어느덧 두분의 앞에 다가가 있을겁니다.

그리고 당부드리고 싶은 것은 어떠한 일이 있어도 속으로만 삭이고 절대 결혼해서 후회된다는 말은 안했으면 합니다. 혹여나 그런 생각이 들더라도 깊이 생각을 갖지 않았으면 합니다. 생각이 생각을 부르게 마련이니까요. 신랑님 당신이 좋아서 결혼하였다면 조금 참고 시간은 정말 빠르고 3년이 지난다면 이런말 이런 행동을 했을 때 우리 신랑은 싫어하더라 아마도 신부님은 그걸 느껴있을겁니다. 아마도 많은 신랑신부님들이 님과 똑같은 생각과 처해있는 환경이 비슷한 분이 꽤 있을걸로 생각됩니다. 다시 한번 조금씩만 화내고 그래도 내 아내인데를 생각한다면 아내(여자)는 따라온답니다. 전 결혼 6년차입니다 정말 힘들다면 아이를 빨리 갖는 것도 괜찮치않나 생각해봅니다. 서로 나 아닌 우리로 뭉칠 수 있는 힘이 가족이란 것이니까요~~~~ 끝으로 신부님께 잘대해 준다면 훗날 그걸 안답니다. 반드시[191]

고민이 많으시겠군요. 여기서 다른 사람의 의견을 듣는 것도 중요하지만 부부의 속사정을 일일히 다모르는 제3자의 충고가 어떤 효과를 발휘할 수 있을까요? 정말 중요한 건 본인들이 어떻게 대처하는가 하는 것인데, 이런 경우 우리가 마음바탕에서 우러나오는 서로간의 문제를 심리적으로 접근하여 근본적인 치유법을 탐색하면 부부간의 대화기법이 중요한데 이런 것을 지도해주고 바르게 인도해주는 곳이 잘 없읍니다.

---

191) 2008-07-24 17:43 | 출처 : 본인작성, 촛불(bat1****) | 답변 1 | 채택률 100%

성당에서 주축이 되어 활동하는 "M.E (Marriage Encounter)"라는 프로그램이 있는데 천주교 신자가 아닌 일반인들이나 불교신자도 참석할 수 있으며 아주 좋은 프로그램입니다. 2박 3일 합숙을 하면서 부부문제의 근본적인 원인을 찾고 문제를 자신들이 스스로 해결해 나가도록 유도하는 여러 심리학자들의 조언을 얻어 완성된 프로그램인데 프로그램이 너무 좋아 많은 사람들이 대기하고 있습니다. 근본적으로 서로 사랑을 하는 마음을 가진 부부인데 성격차이라든지 아니면 기타 여러 원인으로 서로를 이해할 수 없어 마찰이 일어나는 경우 이 프로그램의 도움을 받으면 아주 좋을 것입니다. 많은 부부가 대기하고 있으므로 빨리 신청하시고 신청은 가까운 성당 아무 곳이나 가서 "M.E" 프로그램에 참가하고 싶다고 신청하시면 됩니다. 비용은 정해진 것이 아니라 퇴소시 본인이 알아서 형편껏 얼마간 내고 나오는 것이니 큰 부담은 없을 것입니다. 이런 곳에 자신의 치부를 나타내보이고 질문을 하신 용기가 대단하십니다.

그런 용기라면 충분히 좋은 결과를 얻을 수 있으리라 생각됩니다. 바로 실천하십시요. 그리고 정말 좋은 은혜를 받았다면 다른 모든 부부에게 추천해주십시오. 후회하지 않을 것입니다.

저도 95년도 참가자인데 너무 좋은 프로그램이라 이런 문제를 안고 고민하는 부부에게 정말 추천해드리고 싶은 프로그램입니다. 자세한 내용은 검색에서 "Marriage Encounter"라고 찾아보세요. 도움이 되기를 진심으로 빕니다. 인생 최고의 친구는 미우나 고우나 나의 배우자입니다.[192]

전 지금 결혼 23년차 중년입니다. 우리 부부도 항상 문제가 떠날 날이 없었습니다. 전 항상 이혼을 머리속에 달고 살았더랍니다. 천주교인인 저도 ME에 다녀온 이후 부부금슬이 넘 좋아졌답니다. 가정도 화목해지고요. 부부라면 꼭 다녀왔습니다. 대화의 기술을 가르쳐줍니다. 정신과에서 상담을 받아보심도 추천합니다.[193]

---

192) 2008-07-24 17:53 | 출처 : 본인작성, 캡사이신님 08.07.24
193) 똥깡생이 | 답변 1 | 채택률 100%

이런 말씀 드린다고 기분이 상하실진 모르겠지만 전문의 상담을 한번 받아보시는게 어떠실지... 제가 신경정신과에 일을 할 때 부부문제 혹은 자녀문제 등으로 상담을 하러 오시는 분들이 꽤 있으셨어요.

그런데 사람들 시선이 정신병원이라 하면 먼저 이상한 시선을 갖고있기에 그분들도 주위 의식을 많이하셨죠. 근데 한달 두달되면서 그분들은 많이 달라지셨어요. 이혼서류까지 법원에 제출한 상태에서 오셔서 많이 좋아지시고는 커플티까지 맞춰 입고 오시는 분들도 계셨으니까요.

그냥 상담받으러 가면 이런저런 이야기 털어놓고 하게 되는데요 서로의 반대입장에서 이야기하는 시간이 있어요. 그러면 상대방의 문제점만 보이고 내 생각만 했던 것들이 반대로 내 문제점이 보이고 상대방을 생각하게 되죠. 저도 거기 잠깐 아르바이트를 하면서 서당개 삼년이면 풍월을 읊는다고 했던가요. ㅋㅋ 저도 남친이랑 의견대립이나 감정상한 일이 있으면 그때 그분들을 떠올리며 맘을 가다듬곤 한답니다. 추천이에요~[194]

부부학교같은 프로그램을 통해 서로를 알 수 있는 시간을 가지세요~ 제 생각엔 아내분의 성격은 어렸을 때부터 형성된 것 같은데, 하루아침에 고쳐지지 않겠죠~ 부부학교같은 프로그램에 등록하셔서 서로 몰랐던 가정사나 과거에 대해 알아보고, 상대방을 깊이 알아보는 시간이 필요한 것 같습니다. 자라온 환경이 다르면 아무래도 서로 예민하고 민감한 부분이 다르겠죠~ 인터넷으로 여러가지 프로그램 알아보시고 두분께 맞는 거 한번 들어보세요~

제가 얼마전 읽고 뜨끔했던 글이 있어요~ '결혼식, 웨딩촬영, 혼수, 신혼집 장만...등 준비해야 할 목록이 너무 많습니다. 하지만, 인생의 가장 긴 시간을 함께 하게 될 배우자와의 결혼생활을 앞두고 가장 공들여 준비해야 할 것이 무엇인지 생각해 보십시오.' 두 분이 서로를 위해 끊임없이 노력하는 한, 두분의 가정에 희망은 있는 것 같아요. 지금 글 올리신

---

194) 2008-07-24 18:03 | 출처 : 본인작성, snowhite(pear*****) | 답변 4 | 채택률 0%

것도 해결하고 싶어서 올리신거잖아요~ 힘내세요^^195)

  1. 존댓말, 화가 심해지면 극존칭....
  2.역지사지....부부간 사는 것이 도닦는 것입니다.

7. 인생의 항로196)

  결혼전부터 자주 싸우셨는데 왜 결혼하셨는지 아주 궁금하네요.....심사숙고를 안하신듯 하네요. 평생 함께 해야 할 사람인데.... 이제 답변드립니다... 글쓰신 본인의 장단점을 잘 아실거라 생각합니다...객관적 관점에서 본인을 들여다 보세요...내가 얼마나 잘못하고 있는건가를 너무 주관적으로 난 별로 잘못하는 것이 없는데가 아니고 상대방 입장에 놓고 본인을 한번 보심이 어떠하신지...

  객관적으로 본인이 그렇게 큰 잘못이 없이 상대방이 자꾸 막말을 하든가 스트레스를 준다고 보시면 생각을 깊이 해야 할 것입니다..... 그것이 아니고 본인하는 것이 상대방에게 스트레스를 주는 행동이나 말을 많이 한다면 먼저 본인부터 고치도록 노력해야겠지요..... 후자는 본인의 노력에 달려있는 것이고.....전자라면 두분이서 센터같은 곳에 가서서 대화도 하고 선생님께서 알려주시는대로 노력을 먼저 해보심이 좋을 듯 합니다... 그 후 변함이 없이 같은 생활이라면 뒤돌아 보지 마시고 돌아서시길, 이건 마지막 선택이겠네요..

  여자를 사귀든 결혼상대로 만나든 첫째 서로 편안해야 합니다...둘째 상대방이 날 아끼는 마음이 있어 잘하는 사람을 만나야 합니다...인물은 그냥 평범하니 웃을 때 너 정말 못났다 이 정도만 아니면 됩니다...절대 인물 보지 마십시요..저의 생각엔 인물을 보고 결혼을 하신듯 싶어서 ^^197)

---

195) 2008-07-24 18:45 | 출처 : 본인작성, 천천희(cheo*******) | 답변 1 | 채택률 100%
196) 2008-07-24 18:49 | 출처 : 본인작성, 드림아트(sm***) | 답변 1 | 채택률 100%
197) 2008-07-24 19:33 | 출처 : 본인작성, 쁘띠하롱님 08.07.24

맞아요 결혼하고 살면서는 성격이 좋아야지 나중엔 인물도 질리거든요. 그리고 결혼하기 전엔 다 좋아보였던 부분들이 결혼하면 또 달라 보일겁니다. 그리고 결혼하기 전엔 좋은 모습만 보여주려고 하니깐 잘 알지 못하고 결혼하셨을 가능성이 큽니다.[198]

그 막말이라는게 딱히 욕은 아니어도 정말 해서는 안될 말이라는 얘기신거 같아요. 맞죠? 아내분을 보시면 많이 배우고 똑똑하기도 하신 분 같은데 그런 사람일수록 막말하면 더 심하고 상처받습니다.

저도 당해봐서 알아요. 저도 님처럼 그렇게 한번 싸우고 나면 화해하더라도 계속 가슴에 남고 어떨 때는 전에 싸우면서 했던 말들을 다시금 들춰내기도 하거든요. 근데 아내분처럼 그렇게 다혈질이시고 성격 급하신 분들은 이런 성격을 이해 못하실거에요. 한번 싸우고 화해한 일을 왜 계속 꽁해가지고 있느냐, 몇년전 얘기를 하는거냐 이러면서요. 아내분이 화날 때만 막말하고 기분 나쁘게 하는게 아니라 평소에 생각없이 툭툭 던지는 말에도 뭔가 님을 무시하는 듯한 태도를 보이실거구요. 이건 아닌가요? ;; 암튼 아내분이 제가 꼭 아는 사람 같아서요. 정말요, 정말 저렇게 똑같은 성격의 사람을 알고 제가 님처럼 당해봤다는 것이죠. 님께선 부부싸움에 대한 상담으로 글을 올리셨겠지만 제가 답변하고자 하는 것은 성격차이의 극복입니다. 그 부부싸움의 근본적인 원인도 성격차이 아니겠습니까? 님의 입장에선 아내분이 도저히 이해가 안가시겠지만 아내분 입장에서도 도저히 님이 이해가 안가실겁니다. 우선은 서로간에 이해가 필요합니다. 이건 누구나 할 수 있는 얘깁니다만 정말 이 이해라는 게 시간도 필요하고 정성도 필요한 거거든요. 아내같은 성격의 여자분은 자신의 막말에 대한 심각성을 모릅니다. 자기가 해놓고 금새 잊어버리기 일쑤구요. 그 심각성을 우선 깨닫게 해줘야 합니다.

상대방이 아무리 핀잔을 주고 아직도 그걸 담아두고 있냐고 뭐라고 하더라도 굴하지 않고 상대방이 나한테 어떤 막말을 했는지 고대로 얘

---

198) 쁘띠하롱 | 답변 1 | 채택률 100%

기해주어야 합니다. 묵묵히 혼자 끙해 있으면 아내분도 뭣 때문에 그러는지 잘 모르고 서로 답답하기만 하거든요. 너랑 싸워서 그래 니가 나한테 막말하니까 그래 이런 식으로 두루뭉실하게 하면 절대 안되구요.

아내분이 어떤 막말을 했는지 토시 하나 안틀리고 그대로 전달하는게 중요해요. 물론 녹음도 한 방법일 수 있어요. 근데 전 이건 시도해 보지 않아서 별로 추천해 드리고 싶진 않네요. 화나서 싸우느라 싸울 정신도 없는데 언제 그걸 또 녹음하고 있겠습니까? 이건 정말 최악의 상황이 아닌한은 보류해놔야 할거 같구요. 예를 들어서, 전 아무리 화가 나도 가족에 대한 욕은 하면 안된다고 생각하는데 그 분은 제 아버지와 어머니에 대한 험담을 하시는 겁니다. 그래서 나중에 제가 울면서 언니가 우리 아빠가 어떻다느니 엄마가 어떻다느니라는 얘기를 했다. 입장을 바꿔서 생각해 봐라. 내 가족이 단점을 가지고 있다 하더라도 그래도 가족인데 험담을 하면 언니라면 기분이 좋겠느냐.

이렇게요(아 참 전 친척언니랑 2년정도 함께 살았거든요. 친척도 살아보니 남이더군요. 가족이란 개념을 갖다 붙이기엔 미미해요.). 이렇게 조근조근 상대방이 했던 말을 그대로 들려주고 제가 서운했던 부분에 대해서 얘기하니깐 뜨끔해하고 진심으로 사죄하던데요? 그리고 저건 사과 받긴 했지만 전 죽어도 못 잊습니다. 그래도 진심으로 사과했기 때문에 다시는 저 일에 대해 들춰내지 않았구요. 님께서도 진심으로 사과받은 것에 대해서는 잊을 수는 없다 하더라도 다시 언급하지 않는게 좋습니다. 서로 사랑하는 사람끼리는 진심으로 상처주고 싶어서 상처주는게 아니거든요. 어느 정도 이해하고 풀게 있으면 그때 그때 풀고 넘어가야 합니다. 지금 이렇게 글 올리신 거처럼 자신의 생각을 얘기해 주는 것도 중요하구요. 그러면 아내분도 심각하게 생각하시게 될겁니다.[199]

막말을 하시면 잠깐 밖에 나가서 새벽에 들어오세요. 그렇게 하면 서로 얼굴 안맞대고 서로 뭘 잘못했나 생각해보게 되죠. 아니면 한 두달

---

199) 2008-07-24 19:42 | 출처 : 본인작성, 가는거시다 | 답변 50 | 채택률 28.6%

정도 월급안줘 보던가요. 맞벌이시면 뭐 소용없는 짓이지만요. 자신을 남편을 안아끼는 아내라면 그냥 일찍 헤어지시는게 차라리 나을 수도 있어요. 서로 사랑하고 조금씩 양보해야 결혼생활이 되는거죠. 먼저 잘못을 인정하는데도 막말을 하면 갈라서자고 하세요. 그게 차라리 행복할 것 같아요.[200)

상대방이 막말한다고 함께 막말하는 것은 절대 금물이에요! 갈라서자는 말은 더더욱 함부로 해서는 안되는 것이고요.[201)

남편에게 막말하는거 거기서 끝날거라 생각하심 문제를 가볍게 보시는겁니다. 더큰 문제는 그 막말하는 것이 아이들에게 간다는게 문제이지요..남편보다 아이는 더 힘이 없고 또 대들지도 못합니다..그 막말의 수준은 남편에게 하는 것은 비교도 안되겠죠. 강한 아이라면 잘 버티고 문제없이 커줄지 모르나 감수성 약한 아이는 많이 다치고 힘들어 할겁니다. 작은 문제 아니라고 생각합니다. 폭력과 똑같은 문제입니다. 옳은 판단하시고 두분이 잘 이겨나가시길 아이들이 다칠까 글을 올려봅니다.[202)

화에 화로 답하는 것이 님의 가장 큰 잘못입니다.[203) 금슬 좋은 부부의 조건은 딱 한가지입니다. 대화를 많이 하는 것, 대화는 상대가 알아들을 수 있는 상황에 맞춰서 정확하게 전달해야 하잖아요. 부인이 화내면 꾹참고 일단 들어주시고 기분 좋을 때 몇번이고 반복해서 진심을 전달하세요. 아내의 이러이런 점이 잘못됐다라고 말하지 마시고 당신의 행동은 잘못된 것이 아니지만 나에게 상처가 되므로 나에게만은 조심해달라는 식으로 자신의 감정에 초점을 맞추는 대화를 하세요. 자존심 센분은 공격을 받으면 더 화를 냅니다. 차라리 동정심에 호소하는게 효과가 빠릅니다. 평생을 약속했던 그 마음으로 남편을 조금 배려해 달라고 하

---

200) 2008-07-24 20:14 | 출처 : 본인작성, 쁘띠하롱님 08.07.24
201) 몽이0200 | 답변 1 | 채택률 100%
202) 2008-07-24 20:28 | 출처 : 본인작성
203) 멋지다신짱 | 답변 2 | 채택률 0%

는 게 좋습니다. 대화가 통하지 않는다면 99% 남편분의 어휘 선택이 잘못되었기 때문입니다. 아내의 사고방식으로 아내가 이해할 어휘를 선택해서 제대로 전달하는 연습을 하세요. 진심이 전달된다면 분명 화목해지실겁니다. 한가지 더, 아내가 화내실만한 일을 하셨을 때 대처법으로는 [먼저 선수쳐서 자학하기]라는 방법이 좋습니다. 항상 노력하는데 나는 왜 이모양일까..하고 자학을 하면 아내의 모성애가 발동해서 편을 들어 주실 확률이 높습니다. ^^204)

전 결혼한지가 20년이 조금 넘은 선배로서 몇자 적으려 합니다.205) 저희 또한 결혼초에 서로 성격이 맞지 않아서 무척이나 힘들었고 지금 또한 변한 것이 없이 나이가 먹으니 서로 고집이 더 세졌다고 할까. 그래도 지금까지 별탈없이 살아온 것은 사람은 타고난 성격이나 자라면서 형성된 성격은 절대로 고쳐지지도 않고 고치려해서도 안된다는 결론을 얻었다는거 그러나 보니 남편이나 저나 서로 상대방 성격에 조금씩 적응하고 맞추다 보니 그리 큰소리내지 않고 지금까지 산 것 같은데 항상 결혼생활하면서 아쉬움이라면 결혼전에 결혼생활은 이런 것이니 이럴 땐 이렇게 대처하라든지, 그런 공부를 조금이나마 했었으면 하는 아쉬움이 남습니다. 이 글을 올린 분의 심정이 백분 이해가 되서 하는 얘기인데요.

아직 신혼이니 서로 대화하는 법, 화해하는 법을 배우면 좀더 서로 이해하고 존경할 수 있는 부부가 될 수 있지 않을까 생각이 듭니다.

올 여름휴가 때 부부들을 위해서 행복하게 살 수있는 방법들을 가르쳐 주는 여러 단체에서 하는 캠프 비슷한 것들이 주변에 많이 있는 걸로 알고 있는데 한번 두분이 참석하여 허심탄히 속도 털어 놓으면서 앞으로 어떤 부부로 살아가자는 그런 맹세도 할겸 한번 참석해 보는 것이 어떨지 꼭 추천해 드리고 싶네요. 그런 교육장에선 부부대화법을 가르쳐주는걸로 알고 있는데 전 결혼하면서 서로 상처주지 않고 대화하거나, 싸

---

204) 2008-07-24 21:14 | 출처 : 본인작성
205) 공짜녀 | 답변 2 | 채택률 0%

우고 나서 화해하는 방법을 몰라서 많이 힘이 들었답니다.[206]

그리고. 싸움은 싸울수록 강도가 쎄진다는 것. 지금은 말로 싸우지만, 나중은 폭력이 될 수있다는 것.. 조금더 강도가 쎄야 내말을 들어줄 것 같아서 점점 더 심해진답니다...부모의 언어폭력은 자식이 똑같이 물려받는다지요...힘내세요!!![207]

힘들겠지만, 아내에게 권해서 부부같이 제3자의 냉정한 눈으로 판단해주는 도움을 받으시기를...종교단체의 부부세미나 ME모임, 정신과 상담 모두 필요합니다.. 내일을 위해, 보험도 드는데 평생을 좌우하는 살아가는 공부에 조금 투자해 보세요.. 딸이 혼기가 차서 읽다가 이런 얘기도 하게되네요...부디 행복하시길

막혔던 속이 뻥 뚫리더군요.. 이해를 하게 되었지요.. 이혼은 언제해도 늦지 않습니다.. 결혼전에 꼭 배워야 할 공부를 지금이라도 하셔서 (위님이 말씀하시는것) 더 노력해 보시기를 권합니다... 노력 여하에 따라 지옥이 천국으로 변하는 것을 경험한 사람입니다... 성격검사 꼭 해보시고, 전문가의 도움을 받으세요. 위분의 의견에 동의합니다. 30년차 주부로서 권위적이고 이기적인 남편과 사느라 힘들고 험난했지만 부부로서 맺은 인연은 간단한 것이 아니지요. 정말 답이 없는 성격차 때문에 힘들 때, 교회에서 성격진단 프로그램으로 그이의 성격의 특성과 장, 단점을 배우게 되었습니다. 왜 그렇게 행동하는지, 무엇이 문제인지...알고나[208]

아내가 결혼후에 결혼전보다 더 심하게 대하시는건가요? 아내가 어떤 식으로 막말을 하는지, 어떤 표정을 짓는지 좀 자세히 적어주셨음 좋았을텐데요. 왜냐하면 사람마다 막말이라고 생각하는 기준이 다르기 때문이에요. 그리고 아내가 막말하는 것도 문제지만, 님이 크게 싸우거나 심한 말을 들으면 오래가는거 그건 고치셔야해요. 그걸 느끼면 당연히 섭

---

206) 2008-07-24 22:05 | 출처 : 본인작성
207) 황혼님 09.07.27
208) 물어보기ㅎㅎㅎ | 답변 1 | 채택률 100%

섭하지요. 오래 담아두면 어차피 님 마음에 화만 쌓일테니 또 결국엔 님한테 좋을게 없어요. 저희 아버지가 마음에 잘 담아놓는 스타일이셨는데, 한번 싸워서 한달동안 말 안한 적도 있지요. 서로 얼마나 불편한 일인지..

만약 아이가 생긴다면 큰일날 일이지요. 아내분께서 자기기분에 따라서 행동하는게 크시다고 하는데, 그런 성격은 정말 주위사람이 너무 힘든 것 같아요. 자기 기분좋음 잘했다가, 나빠지면 막대하고. 이건 아내분과 말씀하셔야 하는 문제같아요. 아내랑 술이라도 한잔하면서 서로 마음에 담은거 풀려는 식으로 진지하게 말해보세요. 나는 이걸 잘못했다(내 잘못을 먼저 이야기하면서 시작해야지 상대가 맘 상하고 화나지 않아요.). 그런데 내 생각에는 너도 이거이거를 잘못한 것 같다. 서로 고쳤으면 좋겠다. 너도 나한테 불만이 있음 말해봐라. 내가 잘못했다고 생각하면 고치겠다. 결혼한지 얼마 안되는데, 우리가 헤어질 것도 아니고 계속 이럴순 없지 않냐고 이런 식으로 말씀해 보세요. 집안일이나 일처리는 첨부터 나눠서 하시는게 좋을 것 같구요. 성격이 느긋한 사람은 아 어차피 할거니 천천히 하면 되지. 하기만 하면 되는데 뭐그리 서둘러 이런 식으로 생각하지만, 성격 급한 사람은 그런 식으로 생각하지 않지요. 어차피 할거면 빨리 해치우고 쉬거나 다른 일을 해야지 왜 저렇게 꾸물거려. 이런 식으로 생각하게 된답니다. 이 부분에 대해서는 아내랑 이야기하는게 가장 중요해요. 인터넷에 글 남겨봤자 아내랑 상호의사소통이 안되니 서로 고쳐지지 않지요. 삼년만 떨어져 살아도 정말 달라요.

하지만 결혼은 이십년 삼십년동안 따로 살던 사람이 각자의 가치관이 사고방식이 다른 두 사람이 만나서 사는 것이니만큼 서로 이해하며 사는게 중요해요. 당연 그게 힘들죠. 그렇지 않음 서로 소원해지고, 말수가 줄다보면 딱히 싸운 것도 아닌데 그냥 서먹서먹해져서 사이가 멀어지게 되요. 부부는 피가 섞인 사람이 아니기 때문에 헤어지면 바로 남이에요. 그러니 더 신경쓰실 일이 많을거에요. 님이 어떻게 행동하면 아내가 막말을 하는지, 잘 생각해보시고 아내랑 대화로 풀어보세요. 제가 솔직히 여기다가 님 아내는 교육을 잘못받았고 어쩌고 하는건 예의가 아니지 않나요. 그냥 서로 좋은 쪽으로 잘 풀어나가시길 바랄게요 ^^ 힘내세요!!![209]

제가 보기엔 아내분께서 결혼전 가정의 불화가 확대되면서 남편분이 특정행동이나 반응을 보였을 때 결혼전 가정의 불화 또는 아버지에 대한 좋지않은 경험들이 전이되어 불같이 화를 내는 것이 아닌가 합니다. 이는 아내분이 일부러 하는 것이 아니라 결혼전 가정의 영향으로 어쩔수 없이 그렇게 되는 것인데요. 이것을 완화시키는 방법은 상담치료같은 것이 필요합니다. 부부클리닉같은거죠. 그리고 지금 신혼 6개월이라고 하셨는데, 결혼전이나 후에 부부교육을 받는 것이 좋을거 같습니다. 보통 남남으로 살던 사람인 부부가 만나서 서로를 이해하는데 십년이라는 시간이 필요하다고 합니다. 그 시간속에서 아이도 태어날텐데 당연히 아이가 영향을 받지요. 그 시간을 줄이고 태어날 아이를 위해서도 부부교육을 받으시는 것이 좋을거 같습니다. 부부교육을 해주는 곳은 보건소에 질문해보셔도 되구요.(정신보건센터라는 곳에서는 상담치료도 해줍니다.) 가족보건센터(?) 예전엔 모자보건센터라고 했었는데 바뀐 이름을 정확히 모르겠는데 이곳도 지역별 차이는 있지만 해주는 곳도 있는 것으로 압니다. 비용은 제가 잘 모르겠어요. 저도 곧 결혼을 앞두고 있는데 부부교육과 부모교육을 받을 예정입니다. 제가 거주할 곳은 비용이 없는 것으로 아는데.. 자세한 것을 아직 알아보지 못해서 이런 정보부분은 미흡하군요.. 성당에서도 부부교육을 해준다고 하구요. 검색사이트같은 곳에서 부부교육으로 검색해보시면 후기나 더 많은 교육장소가 검색될것이니 한번 현재 계신 곳 근처로 찾아서 받아보세요. 누가 잘하고 못하고가 아니라 그냥 두분이 다른 것이니까 그 다른 점을 인정하고 그 차이를 줄일 수 있는 부부교육이 현재와 미래를 위해서도 가장 좋은 방법

---

209) 2008-07-24 22:42 | 출처 : 본인작성, 초록이-빙유(kong****) | 답변 1 | 채택률 100%

인 것 같습니다. 행복하고 아름다운 결혼생활되시길 바랍니다 ^^210)

　아래 댓글 다신 분들중에 아내의 교육수준이 낮다는둥 무식하다는 둥~그런 결론은 어디서 나온겁니까?
아무리 공부를 많이 한 사람도 인격적으로 성숙하지 못하면 무식한 사람이 될 수 있습니다. 저의 생각엔 두분이 머리를 맞대고 앉아서 자주 다투는 사건/이유들을 나열해 보는 것이 좋겠습니다. 예를 들어 앞에 말씀하신 것처럼 =>"자기야 이것 좀 해줘" "좀 있다 할게 그냥 둬" 라든지...
　그런 상황들을 정리하다보면 상대가 왜 화를 내는지? 또 나는 왜 화를 내는지 이유를 알 수 있고 서로 이야기 하다보면 나의 마음을 모두 털어놓을 수 있어서 속이 후련해지고 상대방의 마음도 알 수 있어서 서로의 입장을 조율하기가 쉬워집니다. 그리고 문서를 작성하시는 것이 좋아요.
　1) 설겆이 부탁은 즉시 들어주도록 한다
　2) 9시 뉴스시간에는 웬만한 부탁은 하지 않도록 한다.
　3) 내가 제일 싫어하는 말(당신이 그러니까 그 모양인거야...등등)은 되도록 하지 않는다
　이런 식으로 남편의 입장과 요구사항, 아내의 입장과 요구사항을 정해 놓고 정말 최선을 다해 지키도록 노력하셔야죠. 한가지 명심해야 할 것은 절대 난 지킬 자신이 없는 것을 당시 화해무드를 깨기 싫어서 지키겠다고 한다면 그것도 나중에 더 큰 싸움의 원인이 될 수 있습니다. 아무쪼록 금쪽같은 신혼생활을 아름답게 장식하시길 바랍니다.211)212)

8. 설득의 심리학 줄거리

　설득의 심리학 줄거리 요약된 것 없나요?213)

---

210) 2008-07-24 22:43 | 출처 : 본인작성, 노아의 등불(eim***) | 답변 2 | 채택률 0%
211) 2008-07-24 22:52 | 출처 : 본인작성
212) http://k.daum.net/qna/view.html?qid=3ZvPX&q=감동을%20주는%20칭찬기법
　　 (2010.4.30)

1) 상호성의 법칙

상호성의 법칙은 빚진 상태에 있는 사람은 빚진 상태를 어떻게든 벗어나려고 한다는 것이다. 이는 인간이 서로에게 호의를 베푸는 이유가 언젠가는 자신도 되받을 수 있다는 믿음 속에서 이루어진다는 점에서 우리 사회에서 거래란 것이 생겨난 이유라고 볼 수 있다. 우리는 상대방을 설득하고 싶은 경우 상대방을 빚진 상태로 만들면 된다. 이러한 빚진 상태에 대한 불편한 마음은 그러한 상황을 유발시킨 것이 원하는 것이든 아니면 사소한 것이든 우선은 빚지게만 된다면 이미 시작된 것이라 볼 수 있다. 상호성을 이용한 예 중에 상대방의 양보를 이끌어 내는 재미있는 방법이 있다. 이것은 우선 상대방에게 무리한 부탁을 한 후 상대방이 거절한 것에 빚진 느낌을 갖는 것을 이용해 사소한 양보를 도출해 낼 수 있다는 것이다. 이는 '일보 후퇴 이보 전진'이라는 전략이다. 이는 대조효과라는 법칙을 이용하여 두번째 부탁은 별것 아닌 것처럼 느껴지게 하는 것이다. 일보 후퇴 이보 전진 전략은 적절히만 사용하면 상대방이 무리한 요구를 성공적으로 거절했다고 느끼게 만들 수 있는데 이렇게 그 계약의 책임이 자신에게 있다고 느끼는 사람은 계약을 수행할 가능성이 더 높고 합의된 사항에 대한 만족감이 더 높다고 한다. 이러한 상호성의 법칙에 휘둘리지 않기 위해서는 그것이 술책인지 아니면 호의인지를 파악하는 것이 중요하다. 인간관계에서 상대방의 호의를 무시하는 것은 바람직하지 않으며 그렇다고 해서 상호성의 법칙에서 이용만 당하고 있다는 것은 바보같은 일이다.

2) 일관성의 법칙

일단 어떤 입장을 취하게 되면, 그 결정에 대한 일관성이라는 심리적 압력에 따라 사람들은 자신의 감정이나 행동들을 결정된 입장을 정당화하는 방향으로 맞춰 나가게 된다는 법칙인 일관성의 법칙이 강하게 동

---

213) 비공개 | 2005-05-25 13:30 | 조회 3838 | 답변 1

기유발되는 이유는 일관성이라는 개념이 사회적으로 도덕적 가치와 실제적 가치를 가지고 있기 때문이다. 끊임없이 자기의 마음을 바꾸는 여자는 변덕쟁이, 머리가 산만한 사람으로 생각된다. 반면 남에게 쉽게 영향을 받아 자기의 의견을 자주 바꾸는 남자는 우유부단한 사람, 혹은 의지가 약한 사람으로 여겨지며, 심지어 이중인격자나 정신병자라고까지 불리기도 한다. 일관성은 논리, 이성, 안전성, 정직성의 핵심으로 인정받고 있다. 사람들은 흔히 일관성이 긍정적인 결과를 가져온다고 생각한다.

따라서 의사결정에서 쉴 새없이 생각하지 않고도 과거의 방식을 따르는 쉬운 방법이 될 수 있다.

일관성을 강화시키는 방법

① 개입(commitment)-일단 어떤 입장을 취하기만 하면, 그 이후로는 일관성의 법칙에 따라 행동하게 된다. 따라서 처음에 조그마한 것이라도 그 사람을 개입시키기만 하면 그를 조종할 수 있다.

② 문전걸치기 기법-작은 요구로부터 시작해서 결국 커다란 승낙을 얻어내고자 하는 전략이다. 사람은 작은 요청에 동의하게 되면, 일관성의 법칙에 의해서 나중에 보다 큰 요청에도 동의하게 될 가능성이 높아진다.

③ 증명할 서류 만들기-행동은 내부의 신념, 가치관, 그리고 태도를 반영한다. 만약 그 사람의 자발적 개입을 증명할 공식적인 기록을 남기고 그에게 제시하면 일관성의 법칙에 의해 기록한대로 그의 태도도 따라가게 된다. 이는 그 기록이 공식적일수록 더 유효하게 된다. 왜냐하면 사람들은 자신의 이미지가 공식화되면 될수록 이에 벗어나는 행동을 하지 않게 되기 때문이다.

④ 노력을 많이 들게 한다.
공식적인 개입과 관련된 노력이 클수록 그 사람의 태도에 영향을 미치는 능력도 커진다. 이는 여러 부족의 성인식이나 대학 신입생의 환영회가 고되면 고될수록 그들은 그것의 의미를 중요하게 생

각하고, 그들이 성취한 것에 대해 더 만족스러워한다는 것에서 볼 수도 있다. 게다가 이러한 개입이 외부적 압력없이 스스로 선택하여 행동한 일에 대해서는 그 효과가 더 큰데 이는 우리가 내부적 책임감을 가지게 되기 때문이다.

미끼 기법-일관성의 근거 만들기

세일즈 전략으로 우선은 구매를 위한 미끼를 제공하고 개입이 되게 한 다음 미끼를 없애도 이미 들인 노력 때문에 결국 구매를 한다. 오히려 그러한 결정에 만족하게 된다고 한다.

3) 사회적 증거의 법칙

의사결정시 우리 행동의 옳고 그름은 얼마나 많은 사람들이 우리와 행동을 같이 하느냐에 의해 결정된다는 법칙으로서 많은 경우에 이 법칙에 따르는 것은 실수할 확률을 줄일 수 있지만 맹목적으로 따르는 경우에는 이용당할 수도 있다. 사람들은 다른 사람의 행동에 의해서 더 쉽게 설득된다는 사회적 증거의 법칙을 이용한 것은 TV 쇼프로에서 거짓 웃음을 이용한다든지, 아이들을 위한 교육프로그램 등이 있다. 다수의 무지 상황-애매모호한 상황에서 모든 사람들이 다른 사람들이 행동하는 대로 행동하려 하는 경향, 도시에서 살인사건이 일어났을 때 모두들 다른 사람의 침착한 모습을 관찰하고 위기상황으로 인식하지 않게 된 예가 있다. 유사성의 영향-사회적 증거의 영향력은 우리가 우리와 비슷한 사람의 행동을 관찰할 때 그 효과가 가장 크다는 것이다. 광고에서 평범한 사람들의 모습을 제시하는 경우도 이에 해당된다.

4) 호감의 법칙

호감의 법칙이란 것은 상대방에게 주는 긍정적 이미지가 클수록 설득하기 쉽다는 것이다. 호감이란 것은 신체적 매력이 될 수도 있고 사소한 공통점이 될 수도 있다. 그리고 사소한 칭찬으로도 호감을 유발할 수 있다.

호감을 유발시키는 방법

① 접촉이론-익숙해지면 좋아진다.
② 상호협력-공통된 목표를 가지고 서로 협력하는 상황에서 서로에게 더 큰 호감을 가진다.
③ 연상작용-긍정적인 이미지와 자신을 결부시킨다. 이를 만찬기법이라고도 하는데 식사시에는 사람의 마음이 편해지기 때문에 같이 식사를 하게 되면 긍정적인 이미지를 유발할 수 있다는 것이다. 또 후광효과라고 있는데 그 사람의 긍정적인 이미지가 다른 분야에까지 미치게 되는 것이다.

Ex) 스포츠에 열광적으로 집착하는 사람들에게 게임의 승패는 단순히 재미가 아니다. 그들은 게임의 승패를 자신의 일처럼 광분하고 감동하고 즐거워한다. 이는 의도적으로 승자의 이미지를 자신과 결부시켜 다른 사람들에게 긍정적인 이미지를 보여주려는 것이다. 예컨대 홈팀이 이기면 '우리'라는 명칭으로 경기선수들과 우리를 일치시키는 것이다. 반면 질 경우에는 그들이라 칭하게 된다.

5) 권위의 법칙

권위의 법칙은 우리들은 생각하는 바 이상으로 권위에 대해서 맹목적으로 복종하는 경향이 있다는 것이다. 이는 나치병사들의 무자비한 학살과 간호사들의 어처구니없는 의료실수의 예에서 확인할 수 있다.

이러한 경향은 어렸을 때부터 체계화된 중요한 가치이며 그렇게 행동하는 것이 실제적으로 여러모로 편리한 점이 있기 때문이다. 권위의 상징물-실제적 권위가 아니더라도 권위의 상징물로 인해서 영향력을 유발할 수 있는데 그러한 상징물로서 직함, 큰 키, 제복, 고급차, 옷차림 등의 예를 들 수 있다. 이러한 권위의 법칙에 속지 않기 위해서는 전문가가 맞는지 전문가의 전문성을 믿을 수 있는지 확인하는 과정이 필요하다.

6) 희귀성의 법칙

어떤 부부가 가전제품 대리점에서 냉장고를 하나 살피고 있는데, 마음에 드는 모델을 찾았다. 그런데 점원은 그 물건은 불과 20분전에 다른 손님에게 팔았다고 하면서 재고가 없다고 말하는 것이다. 그리고 다른 대리점에서 알아보겠다고 한다. 그리고 구할 수 있으면 구입하겠냐고 물어본다. 손님이 그렇다고 하면, 근처 대리점에서 원하는 모델을 찾았다고 말하면서 계산서를 내민다. 물론 마음이 바뀔지도 모르지만, 때는 이미 늦었다. 한정 판매: 얼마 없습니다!

"이 엔진을 단 커버터블 자동차는 이제 5대 밖에 남지 않았습니다. 지금 재고가 다 팔리면 더 이상 생산하지 않습니다."

시간 제한: 이제 곧 끝납니다.

"독점 상영, 한정 상영, 이제 곧 끝납니다"

로미오와 줄리엣 효과

연구자들이 발견한 것은 부모의 반대와 간섭이 그들 부부 사에에 약간의 문제를 초래하기는 했지만, 오히려 그 때문에 서로의 사랑을 더욱 더 확실하게 확인하게 되었고 궁극적으로 결혼까지 하게 되었다. 흥미로운 것은 이들 부부에 대한 부모의 간섭이 강해지면서 그에 비례하여 부부 사이의 애정이 더욱 강해지고 부모의 간섭이 시들해지면서 부부사이도 시들해졌다는 것이다.

금지법이 만들어낸 희귀한 세제

마이애미 시민들은 인산염이 들어있는 세제를 사용금지하자, 더욱더 원하게 되었다. 환경적인 이유가 있을 뿐만 아니라 금지후 성능이 더욱 좋아진 것은 아님에도 불구하고 시민들은 표백이 더 잘되고 부드럽고 효과적이라고 생각했으며, 그래서 모두 달려 들어 인산염이 든 세제를 사려고 했다. 갑작스런 희귀성이 혁명의 원인이 되기도 한다. 처음부터 2개의 과자가 든 단지에서 하나를 꺼내 시식하게 한 후와 10개가 들어있는 과자에서 먹기 직전에 2개가 든 과자로 바꾼 후 시식했을 때, 교체된 후의 과자맛에 대해 더욱 좋다고 평가했다. 또한 교체된 과자가 처음 과자보다 더욱 비쌀거라고 생각했다. 1960년대 미국의 흑인 폭동은 분명

1940년대에 비해 삶의 질이 확실히 좋아졌지만, 1955년의 호황기에 비해 경기와 수준이 다소 하락하자 폭동이 발생했다. 이와 동일하게 소련에서 고르비가 글라스노스트와 페레스트로이카를 발표하자, 공산당이 고르비를 가두고 계엄을 선포했다. 그러자 소련 국민의 폭동과 쿠데타가 일어나게 되었다.

희귀성이 경쟁심리를 부추긴다

어떤 물건을 한정판매로 지정해 놓고 우리가 서두르지 않으면 그 기회를 놓칠지도 모른다고 경고하고 있는 백화점 세일광고들을 우리는 심심찮게 발견하고 있다. 영업사원들도 마음의 결정을 하지 못하고 있는 관망형의 고객들에게는 경쟁전략이 가장 효율적이라고 교육받고 있다.

예를 들어 부동산업자들은 어떤 집을 살까말까 망설이고 있는 고객에게 전화를 걸어 그가 구입을 고려하고 있는 집에 관심이 있는 또 한 사람의 고객이 나타났다고 알려주면서 그가 돈이 많은 사람인데 갑자기 이 도시로 이사오게 되었다고 덧붙인다. 전문 낚시꾼들은 물고기를 낚기 위해 먼저 낚시줄이 연결되지 않은 소량의 낚시밥을 물에 던진다. 그러면 근처 물고기들이 낚시밥 주위로 모이는데, 이때 미끼도 없는 금속 갈쿠리를 물속에 넣으면, 경쟁심에 눈이 먼 물고기들이 금속 갈쿠리도 마다하지 않고 입에 넣게 된다. 백화점 경영자들은 돌격대(loss leader)라고 불리우는 몇몇 제품들을 아주 싼값에 한정판매한다고 광고한다. 미끼를 보고 몰려든 군중들은 경쟁적 상황에서 맹목적으로 눈에 보이는 것을 덥썩 물게 된다.

희귀성의 법칙

우리들은 어떤 품목이 희귀하거나 희귀해지고 있는 중이라면, 그 가치를 더욱 높게 보면서 가지려 노력할 것이다. 즉, 그 품목의 상실에 대한 두려움 때문일 것이다. 이런 점을 불로소득자는 결코 놓치지 않는다.

예를 들면 한정판매, 시간제한 판매 등 우리는 일상생활에서 많이 경험해 보았을 것이다. 그로 부터 벗어나기 위해서는 흥분하지 말고 '허허

실실'을 따져가며 선택해야 한다.214)215)

9. 스토리텔링이 흘러 넘치는 원인

　스토리텔링(story telling)은 디지털시대의 특성에 맞는 이야기하기라는 뜻이다. 경희대 국어국문학과 교수 최혜실은 "스토리텔링에서의 'tell'은 단순히 말한다는 의미 외에 시각은 물론 촉각이나 후각같은 다른 감각들까지 포함한다. 특히 구연자와 청취자가 같은 맥락속에 포함됨으로써 구연되는 현재 상황이 강조된다. 현장성의 회복, 즉 새롭게 확장된 '구술문화'의 차원이 되는 것이다. 여기에 'ing'는 상황의 공유, 그에 따른 상호작용성의 의미를 내포한다"고 풀이했다.216) 최혜실은 기존 인쇄매체의 서사학과 디지털매체의 스토리텔링은 다르다고 주장했다. 기존의 서사는 인과관계가 있는 잘짜인 이야기인데 비해 디지털시대의 이야기는 시작은 있지만 끝이 없다. 즉, 이용자가 끊임없이 만들어가는 것이다. 최혜실은 "감각적 속성을 지닌 영상시대에는 오락적 요소가 강해지는데 놀이란 바로 우리가 참여해 만드는 이야기"라며 "이야기라고 하면 문학작품을 떠올리는 인식에서 탈피해 스토리텔링을 인간이 세계를 인식하는 근본적인 방식이자 인간의 감성에 호소하는 의미전달구조로 넓혀야 한다"고 설명했다. 그는 또 문화산업과 관련, "스토리텔링은 문화기술(CT)과 결합하면서 문학, 만화, 애니메이션, 영화, 게임, 광고, 디자인, 홈쇼핑, 테마파크, 스포츠 등의 장르를 아우르는 상위범주가 됐다"며 "서사형식의 원형질인 스토리텔링은 다른 매체로 옮겨가면서 매체변화를 하고 새로운 표현방식을 획득하게 된다"고 밝혔다. 한 장르가 성공했을 때 다른 장르로 활용, 개발되는 것은 디지털 컨버전스시대의 특징이라는

---

214) 설득의 심리학.hwp (42kb) ｜ 다운로드 ｜ 미리보기 2005-05-25 13:33
215) http://k.daum.net/qna/view.html?qid=0BFFB&q=감동을%20주는%20칭찬기법 (2010.4.30)
216) 2009/09/26 11:55 [선샤인 논술사전]

것이다.

　스토리텔링의 인기가 치솟으면서 스토리텔링 마케팅(storytelling marketing)도 각광을 받았다. 이는 상품에 얽힌 이야기를 가공, 포장해 광고·판촉 등에 활용하는 브랜드 커뮤니케이션 활동이다. 인지심리학 분야의 세계적 권위자인 미국 카네기멜런대 로저 섕크 교수는 "우리는 그동안 우리가 살아온 스토리, 들어온 이야기로 세상을 이해한다. 상대가 들려주는 이야기를 바탕으로 그 사람을 정의하듯 기업도 회사가 만들어낸 스토리, 주변에서 만든 이야기로 정의된다."고 말했다. 또 덴마크의 스토리텔링 전문기업 시그마(SIGMA)의 클라우스 포그 대표는 "창업주에 대한 스토리, 제품 탄생과 관련한 스토리, 훌륭한 직원에 대한 스토리, 감동받은 소비자의 스토리 등 모든 기업은 누구도 모방할 수 없는 자신만의 스토리를 갖고 있다"며 "이는 기업을 특별하게 만드는 훌륭한 전략적 도구"라고 강조했다. 이유진은 <명품의 스토리텔링>이란 글에서 꿈·희소성·전통·장인정신·스토리·후광효과 등을 명품 스토리텔링의 구성요소로 꼽았다. 이를테면 루이비통의 경우 외국인은 파리 매장에서 하루 2개밖에 구입할 수 없으며 페라가모 구두는 134가지 공정을 거친 뒤 변형을 막기 위해 7일간 오븐에 넣는다는 이야기, 영화 '애수'의 로버트 테일러와 '카사블랑카'의 험프리 보가트가 버버리 트렌치코트를 입었다거나 모나코 왕비 그레이스 켈리가 임신했을 때 에르메스 핸드백으로 볼록한 배를 감췄다는 이야기 등이 모여 명품의 신화를 만들어 판촉에 기여한다는 것이다. 명품 보석·시계로 유명한 불가리는 베스트셀러 작가인 페이 웰던에게 아예 『불가리 커넥션』이란 소설작품을 써달라고 의뢰했다. 이 책의 표지는 불가리사의 목걸이 사진이었는데, 이 목걸이가 소설에서 핵심적인 역할을 한다.

　2007년 박정현에 따르면, "얼마 전, 출간 2년 만에 600만부를 돌파한 한자만화의 한자책 『마법천자문』의 인기는 스토리텔링의 위력을 여실히 보여주는 사례라 할 수 있는데, 이런 경향은 과학이나 역사서적에서도 비슷하게 나타나고 있다. 또한 스토리텔링 마케팅의 효과는 관광 등 문화산업에서도 주목할만하다. 똑같은 남이섬이라 하더라도 '<겨울연가> 주인공이 거닐던 남이섬'이면 한번 더 보고 싶은 것이 사람의 마음이다. 그러므로 지자체 등 문화산업 주체들은 '스토리'와 '체험'이 있는 문화상품을 만들기 위해 노력할 필요가 있는데, 최근 한국관광공사도 이러한 추세를 반영해 유명 관광지와 그곳에 얽힌 이야기를 결합한 다양한 한류상품을 기획한다는 계획이다." 『조선일보』 2009년 1월 21일자는 "설을 맞는 소비자들의 마음이 어느 때보다 무겁습니다. 이런 상황에서 유통업계에선 이야기를 이용해 소비자의 마음을 잡는 '스토리텔링(story telling) 기법'에 주력하고 있습니다. 경기가 안 좋을수록 소비자들의 감성을 자극해야 한다는 상술(商術)에서 입니다. 쇼핑백에도, 설 선물 안내책자에도, 상품권 봉투에도 따뜻한 이야기가 담깁니다."라면서 다음과 같이 말했다. "현대백화점이 내놓은 '복주머니 쇼핑백'이 대표적입니다.

　유희순 대한민국 자수공예 명장(名匠)이 만든 복주머니 작품 이미지를 앞뒤에 인쇄한 쇼핑백 10만장을 별도 제작한 것입니다. 홍색 비단 바탕에 바위, 연꽃, 원앙 등 장수, 건강을 상징하는 문양과 건강과 다복의 소망을 담은 '수(壽)' 문자를 견사 자수로 새겨 넣었습니다. '요즘처럼 어려운 시기, 주머니에 복을 담아 따뜻한 마음을 전한다'는 스토리를 담았습니다. 롯데백화점은 설 선물 안내책자 표지에 박수근 화백의 작품 '소와 유동' 이미지를 인쇄했습니다. 평생 고단한 삶을 산 박수근 화백이 서민의 소박한 일상을 담은 그림입니다. 그림 속, 맘씨 좋아 보이는 소가 푸근한 동네 아저씨 같은 눈빛으로 옹기종기 모여 앉아 노는 아이들을 바라보고 있습니다.…신세계백화점은 상품권을 선물하는 사람이 받는 사람에게 직접 편지를 쓸 수 있도록 카드형 상품권 봉투를 만들었습니다. '각박한 상황속, 따뜻한 이야기만큼 큰 선물이 없다'는 의미를 담고 있다고 합니다." 대중문화엔 스토리텔링이 철철 흘러 넘친다. 구둘래는 "텔레비전을 켜면 '스토리 욕망'이 넘쳐난다. 그렇다고 드라마만의 이야기도 아니다. <세상에 이런 일이> 〈TV 특종 놀라운 세상〉 <사랑과 전쟁> 〈TV는 사랑을 싣고〉의 놀라운 생명력은 이야기의 생명력에 줄을 대고 있다. 케이블 TV 프로그램들도 이야기를 원천으로 한다. <리얼스토리 묘> <김구라의 위자료 청구소송> <신해철의 데미지> <심령솔루션 엑소시스트> 등은 조금씩 카테고리를 달리하면서 이야기에 골몰한다.

2000년대 초반 우후죽순처럼 생겼던 재연 프로그램의 하나로 등장한 <서프라이즈>는 질긴 생명력을 이어가고 있다. '하늘 아래 새로운 이야기는 하나도 없다'고 하는데 '신기하고도 신비한 이야기'가 7년 넘는 기간 동안, 1천개가 넘는 이야기를 내보내고도 바닥이 나지 않는다. '서프라이즈'하다."며 다음과 같이 말했다.

"스토리의 힘은 구체성의 힘이다. 유명한 예로 '원수를 사랑하라'란 말은 공허하게 들릴 뿐이지만 자신의 인생을 추적하던 경감을 용서하는 '장발장'의 이야기에서는 구체적으로 다가오게 된다. 출판계에서도 자기계발서의 '우화형으로 메시지 전달하기' 기법은 베스트셀러로 가는 지름길이다. '변화를 두려워하지 말라'라는 메시지를 우화적으로 전하는 <누가 내 치즈를 옮겼는가>, '지금 실천하라'는 메시지를 간곡하게 전달한 <마시멜로 이야기>, 칭찬의 힘을 다룬 <칭찬은 고래도 춤추게 한다> 등의 전통은 미국 시장을 넘어 국내에도 미치고 있다. 우화형 자기계발서는 2006년부터 한국형을 만들어내며 승승장구하고 있다. <원칙있는 삶> <경청>의 저자 박현찬씨는 '지식은 분절적이고 추상적이다. 경험적 지식은 수용도가 높아진다. 지식은 많은데 통찰력이 부족한 세상이다.

전문화된 지식이 늘어나는데 삶은 통합성을 잃어간다. 이런 총체성과 통합성을 지닌 것이 이야기다'라고 말한다."

심지어 시위마저 스토리텔링으로 가고 있다. 구둘래는 광화문 촛불집회에서도 가장 눈에 띄는 것은 구체성이라고 했다. 집회 참가자들은 "고시철회 명박퇴진"이라는 구호 대신 발랄하게 다음과 같이 외쳤다는 것이다. "민주경찰 퇴근해라/ 주인말 안듣는 머슴은 필요없다/ 100일 지났다, 이제 그만 헤어지자/ 미친 소들이여, 청와대로 고고씽!/ 불법주차, 차 빼라/ 불꺼라 전기세가 아깝다/ 수도세는 니가 내라(물대포에 대고)/ 물대포 안전하면 니네 집 비데로 써라/ (중고생들) 우리 이제 방학이다/ 미친 소 싫소/ 삽질은 밭에서." '스토리텔링 리더십'이 통한다는 주장도 나온다. 신동일(중앙대 영어영문학과 교수)은 "네트워크 사회에서는 정보를 가진 자보다 감성적 스토리를 가진 자가 주목을 받는다. 새로운 리더는 논리적으로 잘 말하는 것보다 공감할 수 있는 따뜻한 스토리를 전할 수 있어야 한다. 존 웨인, 숀 코너리의 과묵함에 열광한 미국 역시 지금은 말을 걸고 협력을 이끌어 가는 스토리텔러의 리더십이 주목받고 있다."고 했다.

〈참고문헌〉

최혜실, <'이야기'는 왜 '이야기하기'가 되었나?>, 『LG Ad』, 2007년 3·4월, 8-10쪽; 한윤정, <최혜실교수 연구서 잇단 발간…'디지털 시대의 스토리텔링'>, 『경향신문』, 2007년 8월 20일자.

정임수, <화통 마케팅…기업들 '스토리텔링' 바람>, 『동아일보』, 2008년 5월 24일자.

알 리스·로라 리스, 『마케팅 반란』(청림출판, 2003), 160쪽.

박정현, <'스토리 문화'를 창조하는 5가지 전략>, 『LG Ad』, 2007년 3·4월, 11-15쪽.

김현진, <'스토리텔링'으로 소비자 마음을 잡아라>, 『조선일보』, 2009년 1월 21일자.

구둘래, <내게 디테일하게 얘기를 해봐>, 『한겨레 21』, 제722호(2008년 8월 4일).

신동일, <'스토리텔링 리더십'이 통한다>, 『한겨레』, 2008년 12월 8일자. [217]

---

[217] http://sunshinenews.tistory.com/entry/왜-스토리텔링이-흘러-넘치는가 (2010.4.30)

제3장 고객감동과 조직관리

1. 무한경쟁시대에서의 기업생존법

무한경쟁의 시대에서 기업이 살아남을 수 있는 가장 강력한 무기는 차별화된 고객만족 서비스이다. 그런 면에서 『고객의 가치를 높이는 서비스 기법』은 고객가치 경영의 본질과 차별화된 서비스를 창출할 수 있는 비결 뿐만 아니라 저자의 오랜 실무와 강의를 통해 얻은 고객만족 노하우를 고스란히 제시하고 있다. 이론에 치우쳐 있는 기존의 서적들과 달리 구체적인 사례들과 실천 가능한 방법을 제시해 놓았다는 점에서 기업들의 교육자료로는 물론, 실무에서 고객과 매일 맞닥뜨리는 서비스에 종사하는 모든 사람들에게는 텍스트로서 활용하는 데 손색이 없을 것이다.

이 책은 총 4개의 part로 나누어져 있다.

part 1 "고객을 감동시켜라"는 전국을 다니며 강연활동을 하는 가운데 찾아낸 아름다운 우리의 모습과 고객만족의 살아 움직이는 여러 사례를 소개함으로써 우리가 가진 희망과 나아가야 할 사회의 모습을 제시하고 있다.

part 2 "고객 서비스에도 테크닉이 필요하다"는 고객만족을 실천할 수 있는 세부적인 기술들을 모아 그 방법을 제시한다. 마음은 있지만 그 방법을 알지 못하는 경우에 기업에서 고객만족 교육을 실시할 때 도움이 되는 부분이다.

part 3 "성공한 리더들이 갖고 있는 고객경영 마인드"는 기업의 성공을 위해 고객만족을 해야 하는 이유와 함께 고객만족 리더의 마인드를 함양하는 이야기를 담고 있다.

part 4 "고객 서비스, 이것이 궁금하다" 부분은 서비스 현장에서 직접 근무하는 사람들의 애로점을 질문과 답변의 형식으로 명쾌하게 풀어 놓았으며, 각 기업에서 고객만족을 간단명료하게 업그레이드하여 자료로 활용하기 좋게 꾸몄다.[218]

고객만족 고객응대는 눈맞춤에서 시작해서 눈맞춤에서 끝이 난다고 해도 과언이 아니다. 우린 아침에 눈을 떠서 잘 때까지 눈을 뜨고 생활하지만 하루에 눈맞춤을 한번도 하지 않고 지낼 때도 많다. 슬쩍 바라보는 얼굴이 아닌 눈을 깊숙이 바라보는 일은 상대를 깊이 이해하는 행위이다. 프로 고객응대는 눈맞춤을 잘해야 한다. 눈맞춤은 그냥 쳐다보는 것이 아니라 고객과 눈을 마주치고 느낌을 주고 받아야 하는 것이다. 그 사소한 눈길에서 고객에게는 친절함이 전달되고 상사에게는 근무의욕이 전달된다. 'eye contact'는 고객만족 테크닉의 기본이다. 눈맞춤에서 친절하겠다는 의지가 담겨 있다. 아주 짧은 시간에 이루어지는 눈맞춤으로 고객만족과 관심을 표현하고, 고객의 욕구를 알아 낼 수 있다. 예절을 표현할 때는 고객의 눈을 바라보는 것으로 시작한다. 얼굴과 몸을 고객을 향해 동공을 살짝 크게 뜨고 입꼬리에 살짝 힘을 주어 올리고 눈을 바라본다. 그렇다고 뚫어지게 주시하는 것은 아니다. 감사와 관심의 마음을 지닌 채 도와드리겠다는 마음가짐으로 바라보는 것이다. 근무하는 회사에 고객이 오면 당신이 먼저 바라보라. 고객응대는 눈맞춤에서 시작된다.-본문 81~82p 중에서 - 알라딘[219]

2. 국내모델러들의 실력 향상

최근 몇 년 사이에 인터넷동호회의 기반을 갖고 서로의 스킬과 노하우를 주고 받으며 정말 멋진 작품을 만들어 내는 모델러들이 많이 있다.

---

218) http://www.aladdin.co.kr/shop/wproduct.aspx?ISBN=8991359558(2010.4.30)
219) http://www.aladdin.co.kr/shop/wproduct.aspx?ISBN=8991359558(2010.4.30)

그런데 대부분 모델러들에게 공통점이 있는데... 그것은 바로 슬럼프와 자기함정에 빠진다는 것이다. 이는 아주 쉽게 설명이 가능하며 금방 알 수 있다.

kano이론은 기업에서 마케팅에 적용되는 분석기법인데.. 간단히 설명하면..

■ 최초 모델링을 시작하면 반드시 해야 하는 과정이 있다. => must be (필요지수 혹은 필요조건)

예를 들면 접합선 수정, 전체도색 등이다. 완전도색은 사실 귀찮고 힘든 일이다.. 거기에 접합선 수정과 같은 작업은 정말 고되게 마련이다. 허나 이런 것을 잘한다고 해도 작품을 보는 대부분의 사람들은 알아주지 않는다. 당연히 해야 하는 것이기 때문이다.. 이것이 필요지수이다.

■ PRIMARY(기본지수)의 경우는 시간을 투자할수록 퀄러티가 증가하여 보는 이로 하여금 감탄을 불러 일으키는 요소이다. 표면정리 혹은 도색시의 정밀성, 마스킹작업의 정밀도, 색감조합 및 프로포션 개수 등이 들어간다. 노력대비 감동이 정비례 관계가 된다.

■ DELIGHT (감동지수), 사실 이것이 포인트이다 이것은 조금만 노력을 기울여도, 그 감동의 양은 기하급수적으로 증가한다. 독특한 그 모델러만의 스킬이라 할 수 있는 부분인데, 이 부분을 잘 잡아내는 모델러들은 사실 많지 않으며 우리가 아는 실력있는 모델러들은 대부분 이런 영역을 가지고 있다..

쉽게 예를 들면 [루피"]님의 비즈사용 혹은 깔끔도색으로 불리우는 [픽스풍 도장]이 그것이다. 첨보는 사람들은 당연히 그 감동이란 것이 대단할 수 밖에 없다. 그러나 지금은 대부분의 모델러들이 사용하고 있는 스킬이며, 그 감동은 예전같지 않다. 이는 휴대폰이나 자동차같은 신제품을 상상하면 금방 이해가 되리라 생각된다. 그러나 시간이 지나면 감동지수는 다른 사람들에 의해 모방되고 사용되므로, 기본지수가 되며 기본지수는 시간이 지나면 반드시 해야 하는 필요지수가 된다는 것이 문제이다.

쉽게 이야기하면 한번 높아진 눈높이는 절대 내려가지 않는다는 것이다. 온라인 활동을 해야하는 모델러들은 본인의 눈높이 혹은 타인에 눈높이에 의해 항상 더 멋지고 좋은 작품을 만들어야 한다는 강박관념에 휩싸이게 되는 주요한 요인이 된다. 천부적인 소질을 타고난 모델러들은 항상 새로운 무엇인가를 들고 나타난다. 물론 개인적으로 많은 고심을 한 것이겠지만은 그러한 부분은 다른 모델러들이 노력한다고 되는 부분이 아니다. 그럼 결론은 무엇인가? 모델링은 기업의 상품 생산활동이 아니다...기업이라면 당연히 살아남기 위한 전쟁을 치르므로 생존의 문제이지만 취미로 삼는 모델링은 이야기가 다르다. 또한 작품을 바라보는 사

■ KANO이론을 적용한 모델링곡선

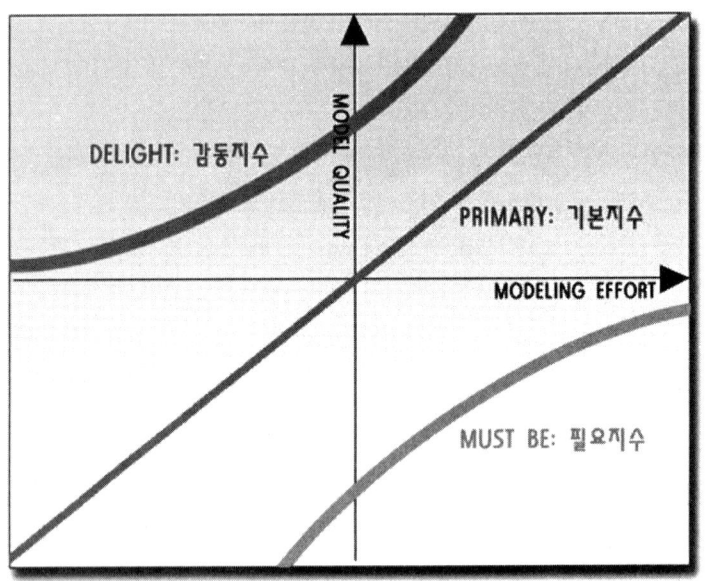

자료: http://ww.zlpla.co.kr/zeroboard/view.php?id=freeboard&no=2408(2010.4.30)[220][221]

---

220) 1999-2010 Zeroboard / skin by sirini

람들의 시선에도 문제가 있다. 멋진 작품에만 격려와 칭찬을 해줄 것이 아니라 그 사람이 얼마나 노력을 하였는가에 포인트를 맞추고 작품을 바라보아야 한다. 즐프라 초창기에 내가 강조했던 칭찬의 이유가 바로 이것이다. 이는 모든 커뮤니티의 기본이 되며 근간이 되는 중요한 사실이다. 비판은 분명 발전을 위한 밑거름이 되지만 때론 독이 될 수도 있다. 이는 비판을 받는 당사자의 문제인데, 어떻게 받아들이냐는 비판을 받는 개인의 몫이다. 비판보다는 칭찬을 통한 격려와 더 멋진 작품을 만들고자 하는 의욕을 불어넣어주는 것이 더욱 중요하다 하겠다. 칭찬해 줍시다. 칭찬은 그 어떤 말보다 강력한 동기(motive)를 제공합니다.

3. 친구를 돕는다는 것[222]

- ◈ 친구를 돕는다는 것은 우산을 들어주는 것이 아니라 함께 비를 맞는 것이다.
- ◈ 당신의 좋은 친구는 당신의 가장 깊은 곳에 있는 것을 찾아내는 사람이다.
- ◈ 친구엔 세가지 분류가 있다.
  첫째는 음식과 같이 매일 시시때때 만나야 한다.
  둘째는 약과 같은 존재로서 이따금 만나야 한다.
  셋째는 병과 같은 친구로서 피하지 않으면 안된다.[탈무드]
- ◈ 친구는 당신이 자신을 믿기전에 당신을 믿어주는 사람이다.
- ◈ 친한 벗의 고마운 점은 함께 바보스러운 말을 할 수 있다는 데 있다.
- ◈ 칭찬은 여러 사람 앞에서 하고 충고는 단 둘이 있을 때 해라.
- ◈ 우정이란 친구를 딛고 내가 높아지는 것이 아니다,
  친구가 나를 딛게 하여 친구를 높이는 것이다,

---

221) http://ww.zlpla.co.kr/zeroboard/view.php?id=freeboard&no=2408(2010.4.30)
222) 조회 23 | 10.01.17 16:25 http://cafe.daum.net/tj1995/5t8j/1

그것이 곧 둘이 함께 높아지는 일이기 때문이다.
◆ 친구를 믿지 못하는 것은 친구에게 속는 것보다 더 부끄러운 일이다.
◆ 당신은 새벽 4시에 전화를 걸 수 있는 친구를 가졌는가?
◆ 오랜 친구가 좋은 이유중 하나는 그들과 함께라면 바보가 되어도 좋기 때문이다.223)

4. 화법: 칭찬.미안함.고마움

난 매우 소심한데다가 낯가림이 심한 편이다. 누구든지 처음 만나면 어색하다고는 한다.224) 하지만 난 친해지는데 시간이 엄청 오래 걸리고 친해지는데 오래 걸리다 보니 못친해지고 끝나는 경우가 많았다. 이런 성격 때문에 학년이 바뀌고 학교가 바뀌어가는 학기초엔 예외없이 조용하게 생활하게 되고, 시간이 지난후에 애들과 친해지고 학교생활이 적응되어서 시끄럽게 생활하다가 보면 학년이 바뀌면서 다시 조용해지는, 이런 생활을 반복하고 있었다.

그러다가 고2때 내가 학교에서 아주 붙임성이 좋은 친구 한명을 제일 처음 사귀게 되었다. 난 그 친구가 친구들과 쉽게 사귀는 것을 보고 한편으로는 엄청 부러웠다. 자리 배정끝에 운좋게도 나는 그 친구와 짝이 되었고 그 친구를 닮아가려고 그 친구에 대해 연구하기 시작하였다.

오랜 연구끝에 나는 결론을 내릴 수 있었다. 칭찬이었다. 칭찬을 하게 되면 그 상대에게 직접 말하지 않고 다른 친구들과 얘기를 하다가 그 얘기를 다른 친구가 또 다른 친구에게 전하고, 그러다 보면 그 칭찬이 그 친구의 귀로 들어가게 되면 그 친구는 이 말을 한 친구에게 호감을 갖게

---

223) http://cafe.daum.net/tj1995/5t8j/1?docid=1Jyxy|5t8j|1|20100117162551&q=%C4%AA%C2%F9%BF%A1+%B0%FC%C7%D1+%C1%C1%C0%BA+%B1%DB&srchid=CCB1Jyxy|5t8j|1|20100117162551(2010.5.2)
224) 칭찬에 관한 글 - [08국경 이동희]|. 조회 224 | 08.03.23 21:24
http://cafe.daum.net/language1000/7yQF/13

되고 인사만 하게 되어도 그 친구에게는 이미 호감이 있기 때문에 더욱 친해질 수 있는 것 이게 칭찬이었다. 중학생 때나 고1 때는 엄청 친한 친구 2, 3명만 있고 거의 다 인사만 하는 수준이었다. 내가 칭찬을 사용해서 친해지게 된 때는 고3 때였다. 그 때는 매일매일 욕은 절대 입에 담지 않고, 나는 남의 기분을 먼저 생각해주는 쪽이라서 친구들이 기분이 안좋을 때는 좋은 말을 해서 풀어주고 기분 좋아서 자기 자랑을 하면 더 좋은 말을 해서 기분 좋아지게 만들었다. 주위에서 볼땐 내가 너무 싸다(?)고 말할 수 있을지 모르겠지만 그때만큼은 진심으로 칭찬을 했었다.

그러다보니 나에게 점점 친구들이 많아지고 내 옆엔 항상 친구들이 붙어있을 수 있었던 것 같다. 지금은 대학 다니면서 아직 못친해진 친구들도 많지만 모두 친해져서 즐거운 학교생활을 보냈으면 좋겠다.225)

5. 인간관계를 열어주는 13가지 지혜

책 소개

인간관계를 지혜롭게 열어주는 자기개발서. 미국 최고의 영향력을 발휘한 리더 워싱턴 대통령에게서 배우는 인간관계의 13가지 비법을 담았다.

저자 및 역자 소개

저자 : 쑤지엔쥔

1967년생. 필명은 쑤웨이룬[蘇偉倫]. 중국 토지관리소에서 3년, 중국생명보험에서 8년간 직장생활을 한 뒤, 줄곧 문학창작에 전념해왔다. 주요 작품으로는 『인기있는 사람이 되는 비결]』, 『인간을 판단하는 열쇠』, 『반드시 알아야 할 경영법칙』, 『전환시대 : 중국 최고경영인이 보는 중국』 등이 있다. 그의 작품은 홍콩, 싱가포르 등지에서도 좋은 반응을 얻고 있으며, 평론 「책임자가 누리는 몇 가지 최상의 것」 은 중국 유명

---

225) http://cafe.daum.net/language1000/7yQF/13?docid=1DPRN|7yQF|13|20080323212456&q=%C4%AA%C2%F9%BF%A1+%B0%FC%C7%D1+%C1%C1%C0%BA+%B1%DB&srchid=CCB1DPRN|7yQF|13|20080323212456(2010.5.2)

잡지 <독자(讀者)>에 실리기도 했다.

역자 : 강경이

이화여자대학교 통번역대학원 한중번역학과를 졸업하고, 북경어언문화대학에서 수학했다. 현재 이화여자대학교 통번역대학원에서 강의를 하고 있으며, SBS 번역 대상 최종심사기관으로 위촉된 (주)엔터스코리아에서 중국어 번역가로 활동중이다. 역서로는 『노벨상 수상자 45인의 위대한 지혜』, 『바보철학에서 배우는 거상의 도』, 『상해상인의 상술』, 『청소년이 꼭 읽어야 할 세계의 위대한 인물 101 1, 2』 등 다수가 있다.

서문 ― 미국 최고의 영향력을 발휘한 리더

첫번째 지혜 ― 타인의 언행을 존중하라.

타인에 대한 존중은 곧 자신에 대한 우대이다 / 서로 존중하는 법을 배워라 / 상대방을 존중하며 말하라 / 단정한 차림은 상대방에 대한 배려이다 / 예의바른 행동으로 상대방을 존중하라 / 타인에 대한 존중은 자기성공의 지름길이다 / 다른 사람들도 나처럼 대하라 / 존중은 돈으로 살 수 없다 / 타인을 존중해야 타인의 존중을 얻는다

두번째 지혜 ― 부드러운 표정을 지어라.

밝은 표정을 지으면 어디서나 환영받는다 / 미소는 성공의 도우미다 / 미소는 삶을 변화시키는 원동력이다 / 미소짓는 사람은 다가가기 쉽다 / 어떠한 상황에서도 미소로써 일관하라 / 미소는 최고의 예의다 / 미소는 자신감의 상징이다 / 열정을 담아 웃어라 / 엄숙해야 할 때는 엄숙하게 행동하라

세번째 지혜 ― 상사와 논쟁하지 말고 겸손하라.

상사와 말다툼하지 마라 / 논쟁꾼은 비극을 초래한다 / 상사보다 잘난 척 나서지 마라 / 공개적으로 상사를 질책하지 마라 / 완곡어법으로 충고하라 / 내가 더 잘났다고 우기지 마라 / 시비 가리기가 최선책일까? / 겸손한 태도로 자기 관점을 표현하라 / 진심으로 상대방을 감동시켜라

네번째 지혜 — 품행이 바른 사람과 사귀어라.

어떤 사람에게 다가가야 할까? / 아무하고나 친구하지 마라 / 좋은 친구를 사귀려면 지피지기로 승부하라 / 소인을 멀리하고 군자와 가까이 지내라 / 향기나는 사람과 친구하라 / 먹을 가까이 하면 검어진다 / 자기보다 우수한 사람들과 어울려라 / 친구란 진실함에서 만들어진다 / 고통 속에 진짜 우정이 보인다 / 진정한 우정은 오랜 시간의 시련도 거뜬히 견뎌내는 것이다

다섯번째 지혜 — 악의를 품지 말고 냉정함을 유지하라.

밧줄을 팽팽하게 당기되 채찍질은 자제하라 / 작은 일에 화내지 마라 / 화를 잘 내는 것은 천성인가? / 분노 삭이는 법을 배워라 / 자기감정을 스스로 컨트롤하라 / 자신의 언행을 이성적으로 극복하라 / 악감정을 일에까지 연장시키지 마라 / 사랑으로 원수를 감싸주어라 / 질투심으로 스스로에게 상처주지 말자

여섯번째 지혜 — 상대방을 폄하하거나 지나치게 띄워주지 마라.

진심에서 우러나온 칭찬이 진짜 칭찬이다 / 지나친 과장은 자제하라 / 칭찬도 상황에 맞게 하라 / 성의있는 칭찬을 하라 / 비단 위에 아무렇게나 꽃을 뿌리지 마라 / 아첨꾼이 되지 마라 / 훈계의 기술을 배워라 / 칭찬해야 할 때 칭찬하라 / 칭찬도 기술이 필요하다

일곱번째 지혜 — 나만 옳다는 사고방식을 버려라.

사사건건 대립하지 마라 / 지나친 고집은 극단으로 치닫기 쉽다 / 집요한 논쟁은 금물이다 / 잘못을 솔직히 시인하라 / 싸우지 말고 양보하라 / 상대방에게 표현의 기회를 줘라 / 떳떳하다고 너무 강압적으로 나서지 마라 / 작은 일에 연연해하지 마라 / 큰일을 위해 정당하게 싸워라

여덟번째 지혜 — 타인에게는 관대하고 자신에게는 엄격하라.

타인에게 관대하라 / 타인의 결점을 들쑤시지 마라 / 사람을 미워하지 마라, 누구나 장점은 있다. / 타인을 칭찬하는 법을 배워라 / 아무 생각없이 돌을 던지지 마라 / 함부로 다른 사람을 비난하지 마라 / 용서의 미덕

을 발휘하라 / 참고 용서하면 분명 보답이 있다 / '스캔들 바이러스'가 되지 마라 / 비밀을 지켜야 신뢰를 얻는다

아홉번째 지혜 ― 대화에 신중을 기하라.

대화의 기법 / 당신의 혀를 컨트롤하라 / 말의 분수를 지켜라 / 상황에 맞는 이야기를 골라서 하라 / 말할 때 상대방의 반응을 주목하라 / 말할 때는 여지를 남겨라 / 이왕이면 듣기 좋게 말하라 / 우물거리지 말고 당당하게 의사표시를 하라 / 정확한 표현으로 오해의 소지를 제거하라

열번째 지혜 ― 교제를 할 때도 시기를 잘타라.

접대할 때는 예의 바르게 행동하라 / 기회를 잘 포착하라 / 약속시간은 반드시 지켜라 / 교제 타이밍을 잘 잡아라 / 귓속말을 하지 마라 / 상사와 비밀을 공유하지 마라 / 일정한 거리를 유지하라 / 지나친 친밀감은 상처를 남긴다 / 남의 '개인공간'에 침범하지 마라

열한번째 지혜 ― 약속은 반드시 지켜라.

신뢰를 잃지 마라 / 신용이야말로 진정한 매력이다 / 신용상실은 결국 자기무덤 파기다 / 약속하면 반드시 지켜라 / 약속은 천금과 같다 / 약속은 실행해야 진가가 발휘된다 / 자기 역량 밖의 일은 함부로 약속하지 마라 / 약속할 때는 여지를 남겨라 / 거절해야 할 것은 거절하라

열두번째 지혜 ― 상사의 말에 귀 기울이고 아무 때나 끼어들지 마라.

사람은 사람답게 대하라 / 내가 원하는 것은 남들도 원한다 / 많이 듣고 적게 말하라 / 경청을 간과하지 마라 / 적극적인 청중이 되자 / 마음으로 듣자 / 남의 말을 가로채지 마라 / 적당한 침묵유지도 필요하다 / 측은지심을 지녀라

열세번째 지혜 ― 양심적인 사람이 되라.

성실은 최고의 처세술 / 널리 선을 베풀어라 / 겸손한 품성과 인연을 맺어라 / 정직이라는 불꽃을 꺼뜨리지 마라 / 인간은 본분을 지켜야 한다 / 용감하게 책임져라 / 항상 감사하는 마음을 가져라 / 주는 것이 받는 것보다 더 아름답다 / 사랑이 없으면 빈껍데기다.[226)227)]

6. 미운놈 죽이는 방법

　미운 놈을 죽이는 아주 틀림없는 방법이 여기 하나 있습니다. 게다가 죽이고도 절대로 쇠고랑을 차지 않는 안전한 방법입니다. 아래의 옛날 이야기 먼저 읽어 보세요.[228] 여기에 바로 그 죽이는 방법이 담겨 있습니다. 옛날에 시어머니가 너무 고약하게 굴어서 정말이지 도저히 견딜 수가 없던 며느리가 있었어요. 사사건건 트집이고 하도 야단을 쳐서 나중에는 시어머니 음성이나 얼굴을 생각만 해도 속이 답답하고 숨이 막힐 지경이 되어 버렸어요. 시어머니가 죽지 않으면 내가 죽겠다는 위기의식까지 들게 되어 이 며느리는 몰래 용한 무당을 찾아갔어요. 무당은 이 며느리의 이야기를 다 듣고는 비방이 있다고 했지요. 눈이 번쩍 뜨인 며느리가 그 비방이 무엇이냐고 다그쳐 물었죠. 무당은 시어머니가 가장 좋아하는 음식이 무엇이냐고 물었어요. 며느리는 "인절미"라고 했습니다. 무당은 앞으로 백일동안 하루도 빼놓지 말고 인절미를 새로 만들어서 아침, 점심, 저녁으로 인절미를 드리면 백일 후에는 시어머니가 이름 모를 병에 걸려 죽을 것이라고 예언했어요. 며느리는 신이 나서 돌아왔습니다. 찹쌀을 정성껏 씻고 잘 익혀서 인절미를 만들었습니다.

　시어머니는 처음에는 "이년이 곧 죽으려나, 왜 안하던 짓을 하고 난리야?"라고 했지만 며느리는 아무 소리도 하지 않고 드렸습니다. 시어머니는 그렇게 보기 싫던 며느리가 매일 새로 몰랑몰랑한 인절미를 해다 바치자 며느리에 대한 마음이 조금씩 조금씩 달라지게 되어 야단도 덜치게 되었죠.

　두 달이 넘어서자 시어머니는 하루도 거르지 않는 며느리의 마음 씀

---

226) http://kr.blog.yahoo.com/choonggyuk/trackback/33/11863
227) http://kr.blog.yahoo.com/choonggyuk/MYBLOG/dist_frame.html?d=http%3A%2F%2Fkr.blog.yahoo.com%2Fchoonggyuk%2F11863%3Fm%3Dc%26amp%3Bno%3D11863&s=d(2010.4.30)
228) 파워프린트, http://powerprint.co.kr/zbxe/?document_srl=14312008.05.29. 1:20:25 (*.154.151.165) 85

씀이에 감동이 되어 동네 사람들에게 해대던 며느리 욕을 거두고 반대로 침이 마르게 칭찬을 하게 되었더랍니다. 석 달이 다되어 가면서 며느리는 사람들에게 자신을 야단치기는 커녕 칭찬하고 웃는 낯으로 대해주는 시어머니를 죽이려고 하는 자신이 무서워졌어요.

이렇게 좋은 시어머니가 정말로 죽을까봐 덜컥 겁이 났습니다. 며느리는 있는 돈을 모두 싸들고 무당에게 달려가 "내가 잘못 생각했으니 시어머니가 죽지 않을 방도만 알려주면 있는 돈을 다 주겠다"며 무당앞에서 닭똥 같은 눈물을 줄줄 흘렸죠. 무당은 빙긋이 웃으며 "미운 시어머니는 벌써 죽었지?"라고 했답니다.

싫은 상사나 동료를 죽이는 방법도 마찬가지입니다. 떡 한 개로는 안 되죠. 적어도 며느리처럼 백 번 정도는 인절미를 해다 바쳐야 미운 놈이 없어집니다. 밥이나 커피를 사 주세요!! 뭔가 그 사람이 필요로 하는 물건이나 일을 당신이 해줄 수 있다면 해 주세요. 칭찬할 일이 생기면 칭찬해 주세요. 이런 일을 하실 때마다 수첩에 바를 정(正)자 그려 가며 딱 100번만 해 보세요. 미운 그 놈은 정말 없어질 것입니다. 직장에서 싫은 사람이 있으면 직장생활 자체가 무척 힘듭니다. 그리고 사람관계에서 대부분의 경우에는 내가 싫어하면 상대방에게도 그 마음이 전달되어 관계가 갈수록 불편해지기 마련입니다. 그래서 우리들에게 친숙한 "미운놈 떡하나 더 준다"는 속담이 생긴 것이겠지요.[229][230]

7. 감동 Touch

요즘을 살아가는 우리의 삶 속에 중요한 키워드가 하나 있다면 그것은 아마도 감동일 것입니다.[231]

---

229) 이 게시물은 오프라윈프리.gif (10.7KB)(0)
230) http://powerprint.co.kr/zbxe/?document_srl=1431&mid=mind(2010.4.30)
231) 제 목 감동 Touch, 글쓴이 김지헌목사님 | 조회수 : 337 | 등록일 :
       2006-11-20

한국의 모 회사의 광고에도 나타나듯이 기업을 비롯한 거의 모든 경영기법이 '고객만족'에서 이제는 '고객감동'으로 업그레이드 되어가는 것을 보면 더욱 실감이 납니다. 그럼에도 우리가 사는 이 세상은 감동이라는 말조차도 꺼내는 것이 어색할 정도로 느낌표를 잃어버린 감동상실의 시대를 살아가고 있습니다.

사실 요즘 아주 특별한 일이 아니고서는 별로 놀라지도 않고, 대수롭게 여기지도 않으며 어지간한 일이 아니고서는 잘 웃거나 울거나 별로 마음 졸이지도 않는 것 같습니다. 하지만 가장 많이 감동하는 사람이 가장 행복한 사람이라고 생각된다면 그런 세상일수록 더욱 감동이라는 말이 필요할 것입니다. 얼마 전 한국의 대학생 1천여명에게 "제일 받고 싶은 것이 무엇인가?"에 대한 설문조사를 하였습니다. 보통 자동차나 휴대폰 혹은 애인 등의 대답이 가장 많이 나올 것으로 예상을 하였지만 결과는 전혀 달랐습니다. 그들이 가장 받고 싶었던 것은 '감동'이었습니다. 현대인들은 이성보다 감성을 원하고, 기능과 형식보다 감동을 원합니다.

왜냐하면 사람은 감동을 통해 행복감을 느낄 수 있기 때문입니다. 그래서 의학박사 겸 심리학자 헨리 데이빗 소로우라는 사람은 "그대 속에 자연의 아름다움에 대해 아무 반응이 일어나지 않거나 파랑새의 지저귐이 전율을 일으키지 않는다면 눈치 채십시오. 그대의 아침은 이미 지나가 버렸음을"이라며 얼마나 감동하는가를 보고 자신의 건강을 체크하라고 말하였습니다. 어느 소설가는 자신이 글을 쓰는 이유가 누군가의 마음을 움직이기 위해서라고 합니다. 우리가 사랑하고 살아가는 이유도 같은 이유일 것입니다. 누군가의 마음을 움직이고, 누군가에 의해 내 마음을 움직일 때, 우리는 비로소 살아있음을 느낄 것입니다. 어느 날 문득 찬송가의 한 소절에 나도 모르게 눈물이 나오고, 성경 한구절에 막혔던 가슴이 탁 트이는 경험, 콘크리트 바닥틈 사이의 흙을 뚫고 돋아난 파란 새싹을 보고 감동하고, 문득 고개를 들어 위를 보았을 때 너무나도 파란 하늘에 감탄해 보신 적이 있으십니까? 몇 송이의 장미꽃과 몇 마디의 격려에 코 끝이 찡하면서 눈물을 흘려 보신 적이 있습니까? 이러한 감동은 이벤트가 아니라 깊은 마음에서부터 시작됩니다. 그렇기 때문에 마음 속에 숨어있는 느낌표를 찾는 것이 무엇보다 중요합니다. 왜냐하면 자신의 영혼의 느낌표가 잠들어 있다면 아무런 감동도 얻을 수도 느낄 수도 없기 때문입니다. 감동이란 마음 속으로 깊이 느끼는 것이며 감격하여 마음을 움직이게 하는 것입니다.

따라서 감동도 생명도 마음에 있기에 성경은 '무릇 지킬만한 것보다 네 마음을 지키라, 생명의 근원이 이에서 남이니라'(잠4:23)고 말하고 있습니다. 마음은 영혼의 따스함을 느낄 때 열립니다. 그러므로 하나님의 도우심으로 그분의 따뜻한 사랑과 은혜를 체험할 때 감동할 수 있는 것입니다. 이러한 감동은 기쁨과 사랑을 충전시키는 것입니다. 감동은 사람의 마음을 열게 하여 다시금 일어서게 하고 처한 상황 속에서도 감사할 수 있는 힘을 가지고 있습니다. 창조력과 상상력은 바로 감동에 의해 발생되는 에너지이며 마음을 풍요롭게 하는 비료인 것입니다. 댄 클라크라는 사람은 "누군가에게 어느 날을 생애 최고의 날로 만들어 주는 방법은 전화 몇 통, 감사의 쪽지, 몇 마디의 칭찬과 격려만으로 충분하다"고 했습니다. 정말 그렇습니다. 반갑게 잡아주는 정겨운 손, 좋은 날을 기억해주는 작은 선물, 몸이 아플 때 위로해주는 전화 한 통, 이름을 부르며 기도해주는 사랑의 마음, 모두 작게만 느껴질 수도 있지만, 그 작은 일들이 우리를 감동시키고 행복하게 만들어줍니다. 감동이 메말라가고 있는 이 시대에 단비와 같은 따뜻한 사랑과 격려의 언어들로 마음의 계곡에 다시 생명과도 같은 감동의 생수를 흐르게 하여 행복의 바다와 같은 삶을 만들어 가실 수 있기를 바랍니다. [232]

---

232) http://koreaherald.co.nz/korea/T_board/news_view.asp?gubun=church&idx=7785&page=1(2010.4.30)

8. 현대는 설득과 감동의 시대

　남을 설득시킬 줄 모르고 감동시킬 줄 모르면 사람을 움직이고 조직을 이끌어가기 힘들다. 신분이나 직책만에 의지한 통솔력이나 지도력엔 한계가 있다. 리더의 속이 뒤집어 보이는 솔직한 인품과 교양이 사람을 따르게 하고 평소의 관심과 배려에 상사에 대한 존경심을 갖게 한다. 리더십을 통한 인간경영은 결코 목적달성을 위한 수단으로 처리하는 것은 무리다. 사람과 사람과의 관계는 기술적인 문제가 아니기 때문이다.

　간교한 화술이나 얕팍한 권모술수는 그 속이 바로 드러나고 말기 때문이다. 뿐만 아니라 사람들이 사회생활을 하는 곳에는 갈등과 반목이 따른다. 또한 상호간의 이해가 엇갈리며 보고 느끼고 판단하는 것도 각각 다를 수 있기 때문에 상대를 설득시키는 화술은 필수적이다. 대화의 출발은 상대방의 마음의 문을 여는 데서 시작된다. 그러면 사람과 사람이 마주 앉아 마음을 열어 가며 대화를 나누어가는 심리적 단계로 본 대화법을 소개하고자 한다.

1) 먼저 경계심을 풀어주라.

　초면이거나 사업상 비즈니스를 하기 위해 사람을 만났을 때는 평소 아는 사람일지라도 긴장을 하거나 경계를 하기 마련이다. 그래서 처음 대화를 시작할 때는 경계심을 풀고 편안하게 대화할 수 있도록 하기 위한 Approach단계가 필요하다. 우선 상대방의 마음속에 어떠한 움직임이 일어나고 있는가를 파악할 필요가 있다. 사람들은 더구나 낯선 사람을 처음 만날 때는 일단 마음속으로 그 사람이 어떤 사람일지를 추측하면서 만나기 마련이다. 상대방에 대한 신뢰가 생기기전까지는 계속해서 경계심을 가지고 상대를 관찰하게 된다. 어떤 생각을 가지고 있는가, 어떤 행동을 할 것인가, 이익을 줄 사람인가, 손해를 주는 사람인가를 속으로 주판알을 열심히 뜅긴다는 얘기다. 이처럼 낯선 사람에 대한 이러한 계산적 관점과 저항심리는 누구에게나 있게 마련이므로 누군가를 만나서 대화를 나눌 때는 우선 경계심을 풀어주려는 자세가 필요하다. 즉, 상대가 마음의 문을 열고 대화에 적극적으로 참여할 수 있도록 하는 것이 대화기법(대인스피치)의 첫번째 관문이다.

2) 공통점을 발견하라.

잘 알지 못하는 사람끼리 만나서 대화를 할 때는 처음 실마리를 잘 푸는 것이 무엇보다도 중요하다. 성급하게 본론으로 들어가기보다는 차분하게 상대를 관찰하면서 가벼운 담소부터 시작하는 것이 좋다. 그러면서 사소한 것일지라도 서로의 공통점을 찾아가는 것이다. 그러나 외모, 의상, 취미 등 어떤 것이 되어도 좋으나 지역색이나 종교 이야기 혹은 정치적 성향에 대한 얘기는 가급적 피하는 것이 좋다. 일단 공통점이 발견되면 그것을 바탕으로 좀더 활발하게 대화를 전개시켜 나갈 수 있고, 차츰 둘 사이에 있던 보이지 않는 벽을 허물면서 좀더 친밀하게 다가 설 수 있다. 상대방에게 공통점을 발견하여 연대감이 형성되면 대부분의 사람들은 경계심을 풀고 상대방을 받아들이게 된다. 사람들은 흔히 자신과 이해를 같이 하는 사람, 자신에게 호의를 가지고 있는 사람, 자신과 기호가 같은 사람, 자신의 가치를 인정해 주는 사람들에게 마음을 빨리 열어 주는 편이다.

3) 찬사법과 Yes/But법을 활용하라.

사람은 누구나 장점과 단점을 가지고 있다. 좋은 인간관계를 쌓아 올리기 위해서는 상대를 신뢰하고 인정하는 마음가짐이 필요하다. 그래야 자신도 남들로부터 신뢰와 인정을 받을 수 있다. 아무리 작고 사소한 일일지라도 적절한 찬사를 베풀어주면 상대방은 흡족해하면서 그 사람에 대해 좋은 인상을 간직하게 된다. 따라서 사람에게 호감을 주는 가장 손쉬운 방법은 칭찬을 아끼지 않는 것이다. 다만 억지로 하는듯한 인상을 주는 것은 오히려 마이너스 효과를 가져 오기도 한다. 사람이라면 누구나 자신을 칭찬해주는 사람에게 호감을 갖게 되어 있으며, 자동적으로 마음의 빗장을 풀게 되어 있다. 하지만 무엇을 얻고자 하는 그런 비열한 생각으로 남을 칭찬해서는 안된다. 칭찬받을만한 일에 대해 하는 칭찬은 당연한 일이며, 이에 대한 사례는 저절로 돌아오는 것이다. 자신의 가치를 인정해 주는 사람에게 호의를 갖지 않는 사람은 한사람도 없다. 가령 호의를 느끼지 않는다 하더라도 이쪽에 손해될 것은 전혀 없다. 상대방과 다른 의견을 제시하고자 할 때는 보다 신중해야 한다. Yes/But법은 상대방의 의견이 나와 정반대의 경우라도 직선적으로 부정하거나 공격하지 않고 일단 상대방의 의견을 긍정하고 난 후에 반대되는 자신의 의견을 제시하는 방법이다. "○○회장님의 의견에도 일리가 있습니다만, ~ ~ 이런 점에서는 이렇게 생각해 볼 수 있지 않을까요?"하는 식으로 일단 상대방의 의사를 인정하고 자존심을 세워준 다음에 반대되는 논리를 전개해 차분히 설득시키는 기법이다.

4) 문답법을 이용하라.

말수가 적은 무뚝뚝한 상대와 이야기할 때는 자신이 먼저 질문을 던지는 것도 좋은 방법이다. 대답을 이끌어내기 위한 것이므로 어려운 질문은 피하는 것이 좋다. 또 대답하기 쉽도록 간결하게 한가지씩 묻는다.

너무 여러 가지 질문을 한꺼번에 하면 상대방을 더욱 혼란스럽게 할 뿐이다. 그리고 곧장 답변이 나오지 않더라도 여유를 갖고 기다려주는 자세가 필요하다. 여러 가지 질문 중에 가장 효과적으로 대답을 이끌어 낼 수 있는 질문은 상대방이 자랑하고 싶어하는 것이나 고민하고 있는 문제이다. 입을 꼭 다물고 있던 사람도 이런 질문을 받으면 자신도 모르게 술술 대화를 풀어갈 것이다.

5) 감정을 잘 포착하라

화술에 능한 사람은 기분과 의향을 잘 살펴서 말을 신중하게 한다. 대화를 자연스럽게 이끌어가기 위해서는 상대방의 기분을 상하지 않게 하는 것이 중요하다. 특히 상대방의 말을 함부로 시정하는 것은 금물이다.

또 일반 상식이나 도리에 어긋나는 이야기는 하지 않는 것이 좋다. 한 번 좋지 않은 인상을 심어주게 되면 다음에는 무슨 말을 해도 의심을 받게 되기 때문이다. 사회적으로 성공한 사람들의 공통점 중 하나는 다른 사람의 감정을 섬세한 부분까지 살필 줄 안다는 데 있다. 아주 작은 일이라도 상대방의 심중을 헤아려 적절한 배려를 아끼지 않았기 때문에 주위에 늘 사람들이 많고, 이것이 성공의 원동력이 되었다는 것이다. 상대방의 호감을 얻기 위해서는 우선 그 사람의 심리나 감정상태를 잘 파악해야 한다. 대화의 묘미도 자신의 감각을 상대의 감각에 접촉시켜 전달하는 데 있다. 즉, 지적인 정보나 사실을 늘어놓는 것보다는 감성을 자극할 수 있는 말을 하는 것이 보다 나은 효과를 올릴 수 있다.

아무리 좋은 말이라도 듣는 사람의 마음에 가닿지 않으면 아무 소용이 없다. 말이란 상대방의 마음을 움직여야 하는 것이고, 그러기 위해서는 우선 상대방의 감정을 잘 포착해야 한다. 록펠러는 "누군가 자기 의견에 반대했을 때는 우선 감정적인 반대인지, 이성적인 반대인지를 간파하는 것이 중요하다."고 말했다. 즉, 사람이 어떤 의견에 반대할 때 그 이유가 반드시 이성적이지 않을 수 있다는 것이다. 만일 반대하는 이유가 감정적인 데 있다면 그 심리적인 원인을 찾아내지 않으면 안된다.

감정적으로 반감을 가지고 있으면 상대에게 논리적인 설득을 되풀이해도 시간의 손실만을 가져올 뿐이다. 인간이라면 누구나 감정을 가지고 있는데 단단한 것보다는 부드러운 것, 차가운 것보다는 따뜻한 것을 찾으려 하고, 무미건조한 말보다는 감각을 자극하는 정감적인 말을 찾으려는 게 인간의 본성이다. 또한 지적인 면보다는 감성적인 면이 앞서는 것이 인간의 속성이다. 따라서 상대방을 보다 친밀한 관계로 이끌기 위해서는 감각어를 적절하게 사용하는 것이 필요하다.

6) 양자택일법을 구사하라.

설득의 과정을 거쳐 결단의 단계까지 상황이 전개되었다고 생각되었을 때, 양자 택일을 통해 결단을 내리도록 유도하는 것이 유도화법이다.

가령 친구와 설악산으로 여행을 가자고 제안할 때 "외설악으로 갈까, 내설악으로 갈까?"라고 묻는다면 친구가 어느 쪽으로 선택을 하든 설악산으로 여행을 가자는 제안을 물리치기 힘들다는 얘기다. 계약을 망설이고 있는 사람에게는 "납품일짜는 보름 후로 할까요, 다음 날로 할까요?"라고 유도하는 것을 말한다. 이런 식으로 상대방이 희망하는 바를 제시하여 그 중에서 선택하게 만드는 방법을 가르켜 결단을 촉구하는 양자택일법이라고 한다.

7) 쇼크화법을 동원하라.

아무리 열심히 이야기를 하려고 해도 상대방이 계속해서 무관심한 반응을 보이는 경우가 있다. 이때 사용할 수 있는 방법이 '쇼크화법'이다.

이때는 정보를 제시하는 순서가 매우 중요하다. 정보를 제시하는 순서에는 강조점을 두는 위치에 따라 클라이맥스법과 반클라이맥스법이 있다.

클라이맥스 전개방법이란 서서히 의견을 전개해 나가다 최후에 가서 강력한 주장을 제시하는 방법이고, 반클라이맥스 방법이란 반대로 처음에 강력한 주장을 내세운 다음 서서히 이론(異論)을 전개해가는 방법이다. 상대방의 관심 정도에 따라 이 두 방법이 적절하게 선택되어야 하는데, 상대가 이쪽에서 말하고자 하는 내용에 관심이 적을 때는 반클라이맥스 방법을 사용하는 것이 좋다.

8) 침착한 목소리가 사람을 끌어들인다.

미국 해군이 지시를 내리는 가장 효과적인 목소리를 연구한 결과, 응답하는 목소리의 크기는 지시를 내리는 목소리의 크기에 비례한다는 사실을 발견했다. 이야기를 듣는 쪽은 말하는 쪽의 목소리에 영향을 받는다는 것을 뜻하는 것이다. 우리가 전화를 할 때도 마찬가지다. 상대방 쪽에서 큰 소리로 말을 하면 이쪽에서는 잘 들리는데도 불구하고 똑같이 큰 소리로 대꾸를 하게 된다. 이처럼 듣는 사람은 말하는 쪽의 목소리에 많은 영향을 받게되는 것이다. 그대로 상대가 아무리 큰 소리로 목소리를 높여도 이쪽이 낮고 온화한 목소리로 회답하면 상대방도 영향을 받아 페이스를 다운시킬 수 있다는 것이다. 스피치에 있어서 찌렁찌렁 울리는 큰 목소리보다 낮고 온화한 목소리가 듣는 사람에게 더 강하게 어필한다는 것이 많은 실험으로 증명되고 있다. 상대방이 큰 소리로 자신을 제압하려 한다 해서 똑같이 큰 소리를 지르게 되면 상대편 페이스에 휘말려 결국 패하고 만다. 따라서 논쟁이 붙었을 때는 상대의 페이스에 휘말리지 말고 자신의 페이스대로 침착하게 밀고 나가는 것이 승리를 이끄는 결정적인 방법이다. 특히 회의나 토론을 하는 자리에서 라이벌과 논쟁이 시작되었을 때 흥분한 어조로 오버하거나 상대의 목소리에 눌리는듯한 침울한 어조로 말하는 것은 금물이다. 그러나 논쟁을 위한 논쟁은 양 쪽 다 승자가 있을 수 없다. 한발 물러서는 자세가 논쟁에서 대처하는 가장 현명한 방법이 될 수 있다.

9) 분위기에 맞는 화제를 선택하라.

일반적으로 본격적인 화제로 들어가기 전에는 대화를 끌어낸 쪽에서 말을 준비해야 한다. 보통은 간단하게 자기소개를 하고 마는데, 짤막한 인사말을 덧붙이는 것도 좋다. 대화를 원활하게 진행시키기 위해서는 우선 서로의 말장단이 맞아 들어가야 한다. 그러기 위해서는 상대방에 대한 사전정보가 있으면 도움이 될 것이다. 대화를 하기 전에 사전정보를 파악할 여유가 있으면 다행이겠지만, 보통은 그렇지 못할 때가 많다.

그래서 처음 대면하거나 잘 모르는 사람과 대화를 할 때는 어떤 화제를 선택해야 좋을까 고심하게 된다. 분위기와 목적에 맞지 않는 화제의 선택은 그것이 아무리 좋은 내용일지라도 배고픈 사람에게 고상한 그림을 가져다주는 것만큼이나 무모한 선택이 될 것이다. 따라서 대화를 하게 된 동기, 대화의 목적에 알맞은 화제를 선택하도록 힘써야 한다.

추상적인 이론이나 애매모호한 이야기는 결코 듣는 이의 흥미를 끌지 못한다.

반면에 일상생활에서 항상 보고 듣는 이야기가 나오면 사람들은 친밀감을 느끼고 귀를 기울인다. 더구나 자신과 관계있는 이야기일 때는 더욱 귀를 쫑긋 세우고 듣게 된다. 시사성있는 화제, 유머스러한 화제, 욕망에 호소하는 화제, 스릴있는 화제, 경험적인 화제, 숫자를 제시하는 화제, 실현성있는 화제는 좋은 화젯거리가 될 수 있다. 반면에 절대로 화제를 삼아서는 안되는 것이 있는데, 그 자리에 있지도 않은 사람을 흉보거나 비판하는 것이다. 타인의 스캔들을 화제로 삼는 것은 커다란 오해나 심각한 불행을 초래할 수도 있으므로 극히 조심해야 한다. 어떤 축하 모임이나 리셉션장에서 심각한 이야기를 해서 분위기를 흐리는 사람이 있다. 이것은 초상집에 가서 크리스마스 파티에 관한 이야기를 하는 것이 어울리지 않은 것과 같다. 성공적인 대화를 위해서는 그때 그때의 분위기나 장소에 맞추어 화제를 선택하는 지혜가 필요하다.[233]

9. 고객감동을 위한 실천방법

(내부)고객만족, 고객만족 경영, 고객을 감동시키는 방법 등등 누가 어디서 누구를 상대로 이야기하는가 또는 글을 쓰는가에 따라 동원되는 단어나 구에는 다소 차이는 있겠지만 천차만별의 다양한 기법이 제시될 수 있습니다.[234] 흔히 경영 특히 마케팅관련 학술교재나 경영관련 서적 등에서 다람쥐 쳇바퀴 돌듯 반복해서 "기업은 고객의 욕구를 만족시켜야 한다, 기업은 고객만족 경영을 펼쳐야 한다, 기업은 고객의 만족 전에 내부고객을 만족시켜야 한다"는 등의 원칙이나 전략 등이 수없이 기술되고 분석되고 있습니다. 하지만, 이론적인 상아탑내에서의 그러한 원리원칙들은 하루하루의 생계를 위해 다양한 분야에서 순간순간 일선의 고객과 상대하는 동네 점포나 길거리 가게에서 피부로 느끼는 고객 감

---

[233] http://name.netboo.net/board/board.php?board_file=view&board_name=f_card&l_no=1&u_no=8178(2010.4.30)
[234] gncinema 2006.06.15 03:36, 조회 28,145 고객 감동을 위한 실천적 방법의 검토

동에의 절박함과는 비교할 수 없을 것입니다. 오고가는 한사람 한사람의 고객을 놓치지 않으려고 온갖 지혜를 짜내어 몸으로 고객을 감동시킬려고 발버둥치는 소상인에게 고객감동은 글자 그대로 하루하루 생활의 존립과 직결되어 있기에, 여기서는 자유업 (주로 암시되는 내용은 음식업 분야에 한함) 분야에 있어서 현실적인 고객감동의 실천방법에 대해 몇마디 하고자 합니다.

　고객감동이라는 것 정말 사소한 배려(일전에 신문에도 게재되었듯이 한 장의 만원짜리 교통카드의 선물이 몇 억원의 예금으로 돌아오는 은행지점의 경우나 갑자기 비가와 식사를 이미 끝냈지만 식당을 나서지 못하고 있는 손님에게 우산 하나를 쑥 내밀며 미소짓는 가게 사장의 행동 등)나 말 한마디(안녕하세요, 어서 오십시오, 다시 와주셔서 감사합니다, 죄송합니다, 주의하겠습니다, 다시 준비하겠습니다, 바로 바꾸어 드리겠습니다 등등)를 적시에 실천함으로 정말 훈훈한 감동을 줄 뿐만 아니라 가게나 점포의 경영성과를 제고시키며 나아가 한 사람의 인생을 역전시켜 버릴 수도 있다는 것 우리 모두 잘 알고 이해하고 있습니다. 문제는 그런 점을 잘알고 이해할 수는 있지만 모든 가게에서나 모든 종사원들은 동일하게 적시에 제대로 실천을 하지 않고 또는 못하고 있다는 점입니다. 그러면 점포나 가게 또는 지점이나 대리점 점장이나 책임자들은 상당수가 자기의 경영/관리능력 부족을 탓하면서 어떻게 하면 같이 일하는 직원들이 모두 자기와 같이 생각하고 그것을 실천에 옮길 수 있을까 고민을 하게 됩니다. 그래서 행동이 제대로 실천되지 않는 직원을 불러 몇 번 얘기도 해보고 문제시되는 행동을 다시 시켜보기도 하고 다른 곳에서 이루어지고 있는 소위 모범사례들도 보여주기도 하지만 그래도 만족스럽게 실천되지 않는 경우가 허다하게 발생하고 있습니다.

　혹시나 하고 (이론, 실기 그리고 동영상 포함) 이론교육에서부터, (참관) 시범, 사례의 실전훈련, 모의실험, 서비스행위 포인트(즉 이러이러한 경우에는 이렇게 저렇게 하는 것이 좋다는 여러 가지 서비스/업무의 수행 측면에서의 체크 포인트)에 대한 각각의 객관적 평가, 암행감사/소위 말해 미스터리 쇼핑 제도, 웃음 바이러스 제도, fun management, 칭찬, 성과 보너스 및 승진에 이르기까지의 긍정적인 동기부여와 가벼운 충고, 팀 경고, 견책, 벌금, 재교육, 감봉, 전출 및 파면에 이르기까지의 벌칙성 마이너스 동기부여에 이르기까지 허다한 별의별 방법을 강구해보지만 역시나 이론에서처럼만큼 실천으로 잘 옮겨지지 않습니다. 사람은 어느 정도 태생적이고 거의 습관적인 행동관습을 갖고 있는 것 같습니다. 다시 말씀드려 그러한 고객감동관련 행위나 서비스의 무의식적 실천에는 사람이 그러한 행위에 관한 마인드 (쉽게 말해 정신자세)부터 제대로 갖춰지지 않는 한 이론적으로 우수하고 흠잡을 데 없는 교육이나 당근 등으로 아무리 뭐라고 한들 한계가 있는 것같다는 것입니다.

예를 하나 들겠습니다. 보통의 가정의 경우에 사용하고 있는 화장실을 한번 생각해 보겠습니다. 누구나 '화장실을 깨끗하게 사용해야 한다'는 것쯤은 어린이라도 알고 있습니다. '화장실 볼일을 보고나면 물을 내리고 머리를 감거나 샤워를 했으면 끝나고 나올 때 욕실과 화장실의 바닥을 깨끗이 하여 다음 사람이 사용하는 데 좋은 느낌을 갖도록 해야 한다', 남성의 경우 '면도를 한 경우 깎인 잔수염이 바닥이나 세면대에 남겨져 있지 않도록 면도를 끝내고 깨끗한지의 여부를 확인한다' 는 등등. 이러한 사항은 어린이인 경우를 제외하고는 나이가 어느 정도 들면 저절로 터득하게 되는 사회화의 과정이죠. 하지만 생각해 보십시오. 모든 가정이 그렇게 깨끗합니까, 가족이 많은 경우 한 두명 꼭 뒷마무리가 좋지 않은 경우가 있을 수 있습니다. (물론 모든 가정이 다 그렇게 되기를 바라는 것은 물론 아닙니다.)

어린 시절인 경우는 대부분 부모가 나이가 어려서 그렇겠지하고 뒷마무리를 하죠. 그리고 때때로 그렇게 하지 말라고 충고도 하죠. 그러면서 성장하지만 거의 성인이 된 이후에도 그러한 행동에 별 개선이 보이지 않는다면 어떻게 하십니까? 말 한마디로 다음 날부터 당장 고쳐지겠습니까? 물론 그 때부터는 충고의 강도가 높아지고 벌칙성 제재가 가해지기도 하죠. 그러한 행동이 물론 결혼 후에도 이어질 경우 상당히 심각한 경우에까지 발전하기도 하죠. 가게나 점포의 경우도 다를 바 없다고 생각합니다. 가게나 점포에 손님이 오는 경우 누구나 다 모두 일어서서 제대로 마음에서 우러나오는 듯 매번 웃으면서 인사합니까? 고객이 벗어 놓은 신발이나 놓아둔 우산 등이 제대로 짝지워지지 않았거나 세워지지 않은 경우 그때마다 정리, 정돈 및 정렬해 놓고 모두 다음 행동에 들어갑니까? 고객에게 처음 서빙된 읽을거리/소일거리나 반찬을 추가로 요청하기 전에 알아서 미리미리 다음 읽을거리를 제공하거나 추가 반찬이나 물을 드립니까? 그것도 살포시 미소를 지으면서. 고객이 이용하는 화장실을 시도 때도없이 들락거리며 불편사항이 없나 또는 불결하지는 않는가를 시키지도 않는데 즐겁게 체크합니까? 고객이 음식을 취하면서 또는 서비스를 이용하면서 느낀 불편사항으로 인해 언성이 높아지거나 행동이 과격해지는 경우 전체 점포나 가게의 분위기를 어색하게 하지 않고 무난하게 처리하는 방안을 제대로 알고는 있는지? 어린이가 장난치다 무심결에 숟가락이나 젓가락을 떨어뜨린 경우 부모가 뭐라고 하기 전에 다른 숟가락이나 젓가락으로 바꿔줍니까? 가게나 점포의 바닥이 물기로 인해 미끄러질 가능성이 있는 경우 고객 알게 모르게 바닥을 깨끗이 닦는 센스가 있는지? 손님이 무심결에 음식을 잘못 집어 손이 더러워진 경우 재빨리 그리고 슬쩍 물수건이나 물티슈를 즉시 건넬 수 있는가? 겨울의 경우 손님 알게 모르게 그릇이나 자리를 따뜻하게 데워 놓을 수 있는 센스가 있는지? 물론 여름의 경우는 반대의 복안이 있는지? 비가 올 때 어떻게 하면 손님이 비를 맞지 않고 가게에 들어오게 할 수 있는지? 가게에 손님이 많아 더 이상 손님을 받을 수 없을 때 뒤늦게 오신 손님을 지루하지 않게 하면서 계속해서 기다리게 할 수 있는지? 생각하면 할수록 조그마한 행동이나 배려로 우리 가게나 점포에 온 손님을 감동시킬 수 있는 방안은 인위적인 매뉴얼에도 없지만 무궁무진합니다. 위에서 서비스 또는 업무수행 체크 포인트라고 언급했지만, 모든 체크 포인트를 사전에 일일이 알 수도 없을 뿐만 아니라 고객의 진정한 감동에는 서비스를 제공하는 측보다는 그러한 서비스를 제공받는 측에서의 느낌이나 생각이 훨씬 더 크게 작용하기 때문에 사전에 어떠어떠한 점에 대한 서비스를 중요시하라고 강조하는 것도 중요하지만 미리 예단하기보다는 상황과 타이밍에 맞는 직원의 임기응변이 훨씬 더 다양하고 창의적인 서비스 감동요소를 창출하지 않을까 생각합니다. 문제는 모든 가게 주인이나 점포장들은 그러한 방안들을 모두 생각해 낼 수 없다는 것이고 또 설령 생각해 낸다해도 모든 종업원들이 자발적으로 그러한 아이디어를 일일이 실천에 옮긴다는 보장이 없다는 것이죠. 거창하게 지식벤치마킹이나 지식경영 등을 들먹일 필요도 없이 위에서도 언급한 것처럼 근본적으로 그러한 고객관련 행위나 서비스의 무의식적 실천에는 그러한 행위에 관한 습관적인 마인드 (쉽게 말해 정신 자세)부터 갖춰지지 않는 한 아무리 이론적으로 우수하고 흠잡을 데 없는 교육이나 당근으로 뭐라고 한들 지속적 면에서 한계가 있다는 것입니다. 물론 가장 좋은 방안은 스스로 알아서 그러한 행동을 실천에 옮길 수 있는 사람을 채용할 수 있으면 그게 가장 좋은 것이죠. 즉, 스스로 보고 느껴서, 스스로 정돈되지 못하거나 깨끗하지 못한 것을 보고 참지 못해서, 좀 바꿔야겠다는 상황이 눈에 들어와서, 그대로 내버려두면 신경이 쓰여서, 어떤 행동을 취하지 않으면 뒤가 꺼림칙하게 생각되어서, 무엇인가 확실하게 끝내지 못한 느낌이 들게되어 스스로 자발적인 어떤 행동을 취하는 직원의 발견과 고용이 최선의 방법이죠. 물론 현실은 그러한 경우보다 그렇지 못한 경우가 훨씬 더 많죠. 그래서 인력자원의 관리라는 거창한 명분이 필요하구요.

 네번째 단락에서 나열한 것처럼 가게나 점포의 재정과 시간이 허락하는 한 다양한 방법을 활용할 필요가 있지만, 현실적인 가게 경영이나 영세점포 경영은 정해진 기간내에 상당한 성과를 가져오지 못하면 가게나 점포의 성장 발전은 커녕 생존을 보장할 수 없다는 데 절박함이 더 있습니다. 그렇기 때문에 인적자원의 선발과 관리 및 발전이라는 측면중에서 우선은 선발 측면에 무게를 둘 필요가 있습니다.

첫째, 고객감동의 측면에서 고려한 직원의 선발에는 아무래도 업무나 서비스의 특성에 따라 적합한 성격이나 태도 및 라이프 스타일을 포함한 사회화 과정의 track 등을 심리 전문가나 행동과학 전문가의 도움(즉 그들이 개발해 인력선발에 활용할 수 있는 체크리스트나 간단한 문제를 종업원 선발에 활용)을 받아 체계적으로 살필 필요가 있습니다.

둘째, 선발한 인력에 대해서 학습 행동과 자각 행동에 대한 업무관련 리스트 또는 고객만족 리스트를 만들어 개량/개선의 정도를 어느 정도의 기간(예를 들면 3-6개월)을 두고 파악해 고용관계의 연속 등을 결정하도록 합니다.

셋째, 위의 어느 정도의 기간동안 직원의 수가 상대적으로 많은 경우 직원을 성과 뿐만 아니라 고객감동의 측면에서 직원을 3-4등급으로 분류해 1-2등급은 추가교육이나 훈련없이 고용의 연속성을 이어가게 하고 3등급은 유예기간을 주는 등급(예를 들면 향후 1-2개월 이내에 1-2등급으로 향상하지 못하면 4등급으로 전락), 그리고 4등급은 교체 대상 등급으로 분류해 업무의 연속성과 충원의 연속성이 동시에 이루어지게 하는 방법 등을 생각해 볼 수 있습니다. 직원의 선발과 관리 및 발전 측면이나 직원의 직무 또는 서비스 향상을 위한 교육 등을 시시콜콜 따지고 있을 시간적 및 재정적인 여유가 영세점포 및 가게 관리자에게 없습니다.

그렇기 때문에 엄연한 현실을 감안한 그들에게 아마도 최선의 방법은 가족이나 가장 마음에 맞는 지인 또는 친척을 동원한 동업이거나 극소수의 인원을 비공개로 선발해 내부에서 성장시켜 가게나 점포를 계속해서 이어가게 하는 방법을 통한 인력양성이 아마도 그들에게는 가장 합당한지도 모르겠습니다. 결론적으로, 개인적으로 생각하는 고객감동을 위한 실천방법에는 체계적이고 인위적인 고객감동을 위한 계획의 실천도 물론 중요하지만 좀더 민첩하고 상황적응적이며 창의적이고 차별적인 개인적인 성격이나 태생적인 자질에서 우러나오는 자발적인 행위의 실천에서 좀더 고객감동이 진하게 묻어나오지 않을까 생각합니다.[235]

10. 몰랐던 자신의 끼를 발견

어릴적 노래가 너무 좋아~ 중학교, 고등학교 때 맨날 카세트에 이어폰만 꽂고 살았던 저~ 그때까지는 발라드, 댄스가 유행하던 시절이라~ 그런 노래들만 좋아라 했습니다![236] 그러던 중 우연히 에미넴, 드렁큰타이거 같은 힙합음악을 접한 이후 랩에 서서히 빠지게 되었답니다. 그래서 혼자 프리스타일도 하공~ 노래방에 가서 힙합만 부르며 산답니다.

32살이 다 된 지금도 아웃사이더에 외톨이 그 속사포 랩 등을 들으면서 신나게 힙합을 즐기고 산답니다! 아무래도 평생 이러고 살꺼 같아요.^^ 초등학교 때 아마도 피구에 미쳤던 일, 피구의 재미에 빠져 날이 어두어지는 줄 모르고 계속 뛰어놀았던 일, 너무나도 즐겁고도 신났던 시간이었던 것 같네요.

그림을 그릴 때요..... 손재주는 엄청 없는데, 그림을 그릴 때면 아주 신명이 난답니다. 제가 음악을 무척이나 좋아하는데요.. 이전에.. 음악감상실을 무척이나 애용하던 때가 떠오르네요.. 친구를 만나도 항상 음악감상실.. 재미있던 그때가 생각이 나네요.,. 친구야 좋든 말든.. 나는 음악감상실로 고고~ ㅎ^^[237]

직원들간의 친목도모를 위해서라지만 정말 가기 싫은데 질질 끌려갔

---

235) http://kin.naver.com/open100/detail.nhn?d1id=4&dirId=40401&docId=368585&qb=KOqwkOuPmeydhCDso7zripQg7Lmt7LCs6riw67KVKQ==&enc=utf8&section=kin&rank=4&sort=0&spq=0&pid=f9o10B331yCssbR1Lu8ssv--402136&sid=S9o10mIQ2ksAAGU1Ebs(2010.4.30)
236) 몰랐던 자신의 끼를 발견하고 느낌이 끌리는데로 신나게 즐겨본 경험이 있다면? kocosang 답변채택률 0% 2010.02.05 21:03
237) smallgirl3 시민 채택 0 (0%)

던 회사직원끼리 캠핑… 정말 분위기도 죽상에 그냥 이것저것 시키는대로 고등학교 시절 수련회 프로그램을 하고 있는 기분이었는데 어색한 분위기도 깰 겸 서바이벌 게임을 하게 되었는데, 평상시 약올렸던 동료직원 한번 맞추면 좋겠다~ 하고 조준하고 쏘는데 생각보다 제가 총을 잘 쏘더라구요~ 그 날 실수인 척 하면서 새로 사입고 왔다는 비싼 청바지, 풀메이크업한 얼굴, 정확히 과장님 머리위에 페이트탄 맞추고 제가 안한 척 했던 즐거웠던 경험~ 덕분에 약간의 돈 여유가 생기면 사격장갑니다. 요즘엔 끼있는 사람이 많아서 감히 명함을 내밀 입장은 아니지만서도… 그래도 개인적으로 신나게 즐겼던 경험을 하나 얘기하자면, 어릴적 친구들과 DDR이라고 하는 오락을 신나게 춤추며 즐겼던 정도[238)239)240)]

11. 오늘의 목표와 다짐

나는 누구인가/나의 가치와 원칙/운명을 좌우하는 3가지 결단/직업 사명서/개인 사명서/2010년 10대목표를 실행하기 위해 24시간 이내에 내가 실천해야 할 구체적인 행동은 무엇인가?

나는 내 몸과 완전한 래포를 형성하는 사람이다. 나는 내 신체와 완전한 래포를 형성하기 위해 아래의 행동원칙을 실천한다.

1) 균형있는 영양분을 섭취한다.
2) 모든 순간 순간을 즐긴다.
3) 걷기명상을 실천한다.
4) 충분한 휴식을 취한다.
5) 매일 2리터의 물을 마신다.

---

238) hhs009309 시민 채택 0 (0%)
239) http://kin.naver.com/qna/detail.nhn?d1id=3&dirId=303&docId=103922582&qb=KOqwkOuPmeydhCDso7zripQg7Lmt7LCs6riw67KVKQ==&enc=utf8&section=kin&rank=5&sort=0&spq=0&pid=f9o10B331yCssbR1Lu8ssv--402136&sid=S9o10mIQ2ksAAGU1Ebs(2010.4.30)
240) http://zoar.co.kr

6) 복식호흡훈련을 실천한다.

7) NLP 바디스캔을 실천한다.

8) 자기최면유도.

정신:

나는 죽을 때까지 배우면서 성장하는 사람이다.

나는 나의 마음과 완전한 래포를 형성하는 사람이다.

나는 나의 온몸에 엔엘피(NLP)가 흐르는 NLP의 역할모델이다.

나는 죽을 때까지 배우고 성장하면서 나의 마음과 완전한 래포를 형성하기 위해 아래의 행동원칙을 실천한다.

1) NLP와 성공학책을 습관적으로 읽는다.

2) NLP와 시각화를 실천한다.

3) 감동과 열정이 넘치는 동기부여 강의를 한다.

사회/감성:

나는 JCST 대표 참만남 촉진자이다.

나는 무조건적인 긍정적 존중, 공감적 이해, 그리고 진실성을 실천하는 인간중심의 상담가이다.

나는 만나는 모든 사람들에게 힘을 주는 NLP 동기부여가이다.

나는 사랑이 넘치는 인간중심의 상담가이자, 힘을 주는 동기부여가로서 아래의 행동원칙을 실천한다.

1) 평가와 판단이 없는 무조건적인 수용·존중·사랑을 실천한다.

2) 공감적 이해를 실천한다.

3) 진실성·일치성을 토대로 모든 사람들과 내면과 내면의 참만남을 갖는다.

4) 미인대칭격기(미소·인사·대화·칭찬·격려·기대)를 실천한다.

5) 긍정의 언어를 통한 에너지를 전파한다.

6) 시각·청각·신체감각의 오감언어를 자유롭게 구사한다.

7) NLP 관점바꾸기와 S.O.M화법 그리고 양자 언어를 자유롭게 구사

한다.

 8) 래포의 달인이 된다.

영적:

나는 나 자신을 아무 조건없이 있는 그대로 완전히 사랑하는 자기사랑의 역할모델이다. 나는 문제를 뛰어넘어 위대함을 실현하는 자아실현가이다.

나는 나 개인을 뛰어넘어 온 세상에 위대함을 일깨우는 위대한 Awakener이다.

나는 문제를 뛰어넘어 위대함을 실현하는 자아실현가로서 나 자신을 아무 조건없이 있는 그대로 완전히 사랑하기 위해 아래의 JCST 자아강화시스템을 철저하게 실천한다.

 1) JCST 변화촉진의 환경에 들어와서 모든 프로그램을 감동과 열정으로 진행한다.
 2) 긍정문을 낭독한다(두루마리 낭독, 명언집 낭독).
 3) 긍정적인 셀프토크를 한다.
 4) NLP & 시각화를 실천한다.
 5) 성공학책 & NLP 관련책을 탐독한다.
 6) 성공목록 & 감사목록을 작성한다.
 7) NLP파워질문을 실천한다.
 8) 미션.비전.목표관리를 철저하게 한다.
 9) NLP 리프레임을 실천한다.
 10) 신문사설을 카페에 올리고 낭독한다.
 11) JCST 자아강화시스템을 가르친다.
 12) NLP 오감언어를 실천한다.
 13) NLP 양자언어를 실천한다.

가정:

나는 집안을 빛낸 위대한 인물이다.

나는 아무 조건없는 사랑을 실천하는 사랑이 넘치는 가장이다.

나는 아무 조건없는 사랑을 실천하는 사랑이 넘치는 가장이자, 집안을 빛내는 위대한 인물로서 아래의 행동원칙을 실천한다.

1) 대화와 소통의 시간
2) 풍요로운 가정환경조성
3) 어머니께 안부전화 드리기
4) 자녀들에게 편안한 친구되어 주기
5) 모든 것을 긍정적으로 바라보기
6) 무조건적인 사랑과 공감적 이해
7) 진실성과 일치성

직업 :

나는 JCST 대표 트레이너이다. 나는 JCST 대표 트레이너로서 JCST 자아강화시스템을 철저하게 전수해서 모든 분들이 원하는 것 중심의 인생을 살 수 있도록 강하게 동기부여한다. 스피치 N석세스 세미나를 감동과 열정으로 진행하여 모든 변화촉진자님들에게 자신을 아무 조건없이 있는 그대로 완전히 사랑하도록 돕는다. 특히 처음 센터를 방문해서 상담을 하는 분들에게 무조건적인 수용과 공감적 이해를 바탕으로 아픈 상처를 빠르게 치유할 수 있도록 인간중심의 상담을 제공한다.

1) 월요일 저녁6시30분부터 스피치 & 발표불안/긴장떨림 극복세미나
2) 수요일 저녁6시30분부터 스피치 & 내면자아 강화세미나
3) 금요일 저녁6시30분부터 스피치 & 프리젠테이션 세미나
4) 토요일 오후1시부터 5시까지 동기부여 명강사 트레이닝
5) 일요일 오전10시부터 저녁6시까지 스피치 & 석세스 세미나
6) 수요일 오후3시 선거연설 개인지도
7) 화목 오후2시부터 여성행복스피치 강좌
    (오행자트레이너와 함께)

12. '자기사랑' 강연, 여성행복스피치 강좌

〈직업 1〉

나는 대한민국 최고의 NLP 동기부여가이자 국제공인 NLP 트레이너이다. 나는 NLP를 가장 빠르게 대중화시키는 대한민국 최고의 NLP 동기부여가이자 국제공인 NLP 트레이너로서 NLP 자격과정 세미나를 사랑과 감동으로 진행하여 나 스스로 나의 온 몸에 NLP가 흐로도록 하는 것은 물론이고 모든 NLPer님들에게 온몸에 NLP가 흐를 수 있도록 강력한 변화의 힘을 전파한다. 또한 발표불안과 긴장.떨림과 같은 심리적 문제를 말끔히 치료하여 완전한 마음의 평화를 이룰 수 있도록 돕는다.

NLP 백과사전을 통독하여 최고의 NLP 전문가로 성장하는 것 또한 오늘 내가 실천해야 할 아주 중요한 과제이다.[241]

   (1) 화요일 저녁6시30분 국제공인 NLP 프랙티셔너 심리치료 핵심과정 세미나
   (2) 목요일 저녁6시30분 국제공인 NLP 프랙티셔너 커뮤니케이션 핵심과정 세미나
   (3) 토요일 저녁6시 국제공인 NLP 마스터 프랙티셔너 자격과정 세미나
   (4) 일요일 저녁6시30분 국제공인 NLP 프랙티셔너 자격과정 세미나
   (5) NLP 트레이너들의 모임

NLP 백과사전 탐독하기

NLP 마스터과정 강의준비하기(NLP 백과사전 Strategies)

저녁6시30분 국제공인 NLP 프랙티셔너 커뮤니케이션 핵심과정 세미나

〈직업 2〉

나는 변화성공학 연구가이자 저술가이다. 나는 힘을 주는 동기부여가로서 JCST센터를 찾아 오는 모든 분들에게 강한 긍정의 에너지와 열정

---

[241] 4월28일 수요일 오후1시 한희정선생님 주관 마약중독자 대상 '자기사랑'강연, 오후2시부터 여성행복스피치 강좌, 오행자트레이너와 함께

을 전파하여 삶의 활력소를 제공한다.
　(1) 명언집 낭독
　(2) 메타포 수집
　(3) 동기부여 명강사를 위한 강의기법 연구
　(4) 성공학책 읽고 정리하기
　완벽한 프레젠테이션 강의기법 연구
〈직업 3〉
　나는 사랑이 넘치는 최면상담심리치료사이다. 나는 칼 로저스의 인간중심 상담과 밀턴 에릭슨의 대화최면을 결합한 사랑이 넘치는 최면상담심리치료사로서 오늘 센터에 오는 모든 분들에게 단지 대화를 하는 것만으로도 부정적인 마음의 파동을 삭제하고 긍정적이고 미래지향적인 마음의 파동을 전파한다.
　(1) 최면과 최면치료 강의노트 준비하기
　(2) 시간선치료를 통한 부정적 정서 & 제한적 신념 제거하기
　최면과 최면치료 자료읽고 정리하기
　에릭슨 최면 연구
〈직업 4〉
　나는 대한민국 최초의 On-line 변화촉진자이다. 나는 대한민국 최초의 On-line 변화촉진자로서 JCST 카페를 방문하는 모든 변화가족님들에게 강한 긍정적 에너지 파동을 전하기 위해 카페 게시판관리를 철저하게 한다. 특히 나의 영혼의 에너지를 담아서 JCST 자아강화시스템을 행동으로 실천하는 변화모델이 되고 변화가족님들이 JCST 자아강화시스템을 통해 크게 변화할 수 있도록 사랑과 헌신의 마음으로 변화를 촉진시킨다.
　1) 신문사설 올리기
　2) 힘을 주는 명언 올리기
　3) 힘을 주는 글 이메일 발송

4) 강의동영상 올리기
5) 테마별 카페게시판 글올리기
〈재정〉
나는 미션을 실현하는데 있어서 완벽한 재정적 자유인이다.
센터 홍보
- 온라인 광고점검
- 오프라인 광고(플래카드 및 전단지)
센터창문 플래카드 제작(무료청강 안내 및 여성행복 스피치 모집)
카페 활성화 작업
센터창문 플래카드 제작(무료청강 안내 및 여성행복 스피치 모집)
여가/봉사/공헌
나는 세계 최초로 변화촉진의 환경을 종교적인 수준으로 대중화시키는 위대한 변화촉진자이다.
[10대 목표]
1. 나는 JCST 지역센터를 1개 이상 설립한다.
2. 국제공인 NLP 프랙티셔너 세미나를 5회 이상 성공적으로 운영한다.
3. 국제공인 NLP 마스터 세미나를 2회 이상 성공적으로 운영한다.
4. JCST 동기부여 명강사 자격과정 세미나를 성공적으로 운영한다.
5. JCST 여성행복 스피치 세미나를 성공적으로 운영한다.
6. JCST 스피치 & 석세스 세미나를 10회 이상 성공적으로 운영한다.
7. '당신 자신의 위대함을 실현하라'책을 출판하여 베스트셀러로 만든다.
8. JCST 기업교육 컨설팅 회사를 설립해서 성공적으로 운영한다.
9. JCST 어린이 리더십 프로그램을 성공적으로 운영한다.
10. 'NLP 성공프로그래밍'이라는 책을 출판하여 베스트셀러로 만든다.
[개인 사명서]
신체: 나는 나의 신체와 완전한 래포를 형성하는 사람이다.
정신: 나는 죽을때까지 배우면서 성장하는 사람이다.

나는 나의 마음과 완전한 래포를 형성하는 사람이다.
나는 나의 온몸에 엔엘피(NLP)가 흐르는 NLP의 역할모델이다.
나는 정동진에 뜨는 태양처럼 동방의 햇불과 같이 변화와 자아실현의 선구자이다.

사회/감성: 나는 무조건적인 긍정적 존중, 공감적 이해 그리고 진실성을 실천하는 인간중심의 상담가이다.
나는 만나는 모든 사람들에게 힘을 주는 NLP 동기부여가이다.

영적: 나는 나 자신을 아무 조건없이 있는 그대로 완전히 사랑하는 자기사랑의 역할모델이다.
나는 문제를 뛰어넘어 위대함을 실현하는 자아실현가이다.
나는 나 개인을 뛰어넘어 온 세상에 위대함을 일깨우는 위대한 Awakener이다.

가정: 나는 집안을 빛낸 위대한 인물이다.

직업: 나는 대한민국 최고의 변화코치이다.
나는 대한민국 최고의 NLP 동기부여가이다.
나는 대한민국 대표 변화성공 트레이너이다.
나는 JCST 대표 트레이너이다.
나는 JCST 제1호 동기부여 명강사이다.
나는 대한민국 제1호 아침형인간 트레이너이다.
나는 NLP를 가장 빠르게 대중화시키는 국제공인 NLP 트레이너이다.
나는 대한민국 최초의 On-line 변화촉진자이다.

[직업 사명서-1]
나는 대한민국 최초로 스피치, NLP, 성공학, 그리고 종교적인 환경을 통합시켜 내면과 외면을 완벽하게 통합적으로 변화시키는 JCST 대표 변화코치로서, 진정한 변화와 자아실현을 원하는 모든 사람들에게 자기자

신을 아무 조건없이 있는 그대로 완전히 사랑하고, 문제를 뛰어넘어 개인의 위대함을 실현하도록 도움을 주기 위하여, JCST 대표 트레이너, 변화코치, NLP 트레이너, 최면상담심리치료사 그리고 NLP 동기부여가로 활동하면서 대한민국 최초로 종교적인 수준으로 변화촉진의 환경을 대중화시킨 위대한 Awakener로 성장해 나간다.

[직업 사명서-2]

나의 미션은 JCST 대표 트레이너, 변화코치, NLP트레이너, 최면상담심리치료사, 그리고 NLP 동기부여가의 다양한 역할을 통해서 진정한 변화와 자아실현을 원하는 모든 사람들에게 자기 자신을 아무 조건없이 있는 그대로 완전히 사랑하고 문제를 뛰어넘어 위대함을 실현하도록 돕는 것이다.

비전 로드맵

(1) 비전을 설정한다.

"자신이 속한 더 큰 공동체 시스템을 위한 궁극의 비전은 무엇인가?"
전세계적으로 JCST시스템을 종교적인 수준으로 대중화시킨다.

(2) 미션을 수립한다.

"나는 누구인가?(나를 은유와 메타포로 표현한다면?)"

"비전과 결부된 나의 역할, 정체성, 그리고 임무와 미션은 무엇인가?"

나는 정동진에 뜨는 태양이다.

나는 동방의 횃불이다.

나는 충전기이다.

나는 발전소이다.

나의 미션은 JCST 대표 트레이너, 변화코치, NLP트레이너, 최면상담심리치료사, 그리고 NLP 동기부여가의 다양한 역할을 통해서 진정한 변화와 자아실현을 원하는 모든 사람들에게 자기 자신을 아무 조건없이 있는 그대로 완전히 사랑하고 문제를 뛰어넘어 위대함을 실현하도록 돕는 것이다.

(3) 신념을 확립한다.

"자신의 비전과 미션에서 표명하고 추구하는 가치와 신념은 무엇인가?"

- (가) 위대한 사람은 태어나는 것이 아니라 선택과 훈련에 의해서 만들어지는 것이다.
- (나) 우리에게는 위대함을 실현하는데 필요한 모든 자원이 이미 있다.
- (다) 누군가가 할 수 있다면 우리도 할 수 있다.
- (라) 우리는 우리 자신을 아무 조건없이 있는 그대로 완전히 사랑함으로써 문제를 뛰어 넘어 위대함을 실현할 수 있다.
- (마) 우리 자신을 아무 조건없이 완전히 사랑하기 위해서는 변화촉진의 환경에 들어와서 자아강화시스템에 플러그인되어야 한다. 변화촉진의 환경이란 평가와 판단이 없는 무조건적인 긍정적인 수용과 존중, 공감적 이해 그리고 내면과 내면의 참만남이 이루어져야 한다.
- (바) 우리는 문제를 뛰어넘고, 개인을 뛰어넘어 위대함을 실현함으로써 우리 개인으로서는 최고의 행복한 삶을 살고, 다른 사람들에게는 가장 크게 베푸는 삶을 살면서 이 세상을 위해 위대한 공헌을 해야 할 책임과 의무가 있다.

(4) 전략을 수립한다.

"자신의 비전과 미션을 표명하기 위해 어떤 능력을 갖추어야 하는가?" "어떻게 자신의 미션을 달성할 것인가?" "비전과 미션을 달성하기 위해 어떤 능력과 인지과정이 필요한가?"

- (1) 브라이언 트레이시, 앤서니 라빈스, 그리고 스티븐 코비를 결합한 최고의 변화와 성공학의 전문가로 성장한다.
- (2) 예수님이 황무지땅에서 믿음의 환경을 구축한 것처럼 변화촉진의 환경을 구축하기 위한 변화의 선구자이자 변화촉진자로서 사명감을 갖는다.

(3) NLP를 가장 쉽고 재미있게 강의하는 대한민국 최고의 NLP 동기부여가로서의 자질함양 뿐만 아니라 NLP를 통해 가장 빠르고 완벽하게 심리치료를 하는 최고의 NLP 심리치료사로서의 전문성을 키운다.
(4) 칼 로저스의 인간중심의 상담 뿐만 아니라 밀턴 에릭슨의 대화최면을 통합한 최면상담가로서의 전문성을 키운다.
(5) 대한민국 최고의 변화코치이자 코칭 트레이너로 성장한다.
(5) 행동계획을 작성한다.

"비전과 미션을 달성하며 능력을 발휘하는 동시에 추구하는 신념과 가치에 부합하는 구체적인 행동은 무엇인가?" "자신의 비전과 미션을 실현하기 위한 구체적인 프로젝트와 계획안은?"

(1) 스피치 NLP석세스-JCST 세미나를 진행한다.
(2) 국제공인 NLP 자격과정 세미나를 진행한다.
(3) 전국 각 대도시에 JCST 센터를 설립한다(인천/부천, 서울강남, 수원/분당, 일산/의정부, 대전/충청, 대구/경북, 부산/경남, 광주/전라...).
(4) JCST 다음카페 회원수를 최소한 100만명 이상으로 늘린다.
(5) JCST 케이블 방송사를 설립하여 운영한다.
(6) JCST 출판사를 설립하여 운영한다.
(7) JCST 기업교육컨설팅회사를 설립하여 성공적으로 운영한다.
(8) JCST 어린이 리더십 프로그램을 각 학교와 학원에 위탁교육으로 강사양성 보급시스템을 운영한다.
(9) JCST 청소년 드림센터 설립 및 운영

(6) 환경적 맥락을 갖는다.

"언제, 어디서, 누구와 함께 비전과 미션을 위한 구체적 행동을 추진할 것인가?" 지금 당장 JCST 센터에서 동기부여 명강사 트레이너에 참가하는 진정한 변화와 자아실현을 원하는 변화촉진자 여러분들과 함께

[운명을 좌우하는 세가지 결단을 위한 질문]

(1) 죽을 때까지 어디에 관심을 둘 것인가?

내가 관심을 갖고 있는 분야는 과거의 불우한 성장환경으로 인해 자신감이 부족하고 꿈을 잃어 버리고 문제에 집착해 있는 사람들에게 자기 자신을 아무 조건없이 있는 그대로 사랑하고, 문제를 뛰어넘어 개인의 위대함을 실현하도록 도움을 주는 변화촉진의 환경을 구축하는 것이다.

(2) 그것이 내게 무엇을 의미하는가?

그것이 내게 의미하는 것은 나를 위대한 변화촉진자로 성장시키고, 가장 성공적인 인생을 살도록 하는 것은 물론이고, 이 대한민국 사회에 있어서 나로 인해서 가장 큰 공헌을 하는 것을 의미한다.

(3) 원하는 결과를 얻기 위해 무엇을 할 것인가?

이러한 원하는 결과를 얻기 위해서 나는 앤서니 라빈스, 브라이언 트레이시, 그리고 스티븐 코비를 결합한 최고의 변화성공 전문가로 성장해야 한다. 또한 대한민국 최고의 NLP 동기부여가이자 NLP 트레이너로 성장할 것이며, 칼 로저스와 밀턴 에릭슨을 결합한 대한민국 최고의 최면상담사로 성장할 것이다. 그리고 예수님과 같은 사명으로 변화촉진의 환경을 구축하기 위해 각 지역별로 정동문 변화성공센터를 설립하여 교회를 다니는 것처럼 센터에서 훈련할 수 있는 변화촉진의 환경을 조성해야 한다. 이러한 환경은 무조건적인 긍정적 존중과 공감적 이해를 바탕으로 내면과 내면의 참만남이 가능해야 하며, 이를 위해서 나와 뜻을 같이 하는 수많은 변화촉진자를 양성배출할 것이다.

[내가 추구하는 가치와 원칙]

당신의 인생에서 가장 소중한 것이 무엇인가? 그리고 그것이 충족되기 위해서는 어떤 원칙이 충족되어야 하는가? 그 다음으로 소중한 것은 무엇인가? 그리고 그것이 충족되기 위해서는 어떤 원칙이 충족되어야 하는가? 이와같은 방식으로 10순위까지 가치와 원칙을 찾아서 기록하라.

순위

가치
원칙
1순위

자아실현: 내가 생각하는 자아실현이란 개인적으로 변화와 성공학 분야에서 최고의 인물로 성장하는 것과 나 자신을 뛰어넘어 이 세상을 위해 위대한 공헌을 하는 것을 의미한다. 문제를 뛰어넘고 개인을 뛰어넘어 위대함을 실현해야 한다는 것이 나의 기본 신념이다.

2순위

성취와 업적: 나는 이 세상에 우연히 태어난 것이 아니다. 어떤 위대한 업적을 남기기 위해서 태어났다. 내가 남기고자 하는 업적은 종교에 버금가는 수준으로 변화촉진의 환경을 대중화시키는 것이다. 변화촉진의 환경이란 무조건적인 존중, 공감적 이해, 내면과 외면의 참만남이 보장된 인간관계를 바탕으로 우리 자신을 아무 조건없이 있는 그대로 완전히 사랑하도록 도와줌으로써 문제를 뛰어넘어 위대함을 실현하도록 지지하고 후원하는 환경을 의미한다.

3순위

가족의 행복: 나는 나의 가족을 내 몸처럼 아끼고 사랑하는 사람이다. 훌륭한 가장이 되는 것은 나의 행복과 성공에 있어서 대단히 중요하다.

조건없는 사랑, 친구와 같은 편안함, 재정적인 자유가 보장된 풍요로운 삶 그리고 모든 가능성이 보장된 가정의 환경을 만드는 것이 가족의 행복을 이루는 비결이라고 생각한다. 나로 인해 나의 가족들은 행복을 보장받아야 한다. 어떠한 성취와 업적도 가족의 희생을 담보로 이루어져서는 안된다. 반드시 가족의 행복을 바탕으로 모든 성취와 업적이 가능해야 한다.

4순위

사랑과 나눔: 나는 변화와 성공을 원하는 모든 사람들을 사랑하는 사람이다. 사람이 가장 위대한 자산이라는 믿음을 갖고 있다. 사람과의 관

계를 통해 모든 사람들이 변화와 성장을 할 수 있는 변화촉진의 환경을 구축하는 것이 나의 사명이다.

5순위

배움과 성장: 나는 죽을 때까지 배우고 성장하는 사람이다. 나의 수입의 10%는 나 자신의 배움과 성장을 위해 투자를 한다. 항상 책을 읽고, 강의준비를 하고, 필요한 것이 있으면 무엇이든지 배운다.

6순위

재정적 자유: 나는 돈에 관계없이 나의 사명을 실현해 나가는 사람이다. 돈을 초월해서 내가 좋아하고 가치있다고 생각하는 일을 하기 위해서는 재정적인 자유가 소중하다. 또한 나는 내가 좋아하고 가치있는 일을 하면서 재정적인 자유를 이루는 것이 쉬워진다고 믿는 사람이다. 재정적인 자유는 가정의 행복에 근원적인 힘이 되며 배움과 성장을 통해 사명을 실현해 나가는 에너지원이 된다고 생각한다.

7순위

유능함: 나는 변화와 성공분야에서 최고의 전문가로 성장함으로써 유능함을 느낀다. 나는 대한민국 최고의 변화코치이고, 대한민국 최고의 NLP 동기부여가이며 모든 사람의 위대함을 일깨우는 위대한 Awakener이다. 나의 분야에 유능해지는 것은 재정적인 자유를 가능하게 한다.

8순위

열정: 나는 변화코치라는 직업을 사랑한다. 누군가를 변화시키는 일을 아주 좋아하고 동기부여 강의를 할 때 살아있다는 기분을 느낀다.

이와같이 나의 분야에서 열정을 다할 때 나는 최고의 변화코치로서 유능함을 갖출 수 있다.

9순위

즐거움: 나는 인생의 모든 순간을 즐기는 사람이다. 나에게 일어나는 모든 일을 즐거운 마음으로 바라보는 사람이다. 즐거운 마음으로 일을 하는 것은 일에 대한 열정을 갖게 한다.

10순위

자기 사랑: 나는 나 자신을 아무 조건없이 있는 그대로 사랑하는 사람이다. 나 자신을 온전히 사랑함으로써 주변 사람들을 있는 그대로 사랑할 수 있다. 또한 나에게 일어나는 모든 일들과 주변환경을 긍정적으로 바라 보고 인생의 순간순간을 즐길 수 있는 풍요로운 마음상태에 이를 수 있다.

[나는 누구인가]

(1) 만일 인명사전에서 자신의 이름을 찾았다면, 거기에 뭐라고 써 있을까?

대한민국 최초로 종교에 버금가는 JCST 참만남 변화촉진의 환경을 대중화시켜서 문제를 뛰어 넘어 개인의 위대함을 실현시킨 대한민국 최고의 변화코치이자 변화촉진자이다. 21세기 대한민국에서 가장 위대한 인물 10인중의 한 사람으로 JCST시스템의 창설자이자 JCST재단의 이사장이며 JCST의 대표이기도 하다. 대한민국 최고의 NLP 동기부여가로 알려져 있으며, 일명 대한민국의 앤서니 라빈스, 대한민국의 칼 로저스로 불리어지기도 한다.

(2) 만일 자신이 어떤 사람인지를 알려주는 신분증을 만든다면 무엇을 남기고 무엇을 버릴 것인가? 사진을 포함시킬까, 말까? 건강상태에 관한 것은? 신체적인 사항은? 당신의 업적은? 자주 느끼는 감정은? 믿음은? 대인관계는? 소망은? 좌우명은? 능력은? 나의 신분증에는 가장 편안하고 부드러운, 그러면서도 강한 확신과 신념을 표현하는 사진을 담고 싶다. 건강과 신체에 대해서 남들보다 특별한 것은 없지만 항상 건강미와 활력이 넘치는 사람이다. 나의 최고의 업적은 모든 사람들이 들어오기만 하면 자신을 있는 그대로 사랑하고 문제를 뛰어넘어 개인의 위대함을 실현하는 변화촉진의 환경을 대한민국 전체로 확산시켰다는 것이다.

자주 느끼는 감정으로는 내가 하고 있는 일에 대한 사명감과 열정이다. 그리고 모든 사람들에 대한 사랑과 공감을 느끼면서 때때로 눈물을 흘리기도 한다. 나의 믿음은 모든 사람은 위대해질 수 있다는 것이다. 그리고 나의 대인관계는 크게 넓지는 않지만, 일단 마음을 정하고 믿음과 신뢰를 형성하면 죽을 때까지 그 의리를 지키고 함께 가는 것이며, 만날 때에는 항상 사랑과 감동을 주는 것이다. 나의 소망은 내가 타고난 잠재능력을 최대한 발휘해서 나 개인적인 행복은 물론이고 대한민국 전체 사회의 공헌을 위한 특별한 사명을 실현하는 것이다. 나의 좌우명은 '문제를 뛰어넘어 위대함을 실현하라'이다. 나의 능력은 타고난 동기부여가로서의 강의와 하나의 가치있는 목표에 나의 모든 것을 바칠 수 있는 집중력이라고 할 수 있다.

(3) 당신이 죽을 때까지 최고의 인물이 될 수 있다면 어떤 사람이 될 것인가? '나는 내가 될 수 있는 최고의 인물이다.'와 같이 1인칭/현재형/긍정문의 형태로 50가지 목록을 만들어 보라.

1. 나는 대한민국 최고의 변화코치이다.
2. 나는 대한민국 최초의 아침형 인간 성공트레이너이다.
3. 나는 NLP를 가장 쉽고 재미있게 강의하는 국제공인 NLP 트레이너이다.
4. 나는 대한민국의 앤서니 라빈스이다.
5. 나는 대한민국의 칼 로즈스이다.
6. 나는 대한민국의 밀턴 에릭슨이다.
7. 나는 앤서니 라빈스, 브라이언 트레이시, 그리고 스티븐 코비를 결합한 변화성공학의 대가이다.
8. 나는 예수님과 부처님을 결합한 사랑과 자비로움이 넘치는 사람이다.
9. 나는 대한민국 최초로 변화촉진의 환경을 종교적인 수준으로 대중화시키는 사람이다.
10. 나는 사랑이 넘치는 상담심리전문가이다.
11. 나는 바다와 같이 넓은 가슴을 가진 사람이다.
12. 나는 모든 사람, 모든 상황에서 좋은 점만을 의도적으로 찾는 좋

은점 발견자이다.
13. 나는 날개를 접은지 오래된 독수리를 날도록 훈련시키는 이 시대 최고의 독수리 조련사이다.
14. 나는 평가와 판단없이 있는 그대로 사람을 존중하는 무조건적인 긍정적인 존중을 실천하는 사람이다.
15. 나는 만나는 모든 사람을 공감적으로 이해하는 인간중심의 상담가이다.
16. 나는 가식없이 있는 그대로 나의 내면을 표현하는 진솔하고 솔직한 사람이다.
17. 나는 하늘을 우러러 한점 부끄러움이 없는 사람이다.
18. 나는 나의 작은 단점과 실수도 수용하고 사랑하는 자기사랑 실천가이다.
19. 나는 나 자신을 있는 그대로 완전히 사랑하여 위대함을 실현하는 '나사랑교'의 교주이다.
20. 나는 문제를 뛰어 넘어 위대함을 실현하는 자아실현가이다.
21. 나는 타고난 목소리로 강력한 동기부여 강의를 하는 카리스마가 넘치는 동기부여 강사이다.
22. 나는 아무런 준비없이도 언제 어디서든지 강력한 동기부여 강의를 할 수 있는 이 시대 최고의 동기부여 강사이다.
23. 나는 진심으로 사람들의 마음을 이해하고 공감하는 것만으로도 마음의 상처를 치유할 수 있는 인간중심의 상담심리치료전문가이다.
24. 나는 나 자신도 완벽히 않기에 인간적인 고뇌도 즐길 수 있는 여유있는 인간이다.
25. 나는 지금 죽어도 여한이 없는 열정적인 삶을 사는 사람이다.
26. 나는 대한민국 최초로 NLP 심리치료, 성공학 자아강화 그리고 스피치 성공훈련을 결합시켜서 내면과 외면의 완벽한 변화를 이끌어내는 정동문 변화성공시스템을 체계화시킨 사람이다.

27. 나는 대한민국 최초로 심리치료와 자아강화를 위해 지하철스피치를 시스템화시킨 사람이다.
28. 나는 어떠한 부정적인 상황에 대해서도 이유와 변명을 하지 않고 전적으로 책임을 지는 사람이다.
29. 나는 김유신장군이나 아롤 랠스턴처럼 나의 가치있는 목표를 위해 과감하게 불필요한 것들을 잘라 버릴 수 있는 강한 결단력의 소유자이다.
30. 나는 백범 김구선생님처럼 우리 민족을 위해 나의 한 몸을 초개같이 바칠 수 있는 강력한 민족주의자이다.
31. 나는 나와 함께 가치있는 사명을 실현하고자 하는 동료들을 위해 죽을 수도 있는 사람이다.
32. 나는 나의 사명을 이해하지 못하는 사람들도 넓게 포용할 수 있는 바다와 같은 넓은 가슴을 가진 사람이다.
33. 나는 유비와 같이 나와 사명을 함께 하고자 하는 분들의 가치와 재능을 최대한 존중하고 지지하는 최고의 리더이다.
34. 나는 제갈공명과 같이 지력이 뛰어난 인물이다.
35. 나는 나의 사명과 비전에 대해서는 일관성을 유지하되, 그것을 이루는 방법에 대해서는 유연성있는 행동을 하는 사람이다.
36. 나는 만나는 모든 사람들의 미래의 비전을 깨뚫어 보고 그 꿈을 지지해 주는 최고의 성공코치이다.
37. 나는 나의 사랑하는 어머니의 가장 편안한 친구이자 효자이다.
38. 나는 나의 자녀들에게 친구와 같이 편안하면서도 존경받는 우상과 같은 아빠이다.
39. 나는 내가 가치있게 생각하는 것을 위해 목숨마저 걸 수 있는 열정적인 남자이다.
40. 나는 나의 잘못을 스스로 반성하고 사과할 수 있는 솔직하고 진솔한 사람이다.

41. 나는 자아혁명가이다.
42. 나는 오감차원의 프리젠테이션 전문가이다.
43. 나는 변화의 개척가이다.
44. 나는 시대를 초월해서 영혼을 진화해 나가는 사람이다.
45. 나는 이 시대 마지막 휴머니스트이다.
46. 나는 변화의 달인이다.
47. 나는 나의 미래를 자성예언하는 사람이다.
48. 나는 대한민국의 아침을 밝히는 아침형 인간 트레이너이다.
49. 나는 변화성공학 교수이다.
50. 나는 정동문 변화성공재단의 이사장이다.
51. 나는 대한민국 최고의 NLP 동기부여가이다.
52. 나는 NLP를 가장 빠르게 대중화시키는 NLP 변화촉진자이다.
53. 나는 NLP를 가장 쉽고 재미있게 강의하는 대한민국 최고의 NLP 명강사이다.
54. 나는 배운 것을 곧 바로 행동으로 옮기는 행동변화의 모델이다.
55. 나는 변화와 자아실현을 원하는 모든 사람들을 섬김으로써 변화시키는 서번트 리더이다.
56. 나는 비록 나에게 오물을 던진 사람이라도 너그럽게 용서할 줄 아는 바다와 같은 넓은 가슴을 가진 사람이다.
57. 나는 내가 잘못했다고 생각하는 일에 대해서 모든 자존심과 체면을 던져 버리고 잘못했다고 사과할 줄 아는 양심의 나침판에 맞는 일치된 행동을 히는 사람이다.

[변화를 마스터하는 여섯가지 단계]
1. 진실로 원하는 것이 무엇인지, 그 성취를 가로막고 있는 것이 무엇인지 확실히 하라.
2. 지렛대 효과를 사용하라. 지금 변하지 않는다면 큰 고통을 겪을 것이고 지금 변화를 꾀한다면 큰 즐거움을 누릴 것이라고 생각하라.

3. 기존의 제한적인 사고방식과 행동방식을 중단하라.
4. 새롭고 삶에 활력을 주는 대안을 창출하라.
5. 새로운 방식이 자연스레 지속될 때까지 조건화하라.
6. 시험해 보라.

[내가 좋아하는 명언]

문제를 뛰어넘어 위대함으로!
개인을 뛰어넘어 위대함으로!
나는 이 세상에 우연히 태어난 것이 아니다.
나는 나만의 어떤 위대한 목적을 이루기 위해서 태어났다.
그 목적은 모래알처럼 축소되지 않고, 산처럼 커져야 한다.
영웅을 어떻게 정의할까?
영웅은 어려운 상황에서도 용기있게 기여하는 사람이다.
영웅은 사심없이 행동하며, 다른 사람이 기대하는 것보다 더 많은 기대를 자신에게 요구하는 사람이다.
영웅은 두려움을 느끼더라도 자신이 옳다고 믿는 일을 함으로써 역경을 물리치는 사람이다.
영웅은 자신의 입장을 옹호하는 사람들의 '일반적인 상식'을 뛰어넘는 사람이다.
영웅은 기여를 목적으로 하는 사람이며, 본보기를 만들려는 사람이고, 진실한 자기확신에 따라 사는 사람이다.
영웅은 '완전한' 사람이 아니다. 왜냐하면 완전한 사람은 없기 때문이다.
영웅적 자질은 완전함이 아니라 인간애에서 나온다.
해같은 마음
사나이 가는 길앞에 웃음만이 있을소냐.
결심하고 가는 길 가로막는 폭풍이 어이 없으랴.
푸른 희망을 가슴에 움켜안고 떠나온 정든 고향을
내 다시 돌아갈 땐 열구비 도는 길마다 꽃잎을 날려 보리라.

세상을 원망하면서 울든 때도 있었건만,
나는 새도 눈 위에 발자욱을 남기고 날아 가는데.
남아 일생을 어이타 연기처럼 헛되이 흘려 보내랴.
이 목숨 연기같이 세상을 떠날지라도 등불을 남겨 두리라.
지구가 크다고 한들 내 맘보다 더 클소냐.
내 나라를 위하고 내 동포를 위해서 가는 앞길에
그 어느 것이 눈 앞을 가리우고 발목을 묶어 둘소냐.
뜨거운 젊은 피를 태양에 힘껏 뿌려서 한 백년 빛내 보리라.

인생의 목적은 행복하게 되는 것이 아니라 가치있는 사람이 되는 것, 최선을 다하는 사람이 되는 것, 쓸모있는 사람이 되는 것, 그리고 남다른 사람이 되는 것이다.

-레오 로스텐-

사람이 견딜 수 없는 슬픔이란 존재하지 않는다.

다만 그것에 대한 공포심 때문에 확대경에 의해 미세한 세균이 더 크게 보이듯이 엄청난 비극으로 보이는 수가 종종 있다.

만약에 그것이 당신의 앞길을 가로막는 곤경이라 느껴진다면 명심하라.

하늘은 견딜 수 없는 슬픔을 결코 인간에게 주지 않는다는 사실을……

-윌리엄 사파이어-

하루 중 가장 어두운 때는 해가 뜨기 직전이라고 한다. 몹시 힘들고 우울할 때는 이렇게 생각하자.

지금이 바로 해가 뜨기 직전이라고 하고, 이제 곧 해가 떠올라 모든 것이 환하고 따사로워질 것이라고 말이다. 우리가 굳이 애쓰지 않아도 모든 것이 좋아지게 되어 있다.

-윌 로저스-

가장 괴로운 사람이 가장 행복한 사람이다. 자신의 괴로움만으로도 한 세상 살기 어려운 것인데 남의 괴로움까지 맡아서 괴로운 사람, 그가 행복한 사람이다.

한 집안, 한 민족의 괴로움을 맡는 것이 아니라 온 인류의 괴로움을 맡아서 괴로워하던 사람은 석가, 공자, 예수 등이다.

괴롭고 아픈 다음에 행복이 오는 것이 아니라 괴롭고 아픈 것이 곧 그대로의 행복이다.

-조지훈-

비누는 쓸수록 물에 녹아 없어지는 하찮은 물건이지만, 그러나 때를 깨끗이 씻어 준다.

물에 잘 녹지 않는 비누는 좋은 비누가 아니다.

자신을 희생하여 다른 사람과 사회를 위하여 일하려 하지 않고 자신의 힘을 아끼는 자는 물에 잘 녹지 않는 비누와 마찬가지인 것이다.

-존 워너메이커-

인간은 주먹을 꼭 쥐고 이 세상에 태어난다.

그것은 마치 '이 세상은 나의 것이다'라고 말하는 듯하다.

그리하여 이 세상을 떠날 때는 주먹을 펴고 간다.

그것은 '나는 아무 것도 가지고 가는 것이 없다'라고 말하는 듯하다.

-탈무드-

나는 이미 위대함을 실현하는데 필요한 모든 자원을 가지고 있다.

역사적으로 위대한 인물들이 많이 있다는 것은 나 또한 위대한 인물이 될 수 있다는 것을 의미한다.

나는 죽음을 겁내지 않는다. 다만 의무를 다하지 않고 사는 것을 겁낸다.

절벽 가까이 나를 부르셔서 다가갔습니다.

절벽 끝에 더 가까이 오라고 하셔서 다가갔습니다.

그랬더니 절벽에 겨우 발을 붙이고 서있는 나를 절벽 아래로 밀어버리는 것이었습니다.

물론 나는 그 절벽 아래로 떨어졌습니다.

그런데 나는 그때까지 내가 날 수 있다는 사실을 몰랐습니다.

- 로버트 슐러 -
나는 가난해 본 적이 없다.
단지 돈이 떨어졌을 뿐이다.
가난하다는 것은 그렇다는 마음가짐이다.
돈이 떨어졌다는 것은 일시적인 상황일 뿐이다.
-M. 토드-
세상의 위대한 사람들 중 대부분은 거센 고난의 삶 속에서 큰 일을 이루어 내었다.
시저와 나폴레옹은 인생 초기에는 간질병에 걸려 고생을 했다.
그럼에도 불구하고 그들은 최고의 장군이 되었다.
존 밀턴은 눈을 완전히 실명하고 난 후 지독한 가난 속에서 대작 <실락원>을 탄생시켰다.
에이브르햄 링컨은 대통령 취임연설을 하기 위하여 워싱턴으로 가야 했을 때 기차표를 사기 위하여 다른 사람에게 돈을 꿀 정도로 재정 파탄 상태였다.
나는 늘 궁금증을 가지고 있었다.
가난 속에서 태어나 가난 속에서 자란 그들이 만일 나약한 인생관을 지녔다면 과연 어떤 인물이 되었을지를.....
-스탤링 실-
화가 났을 때 자신에게 하루만 시간을 주십시오.
하루가 지난 뒤에도 화가 나면 화를 내십시오.
그것이 너그러운 사람이 되는 비결입니다.
-데일 카네기-
고통이 그대를 괴롭히는 이유는 단지 그대가 그것을 겁내기 때문이다.
고통이 그대를 괴롭히는 것은 그것을 비난하기 때문이다.
고통이 그대를 쫓아다니는 것은 그것으로부터 도망치려 하기 때문이다.
그러므로 그대는 겁내면 안된다. 그대는 그것을 사랑해야 한다.

그대 자신은 모든 것을 다 알고 있다. 마음 속으로 충분히 알고 있다.

세상에는 오직 하나의 마술, 오직 하나의 힘, 오직 하나의 행복이 있는데

그것은 바로 사랑이라는 것을.....

그러므로 고통을 사랑하라.

-헤르만 헤세-

이미 흘러간 물로는 물레방아를 돌릴 수 없다.

그것을 고민한다고 해서 흘러간 물이 다시 오지는 않는다.

슬프고 분한 일은 과거로 묻어 버리고 오늘로서 생활해야 한다.

한 토막 과거로 날마다 새로운 날들을 더럽혀서는 안된다.

백명의 왕의 권력을 모아도 지나간 과거를 다시 불러올 수는 없는 일이다.

어찌 그 지나간 일로 괴로워하고 슬퍼하는가.

-벤자민 프랭클린-

기회는 배를 타고 오지 않고 우리들의 내부로부터 온다.

기회는 또 전혀 기회처럼 보이지 않으며, 그것은 빈번히 불행이나 실패나 거부의 모습으로 변장해서 나타난다.

비관론자들은 모든 기회에 숨어 있는 '문제'를 보지만, 낙관론자들은 모든 문제에 감추어져 있는 '기회'를 본다.

배운다는 것은 당신이 이미 아는 것을 찾아내는 것이다.

행한다는 것은 당신이 알고 있음을 증명하는 것이다.

가르친다는 것은 다른 사람들에게 그들도 당신만큼 알고 있다는 사실을 다시 일깨워주는 것이다.

당신은 배우는 자이며, 행하는 자이며, 가르치는 자이다.

-리차드 바크-

-데니스 웨이틀리-

하루 아침에 큰 돈을 벌고, 일년동안에 갑부가 되는 방법을 묻는다면

나는 대답할 도리가 없다.

하지만 한 가지는 예언할 수 있다.

만약 일정한 장소에서 이십년을 살면서 정직하고 부지런하게 지낸다면 그 사람은 확실한 재산과 지위를 얻게 되리라고......

-브라이언-

인생의 목적은 승리하는 데 있지 않다.

함께 나누는 것에 있다.

지나온 삶을 돌이켜볼 순간이 왔을 때, 남보다 앞서거나 남을 이겼을 때보다는 그들의 삶에 즐거움을 안겨주었을 때, 더 뿌듯한 마음으로 돌아보게 된다.

-해럴드 쿠쉬너-

사람에게 중요한 것은 내가 무엇을 하는가가 아니라 내가 무엇을 해야 하는가를 뚜렷하게 정립하는 것이다.

인생에 있어 가장 중요한 일은 나 자신을 아는 것이며, 세상이 내가 어떤 일을 하기를 진심으로 바라는지를 아는 것이다.

그리고 내가 무엇을 위하여 살고 무엇을 위하여 죽어야 하는지를 정확하게 아는 것이다.

-키르케고르-

영웅을 어떻게 정의할까?

영웅은 어려운 상황에서도 용기있게 기여하는 사람이다.

영웅은 사심없이 행동하며, 다른 사람이 기대하는 것보다 더 많은 기내를 자신에게 요구하는 사람이다.

영웅은 두려움을 느끼더라도 자신이 옳다고 믿는 일을 행함으로써 역경을 물리치는 사람이다.

영웅은 자신의 입장을 옹호하는 사람들의 '일반적인 상식'을 뛰어넘는 사람이다.

영웅은 기여를 목적으로 하는 사람이며, 본보기를 만들려는 사람이고,

진실한 자기확신에 따라 사는 사람이다.

영웅은 '완전한' 사람이 아니다.

왜냐하면 완전한 사람은 없기 때문이다.

영웅적 자질은 완전함이 아니라 인간애에서 나온다.

시련이 은총이 되기 위해서는 탄력이 필요합니다. 인간은 고무공과 같아서 강하게 얻어 맞으면 얻어 맞을수록 더 높이 튀어 오릅니다. -모리무라자 에몬 옹-

우리가 다른 사람에게 줄 수 있는 최고의 선물은 우리가 무엇을 나누어 주는 것이 아니라 그가 가진 것을 발견할 수 있도록 도와 주는 것이다. -벤자민 디즈레일리-

모든 약점들 가운데 가장 큰 약점은, 약하다는 것을 두려워하는 것이다. -자크 B. 보쉬에

자기 자신을 사랑하는 것, 그것이야말로 평생에 걸친 로맨스의 시작이다. -오스카 와일드

상대를 좋은 사람이라고 생각하고 그렇게 믿어라. 그러면 그 사람은 반드시 좋은 사람이 된다. 우리가 돌려받는 것은 우리 마음을 투사한 것에 대한 반사임을 잊지 말라. - 맥스웰 몰츠 박사

시도할 용기가 없다면 인생이란 도대체 무엇이겠는가! - 빈센트 반 고흐

항구에 정박해 있는 배는 안전하다. 그러나 배는 항구에 묶어두기 위해 만든 것은 아니다. -존 셰드

"슬픈 일이 닥칠 때마다 사람들은 "오, 하필이면 이런 일이 나에게 일어나는 것일까?"라고 말하지만 기쁜 일이 일어났을 때도 같은 질문을 하지 않는 한 그런 말을 할 자격이 없다." - 작자 미상

순간의 결정이 새로운 운명을 창조한다. 우리가 진정 결단을 내린 순간, 그때부터 하늘도 움직이기 시작한다. -앤서니 라빈스

대부분의 사람들은 특정한 분야에서 최고가 되려고 하기보다는 그냥 취미삼아 해보는 정도에서 그친다. 사실 나는 인생에서 실패하는 가장

큰 이유는 사소한 일에 목숨을 걸기 때문이라고 믿는다. -앤서니 라빈스

두려움은 당신을 가두고, 희망은 당신을 자유롭게 한다. - 영화 <쇼생크 탈출>중에서

당신은 바람을 바꿀 수 없다. 다만 그 바람을 이용하여 배의 진로를 조절할 수는 있다. -옛 뱃사공

인간은 행동하기 위해 태어났습니다.(조지 마셜 장군)

어떠한 역경 속에도 최고의 기회, 최고의 지혜가 숨겨져 있다. 실패는 없다. 다만 미래로 이어지는 결과일 뿐이다. - 앤서니 라빈스

"지금 그대로 당신은 경이롭습니다. 다른 사람이 되려고 하지 마십시오. 당신이 찾는 것은 이미 당신 안에 있습니다. 당신이 찾는 것은 이미 '지금 이 순간'에 있습니다." - 틱낫한의 포옹

모든 선택권이 사라진 것처럼 보일 때도 그 상황에서 어떻게 반응해야 할지에 대한 선택권이 스스로에게 있다. -빅터 프랭클

자기 자신을 싸구려 취급하는 사람은 타인에게도 역시 싸구려 취급을 받을 것이다. < 윌리엄 헤즐릿 >

행복은 깊이 느낄 줄 알고, 단순하고 자유롭게 생각할 줄 알고, 삶에 도전할 줄 알고, 남에게 필요한 삶이 될 줄 아는 능력으로부터 나옵니다. < 스톰 제임슨 >

내가 만일 인생을 사랑한다면, 인생 또한 사랑을 되돌려 준다는 것을 알았습니다. < 루빈시타인 >

당신만이 느끼고 있지 못할 뿐.... 당신은 매우 특별한 사람입니다. < 데스몬드 투투 >

아내인 동시에 친구일 수도 있는 여자가 참된 아내이다. 친구가 될 수 없는 여자는 아내로도 마땅하지가 않다. < 윌리엄 펜 >

겨울에 자란 나무는 좁은 나이테를 만들며 단단하게 자라고 경사지에서 자란 수박은 굴러 떨어지지 않기 위해 더욱 싱싱하게 성장합니다. 우리는 역경을 극복하면서 배워나갑니다. 하나의 역경을 극복하면 거기서

새로운 역경과 대결할 수 있는 방법을 찾게 됩니다. 역경이란 사람을 단련시키는 소중한 시련입니다.

질병은 인생을 깨닫게 하는 훌륭한 교사이다. - W NL 영안

독창적이고 창조적인 사람이 되기 위해서는 먼저 모든 일에 흥미를 가져야 한다. 그것이 시작이다. 흥미가 한 분야로 집중되면 그것이 관심 또는 관찰이 되는 것이다. 관심을 체계화시킨 것이 연구이다. 인류의 진보에 기여한 위대한 사상과 업적도 실은 이처럼 흥미를 갖는 아주 단순한 일에서부터 시작된다. - 김대중 전 대통령

나는 죽음을 겁내지 않는다. 다만 의무를 다하지 않고 사는 것을 겁낸다. -하운드

가장 이상적인 생활태도는 물과 같은 것이다. 물은 만물에 혜택을 주면서 상대를 거역하지 않고, 사람이 싫어하는 낮은 곳으로 흘러간다. 물처럼 거스름이 없는 생활태도를 가져야 실패를 면할 수 있다. - 노자

인간의 마음이란 한번 새로운 생각을 향해 나아가기 시작하면 절대 원래의 자리로 되돌아 가지 않는다. -올리버 웬델 홈스

당신은 다만 당신이란 이유만으로도 사랑과 존중을 받을 자격이 있다! 우리는 누구나 당당한 인간이다. -앤드류 매튜스

"무의식을 의식화하지 않으면, 무의식이 우리 삶의 방향을 결정하게 되는데, 우리는 바로 이런 것을 두고 운명이라고 부른다." - 칼 융(Carl Jung)

위대한 사람은 위대한 기회를 만나거나 만들어내는 자질을 갖고 있다. - 제임스 러셀 로웰

"파도는 계속 밀려오지만, 계속 헤엄치다보면 언젠가는 섬에 도착할 수 있다." 오른손잡이가 왼손으로 식사를 하고 싶다면 연습을 해야 한다. 피나는 연습을 하지 않으면 무의식적으로 오른손이 나가게 된다. 피나는 연습을 해야만 자연스럽게 왼손으로 수저를 쥐고 식사를 할 수 있다. -비의 인터뷰에서-

새로운 질서를 만들어 내는 것만큼 어렵고 힘든 일은 없다. 왜냐하면 현재의 제도와 시스템으로 혜택을 보고 있는 모든 사람들로부터 엄청난 저항을 받을 수밖에 없기 때문이다. 그러나 한편 개혁을 도와줄 사람들은 새로운 질서가 가져다줄 혜택에 대한 모호한 그림밖에는 없다. 강력한 적과 미온적인 동지, 이것이 혁신이 성공하기 어려운 근본적인 이유이다. - 마키아벨리, '군주론'에서

자신의 능력으로는 도저히 불가능해 보이는 수준의 일을 하도록 강요받지 않으면 내 안에 숨어 있는 능력은 영원히 빛을 못볼 수도 있다. 잠재력을 끄집어내는 과정은 고통스럽지만, 한계를 뛰어넘어 잠재력의 발현을 경험하는 것을 살면서 느낄 수 있는 몇 안되는 소중한 순간이다. - 황농문의 《몰입》 중에서

걱정의 40%는 절대 현실에서 일어나지 않는다. 걱정의 30%는 이미 일어난 것에 대한 것이다. 걱정의 22%는 사소한 고민이다. 걱정의 4%는 우리의 힘으로는 어쩔 도리가 없는 일에 대한 것이다. 걱정의 나머지 4%는 우리가 바꿔놓을 수 없는 것에 대한 것이다. - 어니 젤리스키

행복과 지혜 사이에는 다음과 같은 차이가 있다. 즉, 자기 자신을 이 세상에서 가장 행복한 사람이라고 생각하면 정말 그대로 되지만 자신을 이 세상에서 가장 지혜로운 사람으로 본다면 가장 큰 바보가 되는 것이다. - 찰스 칼렙 콜튼

자신을 사랑하는 방법을 배우는 것이야말로 세상에서 가장 위대한 사랑이다. - 앤드류 매튜스

노동은 가장 좋은 것이기도 하고 가장 나쁜 것이기도 하다. 자유로운 노동이라면 최선의 것이고 노예적인 노동이라면 최악의 것이다. -알랭

"사람들이 그들의 가장 바람직한 모습이 될 수 있도록 도와주어라. 그리고 그들이 이미 가장 바람직한 모습이 된 것처럼 대하라." ("Treat people as if they were what they ought to be and you help them to become what they are capable of becoming.") --요한 볼프강 폰 괴테

의존적인 사람은 자신이 원하는 것을 얻기 위해 다른 사람을 필요로 한다. 독립적인 사람은 스스로의 노력으로 원하는 것을 얻을 수 있다. 상호의존적인 사람은 더 큰 성과를 이루기 위해 자신의 노력과 다른 사람들의 노력을 결합한다. -스티븐 코비

성공은 행복처럼 추구해서 얻어질 수 있는 게 아니고 자신보다 위대한 일에 개인적으로 헌신하다 무심코 얻은 부가물처럼 생겨야 한다. -빅토 프랭클(호주 심리학자)

아무리 사소한 것이라도 자신의 역할을 확실히 알게 되었을 때 우리는 비로소 행복해진다. - 생떽쥐베리

모든 진실은 세가지 단계를 밟는다. 첫째, 조롱당한다. 둘째, 격렬한 저항을 받는다. 셋째, 명백한 것으로 받아들인다. -쇼펜하우어

You have to close the door on your past before you can have a future. (당신의 과거의 문을 닫은 후에야 미래를 가질 수 있다.)

너희가 생각은 하지만 한번도 말하지 않는 것은 한 차원에서만 창조한다. 너희가 생각하고 말하는 것은 또 다른 차원에서 창조한다. 너희가 생각하고 말하고 행동하는 것은 너의 현실에 구현된다. - 신과 나눈 이야기 1 -

"만약 당신이 주변의 부정적인 평가를 곧이 곧대로 믿었더라면 오늘날의 당신은 없었겠지요. 스스로를 자랑스럽게 생각하셔야 합니다." - 켄 블렌차드의 《춤추는 고래의 실천》 중에서 -

[NLP 전제조건]
1. 지도는 영토가 아니다.
   사람은 실재가 아니라 자신만의 지도에 반응한다.
   사람마다 자기만의 지도를 가지고 있다.
   다른 사람의 지도를 존중하라.
2. 인간의 행동은 목적지향적이다.
   인간의 행동은 그 때 그 상황에 맞춰 배워진 것이다.

모든 행동은 긍정적인 의도를 가지고 있다.

무의식은 선의적이다.
3. 선택할 수 있다는 것은 그렇지 못한 것보다 유리하다.

융통성은 선택을 더 많이 가지게 되고, 선택을 더 많이 갖는다는 것은 더 많은 통제력을 갖게 한다.

사람들은 항상 최선의 선택을 한다.

만약 지금 하고 있는 일이 제대로 되지 않는다면 다른 것을 해보라.

거절하는 고객은 없다. 다만 융통성없는 세일즈맨이 있을 뿐이다.

저항하는 내담자는 없다. 다만 융통성없는 상담자가 있을 뿐이다.
4. 인간은 완벽하게 작동한다.

아무도 망가진 사람은 없다.

우리에게는 모든 자원이 이미 있다.

탁월성은 복제가 가능하다. 누군가가 한다면 나도 할 수 있다.

인간의 복잡한 행동은 자르고 조각을 내 봄으로써 최선의 배움이 이루어진다.
5. 실패란 없다. 다만 피드백이 있을 뿐이다.

실수는 배움의 기회를 제공해 준다.

문제가 있다는 것은 더 나아질 수 있는 기회를 가지는 것이다.

제한을 느끼는 것은 가능성을 알려주는 것이다.
6. 우리는 오감을 통하여 정보를 처리한다.

경험은 일정한 구조를 가지고 있다.
7. 우리는 의사소통하지 않을 수 없다.

의사소통에서 전달하고자 하는 의미는 곧 우리가 상대방으로부터 얻은 반응에 의해 결정된다.
8. 정신과 육체는 하나의 체계이다.

부분에서 일어나는 일은 전체에 영향을 미친다.
9. 실제 실천함으로써 가장 완벽하게 배울 수 있다. 백문이 불여일행!

[로저스의 기본가정]
1. 나는 사적인, 늘 변하는 경험의 세상속에서 살아간다. 그리고 나는 그 중심에 있다. 우리는 자신의 경험속에서 다만 혼자가 될 뿐이다. 어느 누구도 우리가 경험하는 우리 세상을 경험할 수 없다.
2. 나는 세상에 대하여 내가 인식하는대로 반응한다. 그리고 나는 내 자신의 '현실창조자'이다.
3. 나의 모든 존재는 세상에 대하여 조직화된 전체로서 반응한다. 나는 한 부분의 차원에서 반응하지 않는다.
4. 당신이 어떤 일에서든 그 속에서의 당신의 기본적인 경향성은 당신이 자신의 세계를 경험하는 그 순간에 자신의 세계 내에 있는 자기 자신을 실현하고 유지하며 고양하고자 하는 것이다.
5. 당신은 자신의 세계속에서 자신의 욕구를 지각함에 따라 그 욕구를 충족시킬 수 있는 방향으로 행동한다.
6. 변함없이 당신의 행동과 함께하는 정서는 당신의 행동이 자신을 유지하고 고양하고자 하는 욕구를 포함할 때 가장 강하다. 그리고 정서는 당신 자신을 고양하고 유지하고자 하는 욕구가 위협받지 않을 때 약해진다.
7. 나는 당신과 그 순간의 당신의 세계에 대한 당신의 지각을 깊이 이해하고 공감함으로써 당신의 내적 참조체제로부터 당신의 행동의 의미를 가장 잘 이해할 수 있다.
8. 유아시절에 당신의 세계(현상적 장)는 하나의 커다란 혼돈의 세계(좋지도 않고 나쁘지도 않는, 있는 그대로의)였다. 당신이 자라고 성장함에 따라 당신은 서서히 당신의 육체적 자아(즉, 발가락, 손, 몸과 같은)를 각성하기 시작하였으며, 아울러 당신은 자신의 생각, 태도, 가치 등을 가지기 시작할 때까지 다른 사람, 부모, 친척과의 상호작용으로부터 자기 자신을 각성하기 시작하였다.
9. 당신이 '당신이라고 부르는 '자아'는 당신의 환경과의 상호작용으로

부터 뿐만 아니라 더큰 문화, 사회, 사회내의 기관들, 각종 및 다른 사람에게 부여하는 가치로부터 발달된 것이다.
10. 당신이 자신의 경험에 대하여 부여하는 가치는 부분적으로는 당신 자신의 것이기도 하지만 또 다른 부분으로는 타인으로부터 채택한 것인데, 그 타인의 것은 마치 당신 자신의 것인 양 왜곡된 형태로 인식된다. 당신은 다른 사람이 그들의 가치를 이야기하는 것을 들을 때 당신 자신이 성장과 변화를 이룩함으로써 자신의 가치를 채택하고 선택하게 되기를 바란다.
11. 나의 인생에서 경험이 발생함에 따라 나는 다음과 같은 형식으로 반응한다. 첫째, 나는 그 경험들을 각성하고 상징화하며(명명하고 설명하며), 그 경험들이 나의 '자아감' 또는 '자아개념'에 맞기 때문에 그 경험들에 의미를 부여하게 된다. 둘째, 나는 그 경험과 나의 욕구 및 자아구조 사이에 아무런 관련성을 인식하지 못하기 때문에 그 경험을 무시한다. 셋째, 나는 나의 자아관에 적합하지 않는 것으로 보이는 그러한 경험을 왜곡하고 오해한다.
12. 내가 세상에서의 나의 욕구를 인식함에 따라 그것을 충족시키고자 할 때 나는 나 자신과 나의 자아구조에 대한 나의 인식과 일치하는 방향으로 행동할 것이다. 나는 '나'에 대한 관점과 일치하는 방식으로 행동할 것이다.
13. 나는 자아개념과 불일치하는 방향으로 행동하게 될 때가 많다. 나는 어떤 비일상적 상황이나 스트레스 상황에서 진정한 '나 자신이 되지 못할' 수가 있다. 때때로 이러한 불일치는 나의 자아구조에서 나의 것이라고 수용하지 못한 욕구 때문에 생길 수가 있다.
14. 나는 내가 부호화하지 않았고 나의 자아구조로 조직화하지 않았던 나의 의미있는 감각적이며 본능적인 경험을 의식화하기를 부정했을 때 불안, 혼란, 긴장감을 느끼게 된다.
15. 내가 현재 가진 모든 감각적이며 본능적인 경험이 상징적 수준에

서 내가 나 자신에 대해서 갖는 일치된 관계로 동화되는 식으로 나의 자아개념이 작동할 때 나는 성장과 심리적으로 건강한 방향으로 움직인다.
16. 내가 위협적인 것으로 인식하는 나 자신의 자아개념의 구조의 조직과 일치하는 경험이 있고 또한 이러한 인식이 더 많이 있다면 나의 자아구조는 나 자신을 유지하기 위하여 더욱 경직되게 조직화된다.
17. 자아구조에 위협이 없는 상태를 포함하는 어떤 특정한 조건(PEGS)하에서 자아구조와 불일치하는 경험들이 인식되고 검토될 수 있는데, 이 경우에 나의 자아개념의 구조는 그러한 경험들을 흡수하고 포함하는 쪽으로 수정될 수 있다.
18. 내가 나의 감각적이며 본능적인 경험들을 인식하고 그것을 일관되고 통합한 체계로 수용할 때 나는 타인을 존중받아야 하는 개별적인 존재로 보다 잘 이해하게 된다.
19. 내가 나의 경험을 각성하게 되고 그러한 경험을 나의 자아구조로 수용하기 시작함에 따라 주로 내사에 기초하여 이룩된 현재의 나의 가치를 바꿀 수 있게 된다.

[밀턴 에릭슨의 잠정적 가정]
1. 사람은 감각적 경험으로부터가 아니라 내적 지도에 근거하여 반응한다.
2. 사람들은 특정 순간에 자기를 위한 최선의 선택을 한다.
3. 어떤 사람에 대한 사실을 설명하기 위하여 사용되는 설명, 이론 및 비유는 그 사람 자신이 아니다.
4. 내담자가 보이는 모든 메시지를 존중하라.
5. 선택을 가르치라. 결코 선택을 물리치려 하지 말라.
6. 내담자가 필요로 하는 자원들은 자신의 개인사에 저장되어 있다.
7. 내담자를 그의 세상모형에서 만나라.

8. 유연성이 많은 사람일수록 체제 내의 주도권을 가질 수 있다.
9. 사람은 커뮤니케이션을 하지 않을 수 없다.
10. 어떤 일이 한 번에 하기에 힘든 일이라면 그것을 여러 개의 작은 단위로 세분화하고 축소시키도록 하라.
11. 성과는 심리적 수준에서 결정된다. 우리에게 영향을 미치는 것이 사물이나 외적인 대상이 아니라 우리가 그러한 외부적인 것들에 대해서 어떻게 생각하느냐의 문제와 관련된다.[242]

13. 책에서 길을 찾고 쓰면서 돌아봄| 나의 사장론

얼마전에 책을 한권 썼다. "홍사장의 책읽기"[243]

독후감삼아 쓰던 책이 내 나름대로의 '독서론'으로 정리되었다. 내가 읽은 책은 1년에 약 140권 정도된다. 정확히 말하자면 2003년 10월 - 2009년 8월까지 매월 11.30권을 읽었다. 왜 이렇게 정확하냐고? 난 독서 목록표를 만들어가며 읽기 때문이다. 목록표에는 책 제목, 구매일자, 저자, 출판사, 구매한 곳, 읽은 횟수가 적혀있다. 내가 책을 읽는 것은 일종의 강박관념이라고 할 수 있다. 난 가진 것이 별로 없고, 머리가 그다지 좋은 편이 아니다. 그래서 난 세상이 무섭고, 그 세상은 내가 따라가기에 너무 빨리 변하고 있고, 별로 똑똑하지 않은 난 최소한 뒤처지지 않기 위하여는 방심하지 말아야 한다. 그러기 위하여는 부지런히 세상의 흐름을 읽어야 한다. 책을 읽는 또 하나의 이유는 책은 나에게 있어서 일종의 징크스이기 때문이다. 일이 잘 풀리지 않을 때도 책에 일부러 빠져들고 평소보다 더 많이 읽는다. 책을 멀리하면 일이 잘 풀리지 않고

---

242) http://cafe.naver.com/speechleadership.cafe?iframe_url=/ArticleRead.nhn%3Farticleid=12406(2010.4.30)
243) 2009.09.18 10:22, 홍서방(drimtru), 카페매니저,
http://cafe.naver.com/drimtru/195 〈?xml:namespace prefix = o ns = "urn:schemas-microsoft-com:office:office" /〉

가까이 하면 일도 잘 풀리는 것 같다. 증명하기 어렵지만, 난 그렇게 느끼고 있다. 그러니까 나에게 있어서 책이란 감성을 풍부하게 해주는 어떤 활력소 같은 것이 아닌, 내 삶을 지탱해주는 아주 건조한 작업의 상당히 중요한 일부분이다. 따라서 내가 읽는 책이 나에게 어떤 뜨거운 감동을 주는 일이란 거의 없다. 다만, '아하 이걸 내가 몰랐구나!', 또는 '아하 이렇게 하면 좋겠구나!'하고 무릎을 치는 일은 많다.

그러다 보니 나의 독서성향은 1권을 여러 번 읽으면서 하나의 주제를 파악하는 게 아니라, 여러 권을 읽으면서 주제를 파악한다. 예를 들면 '엑셀'에 대하여 공부하기 시작했다고 하면 한권을 여러 번 보는 게 아니라, 1-2번 보고는 또 다른 책을 사서 보는 식이다. 최근의 경제위기에 대하여는 '세계경제의 그림자, 미국', '금융 아마겟돈', '달러', '화폐전쟁', '서브 프라임 크라이시스' 등의 책을 보았다. 그것은 내가 돈이 많아서가 아니라 '하나를 가르치면 열을 아는 천재'가 아니기 때문이다. 10개를 읽어봐야 10개를 아는 그저 그런 사람들중의 하나임을 내가 알기 때문이다. 그래서 하나의 주제에 대해서도 될수록이면 많은 책을 읽으려고 하는데, 그래야 작가의 편견이나 한정된 안목으로부터 조금 더 자유로울 수 있기 때문이다. 왜냐하면 저자가 보는 관점에 따라 책의 주된 흐름을 잡아가기 때문에 각 책마다의 특성이 있다. 그래서 같은 주제라도 여러 권을 읽으면 그 안에서 느끼는 게 달라진다. 비즈니스에 관한 것도 마찬가지이다. 난 무슨 일을 시작하려면 우선 그 주제에 대한 책부터 산다. 예를 들면 '신발'을 수입하기로 했다하면 책방부터 간다. 그리고 보이는대로 고른다. 그래서 산 책이 '신발의 역사', '신발 재료학'등을 샀다. 하지만 아쉽게도 신발에 관한 책이 그리 많지는 않다. 그래서 코트라에 가서 신발에 대한 세계동향과 국내 산업계 현황보고서 등을 빌려 보기도 하였다. 그리고 그 책을 읽으면서 어떻게 할 것인가에 대한 구상을 한다. 사실 양말비즈니스를 시작할 때도 양말에 관한 책을 구하려고 했지만, 양말에 관한 책은 전무이다. 다행히도 인터넷을 뒤지니 어느 양말회사에서 짧게나마 정리해놓은 자료가 있어서 양말제조와 역사에 관해 공부한 적도 있다. 물론 동종업계에서 이미 일을 하고 있는 사람을 만나는 것도 많은 도움이 된다. 하지만 때로는 사람을 만나서 이야기를 듣는다는 것은 비용과 시간에 비하여 효율적이지 못한 경우가 많다.

대부분은 깊은 이야기나 비즈니스 이야기를 하기 보다는 서로간의 친목을 도모하면서 차후에 도움이 될 가능성을 타진하는 식이기 때문에 오랜 시간이 걸린다. 모든 일에는 장단점이 있듯이 사람을 많이 만나는 것이 항상 최고의 길은 아니라는 생각이다.

그 점을 보완하기 위하여 책을 통하여 길을 찾고자 한다. 책을 쓴 사람은 이미 그 업계에서 오랜 세월을 지냈고, 나름대로의 노하우를 적어 놓았다. 책을 한권 읽는다는 것은 그 분야의 전문가를 여러 사람 만나는 것과 비슷하다. 때로는 내가 읽은 책 때문에 비록 일을 시작한지 얼마되지 않았어도 전문가와 말이 통한다는 칭찬도 들었다. 물론 처음에는 어떤 책이 그 분야에서 좋은 책인지, 아닌지를 판단하기 어렵다. 그래도 일단 그럴듯해 보이면 산다. 사서 보다보면 그게 눈에 들어온다. 아, 이 책은 잘쓴 책이구나! 쓴 사람이 많은 생각을 하며서 썼구나 하는 게 다독을 하다보면 판단력이 생기고, 그 사람이 했던 방식을 따라 해본다.

예를 들면 신발에 대한 내수영업을 해야겠기에 '세일즈'에 대한 책을 구해 보기 시작했다. 그 중에서 브라이언 트레이시가 쓴 '판매의 심리학'을 읽었다. 그 중에서 세일즈맨이 하루 일상중에서 실제로 영업을 하는 시간은 매우 짧고, 오후에 고객을 만난다는 것이다. 그것은 세일즈맨들이 고객들을 만나면서 '거절당하는 것'을 두려워하기 때문이란다. 그러면서 충고를 하는 것이 '가장 하기 두려운 일부터 하라!'였다. 사람들이 거절하는 것은 '영업' 그 자체일 뿐, '홍재화'라는 사람을 거절하는 게 아니다. 그리고 나서 난 결심했다. 앞으로 신발과 관련있는 사람을 100명을 만나기로 했다. 시한은 한달이내 50명, 석달내 나머지 50명 그리고 여기저기 막무가내로 전화를 했다. 만날만한 사람을 소개시켜 달라고.

이처럼 '책은 삶에 있어서 등대와 같다'는 말이 그냥 형이상학적인 미사여구가 아니라 나에게는 일상적인 말이다. 많은 사람들이 나보고 '저지르고 본다'는 말을 많이 한다. 하지만 그냥 아무데나 저지를 정도로 무식하지는 않다. 나름대로 책에서 찾아낸 등대 불빛을 따라 출발을 하지만 사람들은 그 과정을 모를 뿐이다. 그리고 난 항상 무언가에 대하여 쓰려고 한다. 무슨 유명한 저자도 아닌, 그저 자기사업에 대한 생각이나 독후감을 쓰는 아마츄어에 불과하지만 그래도 쓴다. 나의 글을 남에게 읽히기 위함이라기 보다는 내 생각을 정리하기 위함이다. 그렇다고 독자를 전혀 의식하지 않는 것은 아니다. 왜냐하면 내가 글을 쓰는 곳이 '블로그'이기 때문이다. 그러니 그 수가 많든 적든 내 글을 읽는 사람들을 의식하지 않을 수 없다. 다만, 글을 쓰는 목적이 '온전히 남에게 읽히기 위한 글이라기 보다는, 내 생각을 정리하다 보니 남에게 읽히는 글'이 되는 것이다. 왜 정리가 필요한가 하면 책의 내용이 나에게 불빛을 비추어주기는 했지만 나에게 꼭 맞는 말을 해주는 저자는 없기 때문이다. '신발의 역사'나 '재료학'이 도움이 되기는 신발의 구조를 이해하는 데 도움이 되었지만, 나처럼 'Feelmax라는 브랜드로 양말을 수출하면서 신발을 수입하는 비즈니스'에 대하여 쓴 사람은 없다. 사실 신발비즈니스에 대하여 쓴 사람도 없다. 옷에 대한 비즈니스 책은 많지만 양말과 신발을 결합한 비즈니스 책은 없다. 그것도 내수와 수출을 같이 하는 경우는 더더구나 없다. 그래서 내가 읽었던 책을 내나름대로 소화하고 실전에 접목시켜야 한다.

내가 이 '구멍가게 경영론'을 쓰는 것도 '내가 어떻게 사업을 하고 있는지, 잘하고 있는지'를 스스로 검증함으로써 좀더 잘해보기 위한 글이다. 그래서 각 꼭지마다 될수록이면 책의 내용을 1-2권 정도는 예시하려고 한다. 난 원래 글재주가 있던 사람은 아니다. 그런데 '내가 왜?'에 대한 해답을 찾는 과정에서 읽었던 자료들과 책들을 정리하다보니 글을 쓰게 되었다. 정말 의도하고 쓴 책은 '무역 & 오퍼상 무작정 따라하기'

이다. 이 책을 쓰게된 동기는 길벗에서 먼저 제안을 했기 때문이다. 하지만 '박람회와 마케팅', '홍사장의 책읽기'는 원고부터 써놓고 출판사를 찾았다. 아직 출판되지 않은 원고도 두권 분량이다.

지금껏 내가 쓴 책의 내용을 간단히 본다면

1) 박람회와 마케팅 : 코트라 전시부에 있으면서 박람회가 뭔지를 알고 싶어서 자료를 구하며 읽다가 마무리로 쓴 책.
2) 홍사장의 책읽기 : 애초에는 독후감을 쓰려고 했는데 출판사에서 거절하면서 출판용으로 다시 고쳐쓴 책.
3) 무역 & 오퍼상 무작정 따라하기 : 창업하고 15년이 되어가는 시점에서 내가 제대로 무역을 알고나 하는지 정리해보기 위해서 쓴 책.
4) 책은 묻고 홍사장은 답한다 : '홍사장의 책읽기'의 원형. 두 권의 책을 비교하면서 쓴 독후감. 드디어 출판 계약함. 출간예정.
5) 경제.미래 위기 그리고 가족 : FEELMAX의 경영이론을 정립하기 위하여 쓴 원고. A4용지로 약 200페이지. 그냥 경험삼아 쓴 것으로 남겨둠

난 내가 무엇을 하는지 알아야 한다는 강박관념 비슷한 게 있다. 그리고 대충하는 게 싫다. 업무처리 방식이 꼼꼼하다는 게 아니라, '왜 그렇게 해야 하는지?'에 대한 해답을 찾는거다. 사업을 하다보면 하나의 일을 풀어가는 방법이 많다. 어떤 사람은 10가지를 알고, 어떤 사람은 100가지를 안다. 책을 많이 읽은 사람일수록 자신이 풀어갈 수 있는 '경우의 수'가 많은 것은 당연하다. 그렇다고 100가지의 방법이 얽혔을 때 풀어가려면 어디부터 풀어야 하고, 어떻게 풀어야 하는지도 눈에 보여야 한다. 난 그 복잡한 실타래를 풀어가는 방법으로 글을 쓴다. 어떤 주제에 대한 글을 쓸 때는 미리 분량을 정해놓고 쓰는 데, 내가 부담없이 쓸 수 있는 정도보다 좀더 많은 양을 정해 놓는다. 너무 작으면 쓰는 사람이 재미가 없다. 자기가 아는 것보다 많은 분량을 정해야 그간 읽었던 책들을 펼쳐보고 써야 한다. 그러다 보면 내용이 충실해지고 나도 쓰는

맛이 난다. 지금 이 구멍가게 경영론을 쓰는 것도 생각보다 '신발사업'이 잘 풀리지 않아 내가 무엇을 잘못하고 있는지를 알기 위해서 쓰는 거다. 그리고 나름대로 원인과 해결책을 찾아냈다. 일단 해결책이 나오니 할일이 무척 많아졌다. 그래도 이 글은 마무리 지을려고 한다. 나의 경영이론이 한단계 높아지는 계기를 만들기 위해서이다. 어떻게 보면 난 거의 교과서적인 마케팅을 하고 경영을 하고 있다. 책에서 읽었던 수많은 마케팅 기법은 나의 경영에 녹아들어 있다. 하지만 그 어느 책도 '자금이 부족함에도 불구하고 마케팅을 해야 할 때는 이러이러하게라도 해야한다'에 대한 사례는 없다. 경영학 책들은 이미 다른 요소들은 다 갖추어진 상태에서 '인사관리'를 하는 이야기를 적어놓았다. 경영학 책들은 거의 대기업 경영에 대한 것이고, 최소한 중견기업까지의 이야기다.

'구멍가게'를 어떻게 해야 하는지에 대한 책은 거의 없다. 따라서 구멍가게 사장들은 자기가 읽을 책을 나름대로 소화해내야 한다.[244][245]

14. 삶의 방식의 격언 모음

(1) 옛날 중국에서는 세 가지의 기를 습득한 자가 제왕이 될 수 있다고 했다.

첫번째는 천기(天氣)로서, 하늘의 기를 붙잡는 것이다.
두번째는 지기(地氣)로서, 땅의 기를 붙잡는 것이다.
세번째는 인기(人氣)로서, 사람의 기를 붙잡는 것이다.
이 세가지의 기를 붙잡는 방법을 터득해야 제왕이 될 수 있다는 것이다. 그중에서도 가장 어려운 것이 '인기'다. 지금도 인기를 붙잡는 방법을 알 수만 있다면 정치가나 연예인들이 얼마든지 돈을 써서 그 방법을 배우려 할 것이다. 여기서 말하는 '인기'란 넓은 의미로 '인맥'을 뜻한다. 결

---

244) [출처] 책에서 길을 찾고 쓰면서 돌아본다 (무역 무작정따라하기) |작성자 홍서방
245) http://cafe.naver.com/drimtru.cafe?iframe_url=/ArticleRead.nhn%3Farticleid
=195(2010.4.30)

국 제왕은 하늘과 땅, 그리고 사람이 만드는데, 그중에서도 가장 든든한 인맥을 가진 자가 제왕의 자리에 오를 수 있다.

(2) 스스로 껍질을 깨고 나오면 병아리가 되지만 남이 깨면 계란 후라이가 된다.

(3) 장작을 패는 데 쓸 수 있는 시간이 8시간이라면 나는 그 중 6시간 동안 도끼날을 날카롭게 세울 것이다. [에이브러햄 링컨]

(4) 모든 직원이 비전을 공유하기 전까지는 초우량기업이 될 수 없다. [프레드릭 스미스, 미국 페덱스(페더럴 익스프레스)사의 최고경영자]

(5) IBM이 오늘에 이르게 된 데는 세가지 특별한 이유가 있다.

첫째, 처음 사업을 시작할 때부터 이 사업이 어떤 모습으로 성공해 있어야 하는가에 대한 분명한 그림을 그리고 있었다. 나의 꿈, 나의 비전이 어떤 모습으로 이루어져야 하는지에 대하여 사업 초기부터 생각하고 있었다.

둘째, 일단 사업의 미래에 대한 그림을 그린 후에는, 그런 기업은 어떤 식으로 움직여야하는가에 대한 질문을 스스로에게 던졌다. 그리고 IBM이 성공한 기업으로서 해야 하는 바에 대한 그림을 그렸다.

셋째, IBM이 위대한 기업이 되기 위해서는, 그렇게 되기 훨씬 이전부터 위대한 기업들이 하는 것처럼 행동해야 한다는 것을 알았다는 것이다. 처음부터 IBM은 나의 비전에 의해 만들어졌고, 매일 우리는 그 비전을 이루기 위해 열심히 노력했다. 하루의 일과가 끝나면 우리는 그 날의 업무를 돌아보며 우리가 궁극적으로 목표로 하는 것과 현재 우리가 처한 위치의 차이를 인식했고, 다음 날 아침이면 그 차이를 줄이기 위해 단단히 각오를 가지고 일을 시작했다. IBM의 하루는 업무를 하기 위한 것이라기보다는 사업을 발전시키기 위한 것이었다. 우리는 IBM에서 일을 한 것이 아니라 사업을 만들어 낸 것이다. [톰 왓슨, IBM 창업자]

(6) 그가 강철왕이 된 이유는?

일을 할 때에는 무엇을 하든지간에, 일등을 하려는 욕심이 필요하지요. 알고 보면 그게 위로 올라가는 지름길인 셈입니다. 미국의 유명한 강철왕 카네기는 무슨 일을 하든 1등을 하려고 했습니다. 12살 때에 방직공장에 실감는 사람으로 취직을 했을 때에는 세계 제일의 실감는 사람이 되기 위해 노력을 했지요. 그 덕분에 그는 우편배달부로 고용이 될 수 있었답니다. 우편배달부가 되자 그는 '자기 버릇을 남에게 못주고' 계속 예의 버릇을 고집했습니다. 우편배달부로 들어가자 아예 한집 한집 주소를 모두 다 깡그리 외워 어떤 구역으로 가는 어떤 우편물도 곧바로 배달을 할 수 있게 했습니다. 세계 제일의 우편배달부가 되고자 한 것입니다. 그 후 그는 그런 방법으로 그가 일을 하는 모든 직업에서, 세계 제1인자가 되기 위해 일을 했습니다.

(7) 할 수 있다고 말하지 않으면 기회는 없다. 우선 할 수 있다고 말하자. [나카타니 아키히로]

(8) 한국 최고 엘리트인 서울대 이공계 박사들마저도 사회에 나오면 창의력도 없고 영어도 제대로 못하고 네트워크도 떨어지는 등 외국에서 공부한 인재들을 따라 갈 수 없다고 기업들은 혹평하고 있다.

(9) 한국의 이공계 박사와 외국 출신박사를 '똥차'와 '벤츠'에 비유하면서 한국인들은 문제해결 능력이 없고 외국에서 공부한 사람이 1~2분이면 읽어내는 영어보고서를 10~20분에 걸쳐 읽는다고 말했다. 세계화 시대의 필수요건이라고 하는 네트워크도 "외국인들이 '태평양의 대어'라면 한국 박사들은 '서해안의 잡어(雜魚)' 수준은 아니지만 그 정도"라며 이런 우물 안 개구리식 네트워크로는 경쟁에서 이길 수 없다고 단언했다. [윤종용부회장, 삼성전자]

(10) 수천만 달러가 걸린 특허소송이 붙었을 때 이를 맡길 한국인 변호사 변리사가 없다. [윤종용부회장, 삼성전자]

(11) 일본만 해도 대학을 졸업한 학생을 바로 쓸 수 있는데 우리는 3~4년 현장에서 교육시켜야 능력을 발휘한다. [윤종용부회장, 삼성전자]

(12) 지금 세계는 농경사회 산업사회 정보지식사회로 가고 있는데 우

리 교육은 농경사회에 머물고 있다. 우직한 인력으로는 수만명을 먹여 살릴 독창성이 나오지 않는다. [윤종용부회장, 삼성전자]

(13) 한국교육은 20년동안 학교에서 배운 지식이 500원짜리밖에 안 된다는 데 문제가 있다. 500원짜리 메모리칩에 저장할 수 있는 지식의 학생밖에 배출하지 않으니 외국에서 배워온 학생들을 채용한다. [최정규, 맥킨지컨설팅 대표]

(14) 왜 그런지에 대해서 충분히 알고 있는 사람은 어떤 것도 견딜 수 있다. [니체, 철학자]

(15) 선과 악, 그리고 상과 벌은 이성적인 피조물에게 유일한 동기(motive)이다. 이것들이 모든 인류가 일을 하도록 다그치며 이끄는 박차와 굴레이다. [존 로크]

(16) 휴식은 정숙하고 여유로우며 아름다워야 한다. 그것은 조용한 침묵의 눈빛으로 바쁘게 달려온 삶의 관성이 우리 몸에 선물한 물집들을 들여다보는 일이다<젊은 사슴에 관한 은유/박범신>

(17) 『할 수 없어도 할 수 있다고 말하지 않으면 찬스는 없다. 우선 '할 수 있다'라고 말하자. -나카타니 아키히로- 』

(18) "대기업이 소규모 기업보다 덜 창조적인 이유는 대기업에서는 종종 생각을 통해서 어떤 새로운 문제를 해결하려 하기보다는 새로운 직원을 채용함으로써 해결하려 하기 때문이다." - 하랄트 위르겐젠 (독일 경제학자)

(19) 『서투르다는 말을 계속 듣고 있는 사람은 없다. 서투른 경험이 쌓이면 능숙해지는 것이다. -나카타니 아키히로-』

(20) 문화란 무엇인가. 자신의 존재를 부정하고 업신여기는 것이 세계화이고 국제화인가. 문화는 자기를 찾아가는 과정이다. 나를 찾아가는 과정이 문화다. 나를 내보이는 것, 즉 세계 속에 자신의 행동양식을 드러내는 행위이다. 나의 존재를 알리면서 상대의 존재를 알고, 서로 존중하며 공존하는 방식을 찾고 배우는 것이 문화다.-임옥상

(21) 책을 읽는 여러 즐거움 중에서도 '오호라'하며 마음 속에서 놀라움의 탄성을 지를 수 있게 하는 한 구절을 만났을 때의 기쁨이 가장 크지 않을까 생각한다<나는 이런 책을 읽어왔다/다치바나 다카시>.

(22) 처음부터 늘 최선의 선택을 못하겠지만 선택하는 과정에서 우리의 솜씨는 점점 향상되어 갈 것이고, 그에 따라 우리는 더 적극적으로, 더 자유롭게 살아가게 될 것이다<명상의 기술/에크나트 이스와란>.

(23) 영국의 윌슨 수상은 어린 시절 다우닝가 1번지(한국의 청와대에 해당)를 오가며 "나는 수상 꼭 되고 말거야"를 외친 결과 수상이 되었다.

(24) 대전 역무원으로 일하던 한 청년은 호주로 이민가서 인공위성을 쏘아 올리는 사업을 꿈꾸며, 호주의 국회의원들을 설득하여, 우주항공법을 바꾸었고 호주와 소련의 우주항공개발을 통한 국교를 성사시켰으며, 어느 나라도 해내지 못하는 인공위성 사업을 추진하여 세계적인 사업가가 되었다.

(25) 삶의 방법 가운데 재미있는 사실이 하나 있다. 최상이 아닌 것들을 받아들이지 않고 거부할 경우, 당신은 거의 항상 최상의 것을 얻는다. [로빈 S. 샤르마, 내가 죽을 때 누가 울어줄까]

(26) 오직 위기만이 진정한 변화를 만들어 낸다. [밀턴 프리드만]

(27) 데스페인은 처음에는 그가 배웠던대로 '명령' 위주의 리더십을 가지고 조직을 관리했다. 그에게 노조와 노동자는 '적'이었다. 데스페인은 그들과 '싸워 이김'으로써 관리자로 승승장구했다. 그는 경청하기보다는 가르쳤고 사람들을 참여시키기보다는 직접 해결책을 제시했다. 하지만 90년대초의 불경기는 모든 상황을 바꿔놓았다. 공장설비를 최신식으로 바꾸고 기계를 재정비하고 제품품질을 높이는 등 할 수 있는 것은 모두 다 했음에도 불구하고 캐터필러는 심각한 손실로 고통받고 있었다.

살아남기 위해서는 변화해야만 했다. 데스페인은 다른 사람이 아닌 자신을 돌아보았다. 그리고 문제의 핵심은 비용절감이나 마케팅전략같은 것이 아니라 어떻게 모든 임직원들이 서로를 신뢰하며 한마음으로 일할 수 있는가의 문제라는 것을 깨닫는다. 수 많은 토론과 수정을 거친 끝에 전 직원들이 동의하는 가치관들이 수립됐다. 신뢰, 상호존중, 팀워크, 리스크 부담, 고객만족 등이 그것이다. 데스페인은 리더들을 포함해 모든 직원들이 이 가치관에 의거해 행동하도록 이끌었다. 대립과 반목으로 점철된 노사문화는 대화와 타협이 중심이 되는 화합의 문화로 바뀌었고 직원들이 자발적으로 일하기 시작하면서 생산량은 기하급수적으로 늘어났다. [제임스 데스페인, CEO가 된 청소부]

(28) 무엇보다 사람이 먼저다. 인정하고 존중하라. 그들은 열정으로 화답할 것이다. [제임스 데스페인, CEO가 된 청소부]

(29) '서번트 리더' 의 주요 특성을 다음과 같이 제시하고 있다.

    (가) 경청(Listening) - 부하를 존중과 수용적인 태도로 이해하는 것이다. 리더는 적극적이고 능동적으로 경청해야 부하가 바라는 욕구를 명확히 알 수 있다.

    (나) 공감(Empathy) - 공감이란 차원높은 이해심이라고 할 수 있는데 리더는 부하의 감정을 이해하고 이를 통해 부하가 필요한 것이 무엇인가를 알아내고 리드해야 한다.

    (다) 치유(Healing) - 리더가 부하들을 이끌어 가면서 보살펴줘야 할 문제가 있는가를 살피는 것이다.

    (라) 스튜어드십(Stewardship) - 서번트 리더는 부하들을 위해 자원을 관리하고 봉사해야 한다.

    (마) 부하의 성장을 위한 노력(Commitment to the growth of people) - 리더는 부하들의 개인적 성장, 정신적 성숙과 전문분야에서 발전하기 위한 기회와 자원을 제공해야 한다.

    (바) 공동체 형성(Building community) - 리더는 조직구성원들이 서로 존중하며 봉사하는 진정한 의미의 공동체를 만들어 가야 한다. [스피어즈, 그린리프 연구센터 연구소장]

(30) " 당신이 행복하지 않다면 집과 돈과 이름이 무슨 의미가 있겠

는가. 그리고 당신이 이미 행복하다면 그것들이 또한 무슨 의미가 있겠는가" <달라이 라마의 행복론>.

(31) 만약 어떤 사람이 별로 잘한 것도 없는데 갑자기 보상받게 되면 미안함과 배려에 대한 감사함으로 인해 스스로 새로운 차원의 행동과 업적을 올릴 수 있도록 자극할 수 있다. [Anthony Robbins, 네 안에 잠든 거인을 깨워라]

(32) 왜 사업에 실패한 최악의 경우나 잘못된 결단들에 대해 자꾸 반복해서 생각하는가? [Anthony Robbins, 네 안에 잠든 거인을 깨워라]

(33) 아직 일어나지 않았지만 있을 수 있는 환상적인 일에 대해서 생각을 집중하고, 그 느낌을 지금 경험할 수도 있다. 이것이 우리가 목표를 세울 때 얻을 수 있는 효과이다. [Anthony Robbins, 네 안에 잠든 거인을 깨워라]

(34) 1980년대 개혁개방을 추진하는 가운데 "앞으로 50년간은 패권을 추구하지 말라"며 덩샤오핑(鄧小平)이 제시한 '도광양회'(韜光養晦 : 칼빛을 감추고 어둠속에서 실력을 키우고 때를 기다린다) 전략이 21세기에 들어오며 '유소작위'(有所作爲 : 필요한 부분에서는 적극적으로 행동한다)로 변하고 있는 중국에 대해 미국은 위협을 느끼고 있다는 지적이다.

(35) I don't know the key to success, but the key to failure is trying to please everybody. [Bill Cosby]

(36) 진정한 기업 리더십은 구체적인 비전·도덕성·신뢰성·전문성·후계자 양성·팀워크·창의성 등 7가지 특성이 고루 갖춰져야 생긴다.

(37) 진정한 기업인 - 경영자
   (가) 미래 비전 설정 - 현실적 조직목표 달성
   (나) 변화에 대한 대처 - 복잡한 사안에 대한 대처
   (다) 조직원에게 방향성 제시 - 조직, 인원관리
   (라) 동기부여와 격려 - 통제와 문제해결
   (마) 지혜와 인지능력 - 지식과 시장적응능력

(바) 도덕성과 종합능력 - 도덕성과 실행능력
　　　(사) 대외환경변화에 능동적 대응 - 대외환경변화에 수동적 대응
　(38) 9가지 덫에 걸린 한국의 리더십
　　　(가) 책임없는 제왕적 리더십
　　　(나) 왕따 기반의 배타적 리더십
　　　(다) 과정무시한 결과 리더십
　　　(라) 우리 중시의 집단적 리더십
　　　(마) 소신없는 눈치 리더십
　　　(바) 후계자없는 불임 리더십
　　　(사) 폭력 앞세운 조폭 리더십
　　　(아) 서열중심의 하달식 리더십
　　　(자) 지위내세운 권위 리더십
　(39) 현재 속에 존재한다는 것은 잡념을 없앤다는 뜻이다. 그것은 바로 지금 중요한 것에 관심을 쏟는다는 뜻이다.<선물/스펜서 존슨>

　(40) NQ(Network Quotient) = N(Need): 상대방의 필요에 민감하고 그것을 충족시켜주라+ E(Encouragement) 격려하라, 즉 용기를 북돋아주라 + T(Thanks) 감사하라. 조그만 것에도 감사를 표현하라 + W(Wow!! 상대방의 장점, 잘한 점에 감탄하라 + O(OK) 항상 긍정적으로 인정하라 + R(Remembrance) 상대방의 중요한 것, 사실, 날, 장소 등을 기억해주라 + K(Kindness) 친절하게 대하라

　(41) 여행이 주는 여유는 삶의 속도를 늦추는 낭비가 아니었다. 새로운 자신을 구축하는 성장의 기쁨을 누리게 한 기간이었다<너무나 느긋한 휴식 스케줄/이종은>.

　(42) 『사람은 의복에 알맞게 환영받고, 지능에 알맞게 해고된다. -러시아 속담-』

　(43) 『할 수 없어도 할 수 있다고 말하지 않으면 찬스는 없다. 우선 '할 수 있다'라고 말하자. -나카타니 아키히로-』

(44) 『아내를 칭찬해 주고 가치를 인정해 주라. 그러면 딸들은 '긍지를 가진 아내와 엄마'가 될 것이다. -마이클 패리스- 』

(45) 진정한 행복은 먼 훗날 달성해야 할 목표가 아니라, 지금 이 순간 존재하는 것이다. 안타깝게도 대부분의 사람들이 행복을 목표로 삼으면서 지금 이 순간 행복해야 한다는 사실을 잊는다.-《꾸뻬씨의 행복 여행》 중에서

(46) 『부하를 돕는 것이 경영관리자의 책임 - 피터드러커- 』

(47) 『복을 얻고 못 얻고는 자신의 힘에 달린 것이다. <시경(詩經)> 대아(大雅)에 있는 말. -좌전- 』

(48) 『소유물에 대한 집착은 인간에게 커다란 고통을 안겨준다.-이드리스 샤흐-』

(49) 친절하기 위해 시간을 내라, 행복으로 가는 길이다. 꿈꾸기 위해 시간을 내라, 뜻을 품는 것이다. 웃기 위해 시간을 내라, 영혼의 음악이다(시간을 내라 2/아일랜드 민요).

(50) 생각하기 위해 시간을 내라, 능력의 근원이다. 운동하기 위해 시간을 내라, 젊음을 유지하는 비결이다. 독서를 위해 시간을 내라, 지혜의 원천이다(시간을 내라 1 / 아일랜드 민요).

(51) 소비자는 합리적 소비를 한다는 경제학의 대전제가 무너져 내렸습니다. [한나영, 얼리어답터 이사]

(52) 현대의 소비자들은 실용성에 기초한 합리적 소비보다는 감정과 본능에 따라 행동하며 기업이나 제품에 대해 스스로가 가진 호감의 정도가 구매 행위와 결정에 절대적인 영향력을 갖는다고 합니다. [한나영, 얼리어답터 이사]

(53) 열광하지 않을 수 없는 전설적인 브랜드, 특히 디지털 명품의 비밀은 이제 제품은 이성보다는 감성에 호소하고 있다는 것을 명확히 보여줍니다. [한나영, 얼리어답터 이사]

(54) 수많은 디지털 걸작을 들여다 보며 얻은 결론은 뛰어난 감성이

야말로 가장 전략적인 활동의 결과라는 것입니다. 게다가 제품은 가치사슬의 종착역에 존재하는 최종 산출물이면서 동시에 제품의 이미지는 전사적인 정서를 반영한다는 것을 알게 되었습니다. [한나영, 얼리어답터 이사]

(55) 말하자면 제품이 Cool한 이미지를 가지고 있다는 것은 그 제품을 만들어낸 기업이 스스로의 오감을 동원하여 소비자의 오감에 호소하는 세심함을 지니고 있다는 뜻입니다. [한나영, 얼리어답터 이사]

(56) 애플의 사과는 애플의 모방할 수 없는 고유한 매력이 1%의 반짝이는 꿈의 아이디어라도 포기하지 않고 99%의 헌신적인 노력으로 이루는 것이라고 말하고 있습니다. [한나영, 얼리어답터 이사]

(57) 순수한 마음을 보여준 연인에게 무너지지 않을 수 없듯이 감동을 가져다 주는 브랜드 속엔 심장이 뛰고 있습니다. 그리고 살아 있는 심장이 바로 재능입니다. 결코 세련된 감각이 재능이 아닙니다. 엄청나게 무모한 열정이 재능입니다. [한나영, 얼리어답터 이사]

(58) 디지털 명품을 창조하는 재능은 그런 열정입니다. 감각은 모방할 수 있지만 열정은 흉내낼 수 없기에 더욱 빛나는 재능입니다. [한나영, 얼리어답터 이사]

(59) 나무가 자신을 위해 그늘을 만들지 못하는 것처럼 우리도 혼자서는 어떤 행복도 만들지 못한다(나무는 자신을 위해 그늘을 만들지 않는다/고도원).

(60) "대기업이 소규모 기업보다 덜 창조적인 이유는 대기업에서는 종종 생각을 통해서 어떤 새로운 문제를 해결하려 하기 보다는 새로운 직원을 채용함으로써 해결하려 하기 때문이다." - 하랄트 위르겐젠 (독일 경제학자)

(61) "이 재난에는 커다란 의미가 있다. 나의 지나간 실수까지 모두 다 타버린 것이다. 새롭게 다시 시작할 수 있다는 사실을 하나님께 감사한다." 에디슨은 정말 그렇게 생각했다. 그로부터 3주 후 그는 세계 최초의

축음기를 발명했다. [글렌 반 에케렌, 너와 나누고 싶은 이야기가 있다]

(62) 가장 큰 파산은 열정을 잃어버린 것이다. 모든 것을 다 잃어도 열정만은 잃지 말라. 그러면 언제든 다시 일어설 수 있다. [H. W. 아놀드]

(63) 어른이 되어서도 어린아이의 마음을 지니는 것, 즉 열정을 간직하는 것이 천재의 비밀이다. [알더스 헉슬리]

(64) 실패는 죄가 아니다. 목표가 낮은 것이 죄다. [제임스 러셀 로웰]

(65) 일하지 않는 사람은 불평이 많다. 분명한 인생관을 갖고 일에 몰입하는 사람은 불평할 틈이 없다. [글렌 반 에케렌, 너와 나누고 싶은 이야기가 있다]

(66) 경제잡지 「포브스」를 창간한 미국의 비 씨 포브스는 이렇게 말했다. "우리가 일을 즐거운 것으로 생각하는지 고생으로 생각하는지는 전적으로 마음 자세에 달렸다. 그 일이 무엇이냐에 달린 것이 아니다." [글렌 반 에케렌, 너와 나누고 싶은 이야기가 있다]

67) 성공과 실패는 종이 한장 차이다. 즉, 어떤 일을 가장 정확한 방법으로 하는 것과 그와 비슷하게 하는 것이다. [에드워드 시몬즈]

(68) 사람들이 나에게 '당신의 성공 비밀은 무엇이냐'고 물어보면 '나는 쓰러질 때마다 다시 일어났을 뿐'이라고 말하고 싶다. [폴 하비]

(69) 인생에서 장애물이 없는 길을 선택한다면 그 길은 당신을 어디에도 데려다 주지 못할 것이다. [프랭크 클라크]

15. CEO의 요건

우리나라에는 전체 170여만개의 기업이 있는데, 이는 인구 27명당 한 개에 해당한다고 한다. 즉 인구 27명당 한명이 사장이다. 그러나 회사를 소유하고 있어야만 CEO가 되는 것은 아니다. 당신을 1인 기업가로 본다면 당신은 이미 CEO이다. 하지만 이들 중 얼마나 많은 사람들이 자신이 CEO라는 사실을 알고 있으며, CEO의 임무를 제대로 수행하고 있을까?

CEO의 길은 보기와는 달리 그리 쉽지 않다. 자신의 수행이나 경영활동 중 어느 하나만을 달성했다고 해서 최고경영자로서 모든 것을 다 해냈다고 보기는 어렵고 각종 이견을 통합해내는 것도 그리 쉽지 않으며 치열한 경쟁환경은 항상 당신에겐 생활의 조건으로 다가오고 있다.

그렇다면 이런 복잡한 사회에서 CEO가 가지고 있어야 하는 자질은 과연 어떤 것일까? 데브라 벤튼은 CEO가 가져야 할 10가지 행동요건으로 다음과 같은 것들을 꼽고 있다.

(1) 자신에게 충실하라. 성실성은 모든 CEO의 제1원칙이며 리더십의 전제조건이다.

(2) 미래를 정확히 보아라. 비전은 차별화의 기준이 되는 중요한 가치이다. 현재 처한 위치를 냉정하게 평가하고 미래가 원하는 것이 무엇인지를 분명하게 알아야 한다.

(3) 효과적인 결정을 내려라. 효과적인 의사결정이야말로 최고의 역량을 발휘해 미래를 만드는 기본이다.

(4) 조직에 활력을 불어 넣어라. CEO는 큰 그림을 그리는 사람이며 자원을 관리하는 사람이다. 위임과 커뮤니케이션을 포기한 CEO가 되어서는 안된다.

(5) 유능한 인력을 확보하라. 위대한 사람보다는 좋은 사람을 얻어야 성공할 수 있다. 유능한 인력을 확보하기 위해선 칭찬에 능해야 하고 인간관계의 모든 부정적인 요소들을 과감하게 제거해야 한다.

(6) 자금 조달과 보호에 최고가 되어라. CEO의 유일한 성적표는 자금 현황이다. 수입원을 확보해 부가가치를 높이고 최종적인 이익을 창출할 수 있어야 인정받는 CEO가 될 수 있다.

(7) 힘든 경우에도 CEO라는 사실을 잊지 마라. 조직 내에서 안정적인 리더십을 펼치고, 조직 밖에서는 탁월하게 뛰어난 리더가 될 수 있어야 한다.

(8) 복음을 전하듯 세일즈를 하라. 궁극적으로 모든 분야에서 만족하

기 위해선 CEO가 판매에 있어 최고의 전문가라는 평가를 받아야 한다.

(9) 훨씬 크고 더 멀리 생각하라. CEO는 특정 조직만의 리더가 아니다. 이는 사회적 책임이며 요구이다. 자신에게 큰 것을 기대하는 세상의 요구에 부응할 수 있어야 한다.

(10) 쓸데없는 일은 버려라. 때로는 일보다 가족에게 더 많은 관심을 가져야 하며, 자신만의 시간도 필요하다. 과거를 후회하지 말고 미래를 변화시켜야 한다. 그러기 위해선 주변의 모든 복잡한 요소를 과감하게 제거할 필요가 있다.

넓은 시각에서 봤을 때, 당신은 이미 자신의 삶을 경영하는 CEO입니다. 자기 스스로를 CEO라고 생각하기 시작할 때, 내면에 숨어있었던 능력도 발휘되기 마련입니다. 적당한 때가 오기를 기다리기만 해서는 일이 이루어지지 않습니다. 자신이 할 수 있다는 것을 믿고 실행에 옮겨야 합니다. 그럴 때 당신은 스스로 바라던 모습에 한 걸음 더 가까이 다가설 수 있습니다.

한편, 성공을 위한 24가지의 원리가 있다. 어려운 시기일수록 이 원리들은 더욱 힘을 발휘한다.

(1) 고객을 보호하라 - 경쟁자들은 여러분의 고객을 목표로 하고 있다.

(2) 관계를 강화하라 - 가격이 아닌 관계를 통해 경쟁해야 한다.

(3) 자기 자신을 훈련하라 - 훈련을 위해서 지금 당장 예산을 수립하라.

(4) 당신의 자질을 점검하라 - 자신의 일에서 본인의 최강점을 확인하라.

(5) 휴먼 네트워크를 구축해가라 - 이전에는 네트웍이 전혀 없었던 것처럼 여겨라.

(6) 소속집단에서 눈에 띄어라 - 리더가 되건 자원해서 일을 맡건 스스로 이름을 퍼뜨려라.

(7) 진정 가치있는 정보를 주어라 - 필요하지만 다른 곳에서 얻을 수 없는 정보를 주어라.

(8) 평판을 갈고 닦아라 - 평판이 당신 자신이고 사람들이 당신에 대

해서 아는 전부이다.

(9) 원하는 기준을 스스로 결정하라 - 본인에게 맡겨진 할당량에 얽매이지 마라.

(10) 적극적으로 문제 해결방법을 찾아라. - 경기가 침체된 시기에도 사람들은 소비한다.

(11) 매일 독서를 하라 - 특히 태도에 관한 책을 읽고 주의깊게 연구하라.

(12) 자신에게 투자하라 - 좋은 태도와 호감을 줄 수 있는 외모를 만드는데 시간을 투자하라.

(13) 긍정적이고 강한 인상을 남겨라 - 인상이 당신의 평판에 영향을 준다.

(14) 컴퓨터 스킬을 키워라 - 웹과 인터넷 툴의 사용에 능숙하도록 하라.

(15) 항상 연습하고 공부하라 - 특히 창의력을 키우는데 주력하라.

(16) 거절을 통해 배워라 - 임의광고 전화(cold call) 한통이라도 자주하라. 'no'라고 거절하는 사람들을 다루는 방법을 연구하라. 그러면 'no'를 'yes'로 바꾸는 방법을 찾게 될 것이다.

(17) 일찍 일어나고 늦게 자라 - 세상이 잠든 시간에 일하라.

(18) 아침형 인간이 되라 - 머리가 좀더 활발히 움직이며 판단들도 더 예리해질 것이다.

(19) 충전 시간을 가져라 - 그 시간들이 당신의 생산성을 결정한다.

(20) 확실한 목표를 수립하라 - 눈앞에 확실한 목표를 두고 매일매일 반복하고 그것에 집중하라.

(21) 구체적인 계획을 세워라 - 큰 목표에 다다르기 위해 단순하지만 구체적인 단계들을 설정하라.

(22) 금전적으로 시간적으로 여유를 가져라 - 수입을 늘리기 위해 최선을 다해 노력하라.

(23) 긍정적인 태도를 가져라 - 모든 게 당신의 태도에 달렸다는 것을

명심하라.

(24) 자기 자신을 차별화하라 - 오직 나 자신만이 차별성을 만들 수 있다.

떨어지는 빗방울이 바위를 깎을 수 있는 것은 그것의 강함이 아니라 꾸준함과 포기함을 잊은 노력 때문입니다. 오늘도 즐거운 하루 되세요.

『아이들은 어른의 말은 귀담아 않지만 행동은 꼭 따라한다 -James Baldwin- 』

쾌활한 성격은 행복을 배달하는 집배원의 역할을 한다. 쾌활한 성격이라는 보물을 얻기 위해 노력하라.(희망에 대하여/쇼펜하우어) 아침의 작은 미소(微笑)가 쾌활함의 시작입니다. 의식된 일에 소모되는 에너지는 모두 일종의 투자이지만 기계적으로 소모된 에너지는 영원히 잃어버리는 것이다(구르지에프).

『마음으로 성실하게 구한다면 적중하지 않는다고 하더라도 멀리 벗어나지는 않을 것이다. 완전하지는 않더라도 적어도 그 가까운 것까지는 구할 수가 있다는 말. -대학- 』

현대그룹 창업주인 정주영은 "회장님, 이건 어렵습니다" 혹은 "그건 안됩니다"라고 말하는 간부들에게 이런 대답을 입버릇처럼 들려줬다고 한다. "이봐, (그게 되는지 안 되는지) 해봤어?" 주위 친구들에게 "이토록 힘든 세상인데 너는 왜 죽지 않니? 살아있는 게 행복하니"라고 물었던 염세주의자 쇼펜하우어는 자신에게 돈을 빌려달라고 오는 친지들을 이런 말로 물리쳤다고 한다. "내가 지금 네가 필요한 돈을 빌려주면 너를 잃을 거야. 나는 그런 멍청한 일을 하고 싶지 않아."

"돈을 벌기 위한 첫째 원칙은 절대 돈을 잃어서는 안된다는 것이다. 둘째 원칙은 이 첫째 원칙을 절대 잊지 말아야 한다는 것이다"는 워렌 버핏(주식투자가)의 말을 교과서처럼 신뢰한다. 헨리 포드의 "단지 먹고 살기 위해 돈을 원한다면 결코 그것을 가질 수 없다. 사람이 가질 수 있는 최고의 자산은 지식과 경험과 능력을 쌓는 것이다"라는 그의 최근 출간 책 <부자어록>을 통해 이런 이야기를 우리에게 들려준다.

"역사상 위대한 부자들은 직접적으로 돈버는 방법을 얘기하지 않는다. 오히려 인생관과 일을 대하는 태도, 품성에 관한 얘기를 더 많이 한다." '스킬'보다는 '태도'가 중요하다는 주장이다. 200여년전 자본주의 틀을 철학적으로 축조한 아담 스미스는 '한 사람의 부자가 있기 위해서는 500명의 가난뱅이가 있지 않으면 안된다"고 말한 바 있다. 이는 자본의 축적이란 다수의 희생 위에 세워진 탑이라는 설명이다.

미국의 석유재벌 폴 게티는 "지구상에 모든 돈과 재물이 어느 날 오후 3시에 전세계 사람들에게 골고루 나누어진다고 가정해도 30분 후면 각각의 사람들이 소유한 재산에는 상당한 차이가 있을 것"이라고 말한다.

아담 스미스와 폴 게티의 주장에 따르자면 세상엔 '부자'와 '가난뱅이'의 운명이 따로 있는 것이다.

<부자어록>을 쓴 이상건은 이 물음에 대해 간명하면서도 진지하게 답하고 있다. '물질적 부자'가 아닌 '존경받는 부자'가 되라. 가난한 당신, 부자가 되고 싶은가? 그렇다면 아래 말의 진의부터 찬찬히 곱씹어 보기를 바란다. "허약함과 못배움은 내 성공의 원천이었다. 가난은 부지런함을 낳았고, 허약함은 건강의 중요성을 깨닫게 해주었으며, 못배웠다는 사실 때문에 나는 누구로부터 배우려고 했었다"- 일본 마쓰시다 그룹의 창업자 마쓰시다 고노스케.

오늘이란 쓰고 버리는 것이 아니라 배우고 기다림으로 내일의 기쁨을 찾아가는 길목입니다. 오늘 하루도 좋은 시간되시기 바랍니다.

　(1) 자신이 맡은 과제를 완료하지 않은 채 남겨두게 되면 그러한 상황 자체가 스트레스로 작용하게 된다. [Brian Tracy, Maximum Achievement]

　(2) 나는 돈 때문에 사업을 하지 않는다. 난 이미 내가 필요한 것보다 훨씬 많은 돈을 벌었기 때문이다. 난 사업 자체를 즐기기 위해 하는 것이다. 거액이 오가는 거래는 내게 있어 일종의 예술이다. 어떤 사람들은 캔버스 위에 아름다운 그림을 그리고 감동을 주는 시를 쓴다. 그 대신 나는 억대 거래를 하고 그것을 통해 쾌감을 느낀다. 지금까지도 나는 하

루 온종일 돈 거래를 하지만 한 번도 돈 자체 때문에 거래한 적은 결코 없다. 돈은 그 자체로 목적이 될 수 없다. 이는 다만 사람들의 꿈을 성취하는 가장 좋은 방법일 뿐이다. [Donald J. Trump, 도널드 트럼프의 부자 되는 법]

(3) 어떤 때는 직원들을 다그쳐서 최선을 다하도록 해야 하지만 또 어떤 때는 그냥 내버려 두는 것이 더 나을 때가 있다. 군 지휘관은 그런 구분을 정확하게 할줄 안다. 경영자라면 그런 능력을 갖추고 있어야 한다. [Donald J. Trump, 도널드 트럼프의 부자 되는 법]

(4) 사람을 채용할 때는 그 사람의 학벌이나 경력보다는 얼마나 태도가 좋은지 먼저 봐야 한다. [Donald J. Trump, 도널드 트럼프의 부자되는 법]

(5) 자신의 최측근에 두는 사람들을 엄선해야 한다. 그럴 경우 일하는 게 아주 수월해질 수 있다. 그런 직원은 강인한 의지를 갖고 있으면서 영리하고 공손하며 피로를 모를 정도로 열심히 일한다. [Donald J. Trump, 도널드 트럼프의 부자 되는 법]

(6) 어떤 면에서 브루클린의 험악한 동네에서 작은 집을 사는 것보다 맨해튼의 고층빌딩을 사는 것이 더 쉬울 수 있다. 그 어느 쪽이든 은행 융자를 받아야 한다면 사람들은 범죄가 잦은 동네의 낡은 주택을 구입하느니 버젓한 빌딩을 사는 쪽을 택할 것이다. 고층빌딩의 경우 재수가 좋다면 횡재를 할 수 있다. 그러나 그렇지 않을 경우 10만달러 손해를 보는 것과 몇 억달러 손해보는 게 무슨 차이겠는가? 그 어느 경우나 돈을 잃는 건 마찬가지고 파산하는 것 또한 똑같다. 따라서 일단 스케일이 크게 생각할 줄 알아야 한다. 또 인생을 즐기려면 화끈하게 즐길 수 있어야 한다. 언제나 가능성은 주어지는 법이다. 너무 소심하게 생각하면 결과 또한 시원찮을 뿐이다. [Donald J. Trump, 도널드 트럼프의 부자되는 법]

(7) 뭔가에 진정한 열정을 기울이는 사람은 끈질긴 성격의 소유자이

고 상황이 아무리 어려워도 쉽게 포기하지 않는다. [Donald J. Trump, 도널드 트럼프의 부자되는 법]

(1) 기업을 키우는 데 있어서 자신감과 열정을 갖는 것은 성공에서 절반의 조건이 된다. 항상 낙관적인 태도를 잃지 않도록 한다. [Donald J. Trump, 도널드 트럼프의 부자 되는 법]

(2) 사람들은 흔히 자신이 간절히 원하던 일을 못하게 될 때 절망에 빠진다고 말한다. 그러나 그건 더 이상 기회가 없을 거라고 잘못 생각하기 때문에 생겨나는 문제다. 하지만 세상에 해답이 한 가지만 있는 건 아니다. 길은 어디에나 있다. [Sammy Sosa, 프로야구 선수]

(3) 자신의 생각을 옳다고 믿어라. 그리고 밀고 나가라. [Marlo Thomas, 나를 바꾼 그때 그 한마디 1]

(4) 애야, 오늘은 앞으로 남은 네 인생의 첫날이란다. [Marlo Thomas, 나를 바꾼 그때 그 한마디 1]

(5) 머릿속에선 모든 상황이 실제보다 훨씬 위험하게 생각되기 마련이다. 하지만 애써 마음을 가라앉히고 어려움을 헤쳐 나가다 보면 결국 아무 일없이 안전하게 끝나더구나. 아주 좋은 경험을 하게 되지. 그리고 매번 '왜 그렇게 시작도 하기 전에 내가 겁을 먹었나'하고 스스로를 한심하게 생각한단다. [Marlo Thomas, 나를 바꾼 그때 그 한마디 1]

(6) 누구든지 두려운 일을 앞두면 긴장하기 마련이며, 누구든지 약점이 있고 또 스스로 그 약점을 극복해 나가야 한다는 사실을 깨닫게 해주었다. [Michael Eisner, 월트디즈니 사장]

(7) 돈도 아니고 머리도 아니야. 성공의 비결은 자신감이란다. 그런데 자신감을 가지려면 반드시 갖춰야 할 게 있지. 충분히 준비할 것, 경험을 쌓을 것, 그리고 절대 포기하지 말 것, 이 세 가지란다. [Marlo Thomas, 나를 바꾼 그때 그 한마디 1]

(8) 역경이나 개인적인 좌절에 익숙한 사람은 아무도 없다. [Hillary Rodham Clinton]

(9) 결국 인생의 목표는 오직 일 하나만의 완성이어서는 안된다. 그보다는 인생 자체의 완성이어야 한다. [Doris Kearns Goodwin, 역사학자]

16. 원칙을 지키고 하루하루 노력하는 것이 부자의 지름길

원칙을 지키고 하루하루 노력하는 것이 부자가 되는 지름길입니다. 그러나 이런 진리는 너무나 평범해 일반인들이 간과하기 십상이죠."[246] 지난 6월 '한국부자 세븐파워의 비밀'이라는 책을 발간해 화제를 모으고 있는 문승렬 국민은행 팀장의 말이다. 그는 지난 10여년간 600여명의 부자를 취재한 것을 바탕으로 그들의 마인드와 재테크노하우를 이 책에 정리했다. 그는 "부자는 결코 특별한 사람이 아니며 부자가 되기 위해선 자기내부의 변화를 통한 자신감을 갖고 한걸음 한걸음 노력해 나가면 될 것"이라고 말했다.

삼성경제연구소 사이버 포럼인 부자특성연구회(www.seri.org/forum/rich) 시삽이기도 한 문 팀장은 부자의 특징으로 태도와 성실성을 꼽았다. 즉, 부자들은 원칙을 지킨다는 생각이 잘 정리돼 있다는 것과 자기를 이끄는 힘이 강하다고 전한다. "나이를 먹어갈수록 자신의 틀에 갇히고 수용성이 떨어짐에 따라 기본을 벗어나고픈 충동이 강한 것이 보통인데 부자들은 그렇지 않다"고 밝힌다. 부자들은 정도와 원칙을 지켜나가기 위해 평생학습을 게을리하지 않는단다. "부자들은 꼭 돈을 버는 것을 목적으로 하지 않더라도 평생학습을 통해 자기 그릇을 키우는데 노력하고 있다. 그리고 정보와 네트워크를 중시한다"고 전한다. 한편, 문 팀장은 돈버는 기본 근간이 부자라고 해서 별반 다르지 않다고 말한다. 그가 밝힌 부자들의 돈버는 방법은 우선, 자기가 하고 있는 사업이나 직장 일에 최선을 다해야 한다는 것이며 재테크나 부동산 투자는 그 다음의 일이

---

246) 원칙을 지키고 하루하루 노력하는 것이 부자가 되는 지름길입니다.-문승렬 경영학박사-

다. 또 선저축 후소비를 통해 돈을 모아야 하고 돈을 굴릴 때도 투자의 원칙을 지켜나가야 한다. 꼭 필요할 때 돈을 빌리기 위해 신용을 그 무엇보다 중시한다. 돈을 씀에 있어서도 '원하는 것'과 '필요한 것'을 정확히 구분해 과소비를 경계한다. 현재 국민은행 고객만족팀에 근무하고 있는 문 팀장은 박사학위를 받으면서 자연스럽게 부자에 관심을 갖게 됐다고 밝힌다. 95년에는 지금의 PB업무도 담당했었고, 이보다 앞선 92년부터는 세리에 부자특성연구회를 열고 온라인을 통한 커뮤니케이션은 물론 부자스쿨 부자철학 투자연구 등 주제별 오프라인 소모임을 진행해오고 있다. 10주간 진행되는 부자스쿨의 경우 현재 4기째를 맞고 있으며, 문 팀장을 만난 토요일에도 10~15명이 모여 학습을 하던 중간이었다. "부자스쿨은 부자의 노하우를 지식사회에서 말하는 암묵지에서 형식지로 바꿔주는 역할을 하고 있다"고 전한다. 그는 "지금 참여하고 있는 부자스쿨 멤버 중 금융권에 종사하고 계신 분은 한분도 없다"며 "현재 금융권에 있는 PB나 FP들은 긴장의 끈을 놓지 말아야 할 것"이라고 충고한다. 부자고객들은 PB들이 자신을 위한 조언을 하는지 회사를 위한 영업을 하는지 금방 알아차리며, 부자스쿨처럼 일반인들도 많은 지식과 정보를 축적하고 있기 때문이다. 문 팀장은 PB나 FP들이 부자의 속성을 제대로 알고 있지 못한 것 같다고 진단한다. "그들이 어떻게 부자가 됐는지 현재 고민하고 있는 문제는 무엇인지 그리고 라이프스타일은 어떤지 등을 알아야 할 것"이라며 "그들도 한때 어려움이 있었고 이를 극복하기 위해 눈물어린 빵을 먹었던 때가 있었음을 PB들은 몸으로 부딪히며 알아야 할 것"이라고 말한다. 부자캠페인을 사회적 새마을운동으로 키워나가고 싶다고 밝히는 그는 오는 26일 오후 7시에 열리는 부자특성연구회 세미나에 참가해 볼 것을 기자에게 권하면서 인터뷰를 마쳤다. 오늘에 대해 자신이 있는만큼 내일에는 더욱 희망이 보입니다.

    오늘이 의미있는 하루가 되도록 소중하게 보내시기 바랍니다. 행복이란 기쁨과 슬픔의 인생 전체를 통해 알게 되는 나에 대한 신뢰와 만족이고 나를 아름답게 자라게 하는 기쁨입니다. 오늘 하루 많이 행복하세요.
  Speed란 중요한 것에는 시간을 투자하고 중요하지 않은 것에 소비하는 시간을 제거하는 것이다(톰 피터스).
  『복은 아끼되 인사는 아끼지 말라. 석복불석배(惜福不惜拜). -김갑수』
  『자기의 적에게 무엇으로 복수해야 할까? 가능하면 많은 선(善)을 베풀 수 있도록 노력하라. -에픽테토스-』
  『빨리 성장하는 것은 쉬 시들고 서서히 성장하는 것은 영원히 존재한다. -호란드-』
  『사람은 의복에 알맞게 환영받고, 지능에 알맞게 해고된다. -러시아 속담-』
  (1) 질문은 인간의식의 레이저와 같은 것이다. 그것은 우리가 집중해야 할 초점과 느낌 그리고 행동을 결정한다. [Anthony Robbins, 네 안에 잠든 거인을 깨워라]
  (2) 당신이 하고 있는 일을 어떻게 개선할 수 있을까요? [Donald Petersen, 포드 자동차 전 사장]
  (3) 우리가 가진 내적 자원은 스스로 던지는 질문에 의해서만 제한된다. [Anthony Robbins, 네 안에 잠든 거인을 깨워라]
  (4) 젊고 패기에 찬 사원들은 회사업무상에서 당면하게 되는 위기상황을 즐긴다는 공통점이 있다. 그 이유는 급박한 위기에 처해서야 자신을 시험해 볼 수 있는 기회를 만들어 낼 수 있기 때문이다. 그들에게는 공통적으로 3C의 철학을 발견할 수 있다. 즉, 스스로 변화하고(Change) 도전하면(Challenge) 위기가 바로 기회(Chance)로 된다는 신념이다. 이들은 3C 철학에 따라 행동하며 스스로 능력이 수직상승되는 희열을 즐긴다. [판롱창, 사장말만 들으면 회사가 망한다]
  (5) 사장이 신임할수록 직원은 더욱 주의해서 일을 처리하게 된다.
  왜냐하면 이 일은 자신의 책임이라 여기고, 실패하도록 방치하지 않으며 주동적으로 의견을 개진하기 때문이다. [판롱창, 사장말만 들으면 회

사가 망한다]

(6) 상식적으로는 약점을 고쳐나가는 것이 장점을 강화시키는 것이라고 여기지만 이것은 착각이다. [판롱창, 사장말만 들으면 회사가 망한다]

(7) 대부분의 사람들은 용기가 있다는 것을 과감하게 직장을 바꾸는 도전으로 생각하기 쉬우나 진정 지혜로운 용기는 한 회사에서 꾸준히 실력을 쌓아 나가는 것이다. 이럴 때 자신에게 주어진 기회는 더욱 커진다. [판롱창, 사장말만 들으면 회사가 망한다]

(8) 대개 경영인들은 눈을 부릅뜨고 돈을 벌어들여야 한다고 목소리를 높이지만 이윤은 기업의 최종 목표가 아니다. 단지 결과물일 뿐이다. 축구경기에서도 점수를 최종 목표로 설정하는 팀은 절대로 많은 골을 넣지 못한다. [판롱창, 사장말만 들으면 회사가 망한다]

(9) "사장님. 30억원만 주세요. 물건 하나 만들어보겠습니다." "그렇게나 큰 돈이 필요한가?" "꼭 그만큼은 있어야 합니다." "계좌번호 불러보게." 앞뒤 없는 자신감도 이 정도면 쓸 만하다 싶었다. 그리고 그렇게 만들어진 회사는, 핸드폰 모듈을 내장한 PDA를 국내 최초로 개발했고, 미국 <컴덱스쇼>에서 2년 연속 'Best of Award'를 수상했다. 벤처란 판단과 선택의 예술이다. 나는 아직도 열정과 위험을 사랑한다. [정문술, 정문술의 아름다운 경영]

『너무 고르는 자가 가장 나쁜 것을 갖는다. -영국 속담- 』

'사랑'은 동사다. '성공'도 동사다.

'자기계발'은 진행형이고, '열정'은 촉매다.

(1) 국가 경제를 지탱하는 바퀴는 두 개다. 하나는 국가경쟁력이고 하나는 가계부 작성이다. 돈을 잘 벌어야 하고, 번 돈을 잘써야 하는 이치다. [이면우, 서울대학교 교수]

(2) 우리가 돈을 벌 수 있는 원천은 과학기술 뿐이다. 대한민국의 대학이 과학기술을 제대로 생산해 낼 수 있는 시스템을 갖추고 있느냐, 학생들이 과학기술을 제대로 배우고 있느냐는 우리나라가 5년 후, 10년 후

어디로 갈 것인지를 보여 주는 가장 중요한 지표가 될 수 밖에 없다. [이면우, 서울대학교 교수]

(3) 생산성 향상, 그거 별 의미가 없어요. 5~6% 이윤이 남는데 30% 생산성 향상시켜 봐야 기껏 2% 포인트 이윤을 더 남기는 겁니다. 공무원들하고 골프 치고, 술먹고 해서 큰 프로젝트 하나 따오면 20%, 30% 이윤이 남아요. 로비 잘하는 게 생산성 향상시키는 것보다 열배는 쉽게 돈 버는 일입니다. [이면우, 서울대학교 교수]

(4) 공장을 세워서 은행 돈을 빌리고, 그 돈을 부동산에 투자하고, 덩치를 키워 정부의 특혜를 받고, 그런 식으로 기업들은 살아왔다. 그 체질이 지금도 과히 많이 바뀌지 않았다. 서울대 법대와 상대를 나온 사람들은 재벌기업의 비서실, 기획실, 마케팅실에 근무하면서 정, 관계에 포진한 동문들과 네트워크를 형성했다. [이면우, 서울대학교 교수]

(5) 지금도 이공계 졸업생들은 '당신들이 중요하다'는 말만 듣지 계속 벽지 공장을 돌게 된다. 이공대 졸업생들의 좌절은 여기서 시작한다. 엔지니어들이 말도 못하고 속을 끓이는 사이에 몇 년 후배인 법대, 상대 출신들은 쭉쭉 승진을 한다. 이공계 졸업생은 승진에 한계가 있다. 경영진에 많이 기용되지를 못한다. 벽지의 공장에 처박혀 있으니까 '촌닭같아서' 임원으로는 못쓰겠다는 것이다. [이면우, 서울대학교 교수]

(6) 왜 대학들은 이렇게 기술경쟁력이 없는 공대생들을 양산하고 있을까? 서울공대는 물론이고 대다수 공과대학이 이론교육에 치중한다. [이면우, 서울대학교 교수]

(7) 최근 정부에서 '이공계 학생들에게 장학금을 지원하겠다', '병역 혜택을 주겠다'고 나섰다. 나는 이런 대중적 구호를 보면 옛날 전봇대에 붙어있던 술집 여종업원 호객 구호가 생각난다. '침식 제공, 선불 가' 정상적인 사람이라면 이런 구호를 보면 "아, 저곳은 절대로 가서는 안되는 구나" 하고 판단을 내릴 것이다. [이면우, 서울대학교 교수]

『네 생애의 하루하루가 네 역사의 한장 한장이다. -주수원-』

『큰일은 평소의 해이함에서 일어나는 것이고 화근은 생각하지 않는 방심에서 일어나는 것이다. -고문진보- 』

17. 인맥을 넓히는 방법

"빨리 가려면 혼자 가고, 멀리 가려면 함께 가라"라는 아프리카 속담이 있다. 아프리카에서는 다른 부족이나 장소를 가려면 사막과 짐승을 피해서 가야 한다. 우리들의 인생도 마찬가지다. 인생의 성공을 위해 가는 길은 혼자 갈 수도 있지만 주변에 같은 목적을 갖고 있는 동반자가 있는 게 더 좋다. 내 성공경험과 다른 사람의 성공담을 모으면 실패확률을 훨씬 줄일 수 있는 무기가 될 수 있기 때문이다. 과거에는 인맥이 주로 혈연, 지연, 학연 등에 따라 형성돼 이에 대한 부정적 인식이 강했지만 최근에는 인맥도 개인의 능력을 구성하는 요소로 부각돼 인맥관리의 중요성이 점차 커지고 있다. 그렇다면 인맥을 넓힐 수 있는 방법에는 뭐가 있나. CEO 뿐만 아니라 일반인들도 인맥관리를 할 수 있는 전략적인 3가지 방법을 꼽았다.[247] 우선, 적극적으로 '모임'에 참여하는 게 좋다.

모임에는 조찬모임, 운동모임, 세미나 등이 있다. 인맥을 넓히고자 한다면 이런 다양한 모임을 일부러라도 참석하는 용기를 가져야 한다.

일반적으로 CEO들은 '조찬모임'을 자주 갖는 편이다. 새벽 5시30분 정도에 호텔에 가보면 각종 조찬모임에 참여하는 아침형 CEO들을 쉽게 만날 수 있다. 조찬모임을 통해 얻을 수 있는 것은 사람 뿐만 아니라 시간이다. 아침에 인맥을 관리하게 되면, 저녁에 자기계발을 할 수 있는 시간을 낼 수 있기 때문이다.

운동모임은 같은 취미생활을 공유한다는 점에서 편안하게 참여할 수 있다. 더욱이 운동을 하면 사람의 성격을 알 수 있어서 자신과 어울리는 사람을 깊게 사귈 수 있게 된다. 특히 골프나 등산은 나이차를 극복할

---

247) 인맥, 이렇게 넓혀라, 2005.10.19, 구창환

수 있는 운동이기 때문에 조언을 들을 수 있는 CEO들도 만날 수 있다. 모임을 찾는 게 어렵다면 세미나에 참석하는 것도 방법이다. 자신이 종사하는 분야의 포럼이나 세미나에 정기적으로 참여하게 되면 사업에 도움이 되는 오피니언 리더들과의 인맥을 구축할 수 있다. 정기적인 참여를 통해 당신의 근면성을 보여준다면 징검다리 형식으로 사람을 소개 받을 수도 있다. 두번째는 각종 대학원의 최고경영자과정에 입학하는 방법이다. 2년동안 함께 수업을 듣다 보면 인맥을 떠나 좋은 친구를 얻을 수 있다. 보통 '교육을 통한 인맥형성'이 가장 오래가는 인맥구축인 법이다. 필자가 아는 모 CEO는 최고경영자과정만 5군데를 수료했다. 그만큼 지식과 인맥을 동시에 쌓을 수 있어서 좋다. 특히 서울대와 카이스트의 최고경영자과정은 CEO들에게 인기가 많다.

■ 적극적으로 찾아다니는 '용기' 가져야 ■

마지막은 '개인관리' 방식이다. 개인 홈페이지(일명 홈피)가 대표적인 예다. 개인 홈페이지를 통해 의견을 교환할 수 있는 장을 마련하는 거다.

요즘에는 KT사장, SK커뮤니케이션즈 사장 등이 자신의 개인 홈피를 통해 경영을 비롯한 일상사를 공개하고 있다. 진솔한 글로 인간미가 느껴진다는 평가를 받는다. 개인 홈페이지는 관리만 잘해줘도 다양한 계층의 인맥을 손쉽게 쌓을 수 있는 공간이다. 한 달에 한 번씩은 자신이 주최하는 이벤트를 여는 것도 좋은 방법이다. 간단한 음료와 다과를 준비한 파티를 정기적으로 연다면 점차 커다란 사회모임이 될 수 있다. 무엇보다 인맥은 성공의 동반자인 동시에 위기의 도우미가 될 수 있다. 기업 리스크가 CEO 뿐만 아니라 직원들의 인맥을 통해 해결되는 경우도 간혹 있다. 즉, 기업경영에도 인맥이 필요하다는 점이다. 직원은 기업의 첫번째 고객이자 인맥임을 명심해야 한다. 앞으로는 더욱 체계적인 인맥관리시스템이 필요할 것으로 본다. 인맥관리만 잘해도 사회활동의 절반은 성공한 셈이다. 성공한 사람들을 만나게 되면 그들의 인격에 매력을 느끼는 경우가 많다. 그들과 이야기를 나누거나 그들의 이야기를 들으면 자기도 모르게 그들을 신뢰하고 존경하게 되고 또 마음이 편안해지는 것을 느끼는 경우가 많다. 주위의 사람들에게 그렇게 비치는 그들의 인격은 단순히 외양적인 것 이상의 무엇인가를 느끼게 해준다. 이와 관련하여 전 미국 대통령인 조지 부시의 부인이며 현 미국의 대통령인 조지 W. 부시의 어머니이기도 한 바브라 여사가 소개하는 인간성을 더 매력적으로 바꾸는데 필요한 요소를 다음과 같이 9가지로 요약해 본다.

(1) 상대방의 장점만을 보고 약점은 머릿속에서 지워 버려라.

이 세상에 완벽한 인간은 없다. 그것은 나 자신도 마찬가지이다. 따라서 사람을 대할 때는 언제나 그 사람의 장점만을 찾으려고 노력해야 한다.

(2) 적을 만들지 말고 친구를 만들어라.

가능하다면 나와 관계하고 있는 사람들을 적이 아닌 친구로 만드는 것이 우리 삶에 있어서 어떤 것보다도 중요하다.

(3) 다른 사람에게 돈 이야기를 꺼내지 않는다.

당신이 돈을 많이 가지고 있든 많이 가지고 있지 않든 다른 사람에게 자신의 돈에 관한 얘기를 하는 것은 자신의 품격을 떨어뜨리는 행위이다.

(4) 살 수 없는 물건은 사지 않는다.

'살 수 없다.'는 것은 지금 당신에게 그 물건이 필요하지 않다는 의미로 받아 들여야 한다. 반드시 필요한 물건인데 자금의 여유가 없어서 살 수 없는 경우에는 가족으로부터 돈을 빌리도록 한다.

(5) 주위 사람과 자신을 비교하지 않는다.

다른 사람과 자신을 비교하면서 자신이 그 사람보다 무능력한 사람이라고 스스로를 부끄럽게 생각해서는 안된다. 당신이 보다 더 큰 관심을 기울여야 하는 것은 자신의 본질과 성격에 관한 것이다.

(6) 신세를 졌으면 반드시 갚아야 한다.

신세에 대한 답례가 고가품일 필요는 없다. 감사하는 마음을 가지고 즐거운 기분으로 고마운 사람들에게 답례를 해야 한다.

(7) 친구를 소중히 하라.

친구는 우리들에게 가장 큰 재산이다. 가까운 친구들을 항상 소중히 대해야 한다.

(8) 자기 자신을 사랑하라.

우리들은 모두 부모님으로부터 하늘같이 높은 사랑을 받고 태어난 존재이다. 이런 소중한 존재이니만큼 항상 자신을 사랑하고 자신감을 가져야 한다. 그렇게 함으로써 행복해질 수 있다.

(9) 인생을 즐기려고 노력한다.

지금까지 살아오면서 실패한 것을 되새기면서 자기 자신을 우울하게 만들어서는 안된다. 지금 당신에게 주어진 시간을 최대한 즐겨야 한다.

순간 순간 우리는 선택해야 한다. 지금 하고 있는 일을 좋아할 것인가 아니면 지겨워할 것인가. 지금하고 있는 일이 비록 즐거운 일이 아니라 할지라도 내가 해야 할 일이라면 좋아하도록 노력해야 한다. 그리고 나에게 부정적인 영향을 주는 부정적인 사람들은 가까이 하지 않도록 노력해야 한다. 세상엔 성공할 수 있는 모델도 많고, 그 모델마다 방법이 다 틀리다는 것입니다. 우리가 해야 할 것은 단 하나, 자신에게 맞는 모델을 찾아야 하고, 없다면 만들어야 한다는 것입니다.

황금알을 낳는 거위가 있습니다. 어리석은 농부는 욕심 때문에 거위의 배를 갈랐지만 우리는 이제 매일 하나씩의 황금알을 기다릴 줄 압니다.

기왕이면, 저는 황금알을 거위가 품어, 황금알을 낳는 새로운 거위를 키울줄 알았으면 합니다.『적을 없애기 위해 독약을 사용할 때, 적이 대충 쇠퇴했을 때 보약을 중지해야 하며 아무리 심한 대적·대취일지라도 절반 이상 줄어들면 약을 끊어야지 약이 지나치면 죽는다. -동의보감-』

『술에 취해 곤드레가 되어 넘어진다. 마치 옥(玉)의 산이 스스로 무너지는 것 같다. 누군가가 밀어서 넘어진 것은 아니다. -고문진보-』

무엇이 성공인가?[248]

---

248) 랄프 왈도 에머슨(1803~1882)

자주, 그리고 많이 웃는 것. 현명한 이에게서 칭찬을 듣고 아이들에게 존경을 받는 것.

정직한 비평가의 찬사를 듣고, 친구의 배반을 참아내는 것
아름다움을 가려 볼줄 알며, 다른 사람에게서 최선의 것을 발견하는 것
건강한 아이를 낳아 기르든 보잘 것 없이 작은 밭을 가꾸든 사회환경을 개선하든 내가 태어나기 이전보다 이 세상을 조금이라도 살기 좋은 곳으로 만들어 놓고 떠나는 것.

내가 한때 이곳에 살았음으로 해서, 단 한 사람의 인생이라도 행복해지는 것.
이것이 진정한 성공이다.

18. 부자가 되는 것은 스스로를 변화시키는 것에서 출발

솔개는 가장 장수하는 조류로 알려져 있다. 솔개는 최고 약 70살까지 사는 것으로 알려져 있다. 그런데 70살까지 장수하려면 약 40살이 되었을 때 매우 고통스럽고 중요한 결심을 해야만 한다.[249] 솔개는 약 40살이 되면 발톱이 노화하여 사냥감을 그다지 효과적으로 잡아챌 수 없게 된다. 부리도 길게 자라고 구부러져 가슴에 닿을 정도가 되고, 깃털이 짙고 두껍게 자라 날개가 매우 무겁게 되어 하늘로 날아오르기가 나날이 힘들게 된다. 이즈음이 되면 솔개에게는 두 가지 선택이 있을 뿐이다.

그대로 죽을 날을 기다리든가 아니면 약 반년에 걸친 매우 고통스런 갱생과정을 수행하는 것이다. 갱생의 길을 선택한 솔개는 먼저 산 정상 부근으로 높이 날아올라 그곳에 둥지를 짓고 머물며 고통스런 수행을 시작한다. 먼저 부리로 바위를 쪼아 부리가 깨지고 빠지게 만든다. 그러면 서서히 새로운 부리가 돋아나는 것이다. 그런 후 새로 돋은 부리로 발톱을 하나하나 뽑아낸다. 그리고 새로 발톱이 돋아나면 이번에는 날개

---

249) 2005.10.21. 방승현

의 깃털을 하나하나 뽑아낸다. 이리하여 약 반년이 지나 새 깃털이 돋아난 솔개는 완전히 새로운 모습으로 변신하게 된다.

그리고 다시 힘차게 하늘로 날아올라 30년의 수명을 더 누리게 되는 것이다.[250] 솔개와 마찬가지로 한국의 부자들은 변화를 즐기는 사람들이다. 변화는 진정으로 위기의식을 느낄 때 시작된다. 성공을 빨리 잊어버리고 새로운 성공을 위해 노력해야 한다. 행동변화의 첫 단계는 '뺄셈에서' 시작한다. 필요없는 습관과 욕망을 과감하게 버리는 것이다. 부자가 되는 것은 스스로를 변화시키는 것에서 출발한다. 작은 실천에서 시작된 변화가 마침내 사고와 철학을 바꾸는 것이다. 고물상으로 100억원대 부를 이룬 정 사장(80세), 그는 스스로 매일 변화하는 맛에 산다고 본다. 정체된 시간은 죽어있는 시간이라고 하면서 세상사는 흐름을 읽고 변화 속에서 기회를 찾는다고 한다. 사실 그 역시 변화의 수혜자라고 봐도 과언이 아니다. 그가 고물상을 시작할 당시에는 대부분의 사람들이 고물상을 사업으로 생각하지 않았다. 대부분의 사람들은 고물상을 생계를 유지하기 위한 막일로 생각했다. 그러나 그의 생각은 달랐다. 정 사장은 앞으로 고물시장이 성장할 것임을 예상하고 제지공장 설립과 더불어 대기업에 직접 납품하는 기업으로 성장시켰다. 여기서 머무르지 않고 고물상을 기계화하는 등 앞으로의 변화에 능동적으로 대처한 결과 지금은 고물상업계에서는 전설로 통한다. 지금도 정 사장이 입버릇처럼 되새기는 말은 "부자가 되기 위해서는 변화를 즐겨라"이다. 저와 함께 부자로 가는 길을 단축하지 않으시겠습니까? 필자가 만난 600여명의 부자는 현재보다는 미래를 사랑했기에 가능하다고 이야기한다. 저자와 함께 부자들이 하는 방법대로 부자스쿨에서 10억원 이상의 5,000명을 만드는 행복한 부자가 되는 길로 항해하고 싶지 않으신가요? 10여년간 600명의 부자들의 노하우를 가지고 있는 '한국부자 세븐파워의 비밀' 책을 쓴 저

---

250) (매일경제 연재 〈우화경영〉, 정광호 세광테크놀러지 대표의 글에서 참조)

자가 부자스쿨에서 직접 강의합니다. 2005년 10월말부터 시행하는 토요일 오전반 부자스쿨에 10주동안 참여해 보세요. 이미 135명이 참여하였고 2005년 10월말 새롭게 시작합니다. 대그룹 회장님처럼 큰 부자는 될 수 없지만 경제적으로 자유를 누릴 수 있는 작은 부자 행복한 부자는 누구나 될 수 있습니다

19. 한국의 젊은이들아!

한국의 젊은이들아! 한국의 미래를 짊어질 푸른 군대의 병사들아![251] 집안이 나쁘다고 탓하지 말라. 나는 어려서 아버지를 잃고 고향에서 쫓겨났다. 어려서는 이복형제와 싸우면서 자랐고, 커서는 사촌과 육촌의 배신 속에서 두려워했다. 가난하다고 말하지 말라. 나는 들쥐를 잡아먹으며 연명했고, 내가 살던 땅에서는 시든 나무마다 비린내, 마른 나무마다 누린내만 났다. 천신만고 끝에 부족장이 된 뒤에도 가난한 백성들을 위해 적진을 누비면서 먹을 것을 찾아다녔다. 나는 먹을 것을 훔치고 빼앗기 위해 수많은 전쟁을 벌였다. 목숨을 건 전쟁이 내 직업이고, 유일한 일이었다. 작은 나라에서 태어났다고 말하지 말라. 나는 그림자말고는 친구도 없고, 꼬리말고는 채찍도 없는 데서 자랐다. 내가 세계를 정복하는 데 동원한 몽골인은 병사로는 고작 10만명, 백성으로는 어린애, 노인까지 합쳐 2백만명도 되지 않았다. 내가 말을 타고 달리기에 세상이 너무 좁았다고 말할 수는 있어도 결코 내가 큰 것은 아니었다. 배운 게 없다고 힘이 약하다고 탓하지 말라. 나는 글이라고는 내 이름도 쓸 줄 몰랐고, 지혜로는 안다 자모카를 당할 수 없었으며, 힘으로는 내 동생 카사르한테도 졌다. 그 대신 나는 남의 말에 항상 귀를 기울였고, 그런 내 귀는 나를 현명하게 가르쳤다. 나는 힘이 없기 때문에 평생 친구와 동지들을 많이 사귀었다. 그들은 나를 위해 목숨을 바치고, 나를 위해

---

[251] 한국의 젊은이들아!, 2005.10.22, 구창환

비가 오는 들판에서 밤새도록 비를 막아주고, 나를 위해 끼니를 굶었다. 나도 그들을 위해 목숨을 걸고 전쟁터를 누볐고, 그들을 위해 의리를 지켰다.

 나는 내 동지와 처자식들이 부드러운 비단옷을 입고, 빛나는 보석으로 치장하고, 진귀한 음식을 실컷 먹는 것을 꿈꾸었다. 나는 죽을 때까지 쉬지 않고 달린 끝에 그 꿈을 이루었다. 아니, 그 꿈을 향해 달렸을 뿐이다. 너무 막막하다고, 그래서 포기해야겠다고 말하지 말라. 나는 목에 칼을 쓰고도 탈출했고, 땡볕이 내리쬐는 더운 여름날 양털 속에 하루 종일 숨어 땀을 비오듯이 흘렸다. 뺨에 화살을 맞고 죽었다 살아나기도 했고, 가슴에 화살을 맞고 꼬리가 빠져라 도망친 적도 있었다. 적에게 포위되어 빗발치는 화살을 칼로 쳐내며, 어떤 것은 미처 막지 못해 내 부하들이 대신 몸으로 맞으면서 탈출한 적도 있었다. 나는 전쟁을 할 때면 언제나 죽음을 무릅쓰고 싸웠고, 그래서 마지막에는 반드시 이겼다. 무슨 말이 더 필요한가. 극도의 절망감과 죽음의 공포가 얼마나 큰 힘을 발휘하는지 아는가? 나는 사랑하는 아내가 납치됐을 때도 아내가 남의 자식을 낳았을 때도 눈을 감지 않았다. 숨죽이는 분노가 더 무섭다는 것을 적들은 알지 못했다. 나는 전쟁에 져서 내 자식과 부하들이 뿔뿔이 흩어져 돌아오지 못하는 참담한 현실 속에서도 절망하지 않고 더 큰 복수를 결심했다. 군사 1백명으로 적군 1만명과 마주쳤을 때에도 바위처럼 꿈쩍하지 않았다. 숨이 끊어지기 전에는 어떤 악조건 속에서도 포기하지 않았다. 나는 죽기도 전에 먼저 죽는 사람을 경멸했다. 숨을 쉴 수 있는 한 희망을 버리지 않았다. 나는 흘러가 버린 과거에 매달리지 않고 아직 결정되지 않은 미래를 개척해 나갔다. 알고 보니 적은 밖에 있는 것이 아니라 내 안에 있었다. 그래서 나는 그 거추장스러운 것들을 깡그리 쓸어버렸다. 나 자신을 극복하자 나는 칭기스칸이 되었다.

20. 진짜 리더는 마음을 움직인다.

리더십의 기본은 현장리더십이다. 21세기는 힘이나 권위, 원칙 등을 리더십의 본질로 내세우기보다는 문제해결과 변화에 대처하기 위해 온 몸으로 부딪치는 리더를 원한다. 손에 흙을 묻힐 자세가 되어 있는 사람만이 리더로 성공할 수 있는 시대가 오고 있는 것이다.[252] 리더십 전문가인 밥 애덤스의 '팀장 리더십'(임태조 옮김)은 현장형 리더로 거듭나는 방법을 소개하는 책이다. 조직 구조가 팀제를 선호하게 되면서 이같은 현장 리더십은 더욱 중요해졌다. 현장에서 가장 활발하게 일을 추진하는 사람이 바로 팀장이기 때문이다. 이 책은 리더는 마음을 움직이는데 힘을 쏟아야 한다고 가르친다. 사람은 감정의 동물이다. 이성적인 동기부여보다는 감성적인 동기부여가 더 큰 힘을 발휘하는 법이다. 변화를 이끄는 능력 역시 팀장들의 기본 덕목이다. 변화에 능동적으로 대처하기 위해서는 열린 의사소통 능력, 상대방의 입장이 되어보는 자세, 신뢰감 형성, 긍정적인 자세, 권한위임 등이 필요하다. 저자는 팀장의 역할 중 신세대 노동력을 이해하는 것이 절실하다고 말한다. 신세대 노동력은 이전 세대보다 독립적이고, 자기 신뢰가 강하며, 창조적이다. 신세대 노동자를 리드하기 위해서는 먼저 사내 분위기에 맞춰 자신을 변화·발전시켜야 한다. 변화하는 일터의 분위기를 항상 주시해야 하며 직장에 대한 고루한 개념과 쓸모없는 정보는 확실하게 버려야 한다. 책은 또 적극적인 자세를 강조한다. 나서서 위험을 감수하고, 주저없이 남을 돕는 자세가 팀의 성공을 이끌어낸다는 것. 여기에 새로운 업무에 참여하는 것을 두려워하지 말며, 스스로 나서서 팀의 대변인이 되는 자세도 중요하다.

어차피 세상은 혼자살 수 없는 법, 인맥을 지나치게 부정적으로 볼 필요는 없다. 훌륭한 리더는 또 시간 뿐 아니라 프로젝트를 함께 관리하고 부하직원들에게는 단순한 업무가 아닌 인생의 멘토 역할을 한다. 팀원과

---

252) 2005.10.24. 구창환

함께 일하고 함께 승리하는 것, 그것이 리더십의 올바른 목표이다.

『교묘하다는 것은 서툰 것만 못한 것이다. 약삭빠른 것보다는 오히려 우직한 것이 더 귀중하다. -회남자-』

『용기가 없으면 어떤 것도 이룰 수 없다. -괴테-』

『인간은 자신의 목표만큼 진화한다. -막심 고리키(러시아 소설가) -』

『삶에서는 전부를 가져도 꼭 그 외의 것이 존재한다. -모리스 센닥-』

『남에게 부정하게 대하지 말 것이며, 남이 나에게 부정하게 못하게 하라. -마호메트- 』

『뇌의 나이가 그 사람의 나이다. --드망쥬(프랑스 의학자) - 』

『필요하지 않을 때 우정을 맺어라. -미국 속담-』

21. 삼성은 일류기업이지 초일류기업이 아니다.

1) 삼성은 일류기업이지 초일류기업이 아니다.

삼성이 '신경영'을 추진할 때 삼성임원들의 방마다 '잭 웰치'의 책이 꽂혀 있었다. 나는 삼성임원들에게 '삼성은 아무리 몸부림을 쳐도 잭 웰치를 쫓아갈 수 없다'고 얘기했다. 삼성사람들이 '왜 안되냐'고 묻기에 나는 이렇게 설명했다. '잭 웰치는 현재 1등이거나 가까운 장래에 1등이 될 수 있는 2등을 빼놓고는 다 잘라냈다. 삼성이 그렇게 할 수 있나? 삼성그룹이 공중 분해되어도 좋은가? 잭 웰치가 한번에 10만명을 감원했다. 한국적 정서를 이겨내고 수만명을 감원시킬 자신이 있나? 잭 웰치는 아침부터 저녁까지 나와서 직접 서류 나르고 재떨이 던지며 경영혁신에 달라붙었다. 당신 회사의 회장이 그렇게 할 수 있나' [이면우, 서울대학교 교수][253]

2) '정부가 5년 이내에 이공계 기피문제에 대한 바람직한 대책을 내놓을 확률이 몇 퍼센트라고 생각하는가?'

---

253) 2005.10.26, 구창환

'기업이 5년 이내에 정부지원없이 국제경쟁력 강화를 위한 방안을 추진할 확률은 몇 퍼센트라고 보는가?' '대학이 5년 이내에 스스로 교육개혁을 추진할 확률은 몇 퍼센트일까?' '학부모들이 내 자식만은 편안한 직업을 가져야 한다는 생각을 바꾸고, 자녀에게 이공계 대학 진학을 권유할 확률은 몇 퍼센트라고 생각하는가?' 어떤 항목이든 "10% 이상"이라고 대답한 사람은 응급실로 가야 한다. 온전한 정신이 아니기 때문이다. [이면우, 서울대학교 교수]

3) 요즈음 우리의 국가 목표는 국민소득 2만달러 달성이다.

GNP로 국가의 비전을 내세우는 나라는 찾아보기 어렵다. 우리의 의식은 거의 필리핀 수준이다. 우리에게는 '이웃을 돕겠다', '인류에 혹은 국제사회에 기여하겠다'는 정신이 희박하다. 패러다임의 전환을 시도하기조차 힘들다. 원래 패러다임의 전환은 극히 일부가 시도하는 것이고 시도한 사람 중에 극히 일부가 성공한다. 그러나 패러다임 전환이 이뤄지지 않으면 우리 모두가 죽는다. [이면우, 서울대학교 교수]

4) 이공계의 위기에는 기업과 대학, 사회 전체가 복잡하게 얽혀 있다.

잭 웰치의 얘기에서 거론했듯이 이공계의 위기는 해결하지 않으면 우리가 죽는다는 각오로 달라붙어야 할 문제다. 정책 구호나 유인책 몇 가지로 해결될 수 없는 문제다. 이공계 기피현상은 대학이나 이공계 대학생들의 문제가 아니다. 국가와 기업, 우리 사회 전체가 이공계 기피현상의 최종 피해자가 될 것이기 때문이다. 결론은 간단하다. 살고 싶으면 해결해야 하고, 죽고 싶으면 지금까지 그랬듯이 그냥 놔두면 된다. [이면우, 서울대학교 교수]

5) 실제로 3M, HP, Microsoft 등 일류기업들은 인재를 판단할 때 특별한 교육적 배경이나 유용한 기술, 전문적인 지식, 작업경험보다도 인재가 지닌 내면의 품성(태도와 가치관 등)을 중시한다.

그렇다고 이들 기업이 일정 수준 이상의 기술적 능력을 무시하는 것은 아니다. 기술적 역량 이상의 의욕과 올바른 태도를 갖춘 인재가 장기적으로 더 우수한 인재로 성장할 가능성이 크다는 소신을 견지하고 있기 때문이다. [김현기, 이런 인재가 진짜 인재]

22. 지행용훈평(知行用訓評)

1) 이 회장이 꼽는 최고경영자(CEO)의 덕목은 지행용훈평(知行用訓評). 많이 알고, 직접 할 줄 알고, 시킬 줄 알고, 지도하고, 평가할 줄 알아야 한다는 뜻이다. 이 회장은 다방면에 능한 CEO를 요구하기도 한다. 이공계 CEO는 문학과 철학을, 상경계 CEO는 기술을 전공자 못지않게 터득해야 한다는 것이다. [이건희]

2) 드라이버가 250야드 나가는 사람이 10야드 더 내려면 근육이나 손목의 힘, 그리고 목 힘이 달라져야 한다. 아이언을 처음 치는 사람이 50야드 내려면 아주 쉽지만, 150야드에서 160야드로 10야드 더 보내기란 제로에서 100야드 보내는 것보다 더 힘들다. [이건희]

3) 내가 사업 초창기에 '들었으면 좋았을' 조언을 적는 게 옳겠다. "열정을 가지고 일에 임해라. 그래야 궁극적으로 삶이 훨씬 더 즐거워질 테니까. 그저 많은 돈이 된다는 이유만으로 뭔가를 하지 마라. 그리고 무엇보다 가슴에 먼저 귀를 기울여라. 머리에 귀를 기울이는 건 그 다음이다. 이 순서를 지키면 당신은 올바른 방향으로 나아갈 수 있을 것이다." [도널드 트럼프, 정상으로 가는 길]

4) 젊은 나이에 최고경영자의 위치까지 오르자 많은 사람들이 비결을 묻습니다. 그때마다 주어진 업무에 안주하지 말고 자신의 업무와 연관된 다른 업무까지도 챙기라고 강조합니다. 주어진 업무에 맞게 권한도 늘어나다 보니 최고경영자에까지 오르게되었습니다. [장은구, 한국 벤트리 네바다 대표]

5) 승진하고 싶다면 알아서 업무를 챙겨야 한다. [조주연, 모토로라 코리아 마케팅담당 이사]

6) IQ는 이성적, 논리적, 선형 지능이다. 그것은 문제를 풀고, 환경을 조종하며 통제하는 데 이용되는 지능이다. EQ는 현재 처한 상황을 알아내고 적절하게 행동하는 지능이다. 그래서 적응 지능이라고 말할 수 있다. IQ와 EQ 둘 다 패러다임, 박스, 주어진 상황 안에서 영향을 미친다.

우리는 그것들을 '제한된 게임'을 하는데 이용한다. 깊은 의미, 목표, 가치로 접근하기 위해 필요한 SQ(Spiritual Intelligence)는 변화의 지능이다.

SQ는 우리에게 근본적인 질문을 묻도록 만든다. 그것은 배를 흔들고 경계선을 바꾼다. SQ는 우리가 상황을 면밀히 이해하고, 새로운 카테고리를 발명하고, 창조적이 되도록 만든다. SQ를 가지고는 '무제한의 게임'을 할 수 있다. [톰 브라운, 비즈니스 마인드]

23. 현재가 과거와 싸우면 미래를 잃는다.

(1) 나는 진실로 성공의 코치이다. 나는 사람들이 자신이 원하는 일을 더 빠르고 쉽게 이룰 수 있도록 도와준다. [Anthony Robbins, 네 안에 잠든 거인을 깨워라]

(2) 스타벅스 커피는 실제로 정말 맛있다. 이유는 간단하다. 스타벅스의 CEO 하워드 슐츠가 커피를 사랑하기 때문이다. 스타벅스의 초콜릿이 그들의 커피만큼 뛰어나지 않다는 사실은 흥미롭다. 하워드는 커피를 아는 것만큼 초콜릿을 알지 못하는 게 분명하다. 스타벅스는 초콜릿에 마음을 빼앗기지 않았다. 그들은 그저 갖다 팔 뿐이다. 당신은 마음을 빼앗겼는가, 아니면 그저 생계를 위해 일하고 있는가? [세스 고딘, 보랏빛 소가 온다]

(3) 행하는 자 이루고, 가는 자 닿는다. [이병철]

(4) 일을 벌이기 전에 충분히 조사를 하고 조금이라도 실패의 여지가 있다면 시작도 하지 말라. 실패의 가능성이 문제가 아니라 일을 실행할 사람의 '불안'이 실패를 초래한다. [이병철]

(5) 현재가 과거와 싸우면 미래를 잃는다. [처칠]

(6) 이번 패퇴 원인을 따지고 싶어하는 사람이 많을 것이다. 그러나 누구 잘못이냐를 따지는 문제는 역사학자 서가에 올려 놓자. 우리가 과거에 매몰되는 것은 정말 어리석은 짓이다. [처칠]

(7) 세상의 모든 서비스는 인간의 욕구충족을 위한 것이다. 그 욕구의 해소방식은 결코 복잡하지 않다. 인터넷 공간에서 존재하게 하고, 소속감을 느끼게 하며, 자신이 타인으로부터 존경받고 있다고 느끼게 해주는 것... 그런 것 자체가 가치를 가져다 줄 거라는 믿음이 있었어요. 돈이 벌리기 전에 투자자들은 동화같은 이야기만 한다며 나를 욕했지만. [이동형, 싸이월드 창업자]

(8) There is no comparison between that which is lost by not succeeding and that which is lost by not trying. [Francis Bacon]

(9) 옛날 배고픈 시절에는 희망이 있었는데 지금은 국민적 열망이 좀 식은 듯하고 자신감도 줄어든 것 같아요. 나라나 기업이나 오늘 현재 어렵다는 건 별 문제가 아닙니다. 진짜 문제는 희망이 없다든가, 열정이 식었다든가, 자신감을 잃은 경우예요. 지금 우리 사회를 보세요. 젊은이는 나라에 희망이 있는가 하고 갸우뚱거리고 기성세대는 변화의 두려움에 떨며 자신감을 상실하고 있습니다. [이명박, 대통령]

〈스스로에게 던지는 질문〉

(1) 사람들이 내 이름을 듣게 되었을 때 제일 먼저 떠올리게 되는 것은 무엇인가?

(2) 지금 내 삶이 단 하루밖에 남지 않았다면 과연 나는 어느 곳에서 무엇을 하고 있겠는가?

(3) 오늘 당장 내가 무덤에 묻힌다면 나는 비석에 무엇이라고 적을 것인가?

(4) 내가 쓴 그 비문을 읽으며 그래도 내 인생은 참 좋았다라고 스스로에게 칭찬을 건넬 수 있는 삶을 살아가고 있는가?

(5) 약해지고 흔들려 삶이라는 무대에서 모든 것을 포기하고 항복선언을 해버리고 싶을 때, 스스로에게 던져보곤 하는 질문입니다.

〈성공의 DNA〉

  (1) 성공하는 이들에겐 <성공의 DNA>가 있다고 합니다.

  그 속성으로는

 첫째, 그들은 자신이 좋아하는 일, 하고 싶은 일을 했다

 둘째, 그들은 자신이 잘할 수 있는 일을 했다.

 셋째, 그들은 자신이 선택한 일에는 목숨을 걸고 무서울 정도로 몰입하고 열정을 쏟아 부었다

 넷째, 그들은 한번 시작했다면 누가 뭐래도 뿌리를 뽑습니다

 이들의 성공 무기는 '레이저 사고'이다

 레이저는 빛을 한 곳으로 응집시킨 것이다. 이렇게 응집된 빛은 철도 뚫는다.

 우리가 목표를 향해 나아갈 때 무엇보다 실패 바이러스인 '적당히'라는 게 큰 장애물이 될 것이다. 이 장애물을 박차고 일어나 성공을 낚기 위해 이제 성공 체조를 해보자.

 첫째, 꿈을 높이 가져라.

 이런 자세라면, 우선 무료하지 않을 것이다. 당신이 일삼는 최대의 낭비는 당신의 무한한 가능성을 개발하지 않는 것이다. 스스로 당신이 할 수 없다고 생각하면 결국 아무것도 하지 못하고 만다.

 둘째, 지금 시작해라.

 스스로 할 수 있다고 생각하면 할 수 있는 기회를 쉽게 잡을 수 있다. 당신이 무엇인가 해보려고 노력하는 것만으로도 새로운 사람이 된 듯한 기분이 들고 나아가 활력을 느낄 것이다. 무엇인가 하고 싶으면 망설이지 말고 지금 시작해라.

 셋째, 목표를 명확히 세워라.

 그것이 무엇이든지 당신이 마음속 깊이 믿고, 누가 뭐라고 하든지 열

정적으로 실천에 옮기면 이루어질 것이다. 지금 당신에게 절실한 것은 긍정적인 사고로 하고자 하는 열정과 도전해 보는 자세다. 실패한 사람의 대부분은 사실 실패한 것이 아니라 아예 포기한 것이다.

넷째, '365*24법칙'을 실천하라.

한 분야에서 전문가가 되려면, 최소한 10,000시간 정도의 시간투자가 필요하다고들 한다. 이는 하루 3시간씩 투자를 하더라도 약 10년이 걸리는 세월이다. 이처럼 적정량의 노력도 필요하지만, 당신이 최고전문가로 거듭나려면, 365*24 법칙을 알아야 한다. 당신이 꿈꾸는 그 일에 대해 1년 365일 24시간 생각해야 하고, 잠을 자면서도 그 일에 대해 꿈을 꾸어야 하는 태도이다.

다섯째, '我 必 固'를 버려라.

이 말은 '내 말이 꼭 옳고 나 아니면 안된다'는 고집스런 사고를 말한다. 당신이 가지고 있는 척도 안에서 모든 것을 해결하고 그 만큼만 받아들이려 하는 것은 '아집'에 지나지 않는다. 이젠 이 '아 필 고' 사고방식에서 벗어나야 한다. 당신이 생각을 바꾸면 행동이 바뀌고, 또 행동이 바뀌면 성품이 바뀌고, 그리고 성품이 바뀌면 운명이 바뀐다는 사실을 명심하라.

〈시대 흐름을 읽는 능력〉

(1) 성공하는 CEO들에게 필요한 첫째 능력은 '시대 흐름을 읽는 능력'(contextual intelligence)이다. 기술만 아는 것이 기술경영은 아니다. 첨단기술을 이해하는 바탕 위에 전략적 판단력과 미래 세상을 보는 눈을 가지는 것이 기술경영의 핵심이다. [니틴 노리아, 하버드 경영대학원 교수]

(2) 페덱스는 1973년 창립 이래 사람을 최우선에 두는 'People First'라는 가치를 고수하고 있다. 경영철학도 이에 바탕을 둔 'PSP'(People-Service-Profit)다. PSP 철학은 '경영에 있어 사람을 최우선에 두면 서비스가 향상되고 궁극적으로 기업의 이익이 증가된다'는 뜻이다. [데이빗 카든, 페덱스코리아 대표이사]

(3) 나는 공정(Fairness), 투명(Transparency), 일관(Consistency)을 리더십의 핵심 3요소라고 믿고 있다. 리더가 공정해야 모두가 따르고 투명할 때 신뢰가 형성되며 공정하고 투명한 문화를 일관성있게 추진해야 비로소 진정한 리더십이 확립되기 때문이다. [이채욱, GE코리아 사장]

(4) `교육열 세계 5위` `교육경쟁력 세계 59위`. 최근 스위스 국제경영개발원(IMD)이 발표한 국가경쟁력 중 한국 교육부문의 순위다. 평가대상 60개 국가 가운데 교육에 대한 관심은 최상위권이지만 결과로 나타난 경쟁력은 최하위다.

(5) 80년대 미국 대학들도 과도한 팽창과 치열한 경쟁 속에 어려움에 직면했다. 이때 적극적으로 도입했던 것이 총체적 품질경영(TQM)이다. TQM은 상품과 서비스의 질을 소비자 시각에 맞춰 향상시키고 조직구성원 모두가 생산성 향상에 전력을 다하는 경영기법이다. 미시간 대학이 91년 `M-품질경영`을 도입한 사례는 유명하다. 학생과 교수, 임직원 모두를 `고객`으로 정의해 그들이 요구하는 일들을 조사하고 받아들이는 것을 최상의 목표로 삼았다. 대학 내부에 남아있는 변화에 대한 저항, 기존의 문화를 바꾸는 일부터 시작해 강의실에서의 교육의 질, 재정적 지원, 입학 및 등록절차, 시설운용 등 모든 것을 바꿨다. 또 부서별로 독립채산제를 실시했다. 한정된 예산을 더욱 효율적으로 사용하고 이에 책임을 지는 문화를 심기 위한 조치였다. 이후 미시간 대학은 미국에서 가장 경영을 잘하는 대학으로 평가 받았고 현재 미국대학의 3분의 2가 이 대학을 따라 TQM을 채택했다.

(6) 부산의 한 유명 양복점 사장은 옷을 잘 만들려면 먼저 사람 몸을 알아야 한다는 생각으로 동네 목욕탕에서 3년반동안 때밀이 아르바이트를 했다고 한다. [천광암, 풀의 저항, 재단사의 항변]

『필요하지 않을 때 우정을 맺어라. -미국 속담-』

『하늘은 두 가지를 다 주지 않는다. 이빨을 준 자에게는 뿔은 주지 않았다. 날개를 준 자에게는 발은 두 개만 주었다. -한서-』

『진정한 영업은 '고객 구매' 후에 시작된다. -질 그리핀- 』
『착한 말은 착한 마음에서, 착한 마음은 자비로운 마음에서 생겨나 능히 하늘을 움직인다. -정법안장 -』
『몸이 고생하든 머리가 고생하든 둘 중 하나를 선택해야 한다. 이것은 직업 선택의 철칙이다. -Maximlee-』
〈당신의 인생에 불을 붙이세요〉

(1) If fear is cultivated, it will become stronger. If faith is cultivated, it will achieve mastery. [John Paul Jones]

(2) 눈길을 끄는 것은 집무실 한쪽 벽에 걸려 있는 박정희 전 대통령과 박태준 전 포스코 회장이 경북 포항에서 포항제철 착공식 테이프를 끊고 있는 대형 흑백사진이었다. 그 이유를 묻자 개인적으로 가장 존경하는 한국의 CEO라고 그는 답했다. "한국 기업이 글로벌 경쟁력을 가지려면 자신감이 필수적입니다. 한국이 포스코를 처음 짓겠다고 했을 때 그게 가능할 것이라고 생각한 사람은 거의 없었죠. 하지만 세계가 보란듯이 당당하게 해낸 것을 생각해 보세요." [최홍섭, 한국의 외국인 CEO]

(3) 학자마다 권력에 대한 정의는 다르다. 나는 권력은 '표준을 만들어내는 힘'이라고 말한다. 미디어 시장에도 '이것이 표준이다. 나를 따르라'라고 말할 수 있는 미디어 권력이 있어왔다. 20세기 저널리즘 표준은 종이신문의 직업기자들에 의해 만들어져왔다. 그러나 그 표준은 인터넷에 의해 도전받고 있다. 인터넷이라는 새 공간의 주체인 네티즌, 시민기자들에 의해 도전받고 있다. 그들은 기자는 누구인지, 어떤 뉴스가 가치 있는지에 대해 가이드라인을 정해온 전통적인 미디어 공식에 도전하고 있다. [오연호, 오마이뉴스 창업자]

(4) 과연 인터넷 신문을 창업할 것인가 고민할 무렵 그의 지갑에는 만화 한컷이 담겨있었다. '광수 생각'의 두컷 그림. 윗 그림은 성냥갑의 불 붙이는 부분만 크게 그려놓았다. 다음 그림은 클로즈업한 성냥개비, 그게 전부였는데 만화 밑에는 이런 짧은 글이 적혀있었다. "성냥과 황,

준비는 끝났습니다. 당신의 인생에 불을 붙이세요." [오연호, 대한민국 특산품 오마이뉴스]

　(5) 지금으로부터 40여년전인 1970년 4월 1일. 경북 포항의 황량한 모래 벌판 위에는 세 사람이 서있었습니다. 그들은 한국 최초의 일관제철소 '포항종합제철소' 착공식에 참석한 박정희 대통령, 박태준 포항제철 사장, 김학렬 부총리였습니다. 경제발전의 초석이 되어줄 일관제철소를 만들기 위해 박정희 대통령은 1968년 포항종합제철이라는 회사를 설립합니다. 하지만 회사 이름만 있었지, 할 수 있는 것은 아무것도 없었습니다. 당시 우리나라에는 돈이, 달러같은 외화자금이 있을 리 없었기 때문입니다. 세계 각국에 "일관제철소를 만들겠다"며 돈을 빌리려 했지만, "불가능한 일"이라며 그 누구도 거들떠보지 않았습니다. 고민 끝에 정부는 대일청구권 자금을 끌어와 해결했습니다. 일제 식민통치라는 '고통의 댓가'로 받은 돈, 그 돈을 쥐고 포철 직원들은 "공사 기일을 못맞추면 전부 오른쪽에 있는 영일만에 빠져 죽는다"는 '우향우 정신'으로 밤낮 없이 일했습니다. 3년여가 흐른 73년 7월 3일. 마침내 조강생산 능력 103만 t 규모인 포항종합제철소 1기가 준공됐습니다. [예병일]

　(6) 연구를 통해서 우리는 이윤추구를 목적으로 삼았던 회사보다 더 광범위한 가치를 지향하는 회사들이 재정적으로 잘 꾸려나가고 있다는 사실을 발견했다. [톰 피터스, 초우량 기업을 찾아서]

〈가치 공유〉

　(1) 구성원들이 가치를 공유하고, 그에 기초한 강력한 조직문화를 갖고 있는 조직은 그렇지 않은 조직보다 성과가 높다. 총수입은 4배가 많았고, 일자리 수는 7배가 늘어났고, 주식가격은 12배, 이윤은 750배가 높았다. [짐 헤스켓 & 존 코터, 기업문화와 성과]

　(2) 스피드란 중요한 것에는 시간을 투자하고, 중요하지 않은 것에 소비하는 시간을 제거하는 것이다. [톰 피터스]

　(3) 삼성그룹의 총수 이건희 회장은 삼성본관 28층에 있는 자신의 집

무실에도 잘 나오지 않고 주로 한남동의 승지원(개인 집무실)에서 업무를 본다. 야행성 체질이어서 낮보다는 주로 밤에 일한다. 아니, 일한다기보다는 몇 시간이고 꼼짝 않고 생각에 잠긴다. 종종 초밥 서너 개만으로 하루를 버티며, 생각에 빠지면 48시간동안 잠을 안자기도 한다. 사업에 착수하기 전에는 자신이 원하는 답이 나올 때까지 조사에 조사를 거듭한다. 그리고 그 사업을 해야만 하는 이유를 자신에게 "왜냐고 최소한 여섯 번 이상 묻는다." 그리고 다시 열 번 이상 생각한다. 어딘가 어눌해 보이고, 말도 걸음걸이도 느리다. 표정에도 변화가 없다. 게다가 사람 이름을 못외는 데는 천재적이다. 모습을 잘 드러내지 않고 과묵하며 사색을 즐긴다. 그는 사색을 통해 사장단으로 하여금 미처 보지못한 것을 생각하게 만든다. [홍하상, 이건희 中]

(4) To "out-picture" abundance, we first must successfully and repetitively "in-picture" a mental state of abundance. Why? Because our state of mind creates our state of results, Affirm the following each morning and night for the next 30 days or until it becomes the truth for you. Preferably, do this just prior to sleep and just before getting out of bed in the morning. Repeat it with feeling, belief, imagination, and acceptance. "I am abundant in every good way. Infinite money is mine to earn, save, invest, exponentially multiply, and share. My abundance is making everyone better off. I embrace abundance and abundance embraces me." [Mark Victor Hansen & Robert G. Allen, The One Minute Millionaire]

(5) I love the story about how John D. Rockefeller dealt with his creditors. When a creditor came knowing on John's door, hoping to have his bill paid, Rockefeller would reach for his checkbook with gusto and ask, "Which would you rather have: cash or Standard Oil Stock?" He did so with such confidence that people almost always chose to take stock in his company. [Kurt Mortensen]

(6) 삼성전자의 이건희 회장의 경영성공 요체는 첫째, 과감한 권한 이양이다. 이 회장은 자질구레한 일엔 간섭하시 않고 큰 흐름을 주시하면서 전문경영인들을 리드하고 있다. 이를 주변에선 '은둔의 카리스마'라고 부른다. 둘째, 철저한 실적평가와 정확한 인사이다. 이 회장은 학연, 지연 등에 얽매이지 않는 실력 위주의 인사를 하고 있다는 것이다.

(7) 에디슨은 51세에 철광사업을 실패하고 축전지 발명을 착수하게 됩니다. 그리고 축전지 개발을 성공하기까지 꼬박 10년의 세월을 보내게 됩니다. 62세까지 30,000번이나 실패한 후에 성공을 하였습니다.

〈세상에서 가장 확실한 성공원칙〉

수많은 위인들이 알려준, 세상에서 가장 확실한 성공원칙은 성공할 때까지 계속 도전하는 것이다!

우리 시대에 가장 중요한 발견은 태도를 바꿈으로써 우리들의 생을 바꿀 수 있다는 인식이다(윌리엄 제임스 박사).

(1) 날이 어두워지면 불을 켜듯이 내 마음의 방에 어둠이 찾아 들면 얼른 불을 밝히고 가까운 곳의 희망부터 찾아낼 수 있는 하루가 되기를 바랍니다.

(2) 『너 자신을 누구에겐가 필요한 존재로 만들어라. -- R.W. 에머슨』

(3) 경주 근처 안강이라는 시골 농촌에서 태어난 한 소년이 있었다. 그 소년은 초등학교를 졸업한 뒤 중학교에 다닐 돈이 없었다. 그래서 학비를 벌기 위해서 1년 동안 산에 가서 나무를 해서 적으나마 학비를 준비하고 있었다. 그러다가 포항에 가면 공짜로 공부하는 곳이 있다는 말을 듣게 되었다. 3시간이나 걸어서 그 학교 교장선생님을 찾아가 입학하겠다고 떼를 썼다. 교장은 너무 많이 포기하라고 했지만 끝까지 우겨서 입학하게 되었다. 그 후로 이 소년은 3년동안이나 새벽 4시에 책 보따리를 짊어지고 먼 길을 다녀야 했다. 중학교를 졸업한 뒤 입학금이 없어서 인근 시골 농업고등학교에 장학생으로 갔다. 겨우 고등학교를 졸업한 뒤 어렵게 사범대학에 입학했다. 잠시 교사생활을 하다가 더 큰 꿈을 품고

국민대 사회체육학과에서 공부를 했다. 그러다가 의학에 관심이 생겨서 의대 청강생으로 들어갔다. 의대 교수들이 의대생도 아닌데 청강한다고 나이 많은 사람에게 온갖 수모를 주었지만 꿈쩍도 하지 않고 의학수업을 계속 청강했다. 중간고사 때 시험지를 주지 않자 나도 한 장 달라며 교수에게 항의하는 뻔뻔함도 있었다. 그리고 답안지에 의대생들보다 더 훌륭한 답을 써서 의대 교수들을 놀래키기도 했다. 그렇게 10년동안 의학수업을 청강했다. 졸업장도 못받는 수업을 10년이나 청강했던 것이다.

그리고 의대 졸업장도 없는데 연세대 의대 교수 공개 채용에 지원을 했다. 그리고 유학파 출신, 명문대 의대 졸업생 출신의 많은 경쟁자를 물리치고 당당하게 실력으로 연세대 의대교수가 됐다. 우리는 그를 신바람박사 "황수관" 이라고 부른다.

(4) 목표가 무엇이든 머릿속에 분명히 그릴 수만 있다면 그것을 성취할 가능성은 대단히 커진다. [Brian Tracy, 성취심리]

(5) 나는 모든 사업에서 사람이 가장 중요한 부분이라고 생각했었다. 그러나 이후 내가 깨달은 커다란 진실은 사람은 사업의 중요한 부분이 아니라 사업 그 자체라는 것이었다. [Brian Tracy, 성취심리]

(6) 내가 생각하는 이상적인 삶의 모습을 세세한 부분까지 그려보자. 현재 내 모습에서 내가 바라는 곳으로 가는 과정에 대해서는 걱정하지 말자. 지금은 우선 내가 생각하는 완벽한 미래의 비전을 창조하는 데 집중하자. [Brian Tracy, 성취심리]

(7) 모두가 아는 사실이지만, 진정 중요하고 가치있는 일 중에 쉬운 일은 하나도 없다. [Brian Tracy, 성취심리]

(8) 인생은 어려운 것이다. 인생은 항상 어려운 것이었고 앞으로도 그러할 것이다

(9) 집을 나설 때 머리를 빗고 옷매무새를 살피듯이 사람 앞에 설 때마다 생각을 다듬고 마음을 추스려 단정한 마음가짐이 되면 좋겠습니다.

(10) 『곧은 나무는 재목(材木)으로 쓰이고, 굽은 나무는 화목(火木)으

로 쓰인다.』

(11) 필요하지 않을 때 우정을 맺어라. -미국 속담-』

(12) 필요가 발명의 어머니라면 고통은 배움의 아버지이다. [Brian Tracy, 성취심리]

(13) 지금 우리가 있는 장소에서, 지금 우리가 갖고 있는 것을 사용하여, 우리가 할 수 있는 것을 하자. [루즈벨트]

(14) 이것이 내가 그때 한 일이다. 어떤 사람들이 다른 이들보다 더 성공하는 이유를 공부하면서 나는 거기에 완전히 몰입했다. 비록 가난한 학생이었지만 내가 필요로 하는 내용이 담긴 책을 닥치는 대로 읽었고 힘든 일을 두려워하지 않았다. 친구들이 데이트하고 춤추러 다닐 때 나는 잃어버린 시간을 찾아 공부하고 있었다. [Brian Tracy, 성취심리]

(15) 우리에게 필요한 것은 바로 시스템이다. 배운 것을 통합할 수 있는 시스템이 없다는 것은 전체를 보여주는 그림없이 조각 맞추기 게임을 하는 것과 같다. 대부분의 경우 시스템이 전혀 없는 것보다 좋지 않은 시스템이라도 있는 것이 낫다. 중요한 것은 시스템을 배우고 난 다음에 자신이 원하는 결과를 얻을 때까지 꾸준하게 그 시스템을 적용해야 한다는 것이다. [Brian Tracy, 성취심리]

(16) 되고 싶은 것, 갖고 싶은 것, 하고 싶은 것 모두가 학습과 성실한 노력을 통해 이루어진다. 그러나 그러기 위해서는 시스템이 있어야 하고 시스템을 꾸준히 적용해야 한다. [Brian Tracy, 성취심리]

(17) 성취감의 결여와 불만의 주된 원인은 자신의 능력을 최대한 발휘하는 방법을 모른다는 데 있다. [Brian Tracy, 성취심리]

(18) 효과적으로 사용하기만 하면 이 놀라운 뇌는 우리를 가난에서 풍요로움으로, 혼자 지내는 외로움에서 사람들과 함께 어울려 지내는 즐거움으로, 질병에서 건강으로, 우울함에서 행복과 기쁨으로 안내할 것이다. 단, 그렇게 하기 위해서는 올바른 사용법을 배워야 한다. [Brian Tracy, 성취심리]

(19) 성공한 이들의 인생과 이야기들을 공부하면서 나는 그들 대다수가 이런 법칙을 의식적으로 또는 무의식적으로 사용했다는 것과, 그 결과 그들은 보통사람들이 일생동안 이룩한 것들을 2, 3년 안에 이루어낼 수 있었다는 것을 알게 되었다. [Brian Tracy, 성취심리]

(20) 분명한 목적과 계획을 가진 사람이 그렇지 못한 사람에 비해 항상 더 좋은 결과를 얻는 이유는, 자신이 삶을 제어하고 있다는 느낌이 주는 자신감 때문이다. [Brian Tracy, 성취심리]

(21) '우주의 철칙'이라고도 하는 인과의 법칙은 "모든 결과에는 분명한 이유가 있다."는 것이다. 이 법칙에 의하면 모든 일은 특정 원인 때문에 발생한다. [Brian Tracy, 성취심리]

(22) 삶에 원치 않는 어떤 결과가 생겼다면 원인을 추적해서 찾아내어 제거해야 한다. [Brian Tracy, 성취심리]

(23) 확고한 목적 - 영혼의 지혜로운 눈이 응시하는 초점 - 보다 더 마음을 진정시키는 것은 없다. [Mary Wollstonecraft Shelley]

(24) 어떤 일을 마음 속에 그려 보는 것은 그것을 성취할 수 있는 방법을 체계화시켜 준다. [Stephen R. Covey]

(25) 나는 송판격파에 적용했던 확신감을 불가능하다고 생각했던 것들에 적용해서 성과를 이루고, 어떤 일을 할 때 질질 끄는 습관과 두려움을 없애는 데 사용하기 시작했다. [Anthony Robbins, 네 안에 잠든 거인을 깨워라]

(26) 세계 역사상 위대하고 당당했던 순간들은 모두 열정이 승리했을 때이다. [랠프 왈도 애머슨]

(27) 우리는 자신이 보는 것을 믿는 것이 아니라 자신이 믿는 것을 본다. [Brian Tracy, 성취심리]

(28) 우리가 극복해야 할 가장 큰 정신적인 장애물은 바로 자신을 제약하는 잘못된 믿음들이다. [Brian Tracy, 성취심리]

(29) 할 수 있다고 믿는 것과 할 수 없다고 믿는 것, 둘 다 맞는 말이

다. [헨리 포드]

(30) 억만장자인 클레멘트 스톤(W. Clement Stone)은 '역 피해의식(inverse paranoid)'으로 유명하다. 이것은 세상이 자기를 위해 좋은 일을 하려고 작정하고 있다고 믿는 것이다. [Brian Tracy, 성취심리]

〈보통 기업과 위대한 기업의 차이〉

(1) 역 피해의식은 긍정적인 태도의 기초다. 이것은 높은 성과를 올리는 사람들의 가장 공통된 특징이다. [Brian Tracy, 성취심리]

(2) 어떻게 하면 통제력을 잃지 않으면서도 사람들이 효과적으로 일을 할 수 있도록 자유와 자율성을 보장해 줄 수 있을까? [Stephen R. Covey, 원칙중심의 리더십]

(3) 수치라고 하면 대체로 정확하고 객관적인 것으로 생각되지만, 그것도 실은 주관적인 가정들에 기초하고 있음은 익히 알려진 사실이다. [Stephen R. Covey, 원칙중심의 리더십]

(4) 수입과 경제력이라는 외부세계는 생각과 준비라는 내면의 세계와 상응한다. [Brian Tracy, 성취심리]

(5) The solution to this problem of work overload is for you to become an expert on time management. [Brian Tracy]

(6) 나는 간혹 어려움에 처한 학생들을 만나면 이렇게 말해주곤 한다. 네가 만나는 고통의 무게는 결국 네가 이루게 될 꿈의 무게라고. [차인홍, 아름다운 남자 아름다운 성공]

(7) 이런 사람들이 백만장자다. 좋아하고 잘하는 일을 직업으로 삼는다. 다른 사람들이 기뻐하는 일을 한다. 누구보다 열심히 일한다. 눈앞의 일에 최선을 다한다. 일을 통해 성장한다. [혼다 켄, 부자가 되려면 부자에게 점심을 사라]

(8) Ninety-nine percent of failures come from people who have a habit of making excuses. [George Washington Carver]

(9) 다른 사람은 우리가 해놓은 일로 우리를 판단하고, 우리는 스스

로 할 수 있다고 생각하는 일로 자신을 판단한다. [헨리 워즈워드 롱펠로우]

(10) 나는 매일 아침 눈뜨자마자 감사할 일들을 머릿속에 떠올렸다. 흘러나오는 음악, 맛있는 음식, 나를 아껴주는 사람들, 다정한 친구들... 그것은 행복과 건강을 가져다 주는 사상이었다(데일 카네기).

(11) 새는 알속에서 빠져 나오려고 싸운다. 알은 세계이다. 태어나기를 원하는 자는 하나의 세계를 파괴하지 않으면 안된다(헤세). 새로운 달 9월에는 더 많은 웃음과 좋은 성과 이루시기 바랍니다.

(12) 똥더미 속에서도 아름다운 꽃이 핀다 . Many a fair flower springs out of a dunghill -뉴 잉글랜드 속담- 』

(13) 『아버지의 치명적인 결점은 자녀가 자신의 명예를 빛내주기 바란다는 점이다 -Bertrand Russell- 』

(14) 『 할 수 없어도 할 수 있다고 말하지 않으면 찬스는 없다. 우선 '할 수 있다'라고 말하자. -나카타니 아키히로 』

〈 인생 항로〉

(1) 인생이 우연한 사건의 연속이라고 생각하는가. 절대 그렇지 않다. 당신의 인생을 되돌아보면 지금까지 이끌어온 일정한 패턴을 발견할 수 있을 것이다. 날마다 당신의 앞에는 여러 가지 다른 길들이 놓여 있고, 당신은 그 중 하나의 길을 선택해야 한다. 하지만 선택의 몫은 다른 사람이 아닌 바로 당신의 것이다. [테리 햄튼 & 로니 하퍼, 고래뱃속 탈출하기]

(2) 지금까지 살면서 수많은 갈림길을 지나왔다. 한 순간의 선택으로 가슴을 치며 통곡했던 기억도 있다. 하지만 나를 더욱 초라하게 만드는 것은 그것이 전적으로 내 탓임에도 모든 것을 상대방 탓으로 돌려버린 일이다. [정은미, 아주 특별한 관계]

(3) 우리가 끈기있게 노력할 때 일이 더욱 쉬워지는 것은 일의 성격이 변화해서 그런 것이 아니고, 우리의 능력이 개선되었기 때문이다. [에

머슨]

(4) 나는 지금 사람들간의 차이는 지속적으로 묻는 질문의 차이에 있다고 말하는 것이다. 어떤 사람들은 정기적으로 우울해한다. 왜 그럴까?
앞에서 공부했듯이 그 원인 가운데 하나는 그들이 제한적인 감정상태를 갖고 있기 때문이다. 그들은 제한적인 행동을 보이고, 마치 절름발이 같은 신체상태를 유지하며 살아간다. 그리고 더 중요한 이유는, 그들 자신이 중압감을 느끼는 일에 생각의 초점을 맞추고 있기 때문이다. 이런 사람들도 순간적으로 감정상태를 바꿀 수 있을까? 물론이다. 생각의 초점을 바꾸기만 하면 순간적으로 변화가 이루어진다. 그러면 생각의 초점을 가장 빨리 바꾸는 방법은 무엇일까? 그것은 새로운 질문을 하면 되는 것이다. [Anthony Robbins, 네 안에 잠든 거인을 깨워라]

(5) 얼굴 전체가 화상을 입어 흉하게 일그러졌고 허리 아래를 못 쓰는 불구가 되었음에도, 그는 "어떻게 하면 저 여자와 데이트할 수 있을까?" 하고 질문할만큼 대담했다. 그의 친구들은 "미쳤니? 환상적인 생각은 버려!" 하고 말했다. 그러나 1년 6개월 후 그와 애니는 사랑에 빠졌고, 현재 그녀는 그의 아내가 되어 있다. 이것이 긍정적인 질문의 힘이다. 그것은 우리에게 둘도 없이 중요한 자원을 가져다준다. 바로 대답과 해법이다. [Anthony Robbins, 네 안에 잠든 거인을 깨워라]

(6) 운명을 결정하는 것은, 우리가 던지는 질문 뿐만 아니라 우리가 제대로 묻지 않은 질문도 포함한다는 것을 명심하라. [Anthony Robbins, 네 안에 잠든 거인을 깨워라]

〈성공하는 방법〉

(1) 찰스 캐터링은 실패를 지혜롭게 이용하는 법을 배워야 한다고 말했다. 그는 "실패하는 것은 부끄러운 일이 아니다. 실패의 원인을 잘 분석하여 성공으로 가는 길을 찾는다면 그 실패는 무의미한 것이 아니다. [글렌 반 에케렌, 너와 나누고 싶은 이야기가 있다]

(2) 사람들이 자신의 실수에 붙이는 이름이 바로 경험이다. [오스카

와일드]

(3) Decisiveness is one of the most important qualities of successful and happy men and women, and decisiveness is developed through practice and repetition, over and over again until it becomes as natural to you as breathing in and breathing out. [Brian Tracy]

(4) 이라크에 주재 중인 대우인터내셔널 김갑수 바그다드 지사장은 최근 서울 본사로부터 50만원짜리 방탄조끼를 지급받았다. 김 지사장은 방탄조끼와 위성전화기를 갖춘 채 바그다드 전역을 누비며 '바늘에서부터 자동차'까지 팔 수 있는 물건은 무엇이든지 팔고 있다.

(5) 힘은 희망을 가지고 있는 사람에게 있고, 용기는 속에 있는 의지에서 우러나오는 것이다. [펄벅]

(6) 역사적으로 유능한 사람이 무능한 사람과 같이 일하기 싫어해서 밀어냈기 때문에 계급이 생기게 되었다. [박승렬 목사, 사랑의 교회]

(7) 유연성을 배워라. 그러기 싫다면 실패하여 사는 것을 좋아하는 법을 터득하라. [존 맥스웰, 정상의 법칙]

(8) Only those who dare to fail greatly can ever achieve greatly. [Robert F. Kennedy]

(9) 내 말들은 다른 사람들에게 영향을 끼치고, 그 말들은 또한 내 자신에게도 영향을 끼칩니다. [오늘의 양식]

〈능력의 발휘〉

『하늘은 두 가지를 다 주지 않는다. 이빨을 준 자에게는 뿔은 주지 않았다. 날개를 준 자에게는 발은 두 개만 주었다. -한서- 』

(1) 질문을 중단하지 않는 것이 중요하다. 호기심이 꼭 필요한 것은 이 때문이다. 사람들이 영원성, 인생, 실재의 놀라운 구조에 대해 묵상할 때마다 경외감에 빠지게 되는 것은 어쩔 수 없는 일이다. 만일 어떤 사람이 매일 이 신비로움의 아주 작은 부분이라도 이해하려고 한다면 그것으로 충분하다. 절대로 신성한 호기심을 잃지 말라. [앨버트 아인슈타인]

(2) 자기확언과 질문은 큰 차이가 있다. [Anthony Robbins, 네 안에 잠든 거인을 깨워라]

(3) 머릿속에 자꾸 무엇인가를 주입하려 하지 말고 대신 질문을 하면, 그 감정을 느끼게 하는 실제 이유들이 생각날 것이다. 단지 생각의 초점을 바꿈으로써 자신의 감정을 즉각적으로 바꿀 수 있다. [Anthony Robbins, 네 안에 잠든 거인을 깨워라]

(4) 지금 우리의 모습과 행동은 스스로에 대한 믿음의 산물이다. 부유하든 가난하든, 행복하든 불행하든, 뚱뚱하든 말랐든, 성공했든 실패했든 지금의 우리를 만든 것은 믿음이다. 만일 삶의 특정 영역에서 믿음을 바꾸면 그 영역은 즉시 바뀌기 시작한다. 기대와 태도, 결과 등 모든 것이 변한다. [Brian Tracy, 성취심리]

(5) 외부세계는 내부세계의 표현이다. 여기에는 예외가 없다. "외부로 보이는 것은 진정한 우리가 아니다. 내부에서 이루어지는 생각이 진정한 우리다." [Brian Tracy, 성취심리]

(6) 우리의 자아 개념과 일의 성과는 직접적인 관계가 있다. 우리는 믿는만큼의 성과를 낸다. 어떤 일을 하든 믿는만큼만 성공한다. 내면에서 믿는 것보다 더 좋은 것을 이뤄낸 경우는 없다. [Brian Tracy, 성취심리]

(7) 거만하고 뽐내는 우월 콤플렉스와 자기를 비하하는 열등 콤플렉스 모두 낮은 자부심 때문에 자신에 대해 부정적인 생각을 가지고 있을 때 나타나는 현상이다. 진정한 자부심을 지닌 사람은 모든 사람들과 잘 지낸다. [Brian Tracy, 성취심리]

(8) 세계은행의 지식경영 책임자인 스티븐 데닝은 "현대사회는 지식의 양이 기하급수적으로 증가하는 '지식 창조혁명'과 통신비용의 획기적인 감소로 인한 '지식 확산혁명', 다양한 가상 조직이 등장하는 '조직혁명'의 3대 지식혁명을 겪고 있다."고 지적하였다. [장대환, Knowledge Driver]

(9) 인도의 우샤 그룹의 비나이 라이 회장은 최근 모교인 미국 MIT

로부터 받은 이메일 한 통이 자신에게 커다란 자극이 되었다고 한다. 그 내용은 'MIT 졸업생들도 1주일에 하루 이상은 학습에 시간을 투자해야 변화에 뒤쳐지지 않는다. 앞으로 MIT에서 나온 교육자료를 보내줄테니 꾸준히 공부하라'는 것이었다. [장대환, Knowledge Driver]

〈정보의 활용방법〉

즐거운 기분은 윤활유와도 같아서 정신활동의 능률을 높이고 정보 판단을 잘할 수 있게 해주며, 사고의 유연성을 증가시키는 작용과 더불어 복잡한 판단을 내릴 때 중요한 제대로 활용할 수 있게 해준다.(감성의 리더십 中)

(1) 지식사회의 시민은 외부와의 교류를 통해 정보와 지식을 얻고, 이를 이해하며, 그 교훈을 삶에 적용하며, 다른 사람들과 배움을 공유하는 과정을 전 생애에 걸쳐 끊임없이 반복해야 한다. [장대환, Knowledge Driver]

(2) 지식사회에서 요구되는 지식은 자신의 체험이 뒷받침되는 '살아있는 지식'이며, 행동, 경험, 유용성이 결합된 '행동하는 지식'이다. [장대환, Knowledge Driver]

(3) 지식은 '의미있는 정보'로서 특정 가치를 창출하는 데 쓰일 수 있도록 여러 정보들이 종합되어 하나의 이론적 체계를 갖추게 된 것이며 학습의 주요 대상이 된다. 지혜란 '통찰력을 가진 지식'으로서 지식을 바탕으로 그 근본원리나 통찰력을 현실에 적용할 수 있는 능력을 말한다. 지식과 지혜를 합쳐서 '넓은 의미의 지식'이라고 본다. [장대환, Knowledge Driver]

(4) 지식은 크게 암묵지와 형식지로 나눌 수 있다. 암묵지(Tacit Knowledge)는 개인과 조직의 경험과 노하우, 통찰력, 영감, 직관력, 판단 등 겉으로 드러나지 않고 머릿속에 담겨있는 지식을 말하며, 형식지(Explicit knowledge)는 이미지, 몸짓, 문서, 기호, 데이터베이스, 매뉴얼 등 타인에게 전달이 가능하고 구체적으로 표현이 가능한 지식을 말한다.

[장대환, Knowledge Driver]

(5) 레스터 서로우 MIT 교수는 장기적으로 지속 가능한 경쟁 우위의 유일한 원천으로 지식을 제시하였다. 결국 조직원들이 창조적 능력과 전문성을 어느 정도 보유하고 있느냐가 조직의 경쟁력을 결정하는 중요한 변수가 된다. [장대환, Knowledge Driver]

(6) 보세요! 현재 휴렛 패커드의 문제는 컴퓨터 전문지식이 아닙니다. 그런 지식을 가진 사람은 회사 내에 얼마든지 있습니다. 나는 중요한 핵심을 신속히 골라내는 능력이 있습니다. 내가 컴퓨터에 대해 모른다는 것은 스스로 잘알고 있습니다. 그러나 우리는 서로 보완할 수 있는 부분을 가지고 있습니다. 여러분은 최고의 공학기술을 가지고 있으며, 나는 회사가 필요로 하는 전략적 비전을 가지고 있으니까요. [칼리 피오리나, HP CEO]

(7) 과거의 방식을 고집하는 한 발전은 없다. 이것은 자신이 배출해 낸 공기를 다시 마시는 꼴이며, 어느 순간 질식하게 마련이다. [칼리 피오리나, HP CEO]

기대, 예상의 법칙(Law of Expectation) - 삶에서 얻을 수 있는 것은 자신이 원하는 것이라기 보다는 자신이 기대하고 예상하는 것이다. [Brian Tracy, Maximum Achievement]

흡인의 법칙(Law of Attraction) - 인간은 자신의 지배적인 사고와 일치하는 사람과 상황을 자신의 삶에 끌어들이게 된다. [Brian Tracy, Maximum Achievement]

일치의 법칙(Law of Correspondence) - 인간의 외적 현실은 자신의 사고와 감정으로 이루어지는 내면의 세계를 그대로 반영한다. [Brian Tracy, Maximum Achievement]

등가의 법칙(Law of Equivalency) - 스스로 확실하고 반복적이며, 강렬한 감정 상태로 계속 사고하는 내용이 결국 자신의 삶의 모습이 된다. [Brian Tracy, Maximum Achievement]

내 삶에 있어 가장 혁신적인 사건은 인간은 자신의 사고의 내적 측면을 변화시킴으로써 삶의 외적 측면도 변화시킬 수 있다는 사실을 발견한 것이다. [William James]

집중의 법칙(Law of Concentration) - 무엇인가에 대해 더 많이 생각하고 집중할수록 그 일이 현실로 나타날 가능성이 많다. [Brian Tracy, Maximum Achievement]

대체의 법칙(Law of Substitution) - 의식은 한 번에 한 가지 생각만을 할 수 있다. 따라서 부정적인 사고를 긍정적인 사고로 대체함으로써 감정을 제어할 수 있다. [Brian Tracy, Maximum Achievement]

반전의 법칙(Law of Reversibility) - 정신적 사고패턴 개발에 있어 지나친 노력은 부작용을 낳을 수 있다. 즉, 보다 편안한 마음으로 부담에서 벗어날 때 원하는 새로운 사고패턴을 보다 빨리 개발할 수 있게 된다. [Brian Tracy, Maximum Achievement]

1. 하지만 결심을 한 이상 행동으로 옮기는 것이 나의 의무였다. [James Jeffords, 미국 상원의원]

2. 지금 최선을 다해라. 절대 나중을 기다리지 마라. 뒷자리에서 얼쩡거리지 말고 누군가를 목표로 삼고 따라잡겠다는 의지를 불태워라. 그렇지 않으면 아무 것도 얻을 수 없다. 열정을 바쳐 노력하라. 그러면 보답을 얻을 것이다. [Shaquille O'Neal, 프로농구 선수]

3. 강요하진 않았지만 날 설득하는 일을 절대 포기하지 않았다. [David Boies, 변호사]

4. 나는 앞으로 수많은 문제에 직면해 힘든 결정을 내려야 할 때, 그 일이 좀더 쉽고 재미난지 확실한 돈벌이가 되는지가 중요한 게 아니라 과연 그 일이 옳은 일인가 하는 판단에 따라 결정해야 한다는 사실을 깨달았다. [David Boies, 변호사]

5. 거절할 수 없었다. 더할 나위 없이 귀중한 기회이기도 했지만 무엇보다 그 일이 내가 실천해야 하는 정의로운 일이라는 판단 때문이었다.

[David Boies, 변호사]

  6. 스스로 생각하라. (Think for yourself) [Marlo Thomas, 나를 바꾼 그때 그 한마디 1]

  7. 마샤, 넌 뭐든지 할 수 있어. 생각을 한 곳에 집중해 보거라. 그럼 뭐든지 해낼 수 있을거야. [Marlo Thomas, 나를 바꾼 그때 그 한마디 1]

  8. 성공은 '뭔가를 보여주고 말겠다!'라는 식의 생각으로 얻어지기보다는 자신의 내적인 감각에 대한 확신, 그리고 변함없이 뭔가를 추구하는 데서 얻어진다. 그러기 위해선 남들이 하는대로 따라가라고 강요하는 세상에 맞서 자신의 독창적인 스타일과 취향을 지켜나갈 수 있는 강한 의지를 가져야 한다. [Ralph Lauren, 디자이너]

  9. 돌아가더라도 바른 길을 간다. 기업은 이익을 내는 과정에서 정직해야 한다. [박성수, 나는 정직한 자의 형통을 믿는다]

  10. 1,300억원 수익의 온전한 십일조를 선교와 복지사업에 헌납한 이듬해에 이랜드그룹은 창업 이래 최고의 성장을 기록했고 매출 3조원을 예상하고 있다. [박성수, 나는 정직한 자의 형통을 믿는다]

  11. 돈을 목적으로 삼으면 돈을 벌 수 없습니다. 내가 남을 섬기려 하고 정말 남을 위해서 희생하고자 할 때 사실은 돈도 따라오는 것입니다. [박성수, 나는 정직한 자의 형통을 믿는다]

  우리는 결심이나 의지가 아니라 믿음과 성실로 변하고 성숙합니다. 결심과 결단은 나의 욕심이지만 믿음과 성실은 사람과 일에 대한 사랑이기 때문입니다.

  『필요하지 않을 때 우정을 맺어라. -미국 속담- 』

  1. 나는 내가 돈을 많이 벌기보다는 내 물건을 사서 다른 사람들이 이익을 보거나 기뻐하는 모습을 보는 것이 더 즐겁다. [박성수, 나는 정직한 자의 형통을 믿는다]

  2. 다른 말로 하면 내가 소비자로부터 받는 가격보다 내가 주는 가치가 더 커야만 비즈니스에 성공할 수 있다는 말입니다. [박성수, 나는 정

직한 자의 형통을 믿는다]

3. 제가 어머니께 배운 비즈니스 정신은 매우 중요한 것이었습니다. 우리는 상대방 중심으로 사고해야 합니다. [박성수, 나는 정직한 자의 형통을 믿는다]

4. 그러나 이제부터는 돈을 모으기 위해, 쌓아두기 위해 버는 것이 아니라 돈을 잘 쓰기 위해서 벌겠다고 결심했습니다. [박성수, 나는 정직한 자의 형통을 믿는다]

5. 저는 하나님께서 기회를 주실 때 사람을 통해서 주신다고 생각합니다. 어떤 사람을 만날 때에 그것은 하나님이 주신 기회일지 모릅니다. [박성수, 나는 정직한 자의 형통을 믿는다]

6. 하나님께서는 큰 그릇, 귀한 그릇, 좋은 그릇을 쓰시기를 원하기 보다는 깨끗한 그릇을 쓰기 원하십니다. [박성수, 나는 정직한 자의 형통을 믿는다]

7. 전략 수립을 담당한다든가 재무를 담당하여 다른 회사를 인수 합병하는 문제에는 일류대학 출신이 제 몫을 감당하더군요. 그렇지만 기타 다른 부분에서는 일류대학 나온 것이 거의 소용이 없었습니다. [박성수, 나는 정직한 자의 형통을 믿는다]

8. 각종 어려움에 빠진 회사는 줄줄이 나오고 있지만 아무도 사가지 않습니다. 그런 회사는 벌써 수년째, 지식과 지혜를 가지고 회사의 문제를 해결해 줄 사람을 기다리고 있습니다. 이 지식을 갖춘다면 돈은 자연히 따라오게 되어 있는데 말입니다. [박성수, 나는 정직한 자의 형통을 믿는다]

9. 옛날에는 돈이 결정했지만 이제는 아닙니다. 어떤 의미에서 돈은 흔해졌습니다. 반면 지식을 갖추었다면 선택할 수 있습니다. 문제를 해결할 수 있는 귀한 능력이 지식이기 때문입니다. [박성수, 나는 정직한 자의 형통을 믿는다]

『삼밭 속에 자란 쑥은 붙들어 주지 않아도 곧게 자란다. 좋은 친구 사이에 있으면 저절로 좋은 친구들처럼 되어 좋아진다는 말. -고시원-』

1. "당신은 왜 일합니까?" "예, 하나님께서 이 일을 제게 맡기셨기 때문입니다. 저는 하나님께서 원하시는 수준만큼 이 일을 성취하여 이 세상에서 하나님을 영화롭게 하며 하나님께 영광 돌리려고 합니다. 이것이 제 인생의 목표입니다. 그렇기 때문에 저는 지금까지 비즈니스에 몸담고 있습니다." [박성수, 나는 정직한 자의 형통을 믿는다]

2. 이 땅에 하나님을 경외하는 지식을 가진, 진정으로 하나님을 두려워할 줄 아는 CEO 50명을 남기는 것이 제 인생에 하나님께서 주신 최종 과업입니다. [박성수, 나는 정직한 자의 형통을 믿는다]

3. 조선왕조 500년동안 굳어진 유교주의 문화와 상하복종 관계, 가부장적인 제도, 예스맨 문화, 학연, 지연으로 모든 것이 해결되는 나라가 한국입니다. [박성수, 나는 정직한 자의 형통을 믿는다]

4. 요즘 외국계 은행에서 명문대를 나왔다면 아예 면접에서 빼는 일까지 벌어졌다는데 알고 계십니까? 저는 그 은행 지점장한테 직접 이야기를 들었습니다. 이유는 전부 다 "나 잘났다"라고 하는 데 있다고 합니다. 머리만 크고 손발이 약합니다. 팀워크에도 이만저만 지장이 있는 것이 아닙니다. 전부 리더하겠다고 나서고 헬퍼십이라곤 찾아볼 수 없다고 합니다. 이런 사람이 조직에 들어오면 피곤하다고 합니다. [박성수, 나는 정직한 자의 형통을 믿는다]

5. "자기 약점을 약점으로 볼 것이냐 아니면 그 약점을 자신의 강점으로 만들 것이냐?" 이것이 바로 성공의 열쇠입니다. [박성수, 나는 정직한 자의 형통을 믿는다]

6. 현재 우리의 태도와 행동, 가치, 의견, 신념, 두려움은 모두 학습된 것이다. [Brian Tracy, 성취심리]

7. '실패에 대한 두려움'은 성공을 가로막는 가장 커다란 장애물이다. 그것은 조금이라도 위험하거나 약간의 시간과 돈, 감정을 빼앗길 우려가 있을 때마다 마음속에서 솟아오르며 새로운 일이나 다른 일을 못하게

막는다. [Brian Tracy, 성취심리]

8. 나는 모든 두려움은 내 안에 존재하며 실제로 외부에는 두려워할 것이 없다는 것을 알았다. [Brian Tracy, 성취심리]

〈어리석은 질문과 기적의 발생〉

▲"메모리 640KB 정도면 모든 사람들에게 충분하고도 넘치는 용량이다." 1981년 빌 게이츠는 이런 말을 했다.

20년이 흐른 지금 대부분의 컴퓨터 사용자들은 당시 빌 게이츠가 `호언`한 메모리의 40배가 넘는 용량을 사용 중이다. 컴퓨터 황제의 이 무식한(?) 발언에 놀랄 수도 있겠지만 사실 동서고금을 막론하고 미래에 대한 빗나간 예견은 무수히 많았다.

▲1992년 모 TV 프로그램에서 서태지와 아이들의 데뷔곡을 들은 수 마니가 "멜로디가 부족하군요. 음도 불안하고. 가요계는 만만한 곳이 아닙니다."

▲1950년께 맥아더 장군이 6·25 전쟁으로 폐허가 된 서울을 돌아보며 "이걸 복구하는데 최소 100년은 걸릴 것이다."

▲1982년 멕 라이언이 영화 <귀여운 여인> 캐스팅을 거부하며 "너무 진부하고 정말 상투적이군요. 이런류의 영화는 얼마든지 있다구요."

▲1962년 카를로 리틀이 전설적인 Rock 밴드 `롤링 스톤스`의 드러머 제의를 거절하며 "너희에겐 미래가 없어."

▲1888년 존 펨버턴 의사 겸 코카콜라 발명가가 코카콜라 제조법을 헐값에 팔며 "이건 그냥 소화제일 뿐입니다."

▲1994년 마이크로소프트가 짐 클락과 마크 앤드리슨이 공동 개발한 넷스케이프 1.0 무료 공개판을 보고 "정말 쓸 데 없는 짓을 하고 있군. 지금 인터넷을 얼마나 이용한다고..."

▲1992년 킴 베신저가 영화 <원초적 본능> 캐스팅을 거부하며 "이건 너무 난잡해요. 이런 영화가 인기를 끌 것 같나요?" (이 영화에 출연한 샤론 스톤은 폭발적 인기를 구가하며 할리우드 최고 스타로

등극했다.)
- ▲1931년 한 출판업자가 펄 벅의 <대지> 원고를 거절하며 "미국사람들은 중국 냄새가 나는 것에는 관심을 갖지 않아요."
- ▲1912년 E.J 스미스 선장이 타이타닉호의 출항을 앞두고 "타이타닉은 얼마나 튼튼한지 하느님조차 이 배를 침몰시킬 수 없을 것이다."
- ▲1963년 미 과학처 관계자가 마우스 발명가인 `더글러스 엔젤바트`의 마우스 개념을 듣고 "무슨 소리야? 누가 그따위 기계를 쓰겠는가? 여기에 투자하는 건 미친 짓이야." (전 세계 4억 네티즌이 지금 이 순간도 마우스로 인터넷을 뒤지고 있다. 물론 당신도...)

『큰 길을 계속 가는 데는 많은 어려움이 따른다. 그러나 유혹에 못 이겨 다른 길로 접어들면 전망은 그만큼 더 어두워진다. -도교-』

위기의 시대, 해법은 위기를 극복하고, 불가능을 가능케 하는 '도전'과 쓰러질 때 서게 하고, 멈추지 않고 달리게 하는 '열정' 뿐이다. '위기의 시대, 해법은 도전과 열정 뿐이다'는 올해 2월에 녹음되어 제작된 오디오 강연 테이프입니다. 제게 이 강의의 의미는 남다릅니다. 제 자신에게 가장 솔직했던 강의였고, 저를 '동기부여' 강사가 되게 해준 강의였으며, 저에게 '팬'을 만들어 준 강의이기도 합니다. 많이 들으신 분들은 20번씩 들으셨다고 하니 놀랄 따름입니다. 많은 분들이 좌절합니다. 그러지 마시고 도전하십시오. 많은 분들이 도전합니다. 그렇다면 멈추지 마시고 끊임없이 이겨 내십시오. 아내가 제게 붙여준 별명은 '오뚜기'입니다. 아무리 봐도 일어서지 못할 것 같은데 제가 다시 일어서더랍니다. 그래서 남편에 대해 물어오면, '오뚜기같은 사람'이라고 얘기합니다. 우원식님도 오뚜기가 되신다면, 성공이든 부자든 남의 얘기로만 남지 않을 것입니다. 건강이 있는 곳에 자유가 있다. 건강은 모든 자유 중에서 으뜸가는 것이다(H.F 아미엘).

창의적 사고란 아직 밝혀지지 않은 논리적 사고다. 인생은 한권의 책과 같다. 어리석은 사람은 대충 책장을 넘기지만 현명한 사람은 공들여서 읽는다. 그들은 단 한번 밖에 읽지 못하는 것을 알기 때문이다.(장 파울) 자신에 대해 불만이 있는 사람은 타인을 칭찬할 여유를 갖기가 힘듭니다. 먼저 자기 자신을 사랑하고 자신에 대해 칭찬하는 마음이 필요합니다. 『평생에 내가 접하는 사람이나 동물에게 힘 미치는 대로 기쁨을 주자. -이광수 』

여행은 정말 남는 장사이다. -한비야, 여행가- 』

오늘도 웃음 가득한 하루 되세요. 오늘 하루도 많이 웃으세요. '대부분의 사람들은 일부러 시간을 내서 생각하지 않는다. 내가 국제적인 명성을 얻은 것은 한주에 두번 생각했기 때문이다'. 혼자만의 사색의 중요성을 일깨워주는 조지 버나드 쇼의 말

남을 아는 사람은 지혜있는 자이지만 자기를 아는 사람은 더욱 명철한 자이다. 남을 이기는 사람은 힘이 있는 자이지만, 자기 스스로를 이기는 사람은 더욱 강한 자이다(노자).

책을 읽으면 그 내용을 이해하고 마음에 새기듯이 사람들의 말을 들을 때 그의 삶을 이해하고 마음에 깊이 간직하는 하루가 되었으면 좋겠습니다.

〈용기있는 삶〉

(1) 오랫동안 사람들은 비슷비슷한, 적당한 가격의 커피를 마셔왔다. 그런데 50센트면 충분히 마실 수 있는 커피를 2달러 이상을 주고 사람들로 하여금 사 마시도록 만든 사람이 있으니 그가 바로 스타벅스의 하워드 슐츠(Howard Schultz) 회장이다. 그는 우리 주변에서 흔히 볼 수 있는 전형적인 세일즈맨으로, 해마플라스트라고 하는 가전제품 회사에서 온도계가 부착된 깔때기 모양의 커피 필터를 팔고 있었다. 그런데 어떻게 평범한 영업사원의 삶을 탈출, 세계적인 브랜드의 커피전문점 사장이 될 수 있었을까? 어느 날 그는 시애틀의 한 소매상인이 막대한 양의 커피 비품을 주문하는 모습을 놓치지 않았다. 왜 그렇게 많은 여과기를 주문하는 것일까? 궁금해서 다음날 시애틀의 조그만 그의 커피점을 방문

해봤더니 커피원두와 비품 일체를 팔고 있었다. 그는 바로 그곳에서 앞으로 시장에서 무엇이 잘 팔릴 수 있을지, 고객이 무엇을 원하고 있는지 포착하게 된다. 갓 볶아낸 높은 품질의 커피라는 컨셉을 잡게됨으로써 그는 이후 전세계를 상대로 프랜차이즈에 성공한 '스타벅스'란 회사를 만들게 된 것이다. [공병호, 1인 기업가로 홀로서기]

(2) '벼룩시장'이라는 생활정보지 사업을 발판으로 사업을 일구어낸 주원석 사장은 미국에서 MBA 과정을 밟고있던 평범한 학생이었다. 그는 유학생 시절 인디애나 주 지역신문의 절반 이상이 안내광고면(Classified Ad section)을 갖고 있고, 이들 광고가 신문 재정의 절반 이상을 차지한다는 사실을 알아차렸다. 넉넉하지 않은 유학생들은 대부분 생활정보지 '옐로우 페이퍼'를 알뜰살뜰하게 이용하고 있었다.

그러나 그가 다른 유학생들과 달랐던 점은 바로 그곳에서 비지니스 아이디어를 얻었고, 그것을 한국판으로 바꿔 실천에 옮긴 점이다. 그의 나이 32세 때의 이야기이다. [공병호, 1인 기업가로 홀로서기]

(3) 불가능이란 말은 나의 사전에는 없다. 불가능이란 소심한 사람의 허깨비며 비겁한 사람의 도피처인 것이다. [나폴레옹]

(4) 사람들은 할 수 있다고 생각하기 때문에 할 수 있는 것이다. [버질]

(5) 삶은 용기에 비례하여 축소되기도 하고 확대되기도 한다. [아네스 닌]

(6) 천재성은 단지 비습관적으로 인식하는 재능을 의미할 뿐이다. [윌리암 제임스]

(7) Genius is an African who dreams up snow.

(8) 열정이 사업을 만든다. 두려움은 사업을 만들지 못한다. [로버트 기요사키, 부자 아빠 가난한 아빠 2]

〈1인 기업가의 여덟 가지 특성〉

1. 1인 기업가의 여덟 가지 특성

(1) 상승 의지 혹은 개선 의지가 뚜렷하다.

(2) 성공을 자기 식으로 정의내린다.

(3) 심리적으로, 정신적으로 어떤 존재로부터 독립적이다.
(4) 모든 결과에 대해 책임을 진다.
(5) 미래를 내다보고 계획을 세우고 준비한다.
(6) 자신을 하나의 독립된 사업체, 즉 1인 기업으로 생각하고 행동한다.
(7) 시장에서 기회를 포착하기 위해 최선을 다해 노력한다.
(8) 시장이 필요로 하는 물건이나 서비스를 끊임없이 준비한다. [공병호, 1인 기업가로 홀로서기]

2. 보통사람들과 1인 기업가는 결국 시장을 읽어내는 능력에 따라 판가름된다. 그러나 이런 능력은 학교에서 가르쳐주는 것이 아니다. 학교는 논리의 세계, 확실성의 세계를 다룬다. 그러나 정작 기업가 정신의 핵심에 해당하는 불확실하고 모호한 세계에서 기회를 포착하는 능력개발에 학교가 별로 도움을 주는 것 같지는 않다. 그러므로 이 능력은 스스로 갈고 닦아 나가는 수밖에 없다. [공병호, 1인 기업가로 홀로서기]

3. 할 수만 있다면 네 사업을 하라. 만일 위험부담이 겁나거든 컨설팅, 다른 사람의 사업을 도와주는 일을 하라. 그러나 둘 다 못하겠거든 대학에서 학생들이나 가르쳐라.

4. 오늘날 흔히 사용되는 사업 시스템에는 다음의 세 종류가 있다.
(1) 전통적 타입의 기업체: 당신이 직접 시스템을 개발하는 것
(2) 가맹점(franchise): 기존의 시스템을 사는 것
(3) 네트워크 마케팅: 기존의 시스템에 들어가 그 일부가 되는 것 [로버트 기요사키, 부자 아빠 가난한 아빠 2]

5. 고리타분한 말로 들릴지 모르지만 인적 자산관리, 신용, 정직 등 이 세 가지가 벤처성공의 가장 중요한 요소다. 욕심을 버리고 원칙으로 돌아갈 때만이 성공의 열매를 얻을 수 있을 것이다. 세일즈 정신, 비용관리, 핵심사업의 중요성, IPO의 적절한 시기, 임무분담, 전문경영인의 영입 등 6가지 원칙과 인적 자산관리, 신용, 정직 등 3가지 원칙이 한국의 벤처기업에게 필요한 덕목이다. [제프리 존스, 주한 미 상공회의소 회장]

『둔한 자는 오래 살고, 뾰족하고 날카로운 자는 일찍 죽는다. 가령 붓은 날카롭고 뾰족하다. 따라서 빨리 못쓰게 된다. 벼루는 둔한 것이라 오래오래 쓸 수가 있다. -고문진보-』

『자신에 대한 믿음이 더 큰 세상으로 나아가게 합니다. -삼성-』

실패를 두려워하지 말아라.

1. 대기업의 시대는 끝나고 있다. 사람들은 자신만의 인생, 자신만의 경력, 자신만의 성공을 창조하기 위해 노력하고 있다. 어떤 사람들은 새로운 세계에 들어가기 싫어서 발길질을 하고 소리지르며 끝까지 저항하지만, 지금 이 순간의 메시지는 너무나 분명하다. 당신은 이제 스스로 사업을 시작해야 한다는 것이다. [Robert Shaen]

2. 이것을 기억하십시오. 당신의 목표는 올라갈 때의 흥분과 정상에 도착했을 때의 기쁨을 경험하는 것입니다. 한걸음 한걸음 걸을 때마다 정상이 가까와집니다. 만약 등산의 목적이 겨우 죽음을 면하기 위한 것이라면 여러분의 경험은 최소의 것이 되고 말 것입니다.

3. 사람에게는 편하고, 안전하고, 장래가 약속되는 것 이 세가지가 본능적이고, 기본적인 욕구이다. 그러나 이 세가지 본능에 반하는 행동을 하는 이유는 행동의 결과로 얻게 되는 정복감과 쾌감을 통한 성취감이 그런 본능의 충족에서 얻어지는 감정보다 훨씬 크기 때문이다. [이종문, Ambex Group CEO]

4. Do you have that guts? Do you have that brain? Can you control your emotion? [이종문, Ambex Group CEO]

5. 승리를 바라지 않는다면 이미 패배한 것이다. [Jose Joaquin Olmedo]

6. 정박중인 배는 안전하지만 배의 목적은 그것이 아니다. [존 A. 쉐드]

7. 일이 얼마나 막막해 보이든 아니면 실제로 그렇든간에, 고개를 들고 가능성들을 보라. 언제나 볼 수 있다. 왜냐하면 그것들은 항상 그곳에 있기 때문이다. [노먼 빈센트 필]

8. 얻기 어려운 것은 시기(時期)요, 놓치기 쉬운 것은 기회이다. [조광조]

9. 중국어에서 위기(危機)란 위험과 기회를 동시에 의미한다. [존 F. 케네디]

10. 우리는 실패할 때 자신에 대해서 가장 많이 배운다. 그러니 실패를 두려워하지 말아라. 실패는 성공으로 가는 길의 일부이다. 실패하지 않고는 성공할 수도 없다. 실패를 해보지 않은 사람은 성공도 할 수 없다. [로버트 기요사키, 부자 아빠 가난한 아빠 2]

이해하지 못하는 것보다 더 위험한 것은 오해하는 것이다!

이해받지 못하는 것보다 더 무서운 것은 오해받는 것이다!

생생하게 상상하라. 간절하게 소망하라. 진정으로 믿으라. 그리고 열정적으로 실천하라. 그리하면 무엇이든지 이루어질 것이다.' 폴 J. 마이어

『삶의 의미를 찾으려 한다면 삶이란 결코 불가능하다. -알베르 까뮈 -』

『지혜는 듣는 데서 오고, 후회는 말하는 데서 온다. -영국 속담- 』

'인생 속에서 찾아볼 수 있는 성공의 비결 몇 가지는 이런 것이다. 날마다 자기의 일에 관심을 가지는 것, 남다른 열심을 가지는 것, 매일을 중요하게 간주하는 것이다' (윌리엄 펠프스).

일이란 것은 승부이다.

1. 현명한 사람은 발견하는 기회보다 만드는 기회가 더 많다. [프란시스 베이컨]

2. "해보겠다."고 한 번 시도해 보는 용기가 필요하다. [박승렬 목사, 사랑의교회]

3. 미래에는 강한 자가 아니라 빠르게 변화하는 자가 승리할 것이다. [김영기 상무, 삼성전자]

4. 생존의 문제는 옳고, 그름의 문제보다 항상 앞선다. [김영기 상무, 삼성전자]

5. 미국이 불황을 겪으면, feedback이 잘되어서 더 큰 경쟁력을 갖게 된다. [김영기 상무, 삼성전자]

6. 새로운 서비스를 개발하는 것은 문화를 창조하는 것과 같다. [김영

기 상무, 삼성전자]

7. 1995년 6월, 보스니아 상공에서 격추당한 전투기 조종사 스콧 오그래디는 살을 에는 듯한 추위 속에서 물 몇 모금으로 버티다가 엿새 만에 구출되는 데 성공했다. 무엇이 그를 살아남도록 도왔을까? 훗날 그는 이렇게 회고했다. "저처럼 절체절명의 상황에 처했을 때 사람들이 버틸 수 있느냐 없느냐 하는 것은 단순히 운이나 환경에 달려 있지 않습니다.

그것은 내면의 힘, 즉 결단력이자 의지력입니다." [공병호, 1인 기업가로 홀로서기]

8. I try to view the challenges of my life not as annoyances, but as confirmations of fortitude. [Oprah Winfrey]

9. 나는 불가능한 일이란 그리 많다고 생각하지 않는다. 장애란 뛰어넘으라고 있는 것이지 걸려 엎어지라고 있는 것이 아니다. 길이 없으면 길을 찾고, 찾아도 없으면 길을 닦아가면서 나가면 된다. [정주영]

10. 일이란 것은 승부이다. 한 순간 한 순간이 승부이다. 그러나 보통의 일거리라면 짧은 시간의 게으름이나 조그마한 실수가 있었다고 해서 그것 때문에 목숨을 잃을 정도는 아니다. 그래도 여하튼 그날 해는 저물고 그날 일은 일단 끝난다. 그러니 긴장이 풀린다. 오늘은 어제의 되풀이이고 내일도 또한 같다는 타성이 흐른다. 평온 무사할 때에는 이렇게 해도 세월을 보낼 수 있지만, 그러나 일단 유사시에는 아무 도움도 못된다. 자기가 하는 일을 승부라고 명심하는 사람과 그렇지 않은 사람과의 차이는 그런 때 뚜렷이 나타나는 것이다. [마스시타 고노스케 회장]

가르친다는 것은,

배운 것을 자신의 것으로 만들어 줄 뿐 아니라 배우지 못한 것이 무엇인지 깨닫게 해준다.

선택

"그런데 왜 사람들이 시간을 갖고 미리 충분히 생각하지 않을까요?"
"결정이 일시적인 거라고 생각하기 때문일 거예요. 하지만 사실은 그렇지 않죠. 우리의 삶은 우리가 순간순간 내리는 결정으로 이루어집니다.
　결정이 그다지 중요하지 않다고 생각하는 경향이 있는데, 우리가 내리는 결정은 도미노 같다는 걸 알아야 해요. 하나의 결정이 다음 결정에 영향을 미친다는 거죠. 그것도 우리가 생각하는 것 이상으로 큰 영향을 미치죠. 당신의 결정에 대해 생각을 해보고 스스로 '나는 정말로 미리 충분히 생각했는가?' 질문해 보세요. 물론 때로는 그 질문을 떠안고 잠들 수도 있어요. 하지만 너무 걱정하진 말아요. 다음날 아침에는 더 좋은 생각이 떠오를 수 있으니까요."
　"당신을 진정으로 아끼는 사람들에게 물어보세요. 아마 그들은 당신의 착각이 무엇인지 알려줄 거예요. 대개의 경우 자기 자신의 착각이나 잘못은 다른 사람이 더 잘 알 수 있어요."
　스펜서 존슨의 "선택"중에서
　CEO들은 많은 선택을 하게 됩니다. 하루에도 평균 20가지 이상 선택을 한다고 합니다. 스펜서 존슨의 "선택"에서는 올바른 선택을 하려면 다음을 명심하면 된다고 합니다. "내게 정말로 필요한 것이 무엇인지 알고, 정보를 모아 선택의 폭을 넓히고, 미리 충분히 생각하는가? 나는 나 자신에게 정직하고, 내 직관을 믿으며, 내가 더 좋은 것을 받을 자격이 있다고 믿으며 결정을 내리는가?"
　여러분들도 올바른 선택을 하고 계십니까?
　『교묘하다는 것은 서툰 것만 못한 것이다. 약삭빠른 것보다는 오히려 우직한 것이 더 귀중하다. -회남자-』
　『복을 얻고 못 얻고는 자신의 힘에 달린 것이다. -시경-』
　일과 생활의 균형은 교환(swap)이다. 다시 말해, 무엇을 지키고 무엇을 포기할지를 스스로 나누는 것이다(잭 웰치).
　우리는 우리가 시간을 낭비하고 있다고 말하지만, 그건 그렇지 않다. 우리는 우리 자신을 낭비하고 있는 것이다 (베스 사위의 《멀티형 인간》 중에서).

" 당신이 행복하지 않다면 집과 돈과 이름이 무슨 의미가 있겠는가. 그리고 당신이 이미 행복하다면 그것들이 또한 무슨 의미가 있겠는가 "
<달라이 라마의 행복론>.

인생은 하나의 실험이다.[254]

1. 운명은 기회의 문제가 아니라 선택의 문제이다. 기다리면 되는 것이 아니라 성취하면 되는 것이다. [Bryan, William Jennings, Politician]

2. 접시를 닦다가 깨뜨리는 건 용서한다. 그러나 깨질까봐 닦지 않는 건 용서할 수 없다. [최병렬, 한나라당 국회의원]

3. 도전을 기회라고 생각하기 보다는 배움이라 여기십시오. 그러면 덜 두려워지며 그리하여 도전하는 태도를 하나의 습관으로 만들 수 있을 것입니다.

4. "하고 싶은 일에 조금이라도 가능성이 보이면 마지막 순간까지 결코 포기하지 않는다" 이것이 내 여행 원칙이며 내 인생의 대 원칙이기도 하다. [한비야, 바람의 딸 걸어서 지구 세바퀴 반]

5. 인생은 하나의 실험이다. 실험이 많아질수록 당신은 더 좋은 사람이 된다. [에머슨, 일기]

6. 소심하고 용기가 없는 인간에게는 모든 일이 불가능하게 느껴진다. 왜냐하면, 모든 일이 불가능하게 보이기 때문이다. [스코트]

7. 우리 인생의 최대 영광은 한번도 실패를 하지 않는 데 있는 것이 아니고, 넘어질 때마다 다시 일어나는 데에 있다. [고올드 스미스]

8. 크게 실패할 용기가 있는 자만이 언제나 크게 성취할 수 있다. [로버드 F 케네디]

9. 당신은 두려운 얼굴로 맞는 모든 경험을 통해 힘과 용기와 자신감을 얻는다. [루즈벨트]

10. 경영은 혁신의 연속이다. [이광성 상무, 삼성전자 경영혁신팀]

---

254) 2005.11.26 작성 내용 관련 Site 재인용

"버릴 줄 알아야"[255)

1. 경영혁신에는 제품과 사업구조(product), 일하는 방법(process), 문화와 조직(personnel)이 대상이 된다. [이광성 상무, 삼성전자 경영혁신팀]

2. 프로세스 혁신이란 5%의 정형화된 프로세스와 95%의 비정형화된 프로세스의 비율을 맞바꾸는 것이다. 그 결과 simple, 자율, speed를 얻을 수 있다. [이광성 상무, 삼성전자 경영혁신팀]

3. 혁신(Innovation)은 기업성장을 주도하는 동인(Motive)이다. 기업의 혁신정도가 시장가치를 결정짓는 중요한 동인이라고 얘기하는 이들도 적지 않다. 경영환경이 어려워지고, 경쟁이 복잡해질수록 혁신은 다른 어떤 경영활동보다도 더 높은 가치를 창출한다. 경영혁신이란 새로운 상품이나 서비스, 사업을 통해 새로운 방법으로 가치를 창출해 내는 창의적이고 독창적인 기업활동이다. 기업의 전략이나 경영 프로세스에도 적용될 수 있다. 혁신의 궁극적 목적은 수익성을 제고하는 데 있다. [마크 풀러, 모니터그룹 회장]

4. 경영학 용어 가운데 BPR(Business Process Reengineering)이라는 용어가 있다. 지금까지 일해온 방식을 뒤바꾸는 경영혁신 작업을 뜻한다.

예를 들면 클라이슬러라는 미국의 자동차 회사가 한때 부도위기에 처했는데, '발상의 전환'을 하는 순간이 오게 된다. '네온'이라는 자동차를 생산할 때다. 대개 (기업에서) 자동차 가격은 철강 원재료가 얼마고, 노동비는 얼마고, 공장의 재고 비용이 얼마 들어가고, 거기에 적정 이윤을 더해 산출한다. 이것이 미국 자동차업계를 100년 이상을 지배해온 가격결정 메커니즘이었다. 별것 아닌 것 같지만 고정관념은 한번 사람의 사고를 지배하면 바꾸기 힘든 무서운 것이다. 그런데 클라이슬러의 경영자가 자동차 가격을 이렇게 결정하면 안되겠다고 사고의 전환을 했다.

소비자가 원하는 가격이 얼마냐. 일단 소비자가 원하는 가격을 조사

---

255) 2005.11.27 작성 내용 관련 Site 재인용

하고 난 후, 소비자가 원하는 가격에 맞추기 위해서는 원재료를 얼마에 사야 하고, 노동비는 얼마여야 하고, 이윤은 얼마여야 하고, 완전히 거꾸로 접근한 것이다. 이후 자동차를 만드는 전반적인 공정도 다 바꾸었다. [전기정, 청와대 정책프로세스개선 비서관]

5. 앞으로 25~50년 후를 두고 내기를 건다면 저는 미국과 중국 인도에 걸겠습니다. 이들 세 나라엔 기업가정신이라는 경제엔진이 있어요. 물론 중국과 인도에도 국영기업들이 있습니다만 창업가정신이 넘치는 작은 기업들이 경제성장을 이끌게 될 것입니다. [Tom peters]

6. 대기업이 혁신성을 갖추려면 "버릴 줄 알아야" 합니다. 핀란드의 노키아를 보세요. 10여년 전까지는 안하는 것이 없을 정도였지만 지금은 전자제품 특히 틈새시장을 겨냥한 무선통신 사업을 빼고는 모든 것을 다 버렸습니다. [Tom peters]

미소는 돈이 들지 않지만 많은 것을 이루어냅니다. 받는 사람의 마음을 풍족하게 하지만 주는 사람의 마음을 가난하게 하지 않습니다. 오늘도 따듯한 미소가 있는 즐거운 하루 되세요.

많이 배웠다고 뽐내는 것은 지식이요. 더 이상 모른다고 겸손해 하는 것은 지혜이다. -윌리엄쿠퍼

마른 우물에서 두레박물을 퍼올릴 수 없습니다. 자기 안에 기쁨이 넘쳐야 남도 기쁘게 할 수 있습니다. 자기가 먼저 행복해야 남도 행복하게 할 수 있습니다.

『나이와 빚, 그리고 적은 항상 생각보다 많다.-찰스 노디에르-』
『무례함은 강한 체하는 약한 자의 모습이다. -에릭 호퍼- 』 [256)257)]

---

256) http://cafe.naver.com/glter.cafe?iframe_url=/ArticleRead.nhn%3Farticleid=681(2010.4.30)
257) 해피앤북스, '똑똑한 아이로 키우는 부모의 말 한마디' 출간, 2009년 11월 20일 09:12, 관련 내용, 이창호칼럼-덕(德)이 있는 리더는 본론에 관심이 있다 [04-25 10:18], 이창호 칼럼-스스로 커뮤니케이션의 주장은 따로 있다 [04-18 09:53], 이창호 칼럼-"리더의 성공은 정직이 원칙이다" [04-09 09:15](서울=뉴스와이어)

2009년 11월 20일

제4장 조직관리와 리더십

1. 제주자치도교육청, 조직관리 위해 '변화관리 마일리제' 운영

제주자치도교육청은 생산적인 조직문화 발전 및 창의적 변화관리 역량강화를 위해 변화관리 마일리지제를 운영한다고 26일 밝혔다.[258] 변화관리 마일리제란 자체적으로 개발한 전산입력 시스템을 활용해 교직원의 실적이 제출되면, 이를 실시간으로 자료화해 담당자의 업무부담을 줄이는 방식이다. 도교육청은 마일리지제 운영으로 성과창출을 위한 연구동아리 활성화와 청렴도 제고 및 창의·인성교육 활성화, 교육정책 홍보 활성화, 사회봉사활동 및 독서활성화 도모 등의 적극적인 변화관리활동을 유도한다는 방침이다.

연말에는 우수 교직원과 기관을 선발해 교육감 표창과 최대 100만원 상당의 포상금을 지급할 계획이다. 한편, 지난해에는 도내 교직원 1825명과 141개 교육행정기관이 변화관리 마일리제 운영에 참여했다.[259][260]

2. 조직관리(Organization Management)의 개념

조직관리란 조직구성원의 욕구만족에 필요한 가치의 생산과 배분을 기초로 목표의 복잡성, 한계, 표준 등을 고려해 구성원 집단을 위해 명령과 의사결정을 하는 과정이다.[261] 한편 조직관리는 조직목표를 달성하기 위해 인간과 다른 자원을 이용해서 계획, 조직, 활성화, 통제 등을 수행하는 것으로 구성되는 일련의 과정이다. 경영조직관리 이론에는 2

---

258) 김정호 기자 2010.04.26 12:33:04
259) 2010 ISSUEJEJU.com.
260) http://www.issuejeju.com/news/article.html?no=91571(2010.5.3)
261) 출처: 브리태니커관련 태그, 경영학

가지의 중요한 조류가 있다. 그 하나는 과학적 관리론, 인간관계론, 관리과정론, 관료제론 등으로 요약되는 전통적 조직관리 이론이고, 또다른 하나는 의사결정론, 시스템 이론, 행동과학론으로 집약되는 근대적 조직관리 이론이다. 테일러에 의해 대표될 수 있는 과학적 관리론은 생산성의 향상을 중심으로 한 능률증대에만 치중한 나머지 인간의 개성이나 잠재력을 거의 고려하지 않고 인간을 단지 기계적, 합리적, 비인간적인 도구로 취급하고 관리함으로써 문제를 야기시켰다. 이에 대한 비판으로써 인간관계론이 대두했는데 그것은 인간을 사회인 또는 자기실현인으로 간주함으로써 인간에 대한 적절한 동기부여를 시도했다. 인간관계론이 대두된 이래 양자간에 조화를 이룰 이론들이 연구되면서 현대적 조직관리 이론의 발전에 크게 기여하게 되었다. 의사결정론, 시스템 이론, 행동과학론으로 요약되는 현대적 조직관리 이론은 조직을 개방시스템으로 본다. 또한 인간을 강조하며 권한의 분권화, 긍정적 환경, 권위보다는 구성원간의 합의, 동기부여 욕구, 민주적 접근 등을 그 특징으로 한다.262)

자료: http://book.daum.net/detail/book.do?bookid=KOR2001342000077(2010.5.3)

---

262) http://enc.daum.net/dic100/contents.do?query1=b19j2810a(2010.5.3)

3. 좋은 인재를 뽑는 새로운 방법

훌륭한 인재를 선발하고 적재적소에 배치하는 것은 기업의 성패를 가늠하는 중요한 요인이다. 이에 최근 인재 선발을 위한 평가도구로 주목받고 있는 Assessment Center를 소개하고 그 활용방안을 모색해 본다.[263] "Hire Hard, Manage Easy"라는 말이 있다. 이 말의 의미는 선발할 때 심혈을 기울여 뽑으면 차후에 인력관리가 그만큼 쉬워진다는 의미이다. 선발 후 부적응으로 인해 발생되는 재배치 비용이나 이직 비용 등을 줄일 수 있다는 것이다. 실제로 채용 컨설턴트인 Geoffrey H. Smart가 GE 등 54개 기업을 대상으로 한 연구결과에 의하면, 채용 결정을 잘못 내렸을 때 드는 손실이 개인당 기본 연봉의 24배, ROI(투자 수익률)로는 -500%에 이른다고 한다. 하지만 이 수치는 직장 내 갈등이나 사기저하 등으로 인해 발생하는 잠재적 비용 등이 제외된 것이기 때문에 그것까지 감안한다면 잘못된 채용이 가져오는 손실은 엄청나다고 볼 수 있다.

이와같이 잘못된 선발로 인해 초래되는 손실을 최소화하고 기업이 필요로 하는 적합한 인재(right people)를 선발하기 위해서는 무엇보다도 객관적이고 타당한 평가도구를 확보하는 것이 필요하다. 이와 관련해서 최근 주목받고 있는 선발도구가 Assessment Center(평가센터)이다. 이 기법은 기존의 선발 및 평가도구들에 비해 상당히 정확하고 타당성있는 선발도구 중의 하나로 인식되고 있다.

1) Assessment Center의 개념

평가센터란 기업의 새로운 인재를 선발하기 위해 여러 명의 평가자들이 해당 직무에 대한 기준을 가지고 하루 혹은 이틀동안 몇 가지 과제를 이용해서 지원자가 하는 행동을 관찰하고 평가를 내리는 과정을 의미한다. 히딩크 전 월드컵 대표팀 감독이 보여주었던 선수 선발방식을 보면 평가센터의 개념을 보다 쉽게 이해할 수 있다. 당시 히딩크 감독은 월드

---

263) Assessment Center | CHO(인사,조직관리)

컵 대표팀 선수를 선발하기 위해 제일 먼저 코칭 스텝과 함께 직접 축구 경기장을 돌아 다니며 다양한 선수들의 경기 모습을 살펴보았다. 그 뒤, 몇 명의 후보들을 추려내서 이들을 트레이닝 센터에 모이게 한 뒤 다른 팀들과 시합을 하도록 했다. 물론 히딩크 감독의 머리 속에는 각 포지션에 적합한 선수들의 능력과 역할들이 하나씩 정리되어 있었을 것이고, 이러한 기준들을 가지고 선수들의 경기하는 모습을 유심히 살펴보았을 것이다. 이 과정에서는 선수들의 경기 운영방식, 감독의 전술을 이해하는 능력, 다른 선수들과의 팀웍 그리고 다른 선수들을 리드하는 모습 등이 평가의 대상이 되었을 것이다. 이런 관찰들을 하고 나서 히딩크는 몇 명의 코치들과 트레이너들이 함께 모인 자리에서 각 포지션별 선수에 대해 선발 여부를 토의하고 최종 결론을 내렸다. 이와같은 히딩크식 선수선발 방식은 기업에서 이루어지는 평가센터 기법과 유사한 점이 많다. 당초 평가센터 기법은 제2차 세계대전이 발발하기 전 독일 육군에 의해 처음으로 사용되었으며 그 이후에 영국과 미국 등에서 장교와 첩보원을 선발하는데 사용되었다. 그러던 것이 AT&T가 1956년 기업으로서는 처음 도입한 이후, IBM, GE, Sears 등에서 관리자의 선발 및 육성, 경력관리를 위해 사용하면서 점차 확산되기 시작했다. 특히 영국의 경우, 한 조사기관의 연구에 따르면 평가센터를 사용하는 기업 수가 2002년 27.4%에서 2003년 47.5%로 대폭 증가하였다고 한다. 이와같이 평가센터의 도입이 확대되고 있는 이유는 이것이 다른 선발도구들에 비해 좀 더 객관적이고 정확하게 한 개인의 능력을 평가할 수 있다는 인식이 확산되고 있기 때문이다. 이 평가기법의 두드러진 특징을 기존의 선발 도구인 면접 등과 비교해서 설명하면 크게 다음의 두 가지로 나누어 볼 수 있다.

(1) 직무분석을 통해 도출된 핵심역량을 기준으로 선발

지금까지 우리 기업의 채용은 회사 공통의 인재상 내지 인재 요건이 아예 없거나 있더라도 유명무실한 경우가 많았고, 실제로는 외국어 능력

이나 지능 수준 등 일반적인 기준에 의해 이루어지는 것이 현실이었다.

따라서 채용 후 별도의 교육이 반드시 필요했고, 이를 당연시하는 분위기였다. 반면 평가센터는 직무분석 결과를 토대로 핵심역량을 도출하고, 이것을 준거로 삼아 평가가 이루어지기 때문에 실제 업무능력을 평가함에 있어서 신뢰성 내지 적합성이 매우 높다는 특징을 가지고 있다.

특히 최근 들어 과거와 같은 대규모 채용보다 소규모 수시 채용이 많아지고 있다는 점을 감안할 때, 각 직무별 핵심역량을 토대로 그 직무에 가장 적합한 인재를 선발하는 것이 매우 중요하다고 여겨진다. 따라서 기존의 인재채용 방식에서 탈피해 평가센터와 같은 새로운 채용방법을 고려해 볼 필요가 있다.

(2) 행동관찰을 통한 역량평가

그리고 지금까지의 채용은 면접위원들이 채용 후보자에게 몇 가지 질문을 하고 이에 대한 답변을 토대로 그 사람의 직무수행 능력과 가치관, 태도 등을 판단하는 형태로 이루어져 왔다. 따라서 실제 그 사람의 업무수행 능력이나 업무에 임하는 자세 등에 대해서는 사실 정확한 판단이 이루어지기 어려운 측면이 있었다. 바로 이런 점을 보완할 수 있는 평가센터의 또 다른 특징이 실제 행동관찰을 통해서 피평가자에 대한 역량평가가 이루어진다는 점이다. 행동관찰의 구체적인 방법으로는 여러 명의 지원자들이 하나의 주제를 가지고 토론을 하는 집단토론 과제나 여러 가지 서류와 문서를 제시하고 주어진 과제를 해결하게 하는 서류함 검사(in-basket), 그리고 실제 해당 직무를 그대로 묘사해 놓은 모의 상황평가 등이 있다. 콜 센터 신입사원 채용을 위해 실시하는 모의 상황평가의 사례를 통해 실제 평가가 어떻게 이루어지는지 살펴보자. 우선 평가에 앞서 고객 역할을 하게 될 연기자를 선발하고, 이들이 최대한 동일한 상황 아래에서 모든 지원자와 통화할 수 있도록 교육시킨다. 그리고 나서 평가자들이 지원자들의 실제 통화 모습을 관찰함으로써 해당 직무를 수행하는데 요구되는 순발력이나 문제해결 능력 등을 보유하고 있는지 평가한다. 이처럼 평가센터는 실제 직무수행 행동을 관찰하여 평가하기 때문에 채용 시의 오류를 줄일 수 있다는 특징을 가지고 있다.

2) Assessment Center의 성공 포인트

평가센터를 성공적으로 도입하여 효과를 거두기 위해서는 도입 목적, 준비, 실행 등 전체 프로세스에 걸쳐 유의할 점이 있다.

(1) 조직의 니즈에 부합하는 Assessment Center를 설계하라.

우선 조직의 목적에 맞는 평가센터를 설계하는 것이 중요하다. 아무리 훌륭한 도구라 하더라도 이것이 목적에 맞지 않는다면 그 장점을 십분 발휘할 수 없기 때문이다. 평가센터는 크게 두 가지 목적으로 활용될 수 있는데, 그 첫번째는 내부관리자의 선발이나 신입사원 채용 목적이다. 이 경우에는 해당 직무에서 요구되는 역량들을 정확하고 객관적으로 평가해야 한다. 이를 위해서 먼저 해당 직무에 대한 정확한 직무분석이 이루어져야 하고, 그 직무에서 요구하는 역량들이 구체 행동 수준으로 정의되어야 한다. 두번째 목적은 인재개발과 훈련이다. 이 경우, 평가 대상자들을 조직의 니즈에 맞게 훈련시키거나 직무에 맞는 능력을 개발시켜주는 것이 핵심이다. 특히 일부 선진기업에서는 이런 목적으로 설계된 평가센터를 'Assessment and Development Centers'로 부르고 있는데, 여기에서는 평가를 통해 파악된 피평가자의 부족한 역량을 보완하기 위한 맞춤식 과제를 부여하고, 그와함께 앞으로 경력개발에 필요한 로드맵을 제시하고 있다.

(2) 평가자를 훈련시켜라.

평가센터의 목적이 분명해진 다음에는 그 목적에 맞는 평가 프로그램을 설계하게 되는데 그 준비 단계에서 중요한 것 중 하나가 평가자에 대한 훈련이다. 평가를 실시하기 전, 여러 명의 평가자를 투입하고 이들을 사전에 훈련시키는 목적은 주관적인 평가에 의해서 발생하는 오류를 최소화함으로써 평가의 객관성과 정확성을 더욱 기하기 위함이다. 평가자는 평가 대상자 수의 1/2에서 2배수까지 조직의 내.외부에서 선발하며, 평가자 집단은 선발 대상직무의 상급 관리자와 인사팀, 심리학자 그리고 컨설턴트들로 구성하게 된다. 이렇게 구성된 평가자들에 대한 훈련은 직무에 대한 이해를 바탕으로 평가센터가 운영되는 과정, 평가 과제의 종류와 평가 요소 그리고 평가 스킬 등에 대한 내용을 담고 있어야 하며 연 2회 이상 주기적으로 실시하여야 한다.

(3) 행동 체크리스트를 활용하여 역량을 평가하라.

평가센터에서 정확한 행동 관찰 및 평가가 이루어지기 위해서는 행동 체크리스트를 활용해야 한다. 행동 체크리스트는 각 역량별 행동들을 사전에 세분화하여 나열해 놓은 것으로서 각 행동에는 중요도에 따라 가중치가 주어져 있다. 이처럼 행동 체크리스트를 이용할 경우 평가자의 주관적인 평가에 의해 발생하는 오류를 최소화할 수 있다는 장점이 있다. 심리학자인 Richard R. Reilly의 연구 결과에 따르면, 행동 체크리스트를 사용하기 전의 타당도(0.24) 보다 사용한 후의 타당도(0.43)가 상당히 개선되는 것으로 나타났다.

(4) 피드백없는 평가는 무의미하다.

평가센터가 성공적으로 운영되기 위해서는 객관적이고 정확한 평가 뿐 아니라 목적에 맞는 피드백이 주어져야 한다. 특히 피드백의 효과를 극대화시키기 위해서는 평가결과를 단순히 전달하는 것 뿐만 아니라 평가결과를 중심으로 부족한 역량에 대해 교육과 개발을 담당하는 전담부서를 두는 것도 고려해 볼 수 있다. 실제로 Morgan Stanley사는 사내평가를 전담하는 개발부서(Office of Development)를 중심으로 평가결과를 피평가자에게 피드백하고 해당 역량을 개발하는데 많은 투자를 하고 있다.

3) Assessment Center 도입시 HR팀의 노력

국내 기업들의 경우, 지금까지 평가와 보상 시스템의 구축에 많은 시간과 노력을 투입해 온 것이 사실이다. 그러나 앞으로 적합한 인재의 선발과 미래 리더의 육성 등이 보다 중요해진다는 점을 감안할 때, 좀 더 객관적이고 체계적인 인재 선발과 육성을 위한 새로운 제도의 도입이 불가피하리라고 생각된다. 따라서 앞으로 평가센터와 같은 새로운 시스템 도입을 위해 HR팀 혹은 인사부서 등의 체계적인 검토 및 준비가 필요하다고 보여진다. 이와 더불어 '백년대계 막여수인(百年大計 莫如樹人)'이라는 격언처럼 인재육성에 대한 최고경영자의 장기적이고 지속적인 노력이 선행되어야 한다는 점도 잊어서는 안될 것이다.264)265)

4. 유진녕 LG화학 부사장 "창의성 자극 인사·조직 만들어야"

산기협 기술혁신포럼 발표, "연구원들의 창의력을 자극할 수 있도록 인사제도와 조직문화를 확 바꿨습니다." 유진녕 LG화학 부사장은 산업기술진흥협회(회장 박용현)가 지난달 30일 개최한 기술혁신포럼에서 이같이 밝혔다. '기업의 R&D 효율성 제고를 위한 기술협력 전략'을 주제로 서울 역삼동 르네상스호텔에서 열린 이날 포럼에서 유 부사장은 'R&D 조직문화와 시스템 구축'을 주제로 LG화학의 연구성과 극대화 사례를 소개했다. 유 부사장은 "연구원들이 고도의 기술개발 활동에서 자아를 성취한다는 특성에 맞추려고 연구에만 몰입할 수 있는 환경을 조성하는 데 주력한다"고 밝혔다. "연구원들이 연구에만 전념해도 성장할 수 있는 기회를 주기 위해 신연구위원제도를 도입했습니다. 그 덕에 연구원들이 소장이 되겠다는 목표보다 연구위원이 되겠다는 뜻을 많이 밝히고 있습니다." 기존의 연구위원제도는 유능한 연구원이 관리업무에 치중하는 폐단을 낳아 이를 개선했다는 설명이다. 새로 도입한 제도 아래서 연구위원은 관리업무를 하지 않고 정년까지 연구할 수 있다. 때로는 임원보다 연봉을 더 많이 받기도 한다. 연구원들의 새로운 롤모델을

---

264) 자료출처: LG경제연구원
265) http://blog.daum.net/peace1401/6743?srchid=BR1http%3A%2F%2Fblog.daum.net%2Fpeace1401%2F6743(2010.5.3)

만든 셈이다. 유 부사장은 또 "LG화학은 연구원들이 관심있는 분야에 대해 자율적 연구를 수행할 수 있도록 유도한다"며 "RI(Research Informal), CoT(Community of Technology)가 대표적인데 현재 자신의 담당과 관계없이 관심분야 연구활동에 참여할 수 있는 것"이라고 말했다.

그는 "연구원 특성을 먼저 이해하고 이에 맞는 조직문화를 갖추는 것이 성과를 내는데 중요하다"고 강조했다. 그는 "연구원들은 자율적인 분위기를 좋아하고 일 자체에서 삶의 동기를 찾는다"며 "LG화학 기술연구원은 최근 2년전부터 창의적이고 자율적인 문화조성을 위해 연구소 내에 신발을 벗고 들어가는 큐브회의실, 개인용 사색공간 등을 갖추고 있다"고 소개했다.266)267)

5. "조직관리의 원칙은 성선설, 자율성 북돋워라"

삼성임원들의 학습대상]268) "조직관리의 원칙은 성선설이므로 자율성을 북돋워라"269) 글로벌 경제위기가 휘몰아쳤던 지난해 국내 최고기업인 삼성도 어쩔 수 없이 '위기와 생존'을 핵심 키워드로 삼을 수밖에 없었다. 삼성그룹 위기극복의 상징이자 글로벌 도약의 주역인 이건희 회장의 경영철학인 '지행(知行) 33훈'을 재해석한 '신지행 33훈'이 나온 것도 이때였다. 하지만 올해는 분위기가 180도 달라졌다. 경영의 중추 역할을 하는 임원들에게 당부하고 있는 핵심단어는 '미래, 변화, 트렌드'로 바뀌었다. 명실상부한 글로벌 리딩컴퍼니 자리를 굳히기 위해 무엇이 필요한지를 집중적으로 연구한 것이다. 이를 통해 지난해 176억달러에 머물렀던 삼성의 브랜드 가치를 2030년 1000억달러로 끌어올리자는 야심찬 목표도 제시됐다. 삼성경제연구소가 작성한 임원교육 자료를 요약 및 소개한다.

---

266) [심시보 기자], 매일경제 & mk.co.kr
267) http://news.mk.co.kr/outside/view.php?year=2010&no=227271(2010.5.3)
268) 2010/03/22 08:04, http://blog.naver.com/ecooh/60104053081
269) 한경 입수 임원 교육자료 분석

1) 소비 트렌드 변화의 길목을 선점

미래소비의 변화를 따라잡기 위해 노력하는 기업 중 벤치마킹 모델로 미국의 반도체 기업인 인텔이 제시됐다. 인텔은 대표적 B2B(기업간 거래) 기업이지만 연구개발의 출발점은 최종 소비자라는 것이다. 그래서 최종소비자의 가치와 동기를 연구하기 위해 문화인류학자, 심리학자, 사회학자로 구성된 연구조직 '피플 앤드 프랙티스 리서치'를 운영하고 있다. 삼성의 관계자는 "임원교육을 통해 인텔처럼 소비자 변화를 연구해야 트렌드 변화의 길목을 선점할 수 있다는 내용을 강조했다"고 말했다. 삼성이 본 미래 소비트렌드의 변화는 2S(Smart Consumer, Slow Life)+4G(Greenist, Grey, Girl, Global Digital Generation)로 요약된다. 첫번째 트렌드는 똑똑한 소비자의 등장이다. 비용 대비 가치를 따지는 소비자들의 기호를 충족시켜야 한다는 얘기다. IBM이 개발 중인 물낭비 방지기구인 '스마트 워터미터', 타타그룹이 만든 한 채에 1000만원짜리 아파트인 '수비 그라하' 등을 대표적 사례로 제시했다.

여유와 행복을 추구하는 '슬로라이프'도 또 하나의 흐름으로 자리잡고 있다는 분석이다. 패스트푸드의 반대말인 슬로푸드, 자연속의 문화를 즐길 수 있는 슬로시티, 집에서 여유롭게 생활할 수 있는 홈스파 등이 새로운 시장을 형성할 것이란 분석이다. 삼성은 또 친환경 소비자의 존재도 주목했다. 의식주는 물론 전자제품 및 자동차도 친환경성 여부가 구매기준으로 부각되고 있다는 것이다.

네번째 트렌드인 고령화에 잘 대응한 사례로는 헝가리의 소프론시가 제시됐다. 소프론시는 관광자원인 고성(古城)을 기반으로 서유럽 지역의 절반 가격으로 임플란트를 제공하고 있다. 한 임원은 "베이비붐 세대 은퇴로 구매력이 큰 고령층 소비시장에 주목해야 한다는 메시지였다"고 설명했다. 삼성임원들은 또 중국과 인도를 합친 것보다 더 커질 여성용 상품시장으로 눈을 돌려야 한다는 주문을 받았다. 2020년 중국과 인도의

삼성이 보는 미래 소비자는 2S+4G

Smart consumer	똑똑한 소비자
Slow Life	여유와 행복 추구
Greenist	환경소비
Grey	60대가 새로운 40대로
Girl	여성파워
Global D.	글로벌디지털 세대

삼성 임직원 변화의 5가지 트렌드

다양화	신세대, 여성, 외국인 근로자 증가
고령화	고숙련 전문인력 은퇴
삶의 질 중시	일과 생활 균형
글로벌 인재	국경 없는 일자리 이동
투명성	직원 보상 규정 명확화

자료: http://blog.naver.com/ecooh/60104053081(2010.5.3)

GDP(국내총생산)를 합치면 30조달러지만 2020년 여성들의 가처분 소득은 32조5000억달러에 이를 것이라는 전망에서다. 금융, 자동차 등 대표적 남성중심의 시장에도 여성의 파워가 확대되고 있다는 점을 눈여겨보라는 주문도 곁들여졌다.

2) 직원변화에의 주목

교육에 참석했던 임원들에게 던져진 또 하나의 임무는 패러다임 변화에 맞는 직원 및 조직관리였다. 첫번째 과제는 신세대, 여성, 외국인 증가로 조직구성이 다양화되고 있는 추세에 능동적으로 대응하라는 것이었다. 이번 교육을 맡은 삼성경제연구소 관계자는 "다양성은 아이디어와 기회를 창조한다"며 "다양성을 창조적 시너지로 변화시키려면 성선설에 입각한 자율형 조직을 건설해야 한다"고 말했다. 또 베이비붐 세대 은퇴에 따른 숙련기술 인력 부족사태에 대비해야 한다는 지적도 나왔다.

향후 10년내 주요 선진국에서 숙련 기술인력의 3분의 1 정도가 은퇴할 예정인 만큼 제조업 중심의 산업구조를 갖고 있는 한국의 경우 상당한 타격을 받을 수밖에 없다는 것이다. 이에 따라 숙련기술 인력 재활용, 외국인 인력활용 확대 등을 검토해야 한다는 설명이다.[270][271]

6. 기업경영 핵심 이슈

1) 의의

조직문화 관리와 조직창의성 / 나름의 크고 작은 창의성 실천으로 킬러앱 (killer application)을 창출하자.[272] 최근 많은 기업의 히트 상품이 직원들의 자발적인 아이디어에서 비롯되고 있으므로 그와같은 아이디어 창출의 중요성은 더욱 커지고 있다. 모든 직원이 나름대로 크고 작은 창의성을 발휘하는 것은 대단히 중요하다. 규모가 큰 조직의 창의성이 구현되려면 조직의 풍토 자체가 창의적이어야 한다. 회사를 한 단계 도약시킬 커다란 창의성은 개개인이 일상적으로 실천하는 작은 창의성, 그리고 그러한 실천들이 모여서 이루어진 전반적인 조직풍토에서 나온다. 서로 나누는 말 한마디, 서로의 좋은 측면을 보고 인정과 격려를 나누는 분위기가 세상을 놀라게 할 킬러앱을 창출할 수 있다.

2) 조직창의성의 의미와 유형

창조경영에 대한 관심이 높아지면서 어떻게 하면 조직창의성을 높일 것인가가 중요한 화두로 떠오르고 있다. 조직이란 개인의 개성이나 튀는

---

270) 한국경제.
271) http://blog.naver.com/ecooh/60104053081(2010.5.3)
272) 2009년 기업경영 핵심 이슈, 조직문화 관리와 조직창의성, 나름의 크고 작은 창의성 실천으로 킬러앱 (killer application) 을 창출하자.

행동보다는 규율과 협력이 중시되는 곳으로 창의성과는 일부 상충하는 측면이 있는 것이 사실이다. 이러한 상충을 극복하고 조직의 질서를 유지하면서 효과적으로 창의성을 발휘하는 것이 21세기 기업의 핵심과제라고 해도 과언이 아니다.

창조경영은 어렵게 생각하면 끝없이 어렵고 쉽게 생각하면 간단하다. 천지창조만이 창조라고 한다면 창조는 감히 인간이 범접할 수 없는 영역이 될 것이다. 그러나 어떤 일이든 남이 안하던 방식, 나만의 색깔을 넣어서 조금만 새로운 측면을 만들어 내는 것도 일종의 창조라면 지금 이 순간에도 우리는 창조를 하고 있는 것이다. 창조적 활동을 구분하는 유용한 도식이 있다. 영국 셰필드 대학의 박사과정 학생이었던 케리 운스워스(Kerrie Unsworth)가 미국의 저명한 경영학회 저널인지에 발표한 논문(2001)의 도식에 따르면 조직창의성은 자발적이냐 지시에 의한 것이냐, 닫힌 문제냐, 열린 문제냐의 기준으로 다음의 넷으로 나뉘어진다.

(1) 기대 창의성(expected creativity): 정형화되지 않은 광범위한 과제로서 조직이 공식적으로 지시한 경우, CEO 지시에 의한 조직 차원의 대형 프로젝트

(2) 반응적 창의성(responsive creativity): 단순하고 정형화된 문제를 상사의 지시에 의해 수행하는 경우

(3) 기여적 창의성(contributive creativity): 단순하고 정형화된 문제를 자발적으로 해결하려고 노력하는 경우

(4) 적극적 창의성(proactive creativity): 정형화되지 않은 광범위한 과제를 자발적으로 수행하려고 노력하는 경우

과거 우리기업은 주로 위로부터 내려오는 지시에 따른 창의성 발현에서는 탁월한 성과를 거둬왔다. 특히 기대 창의성의 경우 CEO의 의지를 받아들여 전사적 차원에서 형성된 T/F가 제한된 시간 내에 핵심과제를 성공시키고 이를 통해 기회 선점을 주도하는 것은 우리기업만의 독특한 강점이었다고 해도 과언이 아닐 것이다. 다만 시간이 흐를수록 기업경쟁

[조직창의성의 유형]

	Problem Type		
Open	**Expected Creativity** Required Solution to Discovered Problem (ex. 기업경쟁력 제고 전략)	**Proactive Creativity** Volunteered Solution to Discovered Problem (ex. 아래로부터 신규사업 창출)	
Closed	**Responsive Creativity** Required Solution to Specified Problem (ex. 주어진 업무에 창의성 발휘)	**Contributory Creativity** Volunteered Solution to Specified Problem (ex. 자기업무 독자적 차별화)	
	External	Driver for engagement	Internal

자료: http://soon2.tistory.com/286?srchid=BR1http%3A%2F%2Fsoon2.tistory.com%2F 286(2010.5.3)

력을 좌우하는 창의성의 유형이 경영진의 지시에 의한 것보다는 밑으로부터의 자발적인 것으로 바뀌어 가고 있다는 사실에 유의해야 한다. 마이크로소프트, GE, 구글, 애플의 히트 상품들이 직원들의 자발적인 아이디어에서 비롯되었으며, 이러한 아이디어 창출의 중요성은 더욱 커지고 있다. 경영진이 방향을 제시하고 전 조직을 일사불란하게 밀고 가는 것만으로는 한계가 있다. 이런 면에서 우리기업의 문제점은 창조적 역량이나 추진력이 없는 것이 아니라 자발적인 아이디어 창출 및 실행의 부족이라고 할 수 있을 것이다.

3) 조직문화 관리전략

향후의 조직문화 전략은 어떻게 하면 '반응적 창의성(responsive creativity)'을 '적극적 창의성(proactive creativity)'으로 확대 발전시킬 것인가에 달려 있다. 작은 개선도 중요하지만 기존의 틀을 뛰어 넘는 파격적 아이디어의 제안과 실행이 경쟁력을 좌우할 가능성이 크다. 이제 조직은 작은 창의성에서 큰 창의성까지, 그리고 참신한 발상에서 현실적 문제

해결과 성과창출을 위한 실행력까지 다양한 창의성의 스펙트럼을 구비해야 한다. 그러나 더욱 중요한 것은 창의성의 발원지가 조직의 상층부만이 아니라 전 계층으로 확산되어야 한다는 것이다. 창의적 아이디어의 제안과 실행은 소수 엘리트만이 하는 것이라는 고정관념은 조직창의성 구현에 큰 걸림돌이 된다. 물론 회사의 전략적 초점을 받는 큰 창의적 프로젝트에 모두 다 참여할 수는 없다. 각자가 해야 할 일이 있다. 월터 디즈니의 경우 테마파크의 기획, 캐릭터 창출 등 전략적 과업을 담당하는 직원들과 달리, 시설/안전관리, 고객 대응 등을 담당하는 일반 직원의 경우는 엄격한 규정과 매뉴얼의 준수를 강조하고 있다고 한다. 그러나 이러한 일반직원들도 자기 직분내에서 지속적으로 변화를 시도할 수 있다. 이들은 작은 창의성, 특히 상사가 지시하지 않은 자기 업무의 독자적 차별화, 즉 기여적 창의성(contributory creativity)을 발휘할 수 있는 것이다.

모든 직원이 나름대로 크고 작은 창의성을 발휘하는 것은 대단히 중요하다.
규모가 큰 조직창의성이 구현되려면 조직의 풍토 자체가 창의적이어야 한다.
창의성이 존중받고 박수받는 조직 풍토,
프로와 아마추어가 건강한 생태계를 이루고 있는 조직이 창의적 성과를 달성한다.

자료: http://soon2.tistory.com/286?srchid=BR1http%3A%2F%2Fsoon2.tistory.com%2F286(2010.5.3)

　모든 직원이 나름대로 크고 작은 창의성을 발휘하는 것은 대단히 중요하다. 규모가 큰 조직창의성이 구현되려면 조직의 풍토 자체가 창의적이어야 한다. 대문호가 나오려면 개성있는 아마추어 작가군이 있어야 한다. 실제로 이백과 두보를 낳은 성당시대(盛唐時代)에 내로라 하는 시인만 1만명이 있었다고 한다. 대부분의 조직원이 일사불란하게 군기가 잡혀있는 상황에서 특정 연구실, 특정 조직만 경이적인 창의성을 발휘한다는 것은 기대하기 어렵다. 창의성이 존중받고 박수받는 조직풍토, 프로와 아마추어가 건강한 생태계를 이루고 있는 조직이 창의적 성과를 달성한다.

4) 작은 창의성 실천에서 킬러앱 창출로

"나폴레옹의 군대에서는 졸병도 나폴레옹이 된다"라는 격언이 있다. 이것은 나폴레옹이 병사들을 지시에 복종하기만 하는 수동적 존재로 보지 않고 전략과 전술의 실행자로 존중했음을 의미한다. 회사의 전략을 이해하고 자발적으로 참여하는 임직원을 만들려면, 우선 회사의 중요 정보가 소통이 되어야 하고, 임직원이 도구가 아닌 주체로서 존중되어야 한다. 그래서 최근 조직행동론에서는 임직원간 관계의 질, 상호존중, 긍정적인 조직분위기가 창의성의 전제조건이라는 연구결과가 많이 보고되고 있다. 회사를 한단계 도약시킬 커다란 창의성은 개개인이 일상적으로 실천하는 작은 창의성, 그리고 그러한 실천들이 모여서 이루어진 전반적인 조직풍토에서 나온다. 서로 나누는 말 한마디, 서로의 좋은 측면을 보고 인정과 격려를 나누는 분위기가 세상을 놀라게 할 킬러앱(킬러 애플리케이션: killer Application)을 창출할 수 있는 것이다.[273][274]

5) Biz Trend:임원에서 최고경영자(CEO)되는 방법

최근 기업 사이의 가장 큰 화두는 혁신이다. 혁신을 통해 정체된 조직을 정비하고 신성장동력 발굴도 가능해지기 때문이다. 그렇다면 기업의 혁신을 주도하는 사람은 누구일까? 기업의 최고경영자(CEO)가 가장 큰 역할을 하지만 혁신의 시작은 우리가 고위경영자 또는 관리자로 부르는 임원에서 출발한다. CEO들은 주주와 애널리스트들의 요구에 시달리느

---

273) 김은환, 삼성경제연구소 인사조직실 수석연구원, 출처 : 삼성
 (www.samsung.co.kr)
274) http://soon2.tistory.com/286?srchid=BR1http%3A%2F%2Fsoon2.tistory.com%2F286(2010.5.3)

라 혁신을 제대로 추진하기 어려운 측면이 있다. 물론 임원들도 사정은 비슷하다. 임원들의 주요 업무는 조직을 '관리'하는 것이다. 조직안에 규칙을 정해 부하직원들에게 그것을 따르게 하고 그 규칙을 만족시키기 위해 필요한 자원을 제공하는 것만 해도 하루 24시간이 모자란다. 임원으로서는 혁신이라는 단어 자체가 큰 부담이 될 수 있다. 이러한 문제 때문에 많은 임원이 CEO로 발돋움하지 못한 채 좌절을 겪기도 한다.

MIT 슬론 경영대학원의 비즈니스 인사이트에서는 '관리자에서 리더로 발돋움하려면(Leading From Below, 제임스 켈리·스콧 내들러, 2007년 2호)'이라는 글을 통해 CEO가 되고 싶은 임원들이 갖춰야 할 필수 요소를 언급하고 있다.

(1) 소모적 업무를 줄여라

7년동안 세계 여러 기업의 사례를 분석한 결과 CEO가 된 임원들의 공통점은 자신만의 시간을 갖기 위해 노력했다는 점이다. 임원들은 우선 조직을 재구성해 관리업무의 부담을 줄였다. 5개 부서에서 각각 보고를 받던 한 제조업체 이사는 5개 부서를 대표하는 직원을 한 명 임명했다.

대표 직원이 5개 부서업무를 총괄해서 핵심 내용만을 이사에게 보고하도록 시스템도 바꿨다. 보고 시간이 5분의 1로 단축된 셈이다. 이 임원은 남는 시간을 기업혁신, 시스템 개선과 같은 보다 핵심적인 업무에 더 할애할 수 있었고 결과적으로 CEO 자리에까지 오르게 됐다. 또 성공한 임원들은 조직내부 뿐만 아니라 기업외부 일에도 관심이 많았다. 고객사와 경쟁사 뿐만 아니라 공급업체, 협력업체, 언론의 움직임 등을 면밀히 파악한 후 이 정보를 기업내부에서 활용하는 능력이 필요하다.

(2) 부하들이 공감할 수 있는 보다 실천적인 목표를 제시하라

임원에서 CEO로 성공한 사람들의 공통점은 '카리스마'가 있다는 것이다. 부하들에게 보이지 않는 영향력을 행사해 자발적인 참여를 이끌어낼 수 있는 사람이라는 의미다. 이를 위해서는 우선 부하직원들이 공감할 수 있는 목표를 제시해야 한다. 단순히 '탄소가스 배출량을 줄이자'라고

모호하게 지시하는 것이 아니라 '공장 기계장비의 연료 사용량을 줄이자'라고 보다 실천적인 목표를 보여주는 것이 필요하다. 또 가치있는 정보일수록 부하직원과 공유하고 부하직원의 업무처리 방식을 존중하는 자세도 필요하다. 부하직원에 대한 지나친 비판도 삼가는 것이 좋다. 일반적으로 임원들은 자신과 다른 부하직원들의 의견을 일방적으로 묵살하는 경우가 대부분이다. 이럴 경우 부하직원들은 불만이 쌓이고 윗사람에 대한 진정한 충성심을 보이지 않는다.

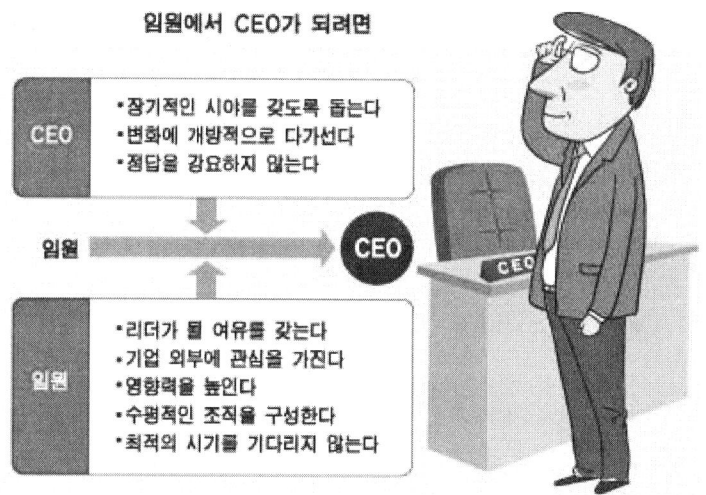

자료: http://blog.daum.net/hanjeonman/9985067?srchid=BR1http%3A%2F%2Fblog.daum.net%2Fhanjeonman%2F9985067(2010.5.3)

반드시 상대방을 논리로 설득해 궁극적으로 지지를 얻는 과정이 필요하다. 수평적인 조직을 구성하는 것도 중요하다. 다른 부서와 업무상 연결고리가 없는 수직적인 조직과는 달리 수평적 조직은 부서간에 서로 의견 제시가 가능하다는 장점이 있다. 또 기업안의 수평적 조직은 고객과 공급업체 등 기업 외부로도 확장될 수 있다.

(3) 임원에 대한 CEO의 배려도 중요하다.

CEO가 되기 위해서는 임원의 노력 뿐만 아니라 현 CEO의 도움도 중요하다. CEO는 임원이 보다 넓고 긴 시야를 가질 수 있도록 분위기를 조성해야 한다. 또 임원과 함께 의사결정을 내릴 때 기업이 미치는 장기적인 영향을 고민해야 한다. 단순히 회사 뿐 아니라 지역사회, 환경, 하도급업체, 고객들에게 미칠 영향까지 폭넓게 검토해야 한다. 또 CEO는 자신이 변화에 개방적이라는 사실을 알려 회의에서 임원들이 좀 더 편안하게 얘기할 수 있는 분위기를 만들어줘야 한다. 자연스러움에서 창조가 샘솟는다. 마지막으로 CEO는 임원들에게 정답을 강요해서는 안된다.

기업이 혁신을 하기 위해서는 임원들의 역할이 중요하다. 또 기업의 미래를 책임질 수 있는 CEO를 발굴하기 위해서는 현 CEO의 역할도 큰 부분을 차지한다는 것을 명심하자.[275) 276)]

7. 조직관리의 지혜

1) '황새와 조개의 싸움'은 조직의 경쟁력 약화

경영자들은 종종 직원들의 갈등과 분쟁으로 고민에 빠지게 된다. 불공정한 대우를 받았거나 혹은 그렇다고 생각할 때, 직원들 사이에 갈등과 분쟁이 발생하며 때로는 상사와 부하직원간에 의견충돌로 인한 갈등이 발생하기도 한다. 현명한 경영자라면 직원들이 스스로 갈등을 해결할 수 있도록 유도해야 하지만 부득이하게 자신이 직접 나서야 할 경우 적합한 절차에 따라 문제를 해결해야 한다. 직급이 같은 직원들 사이에 일어난 갈등의 경우 경영자는 중재자 역할만 하도록 한다. 각자의 불만을 들어보고 사건의 경위를 따져 한쪽에 치우치지 않고 사리에 맞게 설명하면 쉽게 해결할 수 있다. 직급이 서로 다른 직원들 사이의 갈등은 조금

---

275) 오정후, 세계경영연구원 이사, 정리 = 이승훈 기자, 매일경제
276) http://blog.daum.net/hanjeonman/9985067?srchid=BR1http%3A%2F%2Fblog.daum.net%2Fhanjeonman%2F9985067(2010.5.3)

복잡하다. 이런 경우 보통 직급이 낮은 직원이 경영자를 중재인으로 요청하는 경우가 많다. 이럴 때는 융통성을 보여야 한다. 회사의 화합을 위해서 될 수 있으면 직급이 높은 직원에게 문제를 해결하도록 권한을 부여해 체면치레를 하게 한 뒤 스스로 잘못을 뉘우치도록 해야 한다. 일단 체면은 세워주었기 때문에 그 사람은 앞으로 더욱 적극적으로 일을 하게 될 것이다. 심지어 지난날을 반성하며 스스로 개선해 나가는 발전된 모습을 보일 것이다. 그러나 직원들 사이에 이와같은 논쟁이 빈번히 일어나면 업무의 재배치를 고려해 보는 것도 하나의 방법이 될 수 있다.

각자 맡고 있는 일의 성격을 따져본 후 부자연스럽거나 혹은 강압적인 건 아닌지를 살펴 그에 맞게 재배치하고, 만약 특별히 잘못됐다고 생각되지 않으면 함께 토론할 수 있는 기회를 가져 직원들 마음속의 응어리를 푸는 자리를 마련해야 한다. 조직내의 모든 구성원들이 "우리는 같은 목표를 가지고 있고 항상 공동의 이익을 추구하기 위해 노력하고 있다."는 공감대가 형성된다면 함께 보조를 맞춰 나갈 수 있다. 유난히 독단적인 사람이 아닌 이상 사람들은 자신이 소속된 단체가 성공하기를 바라기 때문이다.

2) 손 안대고 다스리는 경영경지의 추구

석가모니가 제자에게 물었다. "어떻게 하면 물 한방울을 마르지 않게 할 수 있겠는가?" 부피나 무게를 헤아릴 수 없을 정도의 아주 작은 물방울은 바람만 불어도 쉽게 마르는데 그 수명이 얼마나 가겠는가? 제자는 대답을 하지 못했다. 그러자 석가모니가 웃으며 말했다. "바다로 보내면 된다네." 그렇다. 물 한방울의 수명은 짧지만 바다로 나가면 넓은 바다와 하나가 되어 새로운 생명을 갖게 된다. 사람도 마찬가지다. 혼자서는 그 힘이 미약하지만 물방울이 바다와 함께 하는 것처럼 어느 한 팀에 소속될 때 무한한 힘과 눈부신 생명력을 발휘할 수 있다. 좋은 팀을 구성해서 직원들간의 협력과 발전을 발판으로 경쟁력을 향상시키는 일은 그래서 중요하다. 팀 구성은 다음과 같은 특징을 갖는다.

첫번째는 직업의식이다.

직업정신은 팀 구성원이 임무를 완수할 수 있다고 생각하는 믿음을 나타낸다. 팀의 직업정신이 강할수록 일을 잘하고자 하는 의욕도 강해진다.

두번째는 단결력이다.

단결력은 팀 구성원을 하나로 묶는 힘이다. 단결력이 강한 팀은 모든 구성원이 팀원으로서 자부심을 느끼고 팀에 대한 충성도가 높아진다.

세번째는 커뮤니케이션이다.

원활한 업무진행을 위해서는 직원들간의 커뮤니케이션이 필요하다. 솔직 담백하게 의견을 나누고 문제가 있으면 대화를 통해 해결할 수 있다.

네번째는 생산성이다.

팀은 개인이 할 수 없는 일을 해낼 수 있다. 정보와 기술을 교환하고 리더십을 발휘하면 능력이 출중한 개인보다 큰 성과를 거둘 수 있다. 팀원들 마음속에는 자연스럽게 팀이 추구하는 진정한 목표가 녹아있다. 물론 이것은 구성원들간의 공동의 목표 때문일 수도 공동의 이익추구를 위한 것일 수도 있다. 하지만 팀 구성원간의 개인적인 관계 자체가 목표가 되기 때문에 팀원 개개인들은 자신이 팀의 구성원이며 한 가지 프로젝트를 대표한다는 사실을 알고 있다. 그러므로 팀원 사이에는 서로 말하지 않아도 통하는 면이 생기게 되고 이들의 관계는 이제 업무상의 관계를 넘어 정이 넘치는 팀으로 발전하게 된다.

3) 리더의 중요한 임무 중의 하나는 사람관리

2천 년 전 노자(老子)는 "관리는 치리(治理)할 것이 없어야 한다"고 했다. 사람을 잘 관리하는 리더가 한번 명령하면 그 일은 즉시 실행된다.

관리를 받는 사람이 진심으로 리더를 따르기 때문이다. 반면, 그렇지 못한 리더는 인심을 잃어 항상 일에 쫓기기 십상이다. 총명한 경영자는 여유로운 태도로 항상 부하직원의 동향을 살핀다. 마치 백조가 아무 일도 없는 듯 자연스럽게 수면 위에 떠있지만 물밑에서는 열심히 발을 구르는 것처럼 말이다. 사실 아무 것도 하지 않는 치리의 정수는 사람은 아무 것도 하지 않지만 제도는 제대로 돌아가는 것이다. 법 규정과 제도가 분명하면 부하직원의 관심은 경영자가 아니라 형식적인 조문에 있다. 경영자는 제도 뒤에 몸을 숨겨 제도가 일하게 하고 자신은 아무 것도 하지 않는 것이 현명한 경영방법이다.

4) '메기'로 '청어'를 긴장

북해에서 청어잡이를 하는 어부들의 가장 큰 걱정거리는 북해에서 잡은 청어를 어떻게 하면 산채로 런던까지 운송하느냐 하는 것이었다. 청어가 시장에 도착하기도 전에 죽어버리기 때문이었다. 그런데 한 어부는 언제나 북해에서 잡은 청어를 산채로 런던까지 운송해와 혼자 재미를 보았다. 그는 청어가 담긴 수조 속에 항상 메기 한마리를 넣었다. 청어는 메기에게 잡아 먹히지 않기 위해 수조안에서 필사적으로 움직였다.

적으로부터 살아남기 위한 몸부림, 그 긴장감이 청어를 오랜 시간동안 살아있게 했다. 경영의 관점에서 이렇게 조직 내에 '메기 형' 인물을 투입해 의욕을 고취시키고 경쟁 무드를 조성해 발전동기를 유발하는 방법을 인사관리의 '메기 이론'이라고 한다. 조직내 인사관리에서 '메기'는 다른 사람을 이끄는 힘이 있다. '메기'들은 뛰어난 업무능력과 함께 강한 카리스마로 주변 사람들을 사로잡기 때문에 사람들은 항상 '메기'의 행동을 주시하게 되며 권력과 상관없이 '메기'를 모방하고 추종하게 된다. '메기'의 또 다른 역할은 자극효과이다. '메기'의 활동력은 기존의 평형을 깨뜨린다. '메기'만의 적극적이고 미래지향적인 삶의 태도, '메기'에게 보이는 리더의 지대한 관심과 대우는 주변 사람들에게 부담을 주고 자존심을 자극하는 효과를 가져와 경쟁의식으로 '비교하고, 배우며, 쫓아가고, 따라잡는' 선의의 경쟁구도를 만든다. '메기이론'을 인사관리에 활용하면 예상 밖의 성과를 얻을 수 있다. '메기'를 영입하기 위해서는 내부직원을 우선적으로 고려하는 것이 좋다. 회사가 직원들의 발전과 성장에 항상 관심을 갖고 있다는 것을 알림으로써 좋은 기업문화를 만들 수 있기 때문이다. 또한 인건비를 절감할 수 있고 경쟁적으로 고액의 연봉을 제시하는 인재채용 문제를 피할 수 있다. 내부 인재는 소속감을 갖고 자신의 가치관을 기업의 가치관과 일치시켜 동료들의 진보적인 정신을 자극함으로써 기업 목표를 달성하게 된다. 따라서 '내부 발탁'은 인재의 유실을 막고 동료들의 유대감을 강화해 내실있는 팀워크를 발휘하게 한다.

5) '메기' 100% 활용하기

'메기'는 수적으로 열세이지만 막강 파워를 자랑하며 기업에 큰 영향을 미친다. 하지만 '메기 효과'가 긍정적으로만 작용하는 것은 아니다.

'메기 효과'를 경영수단으로 인사관리에 적용될 때 '메기'의 리더십을 적절히 조절하는 능력도 필요하다. 관리가 너무 타이트하면 '메기'의 활동능력을 저하시키게 되고 반대로 관리가 너무 느슨하면 자유주의가 만연해 물이 배를 뒤집는 결과를 초래한다. 따라서 조금만 관리가 제대로 이루어지지 않아도 조직내 갈등을 유발하여 정상적인 조직운영이 불가능하다. 그러므로 '메기 효과'를 적용할 때는 다음과 같은 부분에 유의해야 한다.

첫번째, 재능을 충분히 발휘하도록 한다.

'메기'는 대부분 특정 분야에 특출한 재능을 가지고 있다. 리더는 먼저 스스로의 포지션을 분명히 해야 한다. '메기'의 능력이 아무리 출중해도 리더의 비교대상은 아니기 때문이다. 리더의 역할은 '메기'가 적극적이고 능동적으로 마음껏 능력을 발휘할 수 있도록 자리를 마련해 주고 환경을 조성해 주는 것이다.

두번째, '메기'의 의견을 중시해야 한다.

'메기'들의 가장 큰 특징은 주관적이라는 것이다. 이들은 사람들에 의해 이리저리 휘둘리지 않는다. 자기가 옳다고 판단한 일은 지지하는 사람이 없어도 의견을 굽히지 않는다. 리더는 대화채널을 열어놓고 '메기'들이 대화하고 논쟁할 수 있는 민주적 분위기를 만들어야 한다. 모두가 자유롭게 토론할 수 있는 문화가 조성될 때 혁신과 영원히 고갈하지 않는 에너지가 생겨난다.

세번째, 커뮤니케이션을 강화한다.

능력있는 '메기'들은 리더와 동료들의 인정을 받고 싶어한다. 이들은 높은 실적을 올렸을 때 그에 상응하는 대우를 기대한다. 리더는 공정성에 주의를 기울여 커뮤니케이션을 통해 '메기'들을 설득하고 이해를 구해야 한다.

네번째, 단점을 최대한 용납한다.

'메기'는 장점이 분명한 반면, 단점도 더욱 두드러진다. 리더의 책임은 메기의 장점을 최대한 살리고 단점을 피하는 것이다. 리더십을 발휘해 메기의 단점으로 인한 부작용을 최소화해야 한다. 필요하다면 '메기'를 보호해야 한다. '메기'는 리더가 보여준 은덕에 감동해 작은 배려를 큰 보답으로 갚을 것이다.[277] 대부분의 직장인들이나 개인 사업하시는 분들은 그 조직에서 발생하는 수 많은 일들 해결하는 것으로 많은 시간을 보낼 것이다. 5분 투자로 내 삶의 터전이나 내가 속한 조직에 변화를 이끌어 낼 수 있다면 투가 가치가 상당하지 않을까.[278][279]

8. 부하직원을 신나게 만드는 리더십

어려운 시기일수록 구성원의 사기를 높이는 일은 중요하다. 이를 위해서는 리더들이 부하직원의 의견에 귀를 기울이고 용기를 북돋워 주어야

---

277) [Summing-up - 안중호]
278) 출처: 미디어 다음 블로거 "은행잎 향기"
279) http://blog.daum.net/lookandfeel/6743905?srchid=BR1http%3A%2F%2Fblog.daum.net%2Flookandfeel%2F6743905

한다. 아울러 과제 수행을 지원하되 자율적으로 수행하게끔 믿고 맡기는 것이 바람직하다. 최근 유가인상이나 불확실한 국내외 경기 전망 등으로 인해 기업들마다 투자 규모를 줄이고 가능한 한 내실경영에 주력하는 모습이 나타나고 있다.

일례로 국내 대표적인 기업의 하나인 A사의 경우, 지난해에 137%이던 부채비율이 올해에는 75%로 줄어들 것으로 예상되고 있다. 이는 기업이 올해 벌어들인 이익을 새로운 사업에 투자하기보다는 미래 불확실성에 대비하여 차입금을 상환하는 데 쓰고 있음을 의미한다. 그러나 외부 경영환경의 불확실성 증대에 대응하여 내실경영을 하는 것만으로 어려움을 극복할 수 있을지는 미지수다. 오히려 위기를 기회로 활용하여 선두 경쟁사와의 격차를 좁히거나 반전시킬 수 있는 계기로 만드는 지혜가 필요하다고 하겠다. 이를 위해서는 최고경영자를 비롯한 경영진이 조직의 목표를 보다 분명히 하고, 아울러 구성원과 목표를 공유하여 조직 내부의 결속을 다지면서 이를 차근차근 실행해 나가야 한다. 특히 경쟁사보다 한 발 앞서 내다보고 한 발 먼저 실행할 수 있도록 구성원들의 열정과 노력을 이끌어 내는 것이 필수적으로 요구된다. 구성원들의 열정을 이끌어 내고 신바람나게 일하게끔 만들기 위해서는 먼저 구성원의 의견에 귀를 기울이고(Listen) 용기를 북돋우는(Encourage) 것이 필요하다. 또한 과제수행을 지원하되(Assist), 이를 자신의 책임하에 자율적으로 수행할 수 있도록 믿고 맡기는(Delegate) 모습이 바람직하다.

1) 경청하라(Listen)

경청(傾聽)이란, 단순히 상대의 말을 '듣는다(hear)'는 것이 아니라 '귀를 기울여 주의해서 듣는다.'는 것을 의미한다. 대부분의 개그맨들이 가장 대하기 힘든 대중은 자신들의 개그에 웃지 않고 반응을 보이지 않는 청중이라고 한다. 이는 비단 남을 즐겁게 하는 일을 하는 사람들에게만 해당하는 것이 아니다. 대부분의 사람들은 자신의 이야기를 잘 들어주는 사람을 만났을 때 가장 신명이 나는 반면, 그렇지 않은 사람을 만났을 때에는 의욕을 상실하게 된다.

　천하를 통일한 한고조 유방에게 장량, 한신, 소하와 같은 유능한 인재가 있었다면, 그 경쟁자인 초패왕 항우에게도 범증이라는 천하를 떠받칠 인재가 있었다. 그러나 항우는 한 때 유방을 물리쳐 변방의 외진 곳으로 패퇴시키고도 이 기회에 다시 세력을 회복할 수 없도록 끝까지 공격하자는 범증의 제안을 듣지 않고 무시한 탓에 천하를 제패할 기회를 놓치고 말았다. 즉, 항우는 많은 병사와 넓은 영토를 가지고 있을 때의 유방도 물리친 자신감이 있었기 때문에 외진 곳으로 쫓겨난 유방을 가볍게 생각해서 뒷날의 화근을 없애자는 범증의 건의를 무시했던 것이다. 문제는 이로 인해 자신의 의견이 받아들여지지 않는 것에 실망한 범증이 끝내 항우를 떠나 산속으로 숨어버렸다는 것이다. 즉, 인재유지(retention)에 실패를 한 것이다. 물론 항우 자신도 훗날 범증의 우려대로 권토중래한 유방의 공격을 받아 참담한 패배를 겪게 되었다. 사실 기업경영에 있어 가장 중요한 정보는 대부분 현장에 있는 법이고, 또한 이를 가장 잘 알고 있는 사람도 현장에 있는 일선 직원이다. 따라서 이들의 의견을 듣고 경영에 반영하는 것이 구성원을 신나게 하는 것이면서 동시에 기업의 성과를 제고시킬 수 있는 바람직한 모습일 것이다.

　　2) 격려하라(Encourage)
　부하의 의견을 귀 기울여 듣는 것 다음으로 필요한 것은, 부하 스스로 자신의 생각을 실행하게끔 격려하고 성공을 거둘 경우에는 칭찬을 아끼지 말아야 한다는 점이다. 우리는 주변에서 잘못에 대한 질책은 많이 하지만 칭찬에는 인색한 리더들을 흔히 볼 수 있다. 치열한 경쟁에서 살아남기 위해서 달리는 말에 채찍을 더하는 것처럼 보다 더 열심히 하라는 뜻으로 이해할 수도 있지만, 보통은 부하직원의 사기를 떨어뜨리는 경우가 많고 심하면 그들의 열정에 찬 물을 끼얹는 셈이 될 수도 있다. 레이건 전 대통령의 연설 원고 담당이었던 페기 누난(Peggy Noonan)은 자신의 원고 초안에 "매우 훌륭함"이라는 메시지가 적혀 돌아오자, 이를 오려 가슴에 붙이고 다녔다고 한다. 비록 작은 것일지라도 부하직원이 노력한 결과에 대해 인정하고 칭찬을 해 주는 것은 상대를 즐겁고 신나게 만들 수 있는 중요한 계기가 될 수 있다. 그리고 칭찬과 더불어 실수에 대한 관대한 포용도 그에 못지않게 중요하다. 옛날 초(楚)나라의 장왕은 반란을 평정하고 돌아와 이를 축하하기 위해 여러 신하들을 초청하여 연회를 베풀었다. 그런데 연회 도중에 갑자기 거센 바람이 불어 모든 촛불이 일시에 꺼지는 일이 발생했다. 이 와중에 한 장수가 장왕이 사랑하는 허희(許姬)의 소매를 끌자, 허희는 그의 관끈을 잡아당겨 끊고 장왕에게 이 사실을 고했다. 그러자 장왕은 오히려 자신이 연회를 밤늦게까지 이어지게 한 탓이라 대답하고, 모든 이의 관끈을 끊고 다시 불을 켜게 함으로써 그 장수의 잘못을 덮어 주었다. 훗날 이 장수는 진(晉)나라와의 전쟁에서 목숨을 내던져 장왕을 구함으로써 은혜를 갚았다. 지나치게 잘잘못을 따짐으로써 도전적 풍토를 해치는 사례가 있다면 이 절영회(絕纓會)의 고사를 곱씹어 볼 필요가 있을 것이다. 이 점에 대해서는 IBM의 최고경영자(CEO)였던 토마스 와튼의 일화도 우리가 눈여겨 볼만한 사례라고 할 수 있다. 회사에 큰 손실을 끼친 부하직원이 와튼의 호출을 받자, 회사를 그만두라는 소리를 들을 것을 예상하고 침울한 마음으로 그의 방으로 찾아갔다. 그러나 와튼은 "너무 상심 말게. 자네의 교육비용으로 천만달러를 쓴 거야"라는 말을 들려주면서 오히려 그를 격려해 주었다. 이 일은 그 부하직원을 더욱 노력하게 만든 것은 물론, 조직 전체에 새로운 도전을 두려워하지 않도록 만드는 풍토를 정착시키는 계기가 되었다. 이처럼 실수에 대한 관용과 성공에 대한 인정은 구성원의 열의와 진취적인 자세를 이끌어 내는 핵심 요인의 하나라고 할 수 있다.

3) 도와주라(Assist)

　실패를 두려워하지 않고 도전하게끔 격려하는 것으로서 리더의 역할이 끝나는 것은 아니다. 실제 실행과정에서 발생하는 문제를 해결하게끔 지원해 주는 노력이 필요하기 때문이다. 때로는 리더들이 지원의 중요성을 간과하여 부하가 봉착한 난관을 모르고 지나치거나, 반대로 자신이 직접 나서서 지시를 하는 모습을 보이는 경우가 있다. 그러나 이것은 부하의 능력개발 기회를 없애고 장기적으로 조직의 경쟁력을 약화시키는 결과를 초래하게 된다. 러버메이드(Rubbermaid)사의 최고경영자였던 스탠리 골트는 10년간 연속해서 수익이 상승하는 기록을 남길 만큼 탁월한 경영자였다. 그러나 그는 '폭군'이라는 별명이 붙을 만큼 자기중심적인 인물이기도 했다. 즉, 임원들조차도 그들 스스로 일을 주도적으로 할 수 있게끔 맡기고 자신은 지원만 하기보다는 오히려 자신의 지시와 명령에 따르는 수동적인 위치로 전락시켰다. 그 결과 러버메이드는 그가 퇴임하고 나자 불과 5년만에 뉴웰(Newell)에 인수당하는 신세가 되고 말았다. 굳이 이와같은 사례가 아니더라도 우리는 주변에서 지나치게 독선적이거나 관리통제를 리더십이라고 오해하여 장기적인 조직의 건강을 해치는 잘못된 리더에 관한 사례를 쉽게 찾아볼 수 있다.

　반면에 최근 비즈니스위크에 이어 타임지에서도 성공적인 경영혁신을 이끈 경영자로 소개되었던 한 회사의 최고경영자의 경우, 신제품 개발이나 제품 혁신담당자들과 현장에서 직접 토론하고 즉석에서 해결안을 제시하는 등 현장의 개선 프로젝트를 세심하게 지원해 줌으로써 지난해 18%의 매출신장과 33%의 순이익 성장률을 기록하는 등 놀라운 성과를 달성하였다. 지금의 경영환경은 과거와 같이 조정 경기에 비유할 수 있었던 안정적인 상황이 아니라, 래프팅에 비유할 수 있을 정도로 급변하고 있다. 그에 따라 리더십 스타일도 책상에 앉아 과제를 지시하고 보고서를 검토하는 방식에서 벗어나 직접 모범을 보이고 문제를 해결할 수 있도록 격려하고 지원하는 모습으로 바꿔 나가야 한다. 예를 들어, 과거 농구팀의 리더는 작전 지시를 하고 선수를 적절한 타이밍에 교체를 하는 의사결정을 하는 사람이 전부였다. 그러나 최근에는 시카고 불스의 마이클 조던이나 TG 삼보의 허재처럼, 다른 선수들과 같이 호흡하면서 경기를 이끌어가는 플레잉 코치를 어렵지 않게 볼 수 있다. 따라서 앞으로 바람직한 리더의 모습은 의사결정만을 내리는 상사가 아니라 부하의 문제나 고민을 듣고 해결방안에 대한 지원과 격려를 하는 것이 될 것이다.

4) 믿고 맡겨라(Delegate)

어려운 문제가 생겼을 때 지원을 해주되 지나친 간섭이나 관여는 구성원의 자율성을 저해하는 결과를 초래한다는 점 또한 잊어서는 안된다.

옛날 위(魏)나라의 문후가 악양이라는 장수에게 군사를 주고 중산(中山)이라는 나라를 정벌하게 했다. 악양이 3년만에 전쟁에서 승리하고 돌아와 그간의 공로를 말하자, 문후는 큼지막한 상자 하나를 악양에게 보여주었다. 그 상자에는 악양을 비방하는 상소문들이 가득 담겨있었다. 이에 악양은 벌떡 일어나 문후에게 절하며 "이번 승리는 대왕께서 하신 일이지 신에게는 공이 없습니다."라고 말했다. 이처럼 한 번 부여한 과제에 대해서는 부하가 스스로 결정을 내리고 추진할 수 있도록 끝까지 믿고 맡겨줘야 한다. 특히 최근의 기업경영은 과거에 비해 훨씬 많은 일들이 동시에 발생하고 있고, 지리적으로도 국내는 물론 해외의 사업장에서 여러 가지 일들이 수행되는 경우가 많아지고 있다. 따라서 안정적인 상황에서 소규모의 조직을 운영하는 경우와 같이, 리더 한 사람이 모든 것을 결정하고 그 결과를 챙기는 것이 사실 불가능하고 또한 바람직하지도 않다. 만약 사소한 일 하나 하나마다 리더의 결정을 따라야 한다면 개인의 상상력과 다양성은 사라지고 마는 결과를 초래하게 된다. 따라서 리더는 일일이 관리통제하기보다 부하직원들이 스스로 자신의 일에 대해 책임감을 가지고 최선을 다하도록 만드는 것이 바람직하다.

물론 이를 위해서는 리더 스스로가 부하직원들의 모델이 될 수 있도록 솔선수범하는 것이 필요할 것이다.

5) 리더와 부하의 관계는 신뢰가 기본

이상의 노력들은 부하직원의 사기를 진작시키는 리더십 행동들이면서, 동시에 리더와 부하 직원 사이에 신뢰를 형성하기 위한 첫 걸음이라고 할 수 있다. 리더에 대한 신뢰는 상사가 부하의 이야기를 귀 기울여 듣고, 부하의 문제를 해결해 주려는 노력을 기울이면서 부하의 약점이 드러나지 않도록 배려해 주는 것에서부터 형성되기 시작한다. 리더와 부하간의 신뢰는 일에 대한 몰입도를 높임과 동시에 평가 결과에 대한 납득성을 높이고 보상에 대한 불만을 최소화시키는 역할을 함으로써 궁극적으로 기업의 성과에 긍정적인 영향을 끼치게 된다. 따라서 향후 인사부서를 중심으로 미래 리더의 개발과 육성에 있어서 신뢰 형성을 위한 리더십 행동개발 프로그램을 반영해 나가는 것이 요구되며, 이와함께 리더 자신의 적극적인 자기개발 노력도 더욱 필요하다고 하겠다.[280]

---

280) http://blog.daum.net/shinys926/17353258?srchid=BR1http%3A%2F%2Fblog.daum.net%2Fshinys926%2F17353258(2010.5.3)

■ 노 순 규(魯淳圭)　경영학박사

<약 력>
- 고려대(석사) 및 동국대(박사)
- 서울대학교 행정대학원 박사과정 수료
- 배성여상·상서여상 등 6년간 교원역임
- 새마을본부 연수원 5년간 교수역임
- 한서대학교 경영대학원 강사역임
- 대한상공회의소, 한국경총, 한국생산성본부
- 한국능률협회, 한국표준협회, 현대중공업
- 현대자동차, 한국전력, 롯데제교, LG산전 강사
- 건설기술교육원, 건설산업교육원,
- 영남건설기술교육원, 건설경영연수원
- 전문건설공제조합 기술교육원
- 건설기술호남교육원 외래교수
- 경기중소기업청 공무원 경영혁신 강사
- 한국기술교육대학교 노동행정연수원 강사
- 경기도교육청(갈등관리와 교원의 역할) 강사
- 대구시교육연수원(리더십과 갈등관리) 강사
- 충남교육연수원(공무원노조의 이해) 강사
- 서울시교육연수원(교육관련 노동법) 강사
- 경남공무원교육원(단체교섭 및 단체협약 체결사례) 강사
- 속초시청(공무원 노사관계) 강사
- 부산시교육연수원(교원노조와 노사관계) 강사
- 울산시교육연수원(교원노조의 이해) 강사
- 전남교육연수원(갈등관리의 이해와 협상기법) 강사
- 제주도탐라교육원(갈등 및 조직활성화 전략) 강사
- 경북교육청(학교의 갈등사례와 해결방법) 강사
- 제주도공무원교육원(조직갈등의 원인과 유형) 강사
- 경북교육연수원(인간관계와 갈등해결) 강사
- 전북공무원교육원(공무원노조법) 강사
- 경북, 인천시, 광주시, 강원도 교육연수원 강사
- 한국기업경영연구원 원장(21년간)

강의문의 : 011-760-8160, 737-8160
www.kbmi.co.kr　E-mail : we011@hanmail.net

<주요 저서>
- 건설업의 회계실무와 세무관계
- 건설업의 타당성분석과 사업계획서
- 건설업의 원가계산과 원가절감
- 건설업의 노사관계와 노무관리
- 한미·한EU FTA와 경제전략
- 경영전략과 인재관리
- 건설업의 VE(가치공학)와 품질경영
- 부동산투자와 개발실무
- CM(건설경영)과 시공참여폐지의 노무관리
- 산재·고용연금건강의 사회보험 통합실무
- 토지투자와 부동산경매
- 21세기 리더십과 노무관리
- 협력적 노사관계의 이론과 실천기법
- 신입사원의 건전한 직업관
- 종업원의 동기부여와 실천방법
- 공무원노조와 노사관계
- 교원노조(전교조)와 노사관계
- 교원평가제와 학교개혁
- 학교운영의 리더십과 갈등관리
- 교사의 올바른 역할과 개혁
- 프로젝트 파이낸싱(PF)과 건설금융
- 비정규직의 고용문제와 해법
- 한·EU FTA와 경제전략
- 학교의 갈등사례와 해결방법
- 공무원의 갈등관리와 리더십 및 BSC
- 녹색성장과 친환경 경영
- 교수와 대학의 개혁
- 리더의 자기관리와 성공법칙
- 노동조합의 개혁과 역할
- 사교육 없애기 공교육 정상화
- 조직갈등의 원인과 해결방법
- 학교장 경영평가와 CEO 리더십
- 학생지도방법과 인권보호
- 건설업의 클레임과 민원해결
- 지역갈등-주민갈등-사회갈등
- 칭찬의 감동효과와 조직관리 외 93권 저서

칭찬의 감동효과와 조직관리　　정가 30,000원

2010년 5월 20일 초판인쇄
2010년 5월 31일 초판발행

판권본원소유

　저　자　노 순 규
　발행인　노 순 규
　발행처　한국기업경영연구원(www.kbmi.co.kr)
　　　　　서울특별시 양천구 목동 505-11 목동빌딩 1층
　등　록　제2006-47호
　전　화　(02) 737-8160

<제본이 잘못된 것은 교환하여 드립니다>

ISBN 978-89-93451-21-4